INSTITUT PAUL BOCUSE

DIE HOHE SCHULE DES KOCHENS

GRUNDLAGEN, TECHNIKEN, REZEPTE

INSTITUT PAUL BOCUSE
MANAGEMENT HÔTELLERIE, RESTAURATION & ARTS CULINAIRES

Gastronomisches Komitee des Institut Paul Bocuse

Küche

Verantwortlich: Alain Le Cossec (MOF Cuisine 1991)

Hervé Oger

Christophe L'Hospitalier

Florent Boivin (MOF Cuisine 2011)

Sébastien Charretier

Éric Cros

Jean-Paul Naquin

Cyril Bosviel

François Vermeere-Merlen (Diplômé)

Hotel

Verantwortlich: Philippe Rispal

Bernard Ricolleau

Alain Dauvergne

Xavier Loizeil

Paul Dalrymple

Thierry Gasparian

Koordination Géraldine Derycke

Redaktionelle Mitarbeit

Die Küchenchefs des Institut Paul Bocuse (Rezepte)

Blandine Boyer (Techniken)

Yvelise Dentzer (Einleitungstexte zu den Kapiteln,
Texte Speisen und Wein aufeinander abstimmen und Tischkultur)

INSTITUT PAUL BOCUSE

DIE HOHE SCHULE DES KOCHENS

GRUNDLAGEN, TECHNIKEN, REZEPTE

Herausgegeben von Hervé Fleury, Generaldirektor des Institut Paul Bocuse

Vorwort von Paul Bocuse

Fotos Aurélie Jeannette und Jonathan Thevenet

CHRISTIAN

Vorwort

Es erfüllt mich mit Stolz und großer Freude, Ihnen dieses Werk vorstellen zu dürfen, ein Lehrbuch, das ambitionierte Amateurköche auf mehr als 700 Seiten in die Geheimnisse der französischen Küche einweiht. In Text und Bild werden Ihnen hier die technischen Grundlagen so vermittelt, wie sie die Studenten des Institut Paul Bocuse für Hotellerie, Gastronomie und Kulinarik in Écully von erfahrenen Chefköchen lernen.

Rund 70 Rezepte werden vorgestellt, dazu 250 Schritt-für-Schritt-Anleitungen zum Erlernen der jeweiligen Technik. Dabei wird jeder Produktfamilie ein eigenes Kapitel gewidmet. Das reich bebilderte Werk ist zum 25-jährigen Jubiläum des Instituts erschienen, das 1990 auf Veranlassung des damaligen französischen Kulturministers Jack Lang gegründet wurde mit dem Ziel, das Handwerk des Kochens in den Rang einer Kunst zu erheben.

Ich sage oft, dass das Glück in der Küche wohnt. Um dieses Glück zu teilen, braucht man Stätten der Begegnung. Unsere Schule ist eines der Fundamente für die Wahrung der französischen kulinarischen Identität und für ihre Verbreitung über die Grenzen und Generationen hinweg. Das Institut ist im von Grund auf renovierten Schloss von Vevier beheimatet, inmitten einer vier Hektar großen Parklandschaft. Zur Zeit beherbergt es 650 Studenten aus 37 Ländern. Die Mund-zu-Mund-Propaganda hat vom ersten Jahrgang an funktioniert. Das war der Beginn eines großen Abenteuers. Unsere erfolgreichen Absolventen tragen als geschätzte Fachkräfte unsere Botschaft in die Hotels und Restaurants der ganzen Welt. Auf diese Weise tragen die ehemaligen Studenten des Institut Paul Bocuse dazu bei, die Werte, die mir wichtig sind, auf internationaler Ebene weiterzugeben.

Eine überaus wichtige Rolle in diesem Abenteuer spielt Gérard Pélisson, Mitbegründer der Gruppe AccorHotels und seit 1998 Präsident der Schule, der entschlossen und zielstrebig über die Durchführung unserer Lehrprojekte wacht. In diesem Zusammenhang ist auch der Generaldirektor Hervé Fleury zu würdigen, der mit seinem unermüdlichen Einsatz erreicht hat, dass die für den Beruf als Küchenchef oder Hotelmanager unabdingbaren Werte in unserer Einrichtung optimal vermittelt werden. Er vermochte der Schule den frischen Wind einzuhauchen, der wesentlich zu ihrem Erfolg beigetragen hat.

Länder und Institutionen, in denen Lebenskunst, eine reiche Tischkultur, Gastfreundschaft und Geselligkeit gepflegt werden, sollten Vorreiter sein bei der Suche nach Wegen, dieses kostbare Kapital zu würdigen und zu schützen, um die Freude an stilvoll präsentierter, vollendet ausgeführter Arbeit zu bewahren. In diesem Sinne sind die Compagnons du Tour de France (Handwerksgesellen auf Wanderschaft) und die Meilleurs ouvriers de France (eine Auszeichnung, die alle vier Jahre vom französischen Arbeitsminister für besondere Leistungen vergeben wird) bestrebt, ihre Erfahrung, ihr handwerkliches Können und ihr theoretisches Wissen weiterzugeben. Voraussetzung ist Geduld, ein gutes Zeitmanagement und die Besinnung auf Traditionen, um sich daraus das Beste zu eigen zu machen und auf die Zukunft befruchtend einzuwirken.

Man kann nicht oft genug betonen, dass die französische Küche die Vielfalt bewahrt und jedem, der sich für gute Produkte und gutes Kochen interessiert, viel zu bieten hat. Dabei werden auch die Küchen anderer Länder mit einbezogen, es gibt ein Interesse für Sitten und Gebräuche sowie für typische Produkte. Auch der Austausch zwischen Köchen und Erzeugern spielt in der französischen Küche eine große Rolle.

Die Spitzenköche und Tischkultur-Experten des Institut Paul Bocuse sind unaufhörlich bemüht, ihren reichen Erfahrungsschatz weiterzugeben. Ihrer gebündelten Tatkraft ist die Entstehung dieses Buches zu verdanken, dem die wunderbare Rolle des Vermittlers und Interpreten zugedacht ist, um den wissbegierigen Amateurkoch zu befähigen, seine selbst gesteckten Ziele zu erreichen. Es ermöglicht das Erlernen der erforderlichen Techniken ohne Zeitdruck und unabhängig von Wohnort, Alter und Beruf.

Ich wünsche diesem Buch von Herzen viel Erfolg und hoffe, dass es zu Ihrem besten Freund in der Küche wird, damit in Zukunft auch Sie die Freuden der französischen Küche teilen und weitergeben können.

Inhalt

Das Institut Paul Bocuse, ein besonderer Ort	8
GRUNDREZEPTE	16
EIER	116
FLEISCH	134
Rind	142
Kalb	162
Lamm	178
GEFLÜGEL	200
INNEREIEN	268
WILD	286
FISCH UND MEERESFRÜCHTE	298
NUDELN, GETREIDE UND HÜLSENFRÜCHTE	370
GEMÜSE	416
TRANCHIEREN UND SERVIEREN	490
REZEPTE DER LEHRER	514
SPEISEN UND WEIN AUFEINANDER ABSTIMMEN	662
TISCHKULTUR	680
GLOSSAR	696
REGISTER DER TECHNIKEN	701
REZEPTREGISTER	703
ZUTATENREGISTER	705

Das Institut Paul Bocuse
EIN BESONDERER ORT

WISSEN WEITERGEBEN

Man kann nur weitergeben, was man selbst bekommen hat. Und man gibt sein Wissen immer an eine Gemeinschaft weiter. Die Identität eines Landes, einer Generation und einer Küche gründet auf dem, was geliebt, was aus der Vergangenheit bewahrt wird und woran man festhält.

Dieses Vermächtnis hat dazu beigetragen, dass die französische Küche, das gastronomische Mahl als Symbol für die Versammlung von Familie und Freunden um einen Tisch, um sich in geselliger Runde wohlorganisierten Tafelfreuden hinzugeben, von der UNESCO zum immateriellen Weltkulturerbe erklärt wurde. Das Institut Paul Bocuse hat es sich zur Aufgabe gemacht, diese Tradition, das handwerkliche Know-how und die französische Lebensart zum Inhalt seines Unterrichts zu machen.

Der Nutzen von Kunst, selbst von Kochkunst, wird häufig angezweifelt. Ich persönlich bin fest davon überzeugt, dass sie im täglichen Leben unbedingt von Nutzen ist. Ich wünsche mir, dass die Techniken der französischen Küche Ihnen als Rüstzeug dienen, um eigene Kompositionen zu entwickeln und scheinbare Gegensätze harmonisch miteinander zu vereinen. Ich wünsche mir, dass Sie sich eine Tradition zu eigen machen, die nach wie vor mit einer Person, einem Gesicht und einer bestimmten Zeit verbunden ist. Wer kochen lernt, kann auf die Erfahrungen anderer zurückgreifen, um sich zu vervollkommnen. Wer kochen kann, ist in der Lage, die Wege der standardisierten Ernährung zu verlassen und genussreiche Mahlzeiten zuzubereiten.

Außerdem bin ich aus tiefstem Herzen davon überzeugt, dass man sich beim Kochen immer wieder von Neuem öffnen muss. Eine gute Mahlzeit basiert auf drei Eckpfeilern

- **dem Produkt:** Gericht, Hauptzutat, Getränk, Abstimmung von Speise und Getränk, Reihenfolge;
- **dem Genießer:** seine Werte, seine Kultur, seine Gewohnheiten, seine Erwartungen, seine Bedürfnisse;
- **der Umgebung:** Atmosphäre, Anlass, Benennung von Speisen, Präsentation, Geschirr, soziale Interaktion.

Kochen hat insofern auch mit Herzensbildung zu tun, und Kochkunst und Tischkultur liefern ein wunderbares Modell für ein harmonisches Zusammenleben.

Ich wünsche mir, dass dieses Buch dazu beiträgt, den Akt des Kochens anders einzuschätzen. Dieses Buch soll dazu ermutigen, in der Zubereitung der täglichen Mahlzeiten einen tieferen Sinn zu sehen. Mit allem, was wir tun, können wir Menschen berühren, und auch Kochen kann ein Werk der Liebe sein.

PAUL BOCUSE UND GÉRARD PÉLISSON

In einer Gesellschaft, die von Hektik und Konsumrausch geprägt ist, verkörpern Paul Bocuse und Gérard Pélisson etwas sehr Seltenes: ein hohes Maß an Willenskraft. Zwei einfache Männer mit einer Vision – viele suchen Rat bei ihnen, gleichzeitig ist ihr Urteil gefürchtet. Sie beweisen Mut, wo andere auf Altbewährtem beharren, sie sind erfinderisch, wo andere immer nur wiederholen, sie harren aus, wo andere einfach vorbeigehen.

Das Institut Paul Bocuse, 1990 gegründet, verdankt seine Entstehung dem Namensgeber, der eine gute Idee zielstrebig umgesetzt hat. Paul Bocuse steht für den Respekt vor der Kochkunst und vor jenen, die sie immer wieder neu beleben. Eine Kunst, die man mit allem, was dazugehört, teilen möchte. Aber um eine großartige Schule aufzubauen, sie auf regionaler, nationaler und internationaler Ebene in die erste Reihe zu katapultieren und dauerhaft auf diesem Niveau zu halten, muss man sich mit ihr identifizieren. Bis heute wird Paul Bocuse von Küchenchefs aus aller Welt für seine Geradlinigkeit, seine Standhaftigkeit, seine Sicherheit und seine absolute Genauigkeit geschätzt und verehrt. Er ist die Seele unserer Schule. Gérard Pélisson, Mitbegründer der Accor-Gruppe, führt das Institut seit 1998 mit Weitsicht und großem persönlichem Engagement. Er ist ein Unternehmer im besten Sinne, der unser Vertrauen verdient.

Paul Bocuse und Gérard Pélisson sind für unsere Studenten große Vorbilder. Für unsere Schule und ihre Mission sind sie ein unschätzbares Geschenk, denn beide empfinden die Weitergabe ihres Könnens und Wissens als Pflicht. Die Strahlkraft des Instituts basiert auf dem Glanz ihrer Sterne.

Paul Bocuse & Gérard Pélisson ›

SACHVERSTAND UND PÄDAGOGIK: FRANZÖSISCHE KOCHKUNST AUF HÖCHSTEM NIVEAU, VERMITTELT VON SPITZENKÖCHEN

Der Historiker Pascal Ory hat einmal gesagt: »Gastronomie ist weder üppige Kost noch gehobene Küche, sondern das Essen und Trinken nach bestimmten Regeln, das die Tischkultur ausmacht.« Mit dieser Aussage erkläre ich mich absolut einverstanden.

Kochkunst bedeutet, mithilfe klassischer Techniken, die seit mehr als 200 Jahren angewendet werden, Speisen zu entwickeln, die dem heutigen Geschmack entsprechen. Aber was bedeutet hier »klassisch«? Für mich ist ein klassisches Rezept eines, das immer wieder neu inspiriert. Man bereitet es zu, vielleicht ein zweites Mal, dann interpretiert man es neu, und schon ist ein fast neues Gericht entstanden. Das ist wie ein Schock, ein Déjà-vu in völlig neuem Licht! Man nimmt sich einen großen Klassiker von Carême oder Escoffier vor und sagt sich: »Klar, den kenne ich auswendig ...« Und plötzlich merkt man, dass man ihn nicht richtig verstanden hatte. Jeder Klassiker hat das Potenzial zur Wiedergeburt, allerdings widersetzt er sich Uminterpretationen und schlechten oder der Mode angepassten Adaptationen. Gute Beispiele für die sinnvolle Erneuerung klassischer Gerichte findet man gegenwärtig in der regionalen und ländlichen Küche.

Die Spitzenköche, die am Institut Paul Bocuse unterrichten, sind Experten für französische Kochkunst mit einem reichen Erfahrungsschatz. Sie können auf die Erfahrung eines Berufslebens zurückgreifen, sie beherrschen nicht nur die einschlägigen Techniken, sie vermitteln mit Sensibilität und Inspiration den Studenten neben ihrem Wissen und Können auch soziale Kompetenz. Dabei stehen natürlich auch die materiellen Grundlagen im Fokus (Eigenschaften der Produkte, Gartechniken, Kosten), ebenso wie die Faktoren, die eine Person beim Genuss einer Speise beeinflussen können (Lebensumstände, das Umfeld, die Atmosphäre ...).

Warum kochen wir? Die Antwort ist einfach: damit es etwas zu essen gibt. Aber uns genügt das nicht. Unser Unterricht verfolgt das Ziel, jeder Person, die sich für die Kunst des Kochens interessiert, die Fähigkeit zu vermitteln, unter jedweden Umständen eine unfassbare Sensation, eine Welt voller Emotionen zu kreieren. Ich lade Sie ein, mit diesem Buch die Professionalität, das Engagement und den Geist, kurz, das hohe Niveau kennenzulernen, das die Studenten und die Küchenchefs des Institut Paul Bocuse im Dienste des guten Essens inspiriert und auszeichnet.

DIE HOHE SCHULE

Wenn Kochen den Zweck verfolgt, zu ernähren und Freude zu bereiten, ist das Kochen auf Spitzenniveau gleichermaßen nebensächlich wie essenziell. Und gerade diese Widersprüchlichkeit macht es so interessant. Einer der Wege zur Perfektion führt wie seit je über den Erwerb der grundlegenden Techniken und Kenntnisse, die gute Köche und Köchinnen sich angeeignet haben und die es ihnen ermöglichen, ihre Sensibilität und Kreativität umzusetzen. Dann liegt es bei ihnen, ob sie etwas Luxuriöses oder etwas Alltägliches, etwas Besonderes oder etwas Gewöhnliches anbieten. Essen zuzubereiten sollte bedeuten, eine Küche und ihre Komponenten zum Leben zu erwecken und alle zur Verfügung stehenden Mittel bestmöglich zu nutzen – Mittel, die der Laie übersieht oder für unwichtig hält, die aber unter kundigen Händen einer Speise das gewisse Etwas verleihen. Exzellenz garantiert ein gleichbleibend hohes Qualitätsniveau und kann jedem Anspruch gerecht werden. Die Grundbedingung dafür

ist Wissen — Wissen, um zu verstehen und Wissen, um zu agieren. Der Akt des Kochens ist mehr als die subtile Kombination von Lebensmitteln, er ist kreativ und sucht beständig weiter nach neuen Gaumenfreuden. Aromen und Farben spielen eine Rolle in dieser poetischen Kunst, die auch die Augen und alle anderen Sinne anspricht. Exzellentes Können macht Kochen zur Kunst – zur kulinarischen Kunst.

EIN BESONDERER ORT, DER SICH DER LEHRE VERSCHRIEBEN HAT

Das Institut Paul Bocuse ist heute eine der international führenden höheren Lehr- und Forschungseinrichtungen im Hotel- und Restaurantfach. 650 Studenten aus 37 Ländern werden hier ausgebildet. Neben den für die praktische Unterweisung zuständigen Lehrkräften sind drei pädagogische Partner an unserem einzigartigen Ausbildungsmodell beteiligt: das IAE (Institut für Betriebswirtschaftslehre) der Universität Lyon III, die EM Lyon (Hochschule für betriebswirtschaftliche Fächer) und die Fachhochschule Haaga Helia in Helsinki, die alle auf nationaler und internationaler Ebene weiter vernetzt sind. Unsere beiden Bachelorstudiengänge für die Bereiche Hotellerie und Gastronomie sind seit 2009 in Frankreich staatlich anerkannt, seit 2012 trifft das auch für den Fachbereich Kulinarik zu.

Der Fachbereich Internationales Hotel- und Restaurantmanagement ermöglicht unseren Studenten den Erwerb eines Doppeldiploms des Institut Paul Bocuse und der Universität. Die Masterstudiengänge führen ebenfalls zu einem Doppelabschluss: einer wird von unserem Institut, der andere von der EM Lyon (International Hospitality Management) oder von der Haaga Helia (Management Culinaire et Innovation) verliehen.

Wir wollen handwerkliches Können vermitteln, perfekte Technik, die mit Eleganz ausgeübt wird. Hierzu verfügen wir über acht Restaurants, von denen drei für die Öffentlichkeit zugänglich sind. Dazu kommen die École du thé (Teeschule), das Studio Café, die Maison de la dégustation (Haus der Weinverkostung) sowie der Espace Arts de la table (Raum für Tischkultur).
Unser Schulungshotel Le Royal mit 72 Zimmern und Suiten gehört zum Konzern AccorHotels. Das vom renommierten französischen Innenarchitekten Pierre Yves Rochon gestaltete Fünf-Sterne-Hotel im Herzen Lyons steht seit 2002 unter der Leitung des Institut Paul Bocuse. Hier erlernen unsere Studenten in ihrem ersten Ausbildungsjahr die Grundlagen der Hotelberufe.
Unterhalb des Hotels liegt das Schulungsrestaurant des Instituts. Dort soll jeder Student ein Bewusstsein dafür entwickeln, dass seine Haltung und sein Auftreten an jedem Einsatzort, sei es in der Küche, in der Patisserie oder im Gastbereich, eine wichtige Rolle spielen und die Atmosphäre des Restaurants beeinflussen.
Im Pavillon der Region Rhône-Alpes in Shanghai werden jährlich 40 chinesische Studenten von 20 Studenten des Institut Paul

Bocuse ausgebildet, die dort im zweiten Studienjahr ein Praktikum absolvieren. Gemeinsam werden sie von sieben diplomierten Absolventen betreut, die ihnen dort die während ihrer Ausbildung erlernten französischen Küchen- und Servicetechniken vermitteln – für alle Beteiligten eine großartige multikulturelle und lehrreiche Erfahrung.

Eine weitere Besonderheit unseres Instituts ist das Forschungszentrum mit drei Hauptbereichen:
• Forschung zur Gewinnung wissenschaftlicher Erkenntnisse in den Bereichen Ernährung, Hotellerie und Gastronomie;
• Beratungsleistungen für Unternehmen;
• Angebote für Studenten im Rahmen einer multidisziplinären Doktorarbeit. Themen sind zum Beispiel Sprache und Körpersprache in der Gastronomie (in Zusammenarbeit mit der Gruppe Sofitel-AccorHotels).

Das vor Kurzem gegründete Labor des Instituts ist eine 250 m^2 große experimentelle Plattform, wo Studien in Echtsituationen durchgeführt werden, um den Service im Hotel- und Gaststättengewerbe, aber auch in anderen Bereichen zu analysieren, wo Service ein Kernstück des Unternehmens ist und die Qualität der Beziehung zum Kunden über die Differenzierung der Serviceleistung entscheidet. Das Institut Paul Bocuse ist daher auch Mitglied der französischen Vereinigung ESPRIT DE SERVICE*.

*Zusammenschluss der 40 größten Dienstleistungsfirmen Frankreichs aus allen Geschäftsbereichen. ESPRIT DE SERVICE FRANCE verfolgt das Ziel, gemeinsam die besten Praktiken zu entwickeln, um Kunden optimal zufriedenzustellen und Service à la française zum Inbegriff für Spitzenqualität zu machen.

EINE AUSBILDUNGSSTÄTTE FÜR FACHKRÄFTE UND AMBITIONIERTE AMATEURE

»Menschen bilden bedeutet nicht, ein Gefäß zu füllen, sondern ein Feuer zu entfachen« (Aristophanes).

Bei jedem Einzelnen die Fähigkeit zu wecken, sich auf Menschen und Begebenheiten einzustellen, ist ein Kernstück des Unterrichts im Institut Paul Bocuse. Entsprechend nehmen wir nicht nur Studenten, sondern auch Profiköche zur Fortbildung und berufsfremde Personen zur Umschulung auf. Nicht-Profiköche, die später selbst ein Restaurant eröffnen möchten, erlernen in einem elfwöchigen Programm die praktischen und betriebswirtschaftlichen Grundlagen der Gastronomie. Auch öffentlichen und privaten Unternehmen bieten wir maßgeschneiderte Schulungen für Küchentechnik, Service und Empfang. Unter anderem beraten wir seit acht Jahren die Lyoner Krankenhäuser, um eine sinnvolle Ernährung der Patienten zu gewährleisten.

Auch ambitionierte Gourmets finden den Weg zu uns. Jahr für Jahr kommen mehr als 1000 Hobbyköche hierher, um in unserer Gourmet-Kochschule an Workshops zum Thema Kochen, Patisserie, Backen, Wein, Tee, Kaffee und Käse teilzunehmen.

TRADITIONSBEWUSST UND ZUKUNFTSORIENTIERT

Unsere Schule gibt die Techniken, Sitten und Gebräuche weiter, die Fleiß und Methode erfordern, in dem Bewusstsein, dass, wie Jean Cocteau einst gesagt hat, »Tradition eine immerwährende Bewegung ist, die vorangeht, sich ändert, lebt. Auf lebendige Tradition trifft man überall, man soll danach trachten, sie seiner Zeit gemäß aufrechtzuerhalten.«

Wir sehen uns als Träger von Werten. Hinter all unseren Entscheidungen und Aktivitäten steht das Bestreben, uns des Namens Paul Bocuse und natürlich auch des Generaldirektors Gérard Pélisson würdig zu erweisen und unser Erbe, die französische Lebensart und die Hotellerie- und Gastronomietradition, zu bewahren. Diese Werte wollen wir perfekt umsetzen.
• **Ziel**: noch besser sein;
• **Ethik**: persönliches Verhalten und Berufsregeln;
• **Großzügigkeit und Respekt**: zwei Werte, die die Beziehungen bestimmen und das Verhalten prägen. Sich selbst und andere respektieren, korrekt gekleidet und pünktlich sein.

Wer diese Werte ernst nimmt, tut sich nicht schwer damit, Freude zu bereiten, einfache, echte und dauerhafte Emotionen zu schenken. In Gastronomie und Hotellerie auch die kleinen Dinge mit einzubeziehen bedeutet, Lebenskunst zu praktizieren. Diese Lebensart, die Frankreich charakterisiert, ist ein großer Trumpf in der Wirtschaft unseres Landes wie auch vieler anderer, die sich hier bei uns Anregungen holen, um ihre eigene Kultur, ihre eigenen Traditionen wiederzubeleben.

Selbstverständlich bietet das Institut Paul Bocuse in erster Linie Ausbildungsgänge für Berufe an, die seiner Ausrichtung entsprechen. Einen Beruf zu erlernen und ihn gut auszuüben mag zunächst einfach erscheinen. Aber ihn in einem Team auszuüben zwingt zu noch größerer Genauigkeit, zu noch höheren Ansprüchen an sich selbst, erfordert aber auch Toleranz und gegenseitiges Vertrauen. Auf diese Weise entsteht die Freude an gut ausgeführter Arbeit. Je mehr man über Wein lernt, desto weniger trinkt man davon – man genießt ihn. Am Anfang jeder Ausbildung steht das Verstehen, das genaue Verständnis der

Dinge. Durch wiederholtes Probieren in unseren verschiedenen Arbeitsbereichen beginnt man zu begreifen und erfährt die Begabung der Hand, die Fähigkeit, mit Geschick und Eleganz Gemüse zu schneiden, Fleisch zu parieren, einen Tisch zu decken, Wein zu servieren – auf die jeweils passende Art und Weise. Das Erlernen dieser Grundfertigkeiten, dieses Know-hows, erfolgt im Rahmen einer direkten Beziehung zwischen Lehrer und Schüler.

Später kommen andere Schwerpunkte dazu: die Analyse, die Fähigkeit, Entscheidungen zu treffen, mit einem Wort: das Management. Erst nach dem Erwerb der grundlegenden Kenntnisse werden unsere Studenten dazu angeregt, im Rahmen von Teamprojekten ihre Kreativität und Sensibilität zu entwickeln. Dann folgt die letzte Etappe: die Ausbildung zum Unternehmer.

So verbreitet das Institut Paul Bocuse das Know-how, die französische Gastronomiekultur und die Kunst der Gastlichkeit auf der ganzen Welt. Dreizehn Schulen und Universitäten haben sich entschlossen, unsere Philosophie und deren pädagogische Umsetzung zu übernehmen. Das Institut begleitet die Planung der verschiedenen Lehrprojekte sowie die Ausbildung der Lehrkörper. Jedes Jahr nehmen fünf ihrer besten Studenten in Ecully an einer sechzehnwöchigen praktischen Ausbildung teil. In Lima und in Singapur hat das Institut Paul Bocuse einen Bachelorstudiengang im Bereich Kulinarik und Gastronomiemanagement eingerichtet. Bis heute verfolgen wir den Werdegang von über 2000 diplomierten Absolventen aus 22 Ländern. Mehr als 30 % gründen innerhalb von vier Jahren nach ihrem Abschluss ein eigenes Hotel- oder Gastronomieunternehmen.

EIN BUCH AUS DEM INSTITUT PAUL BOCUSE

Mit unserem Unterricht wollen wir Männer und Frauen für eine wichtige Aufgabe ausbilden. Ich bin der Auffassung, dass die Freude an gutem Essen und die Gastlichkeit, die für die französische Kultur so charakteristisch sind, sehr wahrscheinlich auch in der Welt von morgen noch eine Rolle spielen. Ich wünsche mir, dass das Know-how, die kulinarischen Techniken und die Originalität, um die man uns beneidet, weite Verbreitung finden. Im Bewusstsein um ihre Rolle als Bannerträger der französischen Spitzengastronomie geben die besten Köche und Dozenten unseres Instituts mit diesem Buch auch Ihnen die Möglichkeit, von ihrem exzellenten Können zu profitieren. Nutzen Sie das Buch nach Ihren Bedürfnissen, interpretieren Sie es und machen Sie sich den Ausspruch des berühmten französischen Schriftstellers und Gastrosophen Brillat-Savarin zu eigen: »Jemanden zu Gaste laden heißt, für sein Glück sorgen, solange er unter unserem Dache weilt.«

Oder wie Paul Bocuse zu sagen pflegt: »Das Glück wohnt in der Küche!«

HERVÉ FLEURY,
Generaldirektor des Institut Paul Bocuse

GRUND-REZEPTE

Inhalt

Gutes Essen braucht Leidenschaft	18
Öl, Essig und Würzmittel	22
Kräuter	24
Gewürze	26

VINAIGRETTE	28
SENFDRESSING	29
RAVIGOTE-SAUCE	30
MAYONNAISE	31
TATARENSAUCE	32
GRIBICHE-SAUCE	34
MEERRETTICHSAUCE	35
GRÜNE SAUCE	36
BÉCHAMELSAUCE	38
MORNAYSAUCE	39
WEISSE ZWIEBELSAUCE	40
HOLLÄNDISCHE SAUCE	42
SCHAUMSAUCE	44
MALTESER SAUCE	45
WEISSWEINSAUCE	46
SAUCE ZUM ÜBERBRÄUNEN	47
BÉARNER SAUCE	48
CHORON-SAUCE	50
FOYOT-SAUCE	51
WEISSE BUTTERSAUCE	52
NANTESER BUTTERSAUCE	53
ROTWEINBUTTER	54
BUTTER KLÄREN	56
BUTTER ZERLASSEN & BRÄUNEN	57
ORANGENSAUCE	58
GEFLÜGELRAHMSAUCE	60
BORDELAISER SAUCE	62
PFEFFERSAUCE	64
HELLER GEFLÜGELFOND	66
DUNKLER KALBSFOND	68
DEMIGLACE & GLACE	70
GEFLÜGELJUS	72
DUNKLE HÜHNERBRÜHE	74
RINDERBRÜHE	76
RINDERBRÜHE ZUR CONSOMMÉ KLÄREN	78
GEMÜSEBRÜHE	79
PAPRIKASAUCE	80
TOMATENSAUCE	81
TEUFELSSAUCE	82
MADEIRASAUCE (ODER PORTWEINSAUCE)	84
TRÜFFELSAUCE	85
COURT-BOUILLON ZUM POCHIEREN VON FISCH	86
FISCHFOND	88
KRUSTENTIERFOND	90
NANTUASAUCE	92
KREBSBUTTER	96
AMERIKANISCHE SAUCE	98
MÜRBETEIG	100
BLÄTTERTEIG MIT DREI DOPPELTEN TOUREN	102
EINEN TARTERING MIT TEIG AUSLEGEN	104
PASTETENTEIG	106
EINE PASTETENFORM MIT TEIG AUSKLEIDEN	108
PASTETE IM TEIGMANTEL	110
MARINADE FÜR GEGRILLTE HÄHNCHENBRUST	114
MARINADE FÜR GEGRILLTES FISCHFILET	115

Grundrezepte
GUTES ESSEN BRAUCHT LEIDENSCHAFT

Kochen ist eine anspruchsvolle Aufgabe. Es gilt, Zutaten auszuwählen, zu einem Gericht zu verarbeiten und schließlich dem Gast zu servieren. Der verleibt es sich ein, und während er seinem Körper Nahrung zuführt, wird ihm ein Moment reiner Gaumenfreude beschert. Ein Akt von nicht zu unterschätzender Bedeutung, sowohl für denjenigen, der die Mahlzeit kocht, als auch für denjenigen, der sie genießt. Die Basis dafür bilden die Rezepte, das Können und das Wissen gut ausgebildeter Köche. Sie ist von entscheidender Bedeutung für jeden, der auf höchstem Niveau arbeiten, Gäste zufriedenstellen und kulinarische Ambitionen verwirklichen will.

WIE ORGANISIERT MAN EINE KÜCHE?

Eine Mahlzeit zubereiten bedeutet, Grundprodukte zu bearbeiten und zu veredeln. Dazu muss eindeutig festgelegt werden, welche Produkte gebraucht werden und welche überflüssig sind. Anschließend werden die Zutaten ausgewählt und nach allen Regeln der Kochkunst verarbeitet.

DER EINKAUF

Zunächst müssen hochwertige Produkte eingekauft und vom Zeitpunkt des Einkaufs bis zum Verzehr frisch gehalten werden. Die Zutaten für ein besonderes Essen werden häufig erst am Vortag oder am Tag selbst besorgt und stellen somit kein großes Lagerungsproblem dar. Dagegen werden Nahrungsmittel für den täglichen Bedarf oft für die ganze Woche eingekauft, sodass ihre Aufbewahrung größter Sorgfalt bedarf.

Entsprechend wichtig ist eine perfekte Organisation: Nahrungsmittel, die lange, zum Teil mehrere Monate lagerfähig sind, können in größeren Mengen auf Vorrat eingekauft werden, dagegen erfordern frische Produkte, die nur wenige Tage im Kühlschrank halten, den zeitaufwendigeren Weg zu verschiedenen Verkaufsstätten (Fleischerei, Fischgeschäft, Gemüsehändler …) und den Einkauf kleinerer Mengen, damit nichts verdirbt. Das ist insbesondere wichtig, wenn qualitativ hochwertige, häufig relativ teure Produkte benötigt werden.

Die Auswahl der Produkte ist von entscheidender Bedeutung: Sie bestimmt, was wir selbst und unsere Gäste essen. Aus der Vielzahl der Angebote treffen wir unsere Wahl und manifestieren auf diese Weise, ob wir bestimmte wirtschaftliche Entwicklungen mitmachen oder ablehnen. Seitens der Verbraucher zeichnet sich zunehmend die Tendenz ab, direkt bei den Erzeugern einzukaufen.

ALLES VERWERTEN

Der Kampf gegen die Verschwendung von Nahrungsmitteln steckt noch in den Kinderschuhen. Es gibt aber Bestrebungen, die auf einen bewussteren und verantwortlicheren Umgang mit unserem Essen zielen. Dabei geht es um die Vermarktung von Obst und Gemüse, das nicht den EU-Normen entspricht, um die Nutzung von Produkten, deren Mindesthaltbarkeitsdatum überschritten ist, aber auch darum, Pflanzen besser zu verwerten, also auch das Blattgrün von Wurzelgemüse, Schalen und andere Nebenprodukte.

Paradoxerweise gilt diese älteste Art der Nahrungsbeschaffung heute als richtungsweisende Neuorientierung.

Seit der Einführung des AOC-Siegels für französische Weine Anfang des 20. Jahrhunderts sind viele weitere Schutz- und Gütesiegel entwickelt worden. Ihre Vielfalt mag gelegentlich verwirren, aber sie können beim Einkaufen eine wertvolle Orientierungshilfe sein.

Das Label Rouge ist ein Gütesiegel für hochwertige Lebensmittel aus Frankreich. Das Bio-Siegel und das EU-Bio-Logo kennzeichnen Produkte, die nach den EU-Rechtsvorschriften für ökologischen Landbau produziert wurden. Dabei geht es um eine insbesondere auf Umweltverträglichkeit und Nachhaltigkeit ausgelegte Wirtschaftsform, die auch eine artgerechte Tierhaltung garantiert, worauf die Verbraucher zunehmend achten.

Es geht nicht mehr allein darum, sich von Produkten zu ernähren, die gut schmecken und gesundheitsförderlich sind, man muss sie auch guten Gewissens verzehren können. Die Verbraucher tolerieren immer weniger, dass Tiere für die Befriedigung kulinarischer Bedürfnisse leiden müssen.

HIER UND JETZT

Damit man während des Einkaufs nicht ratlos vor den Regalen steht, weil man nicht findet, was man sucht, ist es ratsam, den Saisonkalender zu kennen und bei der Zusammenstellung des Speiseplans zu berücksichtigen. Wer saisonal einkauft, spart Kosten und erhält optimale Qualität. Und denken Sie daran: Nicht nur Obst und Gemüse, sondern auch andere frische Produkte wie Fleisch, Fisch und Käse haben ihre Saison.

Im 19. Jahrhundert war es ein Zeichen von Luxus und Macht, Mahlzeiten ohne Rücksicht auf die Saison und die Herkunft der Produkte zusammenzustellen und sich über die Gesetze der Natur hinwegzusetzen. Den Gästen Speisen vorzusetzen, die nicht saisongerecht waren und aus fernen, überseeischen Ländern stammten, konnte ein Vermögen kosten. Die entsprechenden Produkte wurden im Lauf des 20. Jahrhunderts zunehmend erschwinglich, allerdings auf Kosten ihrer geschmacklichen Qualität. Durch die steigende Nachfrage hat sich nicht zuletzt die Ökobilanz signifikant verschlechtert.

Heute gehen große Küchenchefs mit gutem Beispiel voran und verwenden ausschließlich saisonale Produkte zum Zeitpunkt ihrer optimalen Reife. Viele sind Partnerschaften mit lokalen Erzeugern eingegangen, deren erstklassige Produkte die regionale Identität verkörpern und dank kurzer, umweltschonender Transportwege nicht an Frische verlieren. Dank dieser Zusammenarbeit können auch seltene, in Vergessenheit geratene, aber für eine bestimmte Region typische Produkte wiederentdeckt und neue Geschmackserlebnisse kreiert werden.

EIN KÜCHENCHEF IST FÜR ALLES VERANTWORTLICH

Die Zutaten sind vorhanden, die Speisefolge ist ausgearbeitet und erstklassige Rezepte beschreiben die Vorgehensweise ... Also ist alles bereit? Nicht ganz.

HYGIENE

Bevor man mit der Arbeit beginnt, muss man sich vergewissern, dass alle Voraussetzungen für ein gutes Gelingen gegeben sind. Die Verwendung industriell gefertigter Produkte mit in weiter Ferne liegendem Verfallsdatum kann leicht zur mangelnden Beachtung der kurzen Haltbarkeit frischer Produkte führen, ohne die eine gute Küche nicht auskommt.

Es genügt nicht, sich die Hände zu waschen, seine Haare zusammenzubinden und regelmäßig die verwendeten Küchentücher auszuwechseln. Es gilt auch, einige einfache, aber grundlegende Regeln zu beachten. Beispielsweise sollte man die unterschiedlichen Kältezonen des Kühlschranks kennen, um die gekauften Produkte fachgerecht zu lagern. Außerdem muss man wissen, welche Lebensmittel nicht nebeneinanderliegen dürfen, um eine gegenseitige Übertragung von Bakterien (Kreuzkontamination) auszuschließen.

Zur Begrenzung bakteriologischer Risiken ist es ratsam, alle Produkte in geeigneten Behältern im Kühlschrank zu lagern. Auch sollten größere Kartonverpackungen wie für Milchprodukte nicht in die Kühlschrankfächer gestellt werden. Sie können mit Keimen belastet sein und außerdem die Luftzirkulation behindern, sodass die Produkte dahinter nur unzureichend gekühlt werden. Es empfiehlt sich, sie in geeignete Behälter umzufüllen.

Während des Kochens sollte das Abkühlen der einzelnen Zubereitungen auf Raumtemperatur vermieden werden, um die Vermehrung von Bakterien zu beschränken. Tiefgefrorene Produkte sollten keinesfalls auf der Arbeitsfläche, sondern im Kühlschrank oder, wenn die Zeit drängt, in der Mikrowelle aufgetaut werden.

ORDNUNG

Eine Küche sollte genügend Platz bieten, um eine gewisse Organisation zu ermöglichen, die einzelnen Zutaten separat bereitstellen und ausschließen zu können, dass gegarte und rohe Nahrungsmittel miteinander in Berührung kommen. Wenn aber nur wenig Arbeitsfläche zur Verfügung steht, empfiehlt es sich, alles nicht unbedingt Notwendige, das kostbaren Platz einnimmt, wegzuräumen.

Um ordentlich zu kochen, ist ausreichend Platz noch wichtiger als die meisten Utensilien. Obwohl die Werbung immer wieder suggeriert, der Kauf dieser oder jener Gerätschaft würde die Arbeit in der Küche

wesentlich erleichtern, ist die Anzahl der unbedingt erforderlichen Hilfsmittel überschaubar: einige gute Messer, Waage und Messbecher, mehrere Koch- und Schmortöpfe, Kochlöffel und Pfannenwender und eine Multifunktions-Küchenmaschine. Alles Überflüssige gilt es auszusortieren, um über genügend freie Arbeitsfläche zu verfügen.

ZEITMANAGEMENT

Ein Küchentimer ist wichtig – so wie die Uhr in unserem Kopf, die uns hilft, vorauszuplanen und vorzubereiten –, um Garzeit, Kühlzeit oder Ruhezeit unter Kontrolle zu haben. Am Ende dauert alles doch immer länger als angenommen, auch wenn manche Arbeitsschritte am Vortag erledigt werden können, wie beispielsweise die Herstellung des Teiges für eine Pastete oder das Einlegen bestimmter Produkte in eine Marinade. Während alles innerhalb der relativ kurz bemessenen Essenszeit angerichtet und serviert werden muss, nimmt die Vorbereitung den ganzen Tag oder auch mehr in Anspruch.

TEMPERATURZONEN

Produkte sollten im Kühlschrank nicht einfach nach verfügbarem Platz gelagert werden, sondern dort, wo die richtige Temperatur herrscht:

- Tür: 7-8 °C. Eier, Butter, Getränke, ungeöffnete Fertigprodukte
- Gemüsefach: 5-8 °C. Frisches Obst und Gemüse, das für eine Kühlung geeignet ist
- Mittlere Zone: 3-5 °C. Zubereitete Speisen, Milchprodukte aller Art.
- Obere Zone: 2-3 °C. Leicht verderbliche Lebensmittel, Fleisch, Fisch, Meeresfrüchte.

Es gibt inzwischen auch Geräte mit dynamischer Kühlung, die überall dieselbe Temperatur bieten. Sinnvoll ist außerdem ein Kaltlagerfach mit einer Temperatur nahe 0 °C und kontrollierter Luftfeuchtigkeit.

AUSGEWOGENHEIT

Um sicherzustellen, dass die Gäste ihre Mahlzeit in angenehmer Erinnerung behalten und nicht von Völlegefühl und Magendrücken geplagt werden, bedarf deren Zubereitung einer sorgfältig durchdachten Auswahl der Produkte.

Bei der alltäglichen Küche muss auf Vielseitigkeit und Ausgewogenheit der Mahlzeiten geachtet werden, damit sie der Gesundheit zuträglich sind.

An Festtagen oder zu anderen besonderen Anlässen rückt dieser Aspekt natürlich in den Hintergrund, dennoch sollte das Menü so ausgewogen sein, dass sich jeder Gast nach dem Essen wohlfühlt. Bis zur kulinarischen Revolution der Nouvelle Cuisine in den 1970er-Jahren wurde eine gewisse Schwere der Speisen akzeptiert, die eine sogar als angenehm empfundene Müdigkeit zur Folge hatte. In der heutigen, auf Vitalität ausgerichteten Gesellschaft wird so etwas nicht mehr toleriert. Dazu kommen individuelle Unverträglichkeiten sowie der Verzicht aus gesundheitlichen, religiösen oder weltanschaulichen und natürlich auch aus rein persönlichen Gründen.

GROSSZÜGIGKEIT GEHÖRT DAZU

Der Wunsch, anderen eine Freude zu machen, sorgt für den nötigen Schwung, sich voller Tatkraft an den Herd zu stellen.

Die Ersten, die sich über die Gastronomie ernsthafte Gedanken gemacht und mehr als eine Sammlung von Rezepten zu Papier gebracht haben, waren der Auffassung, dass Tafelfreuden untrennbar mit Lebenskunst verbunden sind. In seinem Werk *Physiologie des Geschmacks* schreibt Jean Anthèlme Brillat-Savarin (1755–1825): »Jemanden einzuladen bedeutet, für das Glück des Gastes zu sorgen, solange er unter unserem Dache weilt.«

ZUBEREITEN, SERVIEREN, GENUSS SCHENKEN

Durch die Auswahl der Produkte und Rezepte, durch die Speisen, die Erinnerungen wecken oder neue unbekannte Genüsse bescheren, lädt eine Mahlzeit dazu ein, bekannte Territorien neu zu entdecken oder Neuland zu erkunden.

Das Bestreben, alles so gut wie irgend möglich zu machen, hat nichts mit dem bloßen Stolz eines Gastgebers auf seine perfekt verrichtete Arbeit zu tun, sondern beruht vielmehr auf dem Wunsch, sein Wissen und sein Können mit seinen Gästen zu teilen. Einzuladen bedeutet, alles Erdenkliche zu tun, um seinen Gästen Freude zu bereiten.

> »Und nach alledem wurde uns auch noch, eigens für uns hergestellt, aber noch spezieller meinem Vater zugedacht ... der Inspiration von Françoise entsprungen, von ihr als persönliche Aufmerksamkeit dargebracht, eine Schokoladencreme gereicht, flüchtig und leicht wie eine Gelegenheitsdichtung.« Marcel Proust

Weil eine Mahlzeit wie ein Geschenk geplant und zusammengestellt wird, war es traditionell üblich, allen Gästen das gleiche Essen zu servieren. Mittlerweile wird mehr und mehr akzeptiert, dass ein gemeinsames Essen nicht unbedingt bedeuten muss, dass jeder Gast die gleichen Speisen zu sich nimmt.

FANTASIE IST TRUMPF

Rezepte, die man kennt und gut beherrscht, kann man nach Lust und Laune abwandeln: Man ersetzt eine Zutat durch eine andere, fügt ein Gewürz oder ein Kraut hinzu, richtet anders an, kreiert auf diese Weise ein neues Geschmackserlebnis und lernt, Rezepte des klassischen Repertoires individuell zu interpretieren.

Das führt natürlich nicht immer zum Erfolg. Missgeschicke wie »außen verbrannt, innen roh« gehören ohne Frage auch dazu, sie sind sogar ein wichtiger Teil des Lernprozesses. Gelegentlich führen sie sogar zu einem durchschlagenden Erfolg. Wenn die Legende stimmt – sie klingt zumindest glaubhaft –, ist einer der Schwestern Tatin eine Tarte auf die Apfelseite gefallen, aber ihr Rettungsversuch hat der französischen Patisserie einen ihrer beliebtesten Klassiker beschert.

KURZLEBIGE FREUDEN

Die ganze Energie, die Hingabe und all die Zeit, die man in die Zubereitung einer Speise investiert hat, sind Vergangenheit, sobald die Mahlzeit verzehrt ist. Und Geschmacksempfindungen sind schwer zu vermitteln. Wenn man versucht, sie mit anderen zu teilen, vermittelt man in der Regel eine subjektive geschmackliche Erinnerung.

Der aktuelle Trend, dass Gäste im Restaurant ihren Teller fotografieren, anstatt die Speisen zu betrachten, den Duft in sich aufzunehmen und zu kosten, zeigt das Bedürfnis, die Erinnerung festzuhalten und mit anderen zu teilen. Dass die Komposition durch Fotos verflacht dargestellt, die Farben verfälscht und weder Aromen noch Texturen wiedergegeben werden, scheint keine Rolle zu spielen. Manche Küchenchefs wehren sich dagegen, zum einen, weil ihre Kreationen verfälscht abgebildet und damit abgewertet werden, zum anderen und hauptsächlich, weil diese Praxis in krassem Widerspruch zum Wesen der Kochkunst steht, die eine kurzlebige Kunst ist und Sensationen für den Augenblick schafft.

Um einem derart vergänglichen Genuss so viel Energie zu widmen, so viel Sorgfalt auf die Zubereitung einer Speise zu verwenden, die bewundert, beschnuppert, gekostet und gleich verzehrt wird, bedarf es einer gewissen Demut. Umso mehr, als man gelegentlich auch für Personen kocht, die aufgrund ihrer geschmacklichen Vorlieben nicht unbedingt schätzen, was man für sie zubereitet hat.

Häufig wird die Frage gestellt, ob Kochen wirklich eine Kunst ist. Die meisten Küchenchefs und vor allem Gourmets sind fest davon überzeugt, zumal ja auch von »Kochkunst« die Rede ist. Dennoch geht es weniger um Kunst, sondern vielmehr darum, dass beim Kochen, ob in der gehobenen Gastronomie oder am heimischen Herd, für die Alltags- oder die Festtagsküche, Sensibilität und Feingefühl, Arbeit und Hingabe, Fantasie und Genauigkeit untrennbar miteinander verbunden sind. Kochen ist ein Ausdruck von Großzügigkeit und Liebe.

> »Wer nicht wenigstens ein klein wenig zaubern kann, sollte sich nicht mit dem Kochen abmühen.«
> Colette

Essig, Öl und Würzmittel

SHERRY-ESSIG

BALSAMICO

ERDNUSSÖL

OLIVENÖL

HIMBEER-ESSIG

SESAMÖL

WALNUSSÖL

Gewürze

CHILIFLOCKEN

STERNANIS

GEWÜRZNELKEN

INGWER

KORIANDER

KREUZKÜMMEL

- PAPRIKA
- MUSKATNÜSSE
- ZIMTSTANGEN
- LANGER PFEFFER
- KUBEBENPFEFFER
- SAFRAN
- ROSA PFEFFER
- PFEFFERMISCHUNG
- WEISSER PFEFFER
- CURRY

Vinaigrette

SCHWIERIGKEITSGRAD:

FÜR 200 ML

ZUBEREITUNG: 5 MIN.

ZUTATEN
3 EL Weinessig (oder Zitronensaft für eine Zitronen-Vinaigrette) - 9 EL Öl
Salz und Pfeffer aus der Mühle

UTENSILIEN: kleiner Schneebesen

■ Eine klassische Vinaigrette wird mit neutralem Öl zubereitet (Sonnenblumen-, Erdnuss-, Traubenkernöl). Aber auch kalt gepresste Öle mit intensivem Aroma eignen sich gut (Oliven-, Kürbiskern-, Sesamöl). ■

1 Den Essig (oder Zitronensaft) sowie 3 Prisen Salz in eine Schale geben und verrühren, bis sich das Salz aufgelöst hat.

2 Das Öl in einem dünnen Strahl zugießen und mit dem Schneebesen unterrühren. Mit Pfeffer würzen.

Senfdressing

SCHWIERIGKEITSGRAD:
FÜR 200 ML
ZUBEREITUNG: 5 MIN.

ZUTATEN
3 EL Weinessig (oder Zitronensaft)
2 TL Senf - 150 ml Öl
Salz und Pfeffer aus der Mühle

UTENSILIEN: kleiner Schneebesen

1 Den Essig (oder Zitronensaft), den Senf sowie 3 Prisen Salz in eine Schale geben und verrühren, bis sich das Salz aufgelöst hat.

2 Das Öl mit dem Schneebesen nach und nach unterrühren, bis eine Emulsion entstanden ist.

Ravigote-Sauce

SCHWIERIGKEITSGRAD:

FÜR 200 ML

ZUBEREITUNG: 10 MIN.

UTENSILIEN: Schneidebrett und Kochmesser
kleiner Schneebesen

ZUTATEN
1 kleine Zwiebel
1 Bund nach Belieben gemischte Kräuter
(Petersilie, Kerbel, Schnittlauch, Estragon)
2 EL Weinessig - 2 TL Senf
6 EL Oliven- oder Sonnenblumenöl
1 EL kleine Kapern - Salz und Pfeffer aus der Mühle

1 Die Zwiebel abziehen und fein würfeln. Die Kräuter abspülen, trockentupfen und fein hacken.

2 Den Essig und den Senf in einer Schale verrühren und mit Salz und Pfeffer würzen.

3 Das Öl mit dem Schneebesen unterrühren.

4 Die gehackten Kräuter, die Zwiebelwürfel und die Kapern untermischen.

Mayonnaise

SCHWIERIGKEITSGRAD: 🧑‍🍳🧑‍🍳

FÜR 250 ML

ZUBEREITUNG: 5 MIN.

ZUTATEN
1 Eigelb mit Raumtemperatur
1 TL Senf - 200 ml Sonnenblumenöl
Saft von ½ Zitrone (oder 2 EL Weißweinessig)
Salz und Pfeffer aus der Mühle

UTENSILIEN: kleiner Schneebesen

1 Das Eigelb in einer Schale mit dem Senf verrühren. Mit Salz und Pfeffer würzen.

2 Das Öl unter kräftigem Rühren mit dem Schneebesen zugießen, zunächst tropfenweise, dann in einem dünnen Strahl.

3 Sobald sich eine Emulsion bildet, das restliche Öl in kräftigem Strahl einarbeiten.

4 Die Mayonnaise mit dem Zitronensaft (oder Essig) glatt rühren und abschmecken.

Tatarensauce

SCHWIERIGKEITSGRAD: ♟♟
FÜR 250 ML
ZUBEREITUNG: 10 MIN. - **GARZEIT:** 5 MIN.
UTENSILIEN: Schneidebrett und Kochmesser
kleiner Stieltopf - kleiner Schneebesen

ZUTATEN
½ Bund Schnittlauch
1 kleine weiße Zwiebel
1 Ei - 1 TL Senf
200 ml Sonnenblumenöl
2 EL Weißweinessig
Salz und Pfeffer aus der Mühle

1 Den Schnittlauch abspülen, trockentupfen und in feine Röllchen schneiden. Die Zwiebel abziehen und fein würfeln.

2 Das Ei 5 Minuten kochen (wachsweich), abschrecken und pellen. Das Eigelb auslösen, mit dem Senf in eine Schale geben und mit dem Schneebesen zerdrücken. Mit Salz und Pfeffer würzen.

Tipp

TATARENSAUCE ist die klassische Begleitung zu frittiertem Fisch.

3 Das Öl unter kräftigem Rühren mit dem Schneebesen in sehr dünnem Strahl dazugießen.

4 Zunächst den Essig, dann den Schnittlauch und zum Schluss die Zwiebel unterrühren. Abschmecken.

Gribiche-Sauce

SCHWIERIGKEITSGRAD: 👨‍🍳👨‍🍳

FÜR 250 ML

ZUBEREITUNG: 15 MIN. - **GARZEIT:** 7 MIN.

UTENSILIEN: Schneidebrett und Kochmesser
kleiner Stieltopf - kleiner Schneebesen

ZUTATEN
1 Bund nach Belieben gemischte Kräuter,
idealerweise 3 Sorten (traditionell Petersilie, Kerbel
und Estragon, aber auch Basilikum oder Koriander)
1 Ei - 150 ml Oliven- oder Sonnenblumenöl
2 EL Apfelessig - 1 EL kleine Kapern
1 EL gehackte Cornichons
Salz und Pfeffer aus der Mühle

1 Die Kräuter abspülen, trockentupfen und auf dem Brett fein hacken.

2 Das Ei 7 Minuten kochen, abschrecken und pellen. Das Eiweiß fein würfeln und beiseitestellen, das Eigelb in eine Schale geben.

3 Das Eigelb mit dem Schneebesen zerdrücken. Das Öl zunächst tropfenweise, dann in dünnem Strahl mit dem Schneebesen unterrühren.

4 Den Essig, das gewürfelte Eiweiß und anschließend die Kapern, die gehackten Cornichons und die Kräuter unterrühren. Abschmecken.

Meerrettichsauce

SCHWIERIGKEITSGRAD: 👨‍🍳

FÜR 20 ML

ZUBEREITUNG: 15 MIN.

UTENSILIEN: Reibe, kleiner Schneebesen

ZUTATEN
50 g frische Meerrettichwurzel
1 EL Senf - 1 Msp. Cayennepfeffer
3 EL Crème fraîche
1 EL Weißweinessig
Salz und Pfeffer aus der Mühle

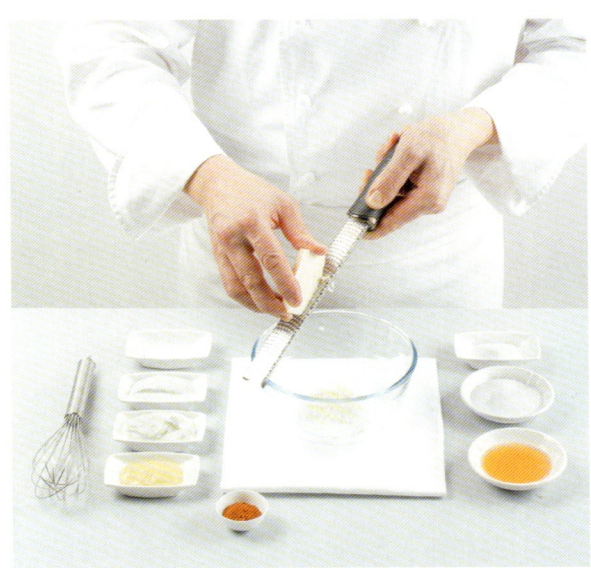

1 Den Meerrettich sehr fein in eine Schüssel reiben.

2 Den Senf, den Cayennepfeffer und die Crème fraîche dazugeben.

3 Alles gründlich mit dem Schneebesen verrühren.

4 Den Essig zugießen und unterrühren. Die Sauce abschmecken.

Grüne Sauce

SCHWIERIGKEITSGRAD: 👨‍🍳👨‍🍳

FÜR 300 ML

ZUBEREITUNG: 15 MIN. - **GARZEIT:** 2 MIN.

UTENSILIEN: großer und kleiner Stieltopf
Passiersieb - Stabmixer - kleiner Schneebesen

ZUTATEN

1 großes Bund Kräuter nach Wahl, nach Belieben auch gemischt (junger Blattspinat, Kresse, Sauerampfer, Petersilie …) - 1 Eigelb
1 TL Senf - 150 ml Sonnenblumenöl
100 ml Sahne, steif geschlagen - ½ Zitrone
Salz und Pfeffer aus der Mühle

1 Die Kräuter abspülen und anschließend 2 Minuten in den großen Topf mit kochendem Wasser geben. In einer Schüssel mit Eiswasser abschrecken.

2 Dann in das Sieb abgießen und mithilfe einer Schaumkelle kräftig ausdrücken.

3 In den kleinen Topf geben und mit dem Stabmixer fein pürieren.

4 Das Eigelb und den Senf in eine Schale geben und mit dem Schneebesen verrühren. Mit Salz und Pfeffer würzen.

5 Das Öl zunächst tropfenweise, dann in dünnem Strahl mit dem Schneebesen unterrühren.

6 Die steif geschlagene Sahne und die gehackten Kräuter unterziehen. Zum Schluss mit etwas Zitronensaft abschmecken.

Béchamelsauce

SCHWIERIGKEITSGRAD: 👨‍🍳👨‍🍳
FÜR 250 ML
ZUBEREITUNG: 5 MIN. - GARZEIT: 10 MIN.

Tipp: Mit Fischfond anstelle von Milch entsteht eine helle Fischsauce.

ZUTATEN
250 ml Milch (vorzugsweise frische Vollmilch)
15 g Butter - 15 g Mehl
Muskatnuss
Salz und weißer Pfeffer aus der Mühle

UTENSILIEN
2 Stieltöpfe
kleiner Schneebesen - Reibe

1 Die Milch erhitzen. In dem zweiten Topf die Butter zerlassen, das Mehl darin unter Rühren anschwitzen.

2 Die heiße Milch langsam zugießen, dabei kräftig rühren, damit sich keine Klümpchen bilden. Die Sauce aufkochen.

3 Bei niedriger Temperatur mindestens 7 Minuten unter ständigem Rühren köcheln lassen.

4 Mit Salz und Pfeffer würzen und mit frisch geriebener Muskatnuss abschmecken.

Mornaysauce

SCHWIERIGKEITSGRAD: ♟♟

FÜR 300 ML

ZUBEREITUNG: 10 MIN. - **GARZEIT:** 15 MIN.

■ Eine Abwandlung der Béchamelsauce ■

ZUTATEN

1 Rezeptmenge Béchamelsauce, ungewürzt (s. S. 38)
1 Eigelb - 1 EL Crème fraîche
35 g Gruyère (Greyerzer), gerieben
Salz und (vorzugsweise weißer) Pfeffer aus der Mühle

UTENSILIEN: kleiner Schneebesen

1 Die Béchamelsauce zubereiten und beiseitestellen. Eigelb und Crème fraîche in einer Schale verrühren.

2 Die Mischung abseits des Herdes unter kräftigem Rühren unter die Béchamelsauce ziehen.

3 Den Topf zurück auf den Herd stellen und bei sehr niedriger Temperatur den geriebenen Käse einstreuen.

4 Kurz durchrühren, bis der Käse geschmolzen ist, dabei die Sauce keinesfalls aufkochen lassen. Mit Salz und Pfeffer würzen.

Weiße Zwiebelsauce

SCHWIERIGKEITSGRAD:

■ Eine Abwandlung der Béchamelsauce ■

1 Die Zwiebeln abziehen und auf dem Schneidebrett in feine Streifen schneiden.

2 Mit der Butter in den Topf geben, mit Salz und Pfeffer würzen und den Zucker hinzufügen.

3 Die Zwiebeln im geschlossenen Topf bei sehr niedriger Temperatur etwa 15 Minuten anschwitzen, ohne dass sie Farbe annehmen.

4 In der Zwischenzeit die Béchamelsauce herstellen. Unter die angeschwitzten Zwiebeln rühren.

FÜR 400 ML

ZUBEREITUNG: 15 MIN. - GARZEIT: 30 MIN.

UTENSILIEN: Schneidebrett und Kochmesser
2 Stieltöpfe - Stabmixer - kleiner Schneebesen

ZUTATEN

2 große weiße Zwiebeln
50 g Butter - 1 Prise feiner Zucker
1 Rezeptmenge Béchamelsauce, ungewürzt (s. S. 38)
5 EL Crème fraîche
Salz und Pfeffer aus der Mühle

5 Die Sauce weitere 15 Minuten köcheln lassen.

6 Mit dem Stabmixer pürieren.

7 Wieder erhitzen und die Crème fraîche dazugeben.

8 Gründlich verrühren und abschmecken.

Holländische Sauce

SCHWIERIGKEITSGRAD: ♟♟♟
FÜR 300 ML
ZUBEREITUNG: 10 MIN. - **GARZEIT:** 10 MIN.

ZUTATEN
250 g Butter - 2 EL Weißweinessig
4 Eigelb - ½ Zitrone
Salz und Pfeffer aus der Mühle

UTENSILIEN: 2 kleine Stieltöpfe
Sauteuse - kleiner Schneebesen

Tipp
HOLLÄNDISCHE SAUCE ist die perfekte Begleitung für pochierten Fisch, Spargel und Eier Benedict.

1 Die Butter in einen Topf geben und langsam zerlassen. In den anderen Topf 2 EL Wasser und den Essig geben und bei niedriger Temperatur auf die Hälfte einkochen lassen.

2 In der Sauteuse ein Wasserbad vorbereiten und den Topf mit der Essigreduktion hineinstellen. Das Eigelb dazugeben.

3 Mit dem Schneebesen kräftig schlagen, bis eine schaumige Konsistenz erreicht ist.

4 Den Topf aus dem Wasserbad nehmen. Die flüssige Butter nach und nach unter ständigem Schlagen dazugießen.

5 Mit Salz und Pfeffer würzen und den Zitronensaft unterrühren.

6 Die Sauce soll eine glatte, cremige Konsistenz haben. Sofort servieren.

Schaumsauce

SCHWIERIGKEITSGRAD: 🎩🎩🎩
FÜR 450 ML
ZUBEREITUNG: 5 MIN.

ZUTATEN
150 ml steif geschlagene Sahne
1 Rezeptmenge Holländische Sauce (s. S. 42)
UTENSILIEN: kleiner Schneebesen

■ Eine Abwandlung der Holländischen Sauce ■

1 Die steif geschlagene Sahne zu der Holländischen Sauce geben.

2 Mit dem Schneebesen vorsichtig unterheben und sofort servieren.

Malteser Sauce

SCHWIERIGKEITSGRAD: 🧑‍🍳🧑‍🍳🧑‍🍳
FÜR 350 ML
ZUBEREITUNG: 5 MIN. - **GARZEIT:** 9 MIN.

ZUTATEN
Schale von 1 unbehandelten Orange - Saft von ½ Orange
1 Rezeptmenge Holländische Sauce (s. S. 42)

UTENSILIEN: Sauteuse - kleiner Schneebesen

■ Eine Abwandlung der Holländischen Sauce ■

1 Die Orangenzesten 3 Minuten in kochendem Wasser blanchieren. In ein Sieb abgießen, abspülen und den Vorgang noch zweimal wiederholen.

2 Den Orangensaft auf die Hälfte einkochen lassen, dann zusammen mit den abgetropften Zesten mit dem Schneebesen behutsam unter die Holländische Sauce rühren. Sofort servieren.

Weißweinsauce

SCHWIERIGKEITSGRAD: 👨‍🍳👨‍🍳

FÜR 250 ML

ZUBEREITUNG: 15 MIN. - **GARZEIT:** 25 MIN.

UTENSILIEN: Sauteuse - Stieltopf - kleiner Schneebesen

ZUTATEN
150 ml Fischfond (s. S. 88)
150 ml trockener Weißwein - 40 g Butter
10 g Mehl - 50 ml flüssige Schlagsahne
Salz und Pfeffer aus der Mühle

1 Den Fischfond und den Weißwein in die Sauteuse gießen und auf zwei Drittel einkochen lassen.

2 In dem Topf eine weiße Mehlschwitze aus 10 g Butter und dem Mehl herstellen.

3 Die Reduktion unter kräftigem Rühren zur Mehlschwitze gießen.

4 Bei niedriger Temperatur 15 Minuten kochen lassen.

5 Die Sahne zugießen und die Sauce kurz aufkochen.

6 Die restliche Butter mit dem Schneebesen unterziehen. Mit Salz und Pfeffer würzen.

Sauce zum Überbräunen

FÜR 550 ML

ZUBEREITUNG: 10 MIN.

■ Diese Abwandlung der Weißweinsauce dient dem Gratinieren von Fisch: Fisch auf eine Servierplatte geben, mit der Sauce überziehen und kurz unter den Grill schieben, bis die Sauce leicht gebräunt ist. ■

SCHWIERIGKEITSGRAD: ♟♟♟

ZUTATEN

200 ml Holländische Sauce (s. S. 42)
250 ml Weißweinsauce (s. S. 46) - 100 ml flüssige Schlagsahne - Salz und Pfeffer aus der Mühle

UTENSILIEN: Stieltopf – kleiner Schneebesen

1 Die Holländische Sauce abseits des Herdes unter die Weißweinsauce rühren.

2 Die Sahne steif schlagen und vorsichtig unter die Sauce heben. Mit Salz und Pfeffer würzen.

Béarner Sauce

SCHWIERIGKEITSGRAD: 👨‍🍳👨‍🍳

FÜR 250 ML

ZUBEREITUNG: 15 MIN. - **GARZEIT:** 25 MIN.

UTENSILIEN: Schneidebrett und Kochmesser
2 kleine Stieltöpfe - Sauteuse
kleiner Schneebesen - Passiersieb

ZUTATEN
1 kleines Bund Estragon
3 Schalotten - 150 ml Weißweinessig
1 gestrichener TL Pfefferkörner, grob zerstoßen
150 g Butter - 3 Eigelb - Salz

1 Den Estragon abspülen, trockentupfen und auf dem Brett fein hacken. Die Schalotten abziehen und fein würfeln.

2 Den Essig in einem Topf erhitzen, die Schalotten und den Pfeffer dazugeben.

3 Bei hoher Temperatur einkochen, bis kaum noch Flüssigkeit vorhanden ist.

4 Die Butter in dem anderen Topf langsam zerlassen und den Schaum abschöpfen.

5 In der Sauteuse ein Wasserbad vorbereiten und den Topf mit der Schalottenreduktion hineinstellen. Das Eigelb hinzufügen.

6 Mit dem Schneebesen kräftig schlagen, bis eine schaumige, sabayonartige Konsistenz erreicht ist.

7 Vom Herd nehmen und die Butter nach und nach mit dem Schneebesen unterschlagen.

8 Die Sauce mithilfe eines Löffelrückens durch das Sieb streichen.

9 Den Estragon zugeben.

10 Die Sauce salzen und mit einem Löffel gründlich durchrühren. Sofort servieren.

Choron-Sauce

SCHWIERIGKEITSGRAD: 🎩🎩
FÜR 300 ML
ZUBEREITUNG: 5 MIN.

ZUTATEN
1 EL Tomaten-Concassé (s. S. 460)
1 Rezeptmenge Béarner Sauce (s. S. 48)

■ Eine Abwandlung der Béarner Sauce ■

1 Das Tomaten-Concassé zu der Béarner Sauce geben.

2 Mit einem Löffel sorgfältig unterrühren.

Foyot-Sauce

SCHWIERIGKEITSGRAD: 👨‍🍳👨‍🍳
FÜR 250 ML
ZUBEREITUNG: 5 MIN.

ZUTATEN
1 EL Kalbsglace (s. S. 70)
1 Rezeptmenge Béarner Sauce (s. S. 48)

▪ Eine Abwandlung der Béarner Sauce ▪

1 Die Kalbsglace zu der Béarner Sauce geben.

2 Mit einem Löffel sorgfältig unterrühren.

Weiße Buttersauce

SCHWIERIGKEITSGRAD: 👨‍🍳👨‍🍳
FÜR 250 ML
ZUBEREITUNG: 10 MIN. - **GARZEIT:** 10 MIN.
UTENSILIEN: Schneidebrett und Kochmesser
Stieltopf - kleiner Schneebesen

ZUTATEN
2 große Schalotten - 150 ml trockener Weißwein
2 EL Weißweinessig - 200 g leicht gesalzene Butter
mit Raumtemperatur, in Stücke geschnitten
Pfeffer aus der Mühle

Tipp: Bei Schritt 2 darf die Flüssigkeit nicht vollständig verdampfen, damit die Sauce emulgiert.

1 Die Schalotten abziehen und fein würfeln.

2 Die Schalottenwürfel mit Weißwein und Essig in einen Topf geben und die Flüssigkeit fast vollständig einkochen lassen.

3 Die Butterstücke bei sehr niedriger Temperatur nach und nach mit dem Schneebesen unterschlagen.

4 Weiterschlagen, bis eine leichte, schaumige Konsistenz erreicht ist. Mit Pfeffer abschmecken und sofort servieren.

Nanteser Buttersauce

SCHWIERIGKEITSGRAD: 👨‍🍳👨‍🍳
FÜR 300 ML
ZUBEREITUNG: 10 MIN. - **GARZEIT:** 10 MIN.
UTENSILIEN: Schneidebrett und Kochmesser
Stieltopf - kleiner Schneebesen

ZUTATEN
3 große Schalotten - 150 ml trockener Weißwein
2 EL Weißweinessig - 100 ml flüssige Schlagsahne
200 g leicht gesalzene Butter mit Raumtemperatur,
in Stücke geschnitten - Pfeffer aus der Mühle

■ Eine Abwandlung der Weißen Buttersauce ■

1 Vorgehen wie für die Weiße Buttersauce, Schritte 1 und 2 (s. S. 52).

2 Die Sahne zugießen und leicht einkochen lassen.

3 Die Butterstücke bei sehr niedriger Temperatur nach und nach mit dem Schneebesen unterschlagen.

4 Weiterschlagen, bis eine leichte, cremige Konsistenz erreicht ist. Mit Pfeffer abschmecken. Nach Belieben durch ein Sieb passieren und sofort servieren.

Rotweinbutter

SCHWIERIGKEITSGRAD: 👨‍🍳👨‍🍳

FÜR 200 G

ZUBEREITUNG: 10 MIN.

GARZEIT: 10 MIN. - **KÜHLZEIT:** 2 STD.

UTENSILIEN: Schneidebrett und Kochmesser - Stieltopf

ZUTATEN

2 mittelgroße Schalotten, fein gewürfelt
200 ml Rotwein - 200 ml Rinderconsommé (s. S. 78)
100 g Butter mit Raumtemperatur,
in Stücke geschnitten
1 EL Petersilie, gehackt
Salz und Pfeffer aus der Mühle

Tipp

DIE FERTIGE BUTTER in Scheiben schneiden, auf Backpapier verteilen und einfrieren. Dann in einen Beutel oder eine fest schließende Dose packen und im Tiefkühlfach aufbewahren.

1 Die Schalottenwürfel und den Rotwein in den Topf geben.

2 Die Flüssigkeit fast vollständig einkochen lassen.

3 Die Consommé zugießen und erneut einkochen lassen, bis eine sirupartige Konsistenz erreicht ist.

4 Die weiche Butter mit einem Spatel untermischen. Falls nötig salzen, mit Pfeffer würzen, dann die Petersilie dazugeben.

5 Die Butter auf ein rechteckiges Stück Frischhaltefolie geben und zu einer Rolle mit 4–5 cm Durchmesser formen. An beiden Enden fest verschließen und für mindestens 2 Stunden in den Kühlschrank legen.

6 In Scheiben schneiden und zu gegrilltem Fleisch servieren.

Butter klären

SCHWIERIGKEITSGRAD:

UTENSILIEN: Stieltopf - Passiersieb

Tipp

AUCH IM WASSERBAD lässt sich die Butter klären.

1 Die in Stücke geschnittene Butter in einen Topf geben.

2 Die Butter langsam zerlassen, ohne dass sie sich verfärbt.

3 Immer wieder abschäumen, bis sich kein neuer Schaum mehr bildet.

4 Die Butter vorsichtig durch das Passiersieb in eine Schüssel gießen, dabei die abgesunkene Molke im Topf zurücklassen und wegwerfen.

Butter zerlassen
UND BRÄUNEN

SCHWIERIGKEITSGRAD: 👨‍🍳👨‍🍳

UTENSILIEN: beschichtete Pfanne – Passiersieb

1 Die in Stücke geschnittene Butter in die Pfanne geben.

2 HELLE BUTTER: Sanft kochen lassen, bis die Molke verdampft ist, die Butter sich leicht verfärbt und zu brutzeln beginnt.

3 BRAUNE BUTTER, NUSSBUTTER: Weiter erhitzen, bis die Butter nicht mehr brutzelt, eine hellbraune Farbe angenommen hat und nussig duftet.

4 Die Butter durch das Sieb gießen.

Orangensauce

SCHWIERIGKEITSGRAD:

1 Die Orange dünn schälen und die Zesten in feine Juliennestreifen schneiden. Die Frucht auspressen.

2 Den kleinen Topf mit kaltem Wasser füllen und die Zesten hineingeben. Zum Kochen bringen.

3 Sobald das Wasser kocht, die Zesten herausheben und unter kaltem Wasser abspülen. Den Vorgang zweimal wiederholen.

4 Den Zucker in dem großen Topf karamellisieren. Den Karamell mit dem Essig ablöschen.

FÜR 20 ML

ZUBEREITUNG: 15 MIN. - **GARZEIT:** 15 MIN.

UTENSILIEN: Schneidebrett und Kochmesser
kleiner und großer Stieltopf

ZUTATEN

1 unbehandelte Orange - 2 TL feiner Zucker
1 EL Rotweinessig
250 ml Geflügeljus (s. S. 72)
30 g Butter - Salz und Pfeffer aus der Mühle

5 Die Geflügeljus und den Orangensaft zugießen. Etwa 10 Minuten bei niedriger Temperatur auf die Hälfte einkochen lassen. Mit Pfeffer würzen und falls nötig salzen.

6 Den Topf vom Herd nehmen und die Butter hineingeben.

7 Durch leichtes Schwenken des Topfes schmelzen.

8 Zum Schluss die blanchierten Orangenzesten einrühren.

Geflügelrahmsauce

SCHWIERIGKEITSGRAD:

Tipp

EINIGE TROPFEN ZITRONENSAFT verleihen der Sauce eine frische Note.

1 Die Hälfte der Butter in einem Topf zerlassen. Das Mehl dazugeben.

2 Unter kräftigem Rühren mit dem Schneebesen eine helle Mehlschwitze herstellen.

3 Die Brühe zugießen, dabei ständig rühren, damit sich keine Klümpchen bilden.

4 Die Sauce aufkochen, anschließend bei niedriger Temperatur 10 Minuten eindicken lassen.

FÜR 50 ML

ZUBEREITUNG: 10 MIN. - **GARZEIT:** 25 MIN.

UTENSILIEN: 2 Stieltöpfe
kleiner Schneebesen - Passiersieb

ZUTATEN

40 g Butter - 30 g Mehl
500 ml kalte Hühnerbrühe (s. S. 74)
2 EL Crème fraîche
Salz und weißer Pfeffer aus der Mühle

5 Die Crème fraîche hinzufügen. Die Sauce weitere 10 Minuten einkochen lassen, dabei gelegentlich umrühren.

6 Mit Salz und Pfeffer abschmecken. Anschließend durch das Sieb passieren.

7 Zum Schluss die restliche Butter dazugeben.

8 Kräftig durchrühren, um der Sauce eine glatte Konsistenz zu verleihen.

Bordelaiser Sauce

SCHWIERIGKEITSGRAD: ♟♟♟

FÜR 200 ML

ZUBEREITUNG: 15 MIN

WÄSSERN: 1 STD. - **GARZEIT:** 15–20 MIN.

UTENSILIEN: 2 kleine Stieltöpfe - Sauteuse - Schneidebrett und Kochmesser - Passiersieb

ZUTATEN

ausgelöstes Mark von 2 Kalbsknochen (à etwa 8 cm)
2 Schalotten, fein gewürfelt
60 g Butter - 200 ml roter Bordeaux
1 Zweig Thymian - ½ Lorbeerblatt
200 ml Demiglace (s. S. 70)
1 EL Petersilie, gehackt (nach Belieben)
Salz und Pfeffer aus der Mühle

1 Das Mark für 1 Stunde in kaltes Wasser legen. Anschließend 8 Minuten in leicht siedendem Wasser pochieren. In Eiswasser abschrecken.

2 Nach dem Abtropfen in Würfel schneiden.

3 Die Schalottenwürfel in der Sauteuse in der Hälfte der Butter farblos anschwitzen.

4 Mit dem Rotwein ablöschen.

5 Zum Kochen bringen und flambieren.

6 Den Thymian und das Lorbeerblatt zugeben. Die Flüssigkeit fast vollständig einkochen lassen.

7 Mit der Demiglace aufgießen und erneut einkochen lassen, bis die Sauce den Rücken eines Löffels überzieht.

8 Die Sauce durch ein Sieb in den zweiten kleinen Topf passieren.

9 Abschmecken und die restliche Butter hinzufügen.

10 Die Butter durch sanftes Schwenken des Topfes schmelzen. Anschließend das gewürfelte Kalbsmark dazugeben. Nach Belieben unmittelbar vor dem Servieren gehackte Petersilie unterrühren.

Pfeffersauce

SCHWIERIGKEITSGRAD: 🧑‍🍳🧑‍🍳

FÜR 250 ML

ZUBEREITUNG: 20 MIN. - GARZEIT: 20 MIN.

Tipp

DIE SAUCE kann in Schritt 8 mit Sahne angereichert werden.

1 Den Schweinebauch auf dem Schneidebrett mit dem großen Messer würfeln.

2 Die Butter mit dem Schweinebauch in der Sauteuse zerlassen

3 Das Gemüse, das Kräutersträußchen und die Hälfte des Pfeffers zugeben.

4 Bei niedriger Temperatur etwa 10 Minuten anbraten, dabei immer wieder umrühren.

ZUTATEN

50 g Schweinebauch · 20 g Butter
1 Karotte + ½ Stange Sellerie + ½ Zwiebel,
jeweils in kleine Würfel geschnitten (s. S. 440)
1 Kräutersträußchen · 20 Pfefferkörner

150 ml Marinade auf Rotweinbasis (s. S. 290)
80 ml Rotweinessig
250 ml Demiglace (s. S. 70)
1 EL Crème fraîche (nach Belieben)

UTENSILIEN: Schneidebrett und Kochmesser
Sauteuse · kleiner Stieltopf · Passiersieb

5 Die Marinade aufkochen und durch das Sieb in die Sauteuse gießen.

6 Den Essig zugießen und alles stark reduzieren.

7 Die Demiglace hinzufügen und alles weitere 15 Minuten sanft einkochen lassen.

8 Den restlichen Pfeffer zerstoßen, dazugeben und 5 Minuten ziehen lassen. Die Sauce durchpassieren, nach Belieben die Crème fraîche unterrühren.

Heller Geflügelfond

SCHWIERIGKEITSGRAD: 🎩

FÜR 750 ML

ZUBEREITUNG: 15 MIN. - **GARZEIT:** 2 STD. 30 MIN.

ZUTATEN

1 kg Hähnchenflügel - 1 Karotte + 1 Stange Lauch, jeweils in grobe Stücke geschnitten
1 Zwiebel + 1 Gewürznelke - 2 Knoblauchzehen, ungeschält - 1 Kräutersträußchen - 1 Stange Sellerie

UTENSILIEN: großer Topf - Passiersieb

Tipps

DER GEFLÜGELFOND hält sich im Kühlschrank 2 Tage; man kann ihn auch einfrieren.

FÜR EINEN HELLEN KALBSFOND anstelle der Hähnchenflügel Kalbshaxe verwenden.

1 Die Hähnchenflügel in den Topf geben und mit 2 l Wasser bedecken.

2 Zum Kochen bringen. Nach 2 Minuten den Schaum abschöpfen.

3 Das Gemüse, die mit der Nelke gespickte Zwiebel, den Knoblauch und das Kräutersträußchen dazugeben.

4 Etwa 2 Stunden und 30 Minuten im offenen Topf köcheln lassen, dabei den aufsteigenden Schaum immer wieder abschöpfen.

5 Den Geflügelfond durch das Sieb passieren.

6 Nach dem Abkühlen in den Kühlschrank stellen. Falls nötig, die Fettschicht mit einer Schaumkelle entfernen.

Dunkler Kalbsfond

SCHWIERIGKEITSGRAD:

Tipp

EIN KALBSFOND bildet die unverzichtbare Grundlage für viele Saucen und Schmorgerichte. Außerdem ist er die Vorstufe von Glace und Demiglace (s. S. 70).

1 Das Kalbfleisch in Stücke und das Röstgemüse in grobe Würfel schneiden (s. S. 440). Den Backofen auf 220 °C vorheizen.

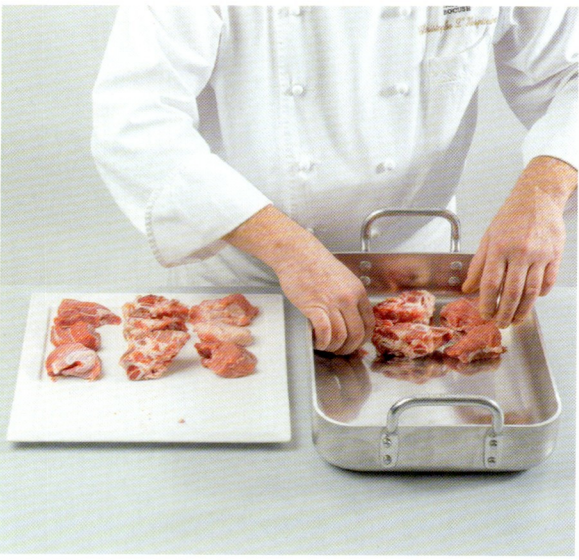

2 Das Fleisch, die Knochen und 1 EL Öl in den Bräter geben. 20 Minuten im Backofen rösten.

3 Das Gemüse und den Knoblauch hinzufügen. Bei 200 °C 15 Minuten bräunen.

4 Den Inhalt des Bräters in den Topf umfüllen.

FÜR 1 L

ZUBEREITUNG: 25 MIN. - GARZEIT: 5 STD.

UTENSILIEN: Schneidebrett und Kochmesser
Bräter - großer Kochtopf - Spitzsieb

ZUTATEN

1 kg Kalbfleisch und -knochen, in Stücke geschnitten
(Haxe, Knochen vom Kalbskarree, Brust)
1 EL Öl - 2 Karotten - 2 Stangen Sellerie
2 Zwiebeln - 3 Knoblauchzehen, geschält
1 EL Tomatenmark - 1 Kräutersträußchen

5 Den Bräter mit Wasser ablöschen, dabei den Bodensatz mit einem Spatel lösen.

6 Den abgelöschten Bratensatz in den Topf gießen und alles mit Wasser bedecken. Das Tomatenmark und das Kräutersträußchen dazugeben und die Flüssigkeit zum Kochen bringen.

7 Den Schaum abschöpfen und den Fond bei sehr niedriger Temperatur mindestens 4 Stunden köcheln lassen.

8 Den Fond durch das Spitzsieb gießen.

Demiglace & Glace

SCHWIERIGKEITSGRAD:

ZUTATEN

Dunkler Kalbsfond (s. S. 68)

1 Den Fond zum Kochen bringen.

2 **DEMIGLACE:** Den Fond bei mittlerer Temperatur einkochen, bis eine glänzende Sauce entstanden ist, die einen Löffel überzieht.

Tipp

DEMIGLACE UND GLACE halten sich im Kühlschrank 2 Tage.

3 **GLACE**: Durch weiteres Einkochen entsteht eine karamellartige Konsistenz. In einer Glace sind die Geschmacksstoffe noch stärker konzentriert.

4 Demiglace und Glace gelieren beim Erkalten.

Geflügeljus

SCHWIERIGKEITSGRAD:

FÜR 150 ML

ZUBEREITUNG: 10 MIN. - **GARZEIT:** 90 MIN.

UTENSILIEN: Sauteuse - Passiersieb

ZUTATEN

500 g Hähnchenflügel, in Stücke geschnitten
2 EL Erdnussöl - 1 Kräutersträußchen
1 Karotte + 1 Zwiebel, jeweils in grobe Würfel geschnitten (s. S. 440)
500 ml heller Geflügelfond (s. S. 66))

Tipp

DIE METHODE GILT FÜR ALLE FLEISCHSORTEN, ob Kalb, Schwein, Lamm …
Für die Herstellung werden kleine preiswerte Stücke oder Parüren verwendet.

1 Die Fleischstücke in dem Öl bei hoher Temperatur in der Sauteuse anbraten, bis sie rundherum gebräunt sind.

2 Das Kräutersträußchen und das Röstgemüse dazugeben und einige Minuten weiterbraten.

3 Den Geflügelfond zugießen.

4 Bei niedriger Temperatur mindestens 90 Minuten köcheln lassen, bis die Jus auf ein Drittel eingekocht ist.

5 Durch das Sieb passieren.

6 Das Fett von der Oberfläche abschöpfen.

Dunkle Hühnerbrühe

SCHWIERIGKEITSGRAD: 👨‍🍳

FÜR 1 L

ZUBEREITUNG: 15 MIN. - **GARZEIT:** 2,5 STD.

UTENSILIEN: Schneidebrett und Kochmesser
großer Topf - Stieltopf - Passiersieb

ZUTATEN

2–3 Hühnerkarkassen (oder 1 Huhn, in Stücke geschnitten; das gekochte Fleisch kann später für ein anderes Gericht verwendet werden)
1 Zwiebel - 2 Karotten + 1 Stange Lauch + 1 Stange Sellerie, jeweils quer halbiert
1 Kräutersträußchen - 1 Gewürznelke

Tipp

EIN ALTES SUPPENHUHN verleiht der Brühe einen einzigartigen Geschmack.
Die Brühe so genießen, wie sie ist, oder kurz vor dem Servieren etwas fein gewürfeltes Gemüse (s. S. 443) hineingeben und bissfest garen.

1 Die Karkassen (oder das Huhn) in den Topf geben und mit kaltem Wasser bedecken. Zum Kochen bringen.

2 In der Zwischenzeit die Zwiebel quer halbieren und in dem Stieltopf mit der Schnittfläche nach unten ohne Fett bei niedriger Temperatur dunkelbraun rösten.

3 Die Brühe abschäumen, anschließend das Gemüse, das Kräutersträußchen und die gebräunte Zwiebel hinzufügen.

4 Im offenen Topf bei niedriger Temperatur 2 Stunden köcheln lassen, dabei Wasser nachfüllen, falls nötig.

5 Die Brühe durch das Sieb gießen.

6 Nach dem Abkühlen in den Kühlschrank stellen. Falls nötig, die Fettschicht mit einer Schaumkelle entfernen.

Rinderbrühe

SCHWIERIGKEITSGRAD: 👨‍🍳

Tipp
RINDERBRÜHE lässt sich 2 Tage im Kühlschrank aufbewahren oder einfrieren.

1 Das Gemüse schälen. Die Karotte, den Lauch und die Selleriestange quer halbieren, die Lauchstücke zusammenbinden.

2 Das Fleisch in den großen Topf geben.

3 Mit kaltem Wasser bedecken, zum Kochen bringen und abschäumen.

4 Das Fleisch kalt abspülen und zurück in den ebenfalls ausgespülten und mit frischem kaltem Wasser gefüllten Topf geben.

FÜR 1 L

ZUBEREITUNG: 15 MIN. - **GARZEIT:** 3,5 STD.

UTENSILIEN: Schneidebrett und Kochmesser
großer Topf - Stieltopf - Passiersieb

ZUTATEN

1 Karotte - 1 Stange Lauch - 1 Stange Sellerie
2 kg Suppenfleisch vom Rind (Schaufelstück,
Mittelbug, Ellbogenstück, Hinterhesse, Querrippe,
Schwanzstück) - 1 Zwiebel - 1 Gewürznelke
1 Knoblauchzehe, ungeschält - 1 Kräutersträußchen

5 In der Zwischenzeit die Zwiebel quer halbieren und in dem Stieltopf mit der Schnittfläche nach unten ohne Fett bei niedriger Temperatur dunkelbraun rösten.

6 Die Gewürznelke in eine Zwiebelhälfte stecken und beide mit dem Gemüse, dem Knoblauch und dem Kräutersträußchen in den großen Topf geben.

7 Im offenen Topf bei niedriger Temperatur 3,5 Stunden köcheln lassen, dabei regelmäßig abschäumen.

8 Das Fleisch herausnehmen (es kann für einen anderen Zweck weiterverwendet werden), die Brühe durch das Sieb gießen. Falls nötig, die Fettschicht mit einer Schöpfkelle entfernen.

Rinderbrühe
ZUR CONSOMMÉ KLÄREN

SCHWIERIGKEITSGRAD: 👨‍🍳👨‍🍳
FÜR 800 ML
ZUBEREITUNG: 10 MIN. - **GARZEIT:** 15 MIN.

UTENSILIEN: Schneidebrett und Kochmesser
Stieltopf - Spitzsieb

ZUTATEN
100 g Rinderhack - 1 Eiweiß
150 g Gemüse, fein gehackt (Lauch, Sellerie, Karotte, Tomate) - 1 l Rinderbrühe (s. S. 76)

1 Das Hackfleisch, das Eiweiß und das Gemüse vermengen und anschließend in die Brühe geben. Zum Kochen bringen.

2 Bei niedriger Temperatur leicht sieden lassen. An der Oberfläche bildet sich eine Schicht aus Eiweiß und Trübstoffen, die nicht gestört werden darf.

3 Nach Ablauf der Kochzeit vorsichtig ein kleines Loch in die Mitte der Schicht stechen, um mit einer kleinen Kelle an die Brühe zu gelangen.

4 Die geklärte Brühe mithilfe der Kelle nach und nach durch das mit einem Passiertuch (oder einem Kaffeefilter) ausgelegte Spitzsieb gießen, ohne dabei die Schicht zu zerstören.

Gemüsebrühe

SCHWIERIGKEITSGRAD: 🎩
FÜR 1 L
ZUBEREITUNG: 10 MIN. - **GARZEIT:** 35 MIN.
UTENSILIEN: Schneidebrett und Kochmesser
Sauteuse - Passiersieb

ZUTATEN
2 EL Olivenöl
1 Karotte + 1 Stange Lauch (nur das Weiße) +
1 Stange Sellerie + 1 Zwiebel + 2 Schalotten
+ 2 Tomaten, in feine Scheiben
oder Würfel geschnitten
1 Knoblauchzehe - 1 Kräutersträußchen - Salz

1 Das Öl und das Gemüse in die Sauteuse geben. Den Knoblauch und das Kräutersträußchen hinzufügen.

2 Alles bei hoher Temperatur einige Minuten anbraten, es darf aber nicht zu braun werden.

3 Mit reichlich Wasser bedecken, salzen und aufkochen. Bei niedriger Temperatur 30 Minuten köcheln lassen.

4 Die Brühe zur weiteren Verwendung durch das Sieb in den Stieltopf gießen.

Paprikasauce

SCHWIERIGKEITSGRAD: 👨‍🍳
FÜR 500 ML
ZUBEREITUNG: 10 MIN. - **GARZEIT:** 25 MIN.
UTENSILIEN: Schneidebrett und Kochmesser
Stieltopf - Stabmixer

ZUTATEN
1 Zwiebel - 2 Knoblauchzehen
3 EL Olivenöl - 1 gelbe oder rote Paprikaschote,
gehäutet und gewürfelt - 1 Kräutersträußchen
250 g Tomaten-Concassé (s. S. 460)
Salz - Piment d'Espelette

1 Die Zwiebel und die Knoblauchzehen abziehen und fein würfeln.

2 Das Öl in den Topf geben. Die Zwiebel, den Knoblauch und die Paprikawürfel darin anschwitzen.

3 Kräutersträußchen und Tomaten-Concassé hinzufügen. Salzen und die Sauce im offenen Topf 20 Minuten kochen lassen.

4 Das Kräutersträußchen entfernen und die Sauce mit dem Stabmixer pürieren. Mit Piment d'Espelette abschmecken.

Tomatensauce

SCHWIERIGKEITSGRAD: 👨‍🍳
FÜR 500 ML
ZUBEREITUNG: 10 MIN. - **GARZEIT:** 25 MIN.

UTENSILIEN: Schneidebrett und Kochmesser
Stieltopf - Stabmixer

ZUTATEN
1 Zwiebel - 2 Knoblauchzehen
3 EL Olivenöl
500 g Tomaten-Concassé (s. S. 460)
1 Kräutersträußchen
Salz und Pfeffer aus der Mühle

1 Die Zwiebel und die Knoblauchzehen abziehen und fein würfeln.

2 Das Öl in den Topf geben, die Zwiebel- und Knoblauchwürfel einige Minuten darin anschwitzen.

3 Tomaten-Concassé und das Kräutersträußchen hinzufügen. Salzen und 20 Minuten im offenen Topf kochen lassen.

4 Das Kräutersträußchen entfernen, dann die Sauce mit dem Stabmixer pürieren. Mit Pfeffer abschmecken.

Teufelssauce

SCHWIERIGKEITSGRAD: ♟♟♟

FÜR 250 ML

ZUBEREITUNG: 10 MIN. - GARZEIT: 20 MIN.

1 Die Schalotten und das Kräutersträußchen in den Topf geben. Zunächst den Essig, dann den Weißwein angießen.

2 Bei hoher Temperatur auf ein Drittel einkochen.

3 Die Tomatensauce und die Demiglace zugeben und weitere 10 Minuten einkochen lassen.

4 1 TL Pfeffer dazugeben.

UTENSILIEN: Schneidebrett und Kochmesser
2 Stieltöpfe - Passiersieb - kleiner Schneebesen

ZUTATEN
2 Schalotten, fein gewürfelt - 1 Kräutersträußchen
1 EL Rotweinessig - 150 ml trockener Weißwein
1 EL Tomatensauce (s. S. 81) - 200 ml Demiglace
(s. S. 70) - 30 g Butter - 1 TL Petersilie und Estragon,
gehackt - Salz und grob zerstoßene Pfefferkörner

5 Mit passend zum Topfdurchmesser zugeschnittenem Backpapier abdecken und 2 Minuten ziehen lassen.

6 Die Sauce durch das Sieb in den zweiten Topf auf der Kochstelle passieren.

7 Die Butter mit dem Schneebesen unterziehen.

8 Falls nötig, nachsalzen und die Kräuter dazugeben.

Madeirasauce
(ODER PORTWEINSAUCE)

SCHWIERIGKEITSGRAD:

FÜR 250 ML

ZUBEREITUNG: 10 MIN. - **GARZEIT:** 20 MIN.

UTENSILIEN: Schneidebrett und Kochmesser
Stieltopf - kleiner Schneebesen

ZUTATEN

2 Schalotten, fein gewürfelt
40 g weiße Champignons, in feine Scheiben
geschnitten (s. S. 458)
50 g Butter - 100 ml Madeira (oder Portwein)
300 ml Demiglace (s. S. 70)

1 Die Schalotten und die Champignons in den Topf geben und in der Hälfte der Butter anschwitzen.

2 Madeira (oder Portwein) dazugießen und auf ein Viertel einkochen lassen.

3 Die Demiglace zugießen. 15 Minuten sanft köcheln lassen, bis eine sirupartige Konsistenz erreicht ist.

4 Die restliche Butter mit dem Schneebesen unterziehen. Nach Belieben mit einem Schuss Madeira (oder Portwein) abrunden.

Trüffelsauce

SCHWIERIGKEITSGRAD: 👨‍🍳👨‍🍳
FÜR 250 ML
ZUBEREITUNG: 5 MIN. - **ZIEHDAUER:** 5 MIN.

▪ Eine Abwandlung der Madeira- bzw. Portweinsauce ▪

ZUTATEN

20 g Trüffel, vorzugsweise frisch, gehackt oder gehobelt und in feine Streifen geschnitten
1 Rezeptmenge Madeira- oder Portweinsauce (s. S. 84)

UTENSILIEN: Stieltopf - Küchenthermometer

1 Die gehackte oder in feine Streifen geschnittene Trüffel zu der Madeira- bzw. Portweinsauce in den Topf geben.

2 Bei 65 °C 5 Minuten durchziehen lassen (bei höheren Temperaturen würde das feine Aroma verfliegen).

Court-Bouillon
ZUM POCHIEREN VON FISCH

SCHWIERIGKEITSGRAD:

FÜR 1 L

ZUBEREITUNG: 10 MIN.

GARZEIT: 15 MIN. - ZIEHZEIT: 15 MIN.

1 Das Gemüse schälen und in Scheiben schneiden.

2 In die Sauteuse geben und mit dem Essig sowie 1 l Wasser aufgießen. Pfeffer, Koriander, Thymian (oder Basilikum) und das Salz hinzufügen. Zum Kochen bringen und 15 Minuten kochen lassen.

UTENSILIEN: Schneidebrett und Kochmesser
Sauteuse - Passiersieb

ZUTATEN
1 kleine Karotte - 1 Stange Sellerie
(oder ¼ Fenchelknolle) - ½ Stange Lauch - 2 Zwiebeln
100 ml Weißweinessig - 5 weiße Pfefferkörner
5 Korianderkörner - 1 Zweig Thymian
(oder Basilikum) - 1 TL grobes Salz
½ unbehandelte Zitrone, in Scheiben geschnitten

3 Die Kochstelle ausschalten, die Zitronenscheiben in den Topf geben und 15 Minuten ziehen lassen.

4 Die Court-Bouillon durch das Sieb gießen.

Fischfond

SCHWIERIGKEITSGRAD: 👨‍🍳👨‍🍳

FÜR 750 ML

ZUBEREITUNG: 15 MIN. - **GARZEIT:** 20 MIN.

ZUTATEN

750 g Seezungenkarkassen und Fischabschnitte
1 Schalotte - 1 Zwiebel - 50 g Lauch (nur das Weiße)
50 g weiße Champignons - 30 g Butter
1 Kräutersträußchen - 150 ml trockener Weißwein

UTENSILIEN: Schneidebrett und Kochmesser
Sauteuse - Passiersieb

Tipp

FISCHFOND hält sich im Kühlschrank 2 Tage.

1 Die Karkassen und Fischabschnitte unter kaltem Wasser gründlich abspülen. Mit einer Schere grob zerkleinern.

2 Schalotte abziehen und fein würfeln, Zwiebel abziehen und in Streifen schneiden, Lauch und Champignons in feine Scheiben.

3 Gemüse, Karkassen und Fischabschnitte in der Sauteuse in der Butter anschwitzen, ohne dass sie Farbe annehmen.

4 Das Kräutersträußchen und den Weißwein dazugeben. Mit 1 l Wasser aufgießen und zum Kochen bringen.

5 Abschäumen, anschließend im offenen Topf bei niedriger Temperatur 20 Minuten köcheln lassen.

6 Den Fond durch das Sieb gießen.

Krustentierfond

SCHWIERIGKEITSGRAD: 👨‍🍳👨‍🍳

FÜR 750 ML

ZUBEREITUNG: 20 MIN. - **GARZEIT:** 20 MIN.

UTENSILIEN: Schneidebrett und Kochmesser
Sauteuse - Passiersieb

ZUTATEN
2 Hummerkarkassen ohne Magensack
(oder 600 g Schwimmkrabben oder Schalen und Köpfe
von 1 kg Kaisergranat, Garnelen …)
¼ Fenchelknolle - 1 Stange Sellerie -
1 Zwiebel - 1 Schalotte - 1 EL Olivenöl
1 Tomate, gehäutet und gewürfelt (s. S. 460)
1 TL Tomatenmark - 1 Kräutersträußchen
1 Stängel Estragon
1 l Fischfond (s. S. 88) oder Wasser
1 Prise Cayennepfeffer - Salz

Tipp

KRUSTENTIERFOND hält sich im Kühlschrank 2 Tage.

1 Die Hummerkarkassen mit dem Messer zerkleinern.

2 Die Gemüse schälen und in grobe Würfel schneiden (s. S. 440).

3 Gemüse und Hummerkarkassen in dem Öl anschwitzen, dabei die Karkassen zerdrücken, um den Geschmack des Corail (Hummerrogen) freizusetzen.

4 Die Tomatenwürfel, das Tomatenmark, das Kräutersträußchen und den Estragon zugeben, dann den Fischfond angießen. Mit Cayennepfeffer und Salz würzen. Zum Kochen bringen.

5 Abschäumen und im offenen Topf bei niedriger Temperatur 20 Minuten köcheln lassen.

6 Den Krustentierfond zum Schluss durch das Sieb gießen.

Nantuasauce

SCHWIERIGKEITSGRAD:

FÜR 1 L

ZUBEREITUNG: 40 MIN. - **GARZEIT:** 30 MIN.

UTENSILIEN: Sauteuse - Spitzsieb
kleiner Schneebesen - Stieltopf

ZUTATEN
30 g geklärte Butter (s. S. 56)
1 kg Flusskrebse, vom Darm befreit (s. S. 354)
1 Karotte + 1 Stange Sellerie + 1 Zwiebel + 1 Schalotte,
jeweils in feine Würfel geschnitten (s. S. 440)
1 EL Tomatenmark - 50 ml Cognac
1 Tomate, gehäutet und gewürfelt (s. S. 460)
150 ml trockener Weißwein - 1 Kräutersträußchen
500 ml Fischfond (s. S. 88) - 200 ml helle Fischsauce
(s. S. 38) - 2 EL Crème fraîche - 40 g Butter oder
Krebsbutter (s. S. 96) - Piment d'Espelette - Salz

▪ Die Verarbeitung von lebenden Krustentieren ist in Deutschland verboten.
Die Tierschutz-Schlachtverordnung fordert, die Tiere zunächst in reichlich kochendem Wasser zu töten. ▪

1 Die geklärte Butter in der Sauteuse erhitzen. Die Flusskrebse dazugeben.

2 Bei hoher Temperatur anbraten.

3 Das gewürfelte Gemüse zugeben und einige Minuten anschwitzen.

5 Mit dem Cognac flambieren.

4 Das Tomatenmark unterrühren.

6 Die Tomatenwürfel hinzufügen, den Weißwein angießen und die Flüssigkeit auf drei Viertel einkochen.

7 Das Kräutersträußchen dazugeben und den Fischfond angießen.

8 Je nach Größe der Krebse 2–3 Minuten kochen lassen, dabei abschäumen.

9 Die Krebse mit einer Schöpfkelle herausnehmen und aus der Schale lösen. Das ausgelöste Fleisch beiseitestellen.

10 Die Karkassen mit einem Stößel zerdrücken und zurück in die Sauteuse geben.

11 20 Minuten kochen lassen, anschließend die Fischsauce zugießen und noch einige Minuten einkochen.

12 Durch das Spitzsieb passieren, dabei mit der Kelle kräftig ausdrücken.

13 Die Crème fraîche unterrühren und weitere 5 Minuten einkochen.

14 Die Sauce mit der Butter (oder Krebsbutter) montieren. Abschmecken und mit Piment d'Espelette würzen.

Krebsbutter

SCHWIERIGKEITSGRAD: 👨‍🍳👨‍🍳
FÜR 250 G
ZUBEREITUNG: 20 MIN.
GARZEIT: 1 STD. - **KÜHLZEIT:** 2 STD.

ZUTATEN
Karkassen von 20 Flusskrebsen
250 g Butter

UTENSILIEN: Bräter - Spitzsieb

Tipps

DIE FERTIGE BUTTER in Würfel schneiden und auf Backpapier verteilt einfrieren. Gut verpackt im Tiefkühlfach aufbewahren. Nach derselben Methode Hummerbutter zubereiten.

1 Die Karkassen in einer Schüssel mit einem Rollholz zerstoßen.

2 In den Bräter geben und die in Stücke geschnittene Butter darauf verteilen.

3 Den Bräter mit Alufolie verschließen und für 60 Minuten in den auf 150 °C vorgeheizten Backofen stellen.

4 Die Butter durch das Spitzsieb in eine Schüssel passieren. Die Karkassen dabei kräftig ausdrücken.

5 150 ml kaltes Wasser zugießen und die Schüssel für mindestens 2 Stunden in den Kühlschrank stellen.

6 Die auf dem Wasser schwimmende erstarrte Krebsbutter abheben, die Trübstoffe bleiben im Wasser zurück.

Amerikanische Sauce

SCHWIERIGKEITSGRAD:

FÜR 600 ML

ZUBEREITUNG: 20 MIN. - **GARZEIT:** 30 MIN.

1 Die Karkassen mit dem Messer zerkleinern.

2 In der Sauteuse in Öl anbraten, anschließend das Gemüse hinzufügen.

3 Mit dem Cognac flambieren, dann den Wein angießen. Den Knoblauch, das Kräutersträußchen, Tomatenwürfel und -mark zugeben. Salzen.

4 Den Fischfond zugießen und alles etwa 20 Minuten köcheln lassen.

ZUTATEN

2 Hummerkarkassen ohne Magensack
(oder 600 g Schwimmkrabben oder
Karkassen von 1 kg Kaisergranat oder Garnelen …)
2 EL Olivenöl
1 Karotte + ½ Zwiebel + 2 Schalotten,
jeweils in gleichmäßige Würfel geschnitten (s. S. 440)
2 EL Cognac - 200 ml trockener Weißwein
2 Knoblauchzehen - 1 Kräutersträußchen
1 Tomate, gehäutet und gewürfelt (s. S. 460)
1 EL Tomatenmark - 1 l Fisch- oder Krustentierfond
(s. S. 88 bzw. 90) - 150 ml flüssige Schlagsahne -
Cayennepfeffer oder Piment d'Espelette - Salz

UTENSILIEN: Schneidebrett und Kochmesser
Sauteuse - Passiersieb - kleiner Stieltopf

5 Durch das Sieb in den Topf passieren, dabei die Karkassen gut ausdrücken.

6 Die Sahne unterrühren und die Flüssigkeit einkochen lassen, bis die Sauce einen Löffel überzieht.

7 Die Sauce erneut durchpassieren.

8 Nach Belieben mit Cayennepfeffer oder Piment d'Espelette sowie Salz und Pfeffer abschmecken.

Mürbeteig

SCHWIERIGKEITSGRAD:

FÜR 425 G

ZUBEREITUNG: 10 MIN. - **KÜHLZEIT:** MINDESTENS 1 STD.

ZUTATEN

250 g Mehl - 125 g Butter - 1 Ei - 1 Prise Salz

Tipp

DER TEIG lässt sich leichter verarbeiten, wenn er 24 Stunden im Kühlschrank geruht hat.

1 Das Mehl auf der Arbeitsfläche anhäufen und eine Mulde hineindrücken. Die in Würfel geschnittene Butter und das Ei hineingeben. Salzen.

2 Das Ei behutsam mit dem Mehl vermischen.

3 Mit der Hand rasch verkneten.

4 Sobald eine homogene Konsistenz erreicht ist, nicht weiterkneten.

5 Den Teig rasch zu einer Kugel formen.

6 In Frischhaltefolie wickeln und in den Kühlschrank legen.

Blätterteig
MIT DREI DOPPELTEN TOUREN

Schwierigkeitsgrad: ♟♟♟

FÜR 1 KG

ZUBEREITUNG: 30 MIN. - **KÜHLZEIT:** 6 STD.

ZUTATEN

500 g Mehl - 2 TL Salz - 380 g gut gekühlte Butter

1 Das Mehl mit dem Salz und 250 ml Wasser zu einem glatten Teig verkneten (Grundteig). In Frischhaltefolie wickeln und für 2 Stunden kalt stellen.

2 Die Arbeitsfläche mit Mehl bestauben und den Grundteig zu einem Quadrat ausrollen.

3 Den Butterblock in die Mitte legen und eine Teigecke darüberschlagen.

4 Nacheinander die gegenüberliegenden Teigecken darüberschlagen, sodass die Butter vollkommen umschlossen ist.

5 Das Teigpaket umdrehen und länglich ausrollen.

6 Ein Teigdrittel zur Mitte hin einschlagen, das andere Drittel darüberlegen.

7 Erneut zu den offenen Kanten hin ausrollen.

8 Den Teig wieder dreiteilig zusammenfalten und um 90° drehen. Die Anzahl der Touren eindrücken. In Frischhaltefolie gewickelt 2 Stunden kalt stellen.

9 Die Schritte 5–8 wiederholen (4 Punkte für 2 doppelte Touren). Den Teig in Frischhaltefolie wickeln und wieder 2 Stunden im Kühlschrank ruhen lassen.

10 Die Schritte 5–8 wiederholen (6 Punkte für 3 doppelte Touren).

Einen Tartering
MIT TEIG AUSLEGEN

SCHWIERIGKEITSGRAD: 👨‍🍳👨‍🍳

UTENSILIEN: Tartering - Teigkneifer
- Eine Tarteform wird auf die gleiche Weise ausgekleidet. -

Tipp
BLINDBACKEN empfiehlt sich in jedem Fall. Den Teig in der Form mit Backpapier abdecken und mit Backgewichten aus Keramik oder getrockneten Hülsenfrüchten beschweren.

1 Besteht die Arbeitsfläche aus Marmor, den Tartering direkt darauflegen, andernfalls auf ein Backblech setzen und eventuell mit Backpapier unterlegen.

2 Den Teig ausrollen.

3 Die Teigplatte über das Rollholz wickeln und über dem Tartering wieder abrollen.

4 Den Teig außen zwischen Daumen und Zeigefinger halten und mit der anderen Hand innen andrücken, sodass Teigboden und Rand rundherum einen rechten Winkel bilden.

5 Mit dem Rollholz mit Druck über den Rand rollen, um den überschüssigen Teig abzutrennen.

6 Den abgetrennten Teig entfernen. Man kann den Rand zum Schluss mit einem Teigkneifer verzieren.

Pastetenteig

SCHWIERIGKEITSGRAD: 🎩

1 Alle Zutaten bereitstellen.

2 Das Mehl auf der Arbeitsfläche anhäufen und eine Mulde hineindrücken. Die Butterwürfel, die Schmalzflöckchen und das Ei hineingeben. Salzen.

FÜR EINE 40 CM LANGE FORM
ZUBEREITUNG: 10 MIN. - RUHEZEIT: 30 MIN.

ZUTATEN
500 g Mehl
75 g Butter, kalt oder mit Raumtemperatur,
in Würfel geschnitten
75 g Schweineschmalz - 1 Ei -
2 gestrichene TL Salz

3 Das Ei und 125 ml Wasser mit den Fingern behutsam unter das Mehl mischen.

4 Den Teig rasch zusammenkneten und zu einer Kugel formen. In Frischhaltefolie wickeln und mindestens 30 Minuten im Kühlschrank ruhen lassen.

Eine Pastetenform
MIT TEIG AUSKLEIDEN

SCHWIERIGKEITSGRAD:

UTENSILIEN: Pastetenform, 40 cm lang

1 Den Teig auf der bemehlten Arbeitsfläche ausrollen.

2 Ein Rechteck ausschneiden, das groß genug ist, um Boden und Wände der Form auszukleiden.

3 Beide Längsseiten zur Mitte hin einschlagen.

4 Die Schmalseiten zur Mitte hin einschlagen.

Tipp

WER KEINE SPEZIALFORM HAT, kann die Pastete in einer Springform zubereiten. In diesem Fall die Form mit zwei Dritteln des Teigs auslegen und die Füllung mit dem restlichen Teig bedecken. Ein Loch in die Oberfläche schneiden, mit Eigelb bestreichen und backen wie im Rezept angegeben.

5 Den gefalteten Teig in die Form legen.

6 Vorsichtig wieder entfalten und sorgfältig in die Ecken der Form drücken.

7 Den Teig rundherum 2 cm überstehen lassen, den Rest abschneiden.

8 Die Form ist ausgekleidet und kann gefüllt werden.

Pastete im Teigmantel

SCHWIERIGKEITSGRAD: ♟♟♟

FÜR 1 PASTETE VON 2,5 KG UND EINE FORM VON 40 CM LÄNGE

ZUBEREITUNG: 30 MIN.

BACKZEIT: 65 MIN. - **RUHEZEIT:** 24 STD.

UTENSILIEN
1 mit Teig ausgekleidete Form (s. S. 108) - Fleischwolf

ZUTATEN
400 g Entenfleisch, in Streifen geschnitten
150 g rohe Stopfleber, in Würfel geschnitten - 1 Ei

FÜR DIE HACKMASSE: 750 g Schweinenacken, in Scheiben geschnitten und mit Pfeffer bestreut
250 g Entenleber, in Stücke geschnitten und mit Pfeffer bestreut

GEWÜRZE: 1 Knoblauchzehe, fein gehackt
30 g Pistazienkerne - 3 EL Madeira - 3 EL Rotwein
½ TL Zucker - 4 Prisen geriebene Muskatnuss -
abgezupfte Blätter von 1 kleinen Zweig Thymian
30 g Salz

ZUM BESTREICHEN: 1 Eigelb

FERTIGSTELLUNG: 200 ml flüssiges Gelee, aus Aspikpulver hergestellt - 20 g Pistazien, gehackt

1 Alle Zutaten für die Farce bereitstellen.

2 Für die Hackmasse den Schweinenacken und die Leber durch die feine Scheibe des Fleischwolfs drehen.

3 Die Entenstreifen, die gewürfelte Stopfleber, die würzenden Zutaten und das Ei in eine Schüssel geben und behutsam vermengen.

4 Die durchgedrehte Masse untermischen. Die Farce in die mit Teig ausgekleidete Form füllen.

5 Die Teigränder nach innen einrollen und rundherum mit den Fingerspitzen zu einem dekorativen Rand zusammendrücken.

6 Die Ränder mit dem Eigelb bestreichen.

7 Die Farce mit Alufolie abdecken. Die Pastete im auf 230 °C vorgeheizten Ofen etwa 15 Minuten backen, dann auf 180 °C herunterschalten und weitere 50 Minuten backen.

8 Die Pastete aus dem Backofen nehmen und die Alufolie entfernen.

9 Nach dem Abkühlen mit etwas Gelee übergießen, um entstandene Hohlräume zu füllen.

10 Die Oberfläche mit den gehackten Pistazien bestreuen.

11 Die Pastete mindestens 24 Stunden im Kühlschrank ruhen lassen. Danach vorsichtig aus der Form lösen.

12 Unmittelbar vor dem Servieren aufschneiden.

ENTENFLEISCH UND -LEBER durch Fleisch und Leber von anderem Geflügel (Fasan, Perlhuhn, Wachtel), Wild oder Kaninchen ersetzen.

GELEE SELBST HERSTELLEN: 16 g in kaltem Wasser eingeweichte Blattgelatine in 200 ml gekärter heißer Brühe (s. S. 78) auflösen.

Marinade
FÜR GEGRILLTE HÄHNCHENBRUST

SCHWIERIGKEITSGRAD: 👨‍🍳

UTENSILIEN: Gratinform (nicht aus Metall)

1 Sämtliche Zutaten bereitstellen: Olivenöl, Paprikapulver, Ingwer, geschält und in feine Scheiben geschnitten, Zitronensaft, Thymian und Pfeffer.

2 Alle Zutaten verrühren, die Hähnchenbrüste hineinlegen und etwa 1 Stunde marinieren. Herausnehmen und grillen, dabei wiederholt mit der durch ein Sieb gegossenen Marinade bestreichen.

Marinade
FÜR GEGRILLTES FISCHFILET

SCHWIERIGKEITSGRAD:

UTENSILIEN: Gratinform (nicht aus Metall)

1 Sämtliche Zutaten bereitstellen: Zitronensaft, Schnittlauchröllchen, Saft und Schalenstreifen von einer unbehandelten Limette, Olivenöl, Estragon, Dill, rosa Pfefferkörner und schwarzer Pfeffer aus der Mühle.

2 Alle Zutaten verrühren, die Fischfilets hineinlegen und etwa 1 Stunde marinieren. Herausnehmen und grillen, dabei wiederholt mit der durch ein Sieb gegossenen Marinade bestreichen.

EIER

Inhalt

Eier, in der Küche unverzichtbar — 118

EIER KOCHEN	124
OMELETT	126
EIER IM NÄPFCHEN	128
RÜHREI	130
EIER POCHIEREN	132

Eier

IN DER KÜCHE UNVERZICHTBAR

Eier sind ein wunderbares Beispiel für die Verschmelzung kulturell und religiös bedingter Ernährungsgewohnheiten.

Seit dem Mittelalter war den Katholiken der Verzehr von Eiern während der vierzigtägigen vorösterlichen Fastenzeit verboten. So entstand der Brauch, sie durch Kochen haltbar zu machen, mit Pflanzenextrakten zu färben, zur Weihe in die Kirche mitzunehmen und anschließend zu verschenken. Dieser österlichen Tradition sind unter anderem die berühmten Fabergé-Eier und die kunstvoll bemalten sorbischen Eier, aber auch die süßen Schokoladeneier zu verdanken.

Eier mit ihrer perfekten ovalen Form und ihrer dünnen und zerbrechlichen Schale, die dennoch einen Druck von mehr als dem 60-fachen ihres Eigengewichts aushält, spielen in unsere Kultur und Küche eine wichtige Rolle. Allein oder mit anderen Produkten kombiniert, weich oder durchgegart, sind sie in einer Vielzahl von Rezepten vertreten.

Vor dem Kochen sollten Eier rechtzeitig aus dem Kühlschrank genommen werden, damit sie Raumtemperatur annehmen. Auf diese Weise wird ein Temperaturschock vermieden, der dazu führen kann, dass die Schale beim Eintauchen ins kochende Wasser platzt. Der Kochtopf sollte so tief sein, dass die Eier vollständig mit Wasser bedeckt sind, und groß genug, damit sie beim Kochen nicht aneinanderstoßen. Er darf aber nicht so weit sein, dass sie heftig gegen die Topfwand schlagen. Ein Schuss Essig im Kochwasser bindet dank seiner gerinnungsfördernden Eigenschaften gegebenenfalls durch feine Schalenrisse ausfließendes Eiweiß. Die Garzeit hängt von der Größe der Eier ab – kleine garen natürlich schneller als große. Allerdings verlängert sich die Kochzeit, wenn man die Eier zu spät aus dem Kühlschrank nimmt und sie noch sehr kalt sind.

MIT ODER OHNE SCHALE?

Eier sind einmalig, wenn man bedenkt, wie einfach und wie vielfältig sie sich in der Küche einsetzen lassen. Eine weitere Besonderheit ist der natürliche Schutz, über den das Ei verfügt. Man kann es ohne Weiteres in seiner Schale garen, ohne es vorher aufschlagen zu müssen.

IN DER SCHALE GEKOCHTE EIER

Gekocht, selbst auf die einfachste Art und Weise, sind Eier ganz besonders schmackhaft. Sobald sie in einen Topf mit kochendem Wasser gegeben werden und das Wasser wieder aufsprudelt, bestimmt nur ihre Verweildauer im Topf, ob sie weich, wachsweich oder hart gekocht werden. Die Garmethode ist einfach, aber für ein optimales Ergebnis sind einige Regeln zu beachten.

WOHER STAMMT DAS EI?

In der Küche wie in anderen Bereichen bezieht sich heute der Begriff »Ei« ausschließlich auf ein Hühnerei. Eier von anderem Geflügel müssen näher bezeichnet werden, wie Enten-, Gänse- oder Wachteleier. In Europa schätzt man auch die Eier bestimmter Fischarten, also den Rogen von Lachs, Forelle oder Stör (Kaviar), dagegen werden die in anderen Kulturen als Delikatesse geltenden Schlangen- sowie Insekteneier hier verschmäht.

Nach Ablauf der Kochzeit werden die Eier kurz unter fließendes kaltes Wasser gehalten, damit sie sich leichter schälen lassen – bei weichen Eiern, die unmittelbar nach dem Kochen in der Schale serviert werden, ist das nicht erforderlich. In einem weichen Ei ist das Eiweiß nicht durchgegart und vollständig geronnen, deshalb verbietet sich das Schälen – es würde ohne Schale nicht zusammenhalten. Aber das muss niemand bedauern, denn ein Ei aus dem Eierbecher zu löffeln ist ein genussreiches Vergnügen, das nicht nur Kinder erfreut. Wachsweich und hart gekochte Eier sollten erst kurz vor dem Verzehr geschält werden, weil sie durch ihre Schale geschützt bleiben.

Gekochte Eier sind unglaublich vielseitig verwendbar. Sie stehen bei jedem Brunch auf dem Tisch und dürfen auch bei keinem etwas reichhaltigeren Frühstück fehlen. Bereits einjährige Kinder dürfen ein weich gekochtes Ei essen. Dank seiner Schlichtheit passt ein simples gekochtes Ei perfekt zu erlesenen Produkten wie Trüffeln oder Kaviar. Dabei ist die Wahl luxuriöser Beilagen nicht Ausdruck eines abgehobenen Snobismus, vielmehr unterstreicht die cremige Textur des Eigelbs deren exquisites Aroma.

Natürlich eignet sich ein weich gekochtes Ei ebenso gut für viele andere, weniger kostspielige Verbindungen, die auch fabelhaft schmecken: Streifen von knusprigem Landbrot mit Butter und Fleur de Sel zum Eintunken passen gut dazu, aber auch Spargel, Parmesan oder Schinken. Sogar als Dessert kann man so ein Ei servieren, mit Schokoladenspänen bestreut, dazu geröstete Brioche.

Wachsweich gekochte Eier schmecken so wie sie sind, aber auch als Bestandteil von Hauptgerichten wie Eier auf Florentiner Art (mit Spinat und Béchamelsauce) oder in Nantuasauce (mit Flusskrebsen zubereitet) haben sie sich in der Küche einen festen Platz erobert.

Hart gekochte Eier finden oft für Vorspeisen Verwendung und man reicht sie zu gemischten Salaten wie dem Nizza-Salat. Zudem spielen sie die Hauptrolle in einigen klassischen Zubereitungen der französischen Küche, wie Eier in Gelee oder Mimosa-Eier. Trotz ihrer Vielseitigkeit machen ihnen in der modernen Küche inzwischen andere Zubereitungen den Rang streitig: wachsweich gekocht, pochiert oder im Näpfchen gegart scheint eher dem Zeitgeist zu entsprechen. Bei einem Picknick allerdings sind harte Eier nach wie vor unersetzlich.

Zur Dekoration verwenden moderne Küchenchefs besonders gerne die kleinen Wachteleier, die sich perfekt in delikat angerichtete Kompositionen einbeziehen lassen. Sie werden gekocht wie Hühnereier, sind aber bereits nach 3–4 Minuten hart.

OHNE SCHALE GEGARTE EIER

Ganze Eier können auch ohne Schale gegart werden, ohne dass sich Eiweiß und Eigelb dabei vermischen. Dazu sind sehr frische Eier erforderlich, bei denen das dünne Säckchen, das den Eidotter umhüllt, noch schön fest ist und nicht so schnell durch eine unachtsame Handbewegung einreißt. Korrekt aufgeschlagene Eier können in Wasser oder in Fett gegart werden, ohne dass sich Eiweiß und Eigelb mischen.

Um Eier zu pochieren, schlägt man sie einzeln in ein kleines Gefäß auf und lässt sie vorsichtig in einen Topf mit kochendem Wasser gleiten, dem zur Beschleunigung der Eiweißgerinnung ein halbes Glas Essig zugegeben wurde.

Anschließend wird die Temperatur so weit reduziert, dass das Wasser nicht wieder aufwallt, sondern nur noch leicht siedet. Nach etwa 2 Minuten drückt man für die Garprobe mit dem Finger leicht auf das Ei: Das Eiweiß soll vollständig geronnen, aber noch weich sein und das cremige Eigelb umhüllen. Pochierte Eier sind ebenfalls Bestandteil vieler Rezepte und werden manchmal vor dem Servieren wieder erhitzt. Daher ist es ratsam, den Garvorgang entsprechend frühzeitig zu unterbrechen. Sobald die Eier perfekt gegart sind, werden sie mit einer Schöpfkelle aus dem Topf genommen und in Eiswasser getaucht. Anschließend kann man das am Rand ausgefranste Eiweiß vorsichtig in Form schneiden.

Pochierte Eier haben in der traditionellen französischen Küche ihren festen Platz. Für Eier in Burgundersauce werden sie in reinem oder mit Wasser verdünntem Wein gegart, in den nördlichen Regionen des Landes pochiert man Eier für bestimmte Gerichte auch in Bier.

Für ein Spiegelei schlägt man das Ei vorsichtig in eine gefettete Pfanne. Das Bratfett, in der Regel Butter, verhindert, dass das Ei am Pfannenboden festklebt. Es wird entweder bei niedriger Temperatur langsam gegart, bis das Eiweiß gerinnt, ohne Farbe anzunehmen. Man kann es aber auch bei stärkerer Hitze garen, bis das Eiweiß goldbraun und leicht knusprig ist. Spiegeleier lassen sich auch mit brauner Butter, Oliven- oder Walnussöl zubereiten, das den Eiern einen wunderbaren Geschmack verleiht (in dem Fall empfiehlt sich teilraffiniertes Walnussöl, das einen höheren Rauchpunkt hat). Gebratene Eier sind köstlich zum Frühstück oder zum Brunch, oft werden sie auch mit Speck oder Schinken serviert. Im Restaurant serviert man sie beispielsweise zu Pilzpfannen, Geflügelleber oder Meeresfrüchten.

Eine besonders köstliche Variante sind Eier im Näpfchen. Dabei kann man der Fantasie freien Lauf lassen. Das Prinzip ist einfach: Jedes Ei gart in einem Förmchen im Wasserbad, mit etwas Sahne

DREI-SECHS-NEUN

Gemeint ist die Zeit, die nach dem erneuten Aufkochen des Wassers für das Garen von Eiern benötigt wird: 3 Minuten für weiche, 6 Minuten für wachsweiche, 9 Minuten für harte Eier.

oder auf Champignons, mit geriebenem Käse, Schinkenwürfeln oder anderen Zutaten, die Aroma geben. Dabei darf die Backofentemperatur 160 °C nicht überschreiten. Sind die Förmchen sehr dickwandig, werden sie kurz vor Ablauf der Garzeit aus dem Ofen genommen (die in den Förmchen gespeicherte Hitze vollendet den Garprozess).

Man kann ein wachsweich gekochtes Ei auch in heißem Fett frittieren, auf der Speisekarte findet man das heute aber nur noch selten. Die interessantere Alternative sind panierte Eier. Sie haben den Vorzug, dass sich die Semmelbrösel mit gemahlenen Haselnüssen, Parmesan, Kräutern und Gewürzen aromatisieren lassen.

OMELETT UND RÜHREI

Omelett und Rührei sind die beiden Hauptzubereitungen für Eier, die ohne Schale gegart und deren Eiweiß und Eigelb miteinander vermischt werden. »Natur« oder mit verschiedenen Beigaben wie Champignons, Kräutern, Käse oder Trüffeln werden sie gerne zu einem ausgiebigen Frühstück oder als leichtes Abendessen aufgetischt.

Für die Zubereitung eines Omeletts werden die Eier mit einer Gabel kräftig geschlagen und anschließend in eine leicht gefettete Pfanne gegossen. Das Bratfett wird den Beigaben entsprechend gewählt (Olivenöl passt besser zu Kräutern, Butter empfiehlt sich, wenn Käse im Spiel ist). Die Eimasse wird auf einmal in die Pfanne gegossen; sobald sie am Rand zu stocken beginnt, schiebt man sie mit einem Spatel zur Mitte hin, damit das Omelett gleichmäßig gart.

Je nach persönlichem Geschmack wird das Omelett leicht feucht oder durchgegart serviert. Dafür gilt es, den Garprozess genau zu überwachen, der sich zum Ende hin sehr schnell vollzieht. Von einem Moment zum anderen kann ein eben noch saftiges Omelett anbrennen. Zum Servieren wird das Omelett aufgerollt oder dreifach gefaltet.

Rühreier werden nur kurz verquirlt, bevor sie in eine bei schwacher Hitze oder im Wasserbad erwärmte Sauteuse mit dickem Boden gegossen werden. Während des Garens wird die gestockte Eimasse vom Rand in die Mitte geschoben, damit das Rührei so gleichmäßig und cremig wie möglich gelingt. Gibt man zum Ende der Garzeit etwas Butter und/oder Sahne dazu, wird die Konsistenz noch cremiger.

Beide Gartechniken erscheinen relativ einfach, aber ein perfektes Ergebnis erfordert Beständigkeit und Präzision.

DAS EI UND SEINE EIGENSCHAFTEN

Das Ei glänzt auf dem Teller gern als Hauptattraktion, in der Küche schätzen wir es aber als Zutat in vielen Speisen ebenso sehr. Nicht nur für die Patisserie sind Eier von unschätzbarer Bedeutung, dank ihrer besonderen Eigenschaften werden sie auch für die Zubereitung zahlreicher Gerichte aus Gemüse, Fleisch, Fisch oder Getreide benötigt. Menschen, die auf Eier allergisch reagieren, wissen, wie schwierig es ist, beim Kochen ohne sie auszukommen.

Stellvertretend für die vielen anderen guten Eigenschaften von Eiern wollen wir hier nur die drei wichtigsten herausgreifen: ihr Schaumbildungs-, ihr Emulgations- und ihr Bindungsvermögen. Darüber hinaus eignen sie sich wunderbar für die Dekoration zahlreicher Speisen.

EI UND EISCHNEE

Hühnereiweiß besteht im Wesentlichen aus Wasser, Mineralsalzen und verschiedenen Eiweißstoffen, hauptsächlich Ovalbumin, das relativ leicht fest wird. Ihm ist es zu verdanken, dass Eiweiß schaumig geschlagen werden kann. Dabei wirken die Globuline als Schaumbildner und die Ovomucine bilden um die Luftbläschen herum einen stabilen Film. Auf diese Weise entsteht nach und nach eine schaumige Struktur. Dafür muss das Eiweiß lange und kräftig mit schnellen, kreisförmigen Bewegungen aufgeschlagen werden, um so viel Luft wie möglich einzuarbeiten. Sowohl

»Es ist schrecklich, das leise Geräusch, wenn ein hart gekochtes Ei auf die Zinktheke geschlagen wird. Das Geräusch ist schrecklich, wenn es einem armen Mann, der Hunger hat, im Kopf herumspukt«, schrieb der französische Autor Jacques Prévert in »La grasse matinée«, einem Gedicht aus dem Band *Paroles*, das den symbolischen Wert von Eiern in der Ernährung verdeutlicht.

roh als auch gegart verleiht Eischnee süßen und herzhaften Zubereitungen wie Schaumsaucen und Mousses, Kuchen und Biskuitböden, Soufflés, Ausbackteigen und Baisers eine leichte, luftige Konsistenz.

Eischnee herzustellen ist relativ einfach, vorausgesetzt, das Eiweiß enthält nicht die geringste Spur von Eigelb – beim Aufschlagen ist also Vorsicht geboten. In älteren Kochbüchern wird immer wieder geraten, dem Eiweiß zum Aufschlagen eine Prise Salz oder einige Tropfen Zitronensaft zuzugeben, was allerdings den wissenschaftlichen Erkenntnissen der Molekularküche zufolge vollkommen nutzlos ist.

Um ein homogeneres Ergebnis zu erzielen und um zu vermeiden, dass man später auf einen zähen, gummiartigen Strang beißt, müssen auf jeden Fall die Hagelschnüre entfernt werden, zwei kleine elastische Stränge, die den Dotter in der Mitte des Eies verankern. Je frischer das Ei ist, desto fester sind die beiden Hagelschnüre.

EI UND EMULSION

Die im Eigelb enthaltenen Proteine besitzen gleichermaßen hydrophile und hydrophobe Anteile, das heißt, ein Teil ihrer Moleküle zieht Wasser an, der andere weist es ab. Dank dieser Eigenschaften wird die Grenzflächenspannung zwischen zwei Flüssigkeiten, die aufgrund ihrer jeweiligen chemischen Struktur ohne Emulgator keine Verbindung eingehen könnten, verringert, sodass die eine in die andere eindringen kann. Ein bekanntes Beispiel ist die Mayonnaise, eine Emulsion aus Öl und dem im Eigelb enthaltenen Wasser. Aufgrund seiner Beschaffenheit ist Eigelb ein hervorragendes Bindemittel. Es verleiht einer Sauce, einem Püree oder einer Suppe eine zarte Cremigkeit, die auf andere Art und Weise nur schwer zu erreichen ist.

EI UND BINDUNG

Eigelb und Eiweiß gerinnen nicht bei derselben Temperatur: Eiweiß wird bereits bei 57 °C fest, Eigelb dagegen erst bei 65 °C. Daher ist es möglich, Eier weich oder wachsweich zu kochen. Flüssige Zutaten, die beim Kochen nicht von selbst eindicken, können durch Eigelb gebunden werden. Schlägt man Eier unter eine flüssige Zubereitung, wird sie während des Erhitzens dickflüssiger. Auf diese Weise erhält beispielsweise ein Sabayon oder ein Flan seine relativ feste Konsistenz.

EI UND GLANZ

Eigelb hat eine leuchtend gelbe Farbe, die sich durch Garprozesse kaum verändert. Ein Eigelb wird mit dem Eiweiß oder mit Milch, manchmal auch mit etwas Wasser verquirlt, um Teigoberflächen zu bestreichen, damit sie beim Backen einen schönen Glanz und eine goldgelbe bis karamellbraune Farbe erhalten. Industriell gefertigten Backwaren werden oft gelbe Farbstoffe beigemischt, um die Verwendung vieler Eier vorzutäuschen.

EIER UND GESUNDHEIT

Lange war die Annahme verbreitet, dass die im Ei, vor allem im Eigelb, enthaltenen Fette den Cholesterinspiegel erhöhen. Mittlerweile ist man allerdings zu der Erkenntnis gelangt, dass diese Sorge weitgehend unbegründet ist. Eier gelten heute als hervorragender Lieferant von Proteinen und Vitamin D, das häufig nicht in ausreichender Menge im Körperfett gespeichert ist.

EIER UND SONNE

Vitamin D ist für den menschlichen Organismus lebensnotwendig. Es wird durch Sonnenstrahlung in der Haut gebildet und fördert den Einbau von Calcium in die Knochen. Außerdem bekämpft es Müdigkeit und muskuläre Schwäche und beugt Karies und Kno-

SAUBER TRENNEN

Beim Trennen werden Eiweiß und Eigelb voneinander separiert. Dazu wird das Ei sehr behutsam über einer Schale aufgeschlagen, in der das ablaufende Eiweiß aufgefangen wird, während man das Eigelb so oft wie nötig vorsichtig von einer Schalenhälfte in die andere füllt. Dabei darf kein Eigelb in das Eiweiß gelangen. Will man mehrere Eier trennen, wird jedes Eiweiß einzeln in einer Schale aufgefangen. Weist es keinerlei Verunreinigung auf, kann es zu den anderen gegeben werden. Es ist darauf zu achten, dass Eigelb und Eiweiß nicht mit der Außenseite der Schale in Berührung kommen.

chenkrankheiten wie Osteoporose vor. Vitamin D ist in unserer Ernährung nicht ausreichend vorhanden, außer in Lebertran – dem »Kindheitstrauma« früherer Generationen –, Makrele, Lachs und Eiern.

PROTEINE UND SÄTTIGUNGSGEFÜHL

Eier sind eine hoch konzentrierte Proteinquelle, die sich durch das ausgewogene Verhältnis ihrer verschiedenen Aminosäuren auszeichnet. Dadurch sind Eier leicht verdaulich und der Gesundheit zuträglich, insbesondere, wenn das ganze Ei verspeist wird, in welcher Form auch immer. Man geht davon aus, dass zwei mittelgroße Eier dem Körper ebenso viele Proteine zuführen wie 100 g weißes Fleisch, aber weniger Kalorien enthalten.

Proteine verstärken das Sättigungsgefühl und können damit einen wichtigen Beitrag leisten, um die Nahrungsaufnahme zu reduzieren, das Gewicht zu kontrollieren – eine gute Nachricht für alle, die abnehmen möchten.

DIE MÄR VOM BÖSEN CHOLESTERIN

Lange Zeit galten Eier als Synonym für Cholesterin und wurden deshalb häufig vom Speiseplan gestrichen, um Herz-Kreislauf-Erkrankungen vorzubeugen. Neuere Studien haben aber ergeben, dass das durch Nahrung zugeführte Cholesterin weniger gefährlich ist als dasjenige, das der Körper selbst herstellt. Die in Eiern enthaltenen Fette sind keineswegs gesundheitsschädlich. Den meisten Ernährungsberatern zufolge kann man bedenkenlos vier bis sechs Eier pro Woche essen. Allerdings variiert ihre gesundheitsfördernde Wirkung mit der Art der Zubereitung.

Man sollte außerdem im Hinterkopf behalten, dass Eier in sehr vielen Speisen enthalten sind. So wird die als bedenkenlos erachtete Menge sehr schnell erreicht, ohne dass man sich dessen bewusst ist.

Und eines ist ganz sicher, auch wenn es grob vereinfacht klingen mag: Ob ein Ei gesund für uns ist, darüber entscheidet nicht zuletzt, wie man die Henne hält und füttert.

AUSWAHL UND LAGERUNG

In Deutschland gelten braune Eier als die besten, in Frankreich dagegen bevorzugt man die elfenbeinfarbenen, während in den USA rein weiße am beliebtesten sind.

Während die Schalenfarbe ausschließlich von der Rasse der Legehenne abhängt, kann die Färbung des Eigelbs durch die Nahrung der Hühner beeinflusst werden.

NICHTS DEM ZUFALL ÜBERLASSEN

Sowohl die Verpackung als auch der Stempelcode auf dem Ei enthalten in der gesamten EU, unabhängig von ihrer Herkunft, wichtige Informationen für den Käufer, der sie allerdings verstehen muss. Auf der Verpackung stehen das Legedatum (für extra frische Eier zwingend vorgeschrieben), das Mindesthaltbarkeitsdatum, die Güteklasse, die Gewichtsklasse, die Packstellennummer und die Haltungsform. Es gibt vier Gewichtsklassen: S (weniger als 53 g), M (zwischen 53 und 63 g), L (zwischen 63 und 73 g) und XL (mehr als 73 g). Die meisten Rezepte verlangen Eier der Klasse M.

Die Art der Haltung wirkt sich nicht nur auf das Wohlbefinden der Hühner aus, sondern auch auf die Qualität der Eier. Der entsprechende Hinweis wird mit 0 bis 3 beziffert. Von Eiern aus einer mit 2 oder 3 gekennzeichneten Packung (Boden- und Käfighaltung) ist abzuraten, der Tierschutzgedanke steht hier sicher nicht im Vordergrund und solche Eier dürften unserer Gesundheit nicht zuträglich sein. Alles in allem gehören Eier zu den preiswerten Produkten. Und auch wenn beste Qualität natürlich etwas teurer ist, hält sich die zusätzliche Belastung des Haushaltsbudgets doch in Grenzen.

Die Bezeichnung »extra frisch« ist maximal bis zum neunten Tag nach dem Legedatum zulässig. Solche Eier sind für den rohen Verzehr und alle Zubereitungen zu empfehlen, die nicht durchgegart werden. Frische Eier sollten innerhalb von 28 Tagen nach dem Legedatum konsumiert werden. Je älter die Eier sind, desto wichtiger ist es, sie zu garen.

Ist ein Ei zu alt für den Verzehr oder wurde es nicht korrekt gelagert, weitet sich die kleine Luftkammer an seinem stumpfen Ende aus. Daher kann man das Alter von Eiern testen, indem man sie in ein Gefäß mit Wasser legt: Ein frisches Ei bleibt am Boden, ein älteres steht auf der Spitze, ein zu altes schwimmt oben – so ein Ei ist nicht mehr für den Verzehr geeignet. Eier mit einem Riss in der Schale sollten so schnell wie möglich verbraucht werden.

EIN INFORMATIVER CODE

0 - Ökologische Haltung. Aufzucht im Stall (6 Hennen je m² Stallfläche) und im Freiland (mindestens 4 m² Auslauf je Tier). Das Futter muss aus ökologischem Landbau stammen.

1 - Freilandhaltung. Tagsüber Zugang zu einem Auslauf von 4 m² je Tier. Der Stall entspricht den Anforderungen der Biohaltung.

2 - Bodenhaltung. Geschlossener Stall, in dem sich die Tiere frei bewegen können. Nester zur Eiablage. Maximal 9 Tiere je Quadratmeter Fläche.

3 - Käfighaltung. Ausgestaltete Käfige mit mindestens 0,075 m² Fläche je Tier.

WICHTIGE HYGIENEREGELN

Eier sind empfindlich. Den besten Schutz bietet ihnen ihre Schale, die porös, aber von einem wasserlöslichen Überzug bedeckt ist. Er schützt das Ei vor dem Eindringen von Bakterien wie den gefürchteten Salmonellen, die auf der Eierschale sitzen. Bei der Verwendung von Eiern sind zwei Regeln strikt einzuhalten:

Erstens: Unbedingt verhindern, dass das Eigelb und Eiweiß mit der Außenseite der Schale in Berührung kommt. Insbesondere nach dem Trennen von Eiern gründlich die Hände waschen und die Arbeitsfläche sowie sämtliche verwendete Hilfsmittel sorgfältig mit heißem Wasser reinigen.

Zweitens: Die Eierschale nicht anfeuchten, der schützende Überzug ist wasserlöslich. Selbst anhaftenden Schmutz nicht abwaschen, allenfalls mit einem trockenen Tuch entfernen. Brüske Temperaturunterschiede vermeiden, sie können zur Bildung von Kondenswasser auf der Schale führen.

Personen mit schwachem Immunsystem, wie kleinen Kindern, kranken oder alten Menschen, sollte man keine Speisen mit rohen oder halb rohen Eiern servieren, zum Beispiel weich oder wachsweich gekochte Eier und Mayonnaise.

Wer sich bei der Lagerung und Verwendung an diese Vorsichtsmaßnahmen hält, kann Eier unbesorgt verwenden. Schließlich sind sie in der Küche unverzichtbar – und das nicht nur in der Patisserie.

Im Übrigen: nicht nur in der Küche, auch in der kollektiven Vorstellungswelt haben Eier einen besonderen Stellenwert. Kaum ein anderes Nahrungsmittel hat so viel Inspiration geliefert, von Schöpfungsmythen über die antike Mythologie bis hin zu Kunstwerken von Hieronymus Bosch, Constantin Brancusi oder Salvador Dalí.

Eier kochen

SCHWIERIGKEITSGRAD: 👨‍🍳

FÜR 6 EIER

ZUBEREITUNG: 5 MIN. - **GARZEIT:** 3, 6 ODER 9 MIN.

UTENSILIEN: kleiner Stieltopf

ZUTATEN

6 Eier

Tipp

ZUM WEICH KOCHEN nach Möglichkeit extra frische Eier verwenden. Für wachsweich und hart gekochte Eier vorzugsweise Eier verwenden, die mindestens 1 Woche alt sind, sie lassen sich leichter schälen.

Die rechtzeitig aus dem Kühlschrank genommenen Eier mit einer Schaumkelle vorsichtig in das kochende Wasser legen

Kochen lassen: weiche Eier 3 Minuten, wachsweiche Eier 6 Minuten, harte Eier 9 Minuten.

WEICH GEKOCHTE EIER sofort servieren.

WACHSWEICH UND HART GEKOCHTE EIER in einer Schüssel mit kaltem Wasser abschrecken.

WACHSWEICHE ODER HARTE EIER schälen.

Das Eigelb eines **WACHSWEICHEN EIS** ist im Kern noch flüssig (links), das eines **HARTEN EIS** ist fest (rechts).

Omelett

SCHWIERIGKEITSGRAD:
FÜR 1 PERSON
ZUBEREITUNG: 5 MIN. - GARZEIT: 4 MIN.

UTENSILIEN: Pfanne
ZUTATEN
3 Eier - 1 EL gehackte Kräuter nach Wahl
25 g Butter - 1 EL Erdnussöl
Salz und weißer Pfeffer aus der Mühle

Tipp
FÜR EIN FLACHES OMELETT die zur Hälfte gestockte Eimasse auf einen Teller stürzen und zurück in die Pfanne gleiten lassen.

1 Die Eier in eine Schüssel aufschlagen, mit Salz und Pfeffer würzen und die Kräuter dazugeben.

2 Mit einer Gabel kräftig schlagen, bis die Eimasse schaumig ist.

3 Die Butter mit dem Öl in der Pfanne erhitzen, sie soll nicht bräunen. Anschließend die Eimasse hineingießen.

4 Sobald die Unterseite gestockt und die Oberseite noch feucht ist, ein Drittel des Omeletts mit einem weichen Spatel zur Mitte hin einschlagen.

5 Das gegenüberliegende Drittel darüberklappen.

6 Das Omelett auf eine Servierplatte stürzen, sodass die eingeschlagenen Seiten unten liegen.

Eier im Näpfchen

SCHWIERIGKEITSGRAD:

Tipp

EINEN LÖFFEL GARNITUR in die Förmchen geben: eine Champignon-Duxelles (s. S. 458), kurz in Butter angeschwitzten Spinat oder Sauerampfer, fein gehackten Schinken. Anschließend die Eier darüberschlagen.

1 Den Backofen auf 160 °C vorheizen. In jedes Förmchen ein Ei schlagen.

2 Die Förmchen in eine ofenfeste Form stellen und bis zur halben Höhe heißes Wasser angießen. Die Eier im vorgeheizten Backofen 15 Minuten stocken lassen. Das Eiweiß soll fest, das Eigelb noch flüssig sein.

FÜR 4 PERSONEN
ZUBEREITUNG: 10 MIN. - GARZEIT: 15 MIN.
UTENSILIEN: kleiner Stieltopf

ZUTATEN
4 Eier - 4 EL flüssige Schlagsahne
2 EL gehackte Kräuter nach Wahl
Salz und Pfeffer aus der Mühle

3 In der Zwischenzeit die Sahne in dem Topf erhitzen und die Kräuter dazugeben. Leicht einkochen lassen. Mit Salz und Pfeffer würzen.

4 Jedes Eigelb mit etwas heißer Sahne umgießen und sofort servieren.

Rührei

SCHWIERIGKEITSGRAD:

Tipp

RÜHREI UNMITTELBAR VOR dem Servieren zubereiten und etwas cremiger als gewünscht vom Herd nehmen, da es durch die Resthitze des Topfes nachgart.

1 Die Eier mit einer Gabel leicht verquirlen, bis Eigelb und Eiweiß vermischt sind (keinesfalls schaumig schlagen). Mit Salz und Pfeffer würzen.

2 Die Hälfte der Butter und das Öl in den Topf geben und erhitzen.

3 Die Eimasse zugießen und die Temperatur reduzieren. Bei niedriger Temperatur stocken lassen.

4 Dabei ständig mit dem Schneebesen am Topfboden und -rand entlangrühren, bis die Eimasse halb gestockt ist und eine cremige Konsistenz hat.

FÜR 2 PERSONEN

ZUBEREITUNG: 5 MIN. - **GARZEIT:** 8 MIN.

UTENSILIEN: Stieltopf - kleiner Schneebesen

ZUTATEN

4 Eier - 50 g Butter - 2 EL Sonnenblumenöl
4 EL flüssige Schlagsahne
Salz und Pfeffer aus der Mühle

5 Die restliche Butter in den Topf geben.

6 Mit dem Schneebesen kräftig unterrühren.

7 Die Sahne in den Topf gießen und nachwürzen, falls nötig.

8 Das Rührei nochmals mit dem Schneebesen durchrühren und sofort servieren.

Eier pochieren

SCHWIERIGKEITSGRAD: 👨‍🍳
FÜR 4 EIER
ZUBEREITUNG: 10 MIN. - **GARZEIT:** 5 MIN.

UTENSILIEN: Sauteuse
ZUTATEN
3 EL Essig - 4 extra frische Eier
Salz

Tipp

FÜR POCHIERTE EIER extra frische Eier verwenden, deren Eiweiß noch so dickflüssig ist, dass es nicht zerfließt und das Eigelb gleichmäßig umhüllen kann.

1 Die Sauteuse drei Viertel hoch mit Wasser füllen, den Essig dazugeben und alles zum Sieden bringen. Ein Ei in eine kleine Schale schlagen und vorsichtig in den Topf gleiten lassen.

2 Sobald das Ei wieder an die Oberfläche steigt, das Eiweiß mit einem Spatel behutsam um das Eigelb wickeln.

3 Das Ei im siedenden Wasser gar ziehen lassen, bis das Eiweiß nicht mehr durchsichtig ist. Mit einer Schaumkelle herausheben.

4 Sofort in einer Schale mit kaltem Wasser abschrecken.

5 Das Eiweiß zurechtschneiden, um dem Ei eine regelmäßige Form zu geben.

6 Das Eiweiß soll fest, das Eigelb flüssig sein.

Fleisch

RIND
KALB
LAMM

Inhalt

Geschmack, Genuss und Energie	136
Rind	142
RINDERSTEAKS RICHTIG BRATEN	144
RINDERFILET BRATFERTIG VORBEREITEN	146
RINDERKOTELETT BRATFERTIG VORBEREITEN	148
RINDERKOTELETT GRILLEN	150
TOURNEDOS BARDIEREN	152
TOURNEDOS BRATEN UND MIT MADEIRA ABLÖSCHEN	154
EIN SCHAUFELSTÜCK BRATFERTIG VORBEREITEN UND SPICKEN	156
EIN SCHAUFELSTÜCK IN ROTWEIN SCHMOREN	158
Kalb	162
SCHNITZEL SCHNEIDEN	164
KALBSBRATEN BRATFERTIG VORBEREITEN	166
KALBSKARREE IM OFEN SCHMOREN	168
KALBSKARREE GLASIEREN	170
WIENER SCHNITZEL	172
KALBSROULADEN FÜLLEN UND SCHMOREN	174
Lamm	178
LAMMKEULE BRATFERTIG VORBEREITEN	180
LAMMKEULE MIT KNOBLAUCH SPICKEN	181
LAMMKEULE BRATEN UND EINE JUS ZUBEREITEN	182
LAMMSCHULTER ENTBEINEN UND BINDEN	184
LAMMKARREE BRATFERTIG VORBEREITEN	186
LAMMSATTEL ENTBEINEN UND BINDEN	190
LAMMRÜCKEN AUSLÖSEN UND IN NÜSSCHEN SCHNEIDEN	194
LAMM-NAVARIN	196

Fleisch
GESCHMACK, GENUSS UND ENERGIE

Von wärmenden winterlichen Eintöpfen bis zum Grillabend im Sommer – Fleisch gilt als Grundlage unserer Ernährung. In großen Teilen Europas war es bis ins 16. Jahrhundert das wichtigste Nahrungsmittel. Und es war kostbar – beim Schlachten wurde nichts weggeworfen. Während Braten eher der Oberschicht vorbehalten waren, diente Kochfleisch als Volksspeise, mit den preiswerten Innereien mussten sich die Armen begnügen. Der bevorzugte Fleischlieferant war das einfach zu haltende Hausschwein. Ansonsten war für den Durchschnittsverdiener Huhn am ehesten erschwinglich. So sind in mittelalterlichen Kochbüchern Gerichte mit Hühnerfleisch am häufigsten vertreten.

Bis heute hat Fleisch für uns einen hohen Stellenwert, und das nicht nur aus Gründen der Tradition. In der Regel ist Fleisch teurer als andere Lebensmittel; dass es dennoch regelmäßig gekauft wird, selbst wenn dafür anderweitig gespart werden muss, zeigt die Bedeutung, die ihm beigemessen wird. Während die häusliche Küche die Domäne der Frauen war, assoziierte man Fleisch mit der Rolle des Mannes, mit Wild und den Freuden der Jagd: Macht, Kraft, der Umgang mit Waffen – männliche Privilegien als Ausdruck von Dominanz und Virilität. Nicht ohne Grund stehen noch heute am Grill in der Regel Männer.

FLEISCH IN UNSERER ERNÄHRUNG

Trotz (oder gerade wegen) seiner grundlegenden Bedeutung wird der Konsum von Fleisch in den verschiedenen Kulturen unterschiedlich bewertet. Im Hinduismus, im Judaismus und im Islam gibt es strenge Speisegesetze, die insbesondere den Verzehr von Fleisch betreffen. Im Christentum, das in dieser Hinsicht mehr Toleranz zeigt, sind Fleischprodukte während der vorösterlichen Fastenzeit verboten.

Aber selbst abgesehen von religiösen Vorschriften ist der Verzehr von Fleisch für viele Menschen heute nur schwer zu akzeptieren. Dabei geht es zum einen um die grundsätzliche Frage, ob man ein lebendes Wesen für die Befriedigung menschlicher Bedürfnisse töten darf. Zum anderen geht es um die Beziehung zwischen Mensch und Tier – das Tier als Begleiter, das Nutztier, das Schlachttier. Hinzu kommen ethische Fragen bezüglich der Aufzuchtbedingungen. Die Auswirkungen der Tierhaltung auf unsere Umwelt – insbesondere in Entwicklungsländern wird ein beträchtlicher Teil des mageren Einkommens von Tierfutter verschlungen – stellt für viele Konsumenten zunehmend ein moralisches Problem dar. Während Massentierhaltung für die Umwelt sehr schädlich ist, kann eine artgerechte, extensive Aufzucht dazu beitragen, die ökologische Vielfalt zu erhalten.

Immer wieder wird auch behauptet, Fleisch sei schädlich für die Gesundheit. Insbesondere in Krisenzeiten wie 1996, als der »Rinderwahnsinn« die Verbraucher verunsicherte, wird über den Fleischkonsum kritisch nachgedacht. Immerhin tragen solche Krisen zu einer strengeren Gesetzgebung bezüglich Tierhaltung, Futtermitteln und Zusätzen und deren Rückverfolgbarkeit bei.

In einer gesunden, ausgewogenen Ernährung ist Fleisch ein wichtiger Faktor, vorausgesetzt, es ist hochwertig und stammt aus artgerechter Tierhaltung. Fleisch versorgt den menschlichen Körper mit B-Vitaminen, die für die Zellerneuerung sowie für das Immun- und Nervensystem unverzichtbar sind. Darüber hinaus ist Fleisch eine hervorragende Quelle von Proteinen und zahlreichen gut verwertbaren Mineralstoffen und Spurenelementen wie Eisen und Zink.

EINKAUF UND LAGERUNG

Im Idealfall kauft man Fleisch bei einem Metzger, der beraten und informieren kann. Auf abgepacktem Fleisch im Supermarkt ist die Herkunft in der Regel gekennzeichnet, auf Beratung muss man allerdings verzichten. Aber man findet zunehmend preiswerte Fleischportionen in den Tiefkühltruhen. Auf Märkten ist die Aufrechterhaltung der Kühlkette nicht ohne Weiteres gewährleistet, daher ist Achtsamkeit geboten, denn Fleisch ist eine empfindliche Ware.

Im kältesten Bereich des Kühlschranks (bei etwa 2 °C) hält sich Fleisch 1–4 Tage. Es kann in dem Spezialpapier der Metzgerei gela-

AMTLICHE QUALITÄTSSIEGEL

Die in der EU verliehenen Gütesiegel helfen beim Einkauf, qualitativ hochwertige Produkte zu erkennen. Sie gewährleisten eine artgerechte Tierhaltung sowie hohe Fleischqualität.

Das Label Rouge ist ein Gütesiegel für hochwertige Lebensmittel aus Frankreich. Es garantiert strenge Kontrollen in allen Stadien der Erzeugung.

Das AOC-Siegel steht für eine kontrollierte Herkunftsbezeichnung und zertifiziert neben dem geografischen Gebiet auch die traditionelle Herstellung des Produkts.

Das Bio-Siegel für Fleisch bescheinigt die artgerechte und umweltschonende Haltung der Tiere.

gert werden oder in der Verpackung aus dem Supermarkt, auf der unter anderem das Verbrauchsdatum angegeben ist. Hackfleisch sollte in einer Kühltasche nach Hause transportiert und noch am selben Tag verwendet werden. Hacksteaks sollten nicht zu dick sein und vorzugsweise durchgebraten werden.

Vor dem Garen soll Fleisch Raumtemperatur annehmen, damit sich die Muskelfasern entspannen und durch den Hitzeschock nicht sofort zusammenziehen. Tiefgekühltes Fleisch vor der Zubereitung langsam im Kühlschrank auftauen lassen.

In der französischen Küche wird hauptsächlich das Fleisch von Rind, Kalb und Lamm verwendet. Aber auch Schweinefleisch hat viele Freunde. Es kann zum Teil wie Lamm zubereitet werden, da sein aromatischer Geschmack zu Wurstwaren verarbeitet jedoch am besten zur Geltung kommt, wird in diesem Kapitel nicht weiter darauf eingegangen.

VON ROH BIS DURCHGEBRATEN

Das Garen von Fleisch erfordert höchste Präzision, die Garmethode richtet sich nach dem gewählten Stück. Zarte, bindegewebsarme Teile wie das Filet werden nur kurz – oder gar nicht – gegart, während grobfaserige Stücke mit hohem Anteil an Bindegewebe längere Garzeiten benötigen, um weich zu werden. Häufig mariniert man dieses Fleisch vor dem Garen und verwendet es bevorzugt zum Kochen oder Schmoren.

GAREN OHNE HITZE

Rind- und Kalbfleisch können als Tatar roh verspeist werden, bei einem Carpaccio bewirkt die Säure der Zitrone eine leichte Garung. Außerdem ist das »Garen« in Salz eine interessante Methode.

Tatar ist gehacktes Fleisch, das mit würzenden Zutaten herzhaft abgeschmeckt wird. Trotz der enthaltenen Säure gart das Fleisch nicht, weil es erst unmittelbar vor dem Verzehr angemacht wird. Für ein Tatar ist frisches, zartes Fleisch bester Qualität unabdingbar. Am besten zerkleinert man es mit dem Messer, so hat es wesentlich mehr Biss als durch den Fleischwolf gedreht. Um eine cremige Konsistenz zu erreichen, gibt man einen kräftigen Schuss Olivenöl und rohes Eigelb dazu. Wer rohes Fleisch nicht mag, kann das Tatar zu einem Steak formen und von beiden Seiten kurz in der Pfanne braten (in Frankreich wird diese Zubereitung als »Steak César« bezeichnet).

Carpaccio gart durch die Einwirkung von Säure fast durch. Das Fleisch aus Filet oder Lende wird leicht angefroren, damit man es in gleichmäßig hauchdünne Scheiben schneiden kann. Die Scheiben werden auf einem Teller angerichtet und mit einer kalten Marinade aus Zitronensaft, Olivenöl, Basilikum, Salz und Pfeffer beträufelt. Für Tatar und insbesondere für Carpaccio ist auch Kalbfleisch hervorragend geeignet.

Die wirksamste Garmethode ohne Hitzeeinwirkung ist die Verbindung von Zeit und Salz. Ein besonders zartes Filetstück wird mit Olivenöl und Gewürzen bestrichen und in eine große Menge grobes Meersalz gelegt, sodass es rundherum von einer dicken Kruste bedeckt ist. Anschließend lässt man es im Kühlschrank einen ganzen Tag ruhen. Vor dem Servieren muss nur das Salz entfernt werden.

Zubereitungen aus rohem Fleisch wurden zunächst im 19. Jahrhundert an Blutarmut leidenden Menschen empfohlen. Heute bevorzugen viele Fleischliebhaber diese Zubereitungsart, weil sie das Grundprodukt veredelt, dabei aber so wenig wie möglich verändert, sodass der ursprüngliche Fleischgeschmack besonders gut erhalten bleibt.

ARCHAISCHER GESCHMACK

Ein Holzkohlengrill, ein heißer Stein oder die Plancha, eine erhitzte Metallplatte – sie alle stehen für eine archaische Art, Fleisch zuzubereiten. Vor allem das gemeinsame Grillen im Freien in größerer Runde hat etwas herrlich Rustikales und ermöglicht an heißen Sommertagen große gesellige Tafelrunden.

Sowohl auf der Plancha als auch auf einer Steinplatte verteilt sich die Hitze sehr gleichmäßig, sodass man viele Fleischstücke gleichzeitig garen kann, ohne dass sie verkohlen. Damit Steaks schnell und gleichmäßig garen, sollten sie weder zu groß noch zu dick sein und qualitativ hochwertig. Es muss nicht immer Rumpsteak sein – fragen Sie Ihren Metzer auch nach Nierenzapfen oder Saumfleisch. Wer Lammfleisch grillen möchte, kann Stücke aus der Schulter schneiden. Zum Grillen auf dem heißen Stein oder auf der Plancha empfehlen sich auch gewürzte Hackbällchen und sogar mariniertes Fleisch, vorausgesetzt, die Platte wird zwischendurch immer wieder gereinigt.

KONZENTRATION UND AUSTAUSCH

Wird Fleisch in einer Pfanne scharf angebraten, gerinnen die Eiweißstoffe an der Oberfläche und reagieren mit den Zuckermolekülen, sodass eine bräunliche Kruste entsteht, in der sich die beim Anbraten freigesetzten Aromastoffe konzentrieren. Außerdem sorgt die Kruste dafür, dass das Fleisch im Inneren schön zart und saftig bleibt.

Wird ein Fleischstück dagegen in reichlich Flüssigkeit gegart, findet nach und nach ein intensiver Austausch von Aromen zwischen dem Gargut und der Garflüssigkeit statt. Außerdem wird auf diese Weise selbst zähes Fleisch zart.

Bei Verwendung eines Holzkohlengrills darf keinesfalls im offenen Feuer gegart werden. Das Fleisch würde verkohlen, gesundheitsgefährdende Stoffe entwickeln und alles andere als gut schmecken. Zum Grillen empfiehlt sich Holzkohle oder trockenes Holz. Man lässt sie brennen, bis eine stabile Glut entstanden ist. Ist die Hitze zu stark oder bilden sich noch Flammen, wird das Fleisch an den Rand der Grillfläche gelegt. Für längere Garzeiten empfiehlt es sich, den Abstand zwischen Grillrost und Glut zu vergrößern und das Fleisch mit einer Zange regelmäßig zu wenden. Man kann das Grillgut zuvor mit einer Marinade aus Honig, Senf und Gewürzen bestreichen. Dickflüssige Marinaden bilden während des Garens eine Kruste, die dem Fleisch kräftige Aromen verleiht und gleichzeitig verhindert, dass es durch die starke Hitze zäh und trocken wird.

IM BACKOFEN VEREDELN

Das Garen im Backofen bringt Aroma und Textur besonders gut zur Geltung. Geeignet sind zarte Fleischstücke. Ein Rinderbraten wird häufig aus dem Filet, der Lende oder der Hüfte geschnitten, ein Kalbsbraten aus der Nuss, der Ober- oder der Unterschale, ein Lammbraten aus der Schulter oder der Keule.

Ist der Braten nicht mit Speckscheiben umwickelt, sollte er vor dem Anbraten mit Fett bestrichen werden – mit Ausnahme eines Lammbratens, der von Natur aus genügend Fett enthält. Das Anbraten ist wichtig für die Konzentration der Aromen. Die Garzeit hängt von der Größe des Bratens ab und davon, ob man ihn lieber rosa oder durchgebraten servieren möchte. Die Garstufe ist eine Frage des persönlichen Geschmacks, auch wenn Kenner bei Rindfleisch in der Regel kürzere Garzeiten bevorzugen. Rotes Fleisch (Rind und Lamm) wird im Ofen bei relativ hoher Temperatur, weißes Fleisch (Kalb) bei mittlerer Temperatur gegart. Dabei den Braten regelmäßig mit dem ausgetretenen Saft begießen.

Der Bräter soll nur wenig größer sein als das Fleischstück. Bei langen Garzeiten – große Braten brauchen mehrere Stunden – empfiehlt es sich, das Fleisch zwischendurch zu wenden oder es im Bräter von vornherein auf einen kleinen Rost zu legen, damit es nicht festklebt.

Zum Ende der Garzeit werden die Speckscheiben entfernt, damit der Braten rundherum bräunt. Nach dem Herausnehmen aus dem Ofen lässt man das Fleisch in Alufolie gewickelt einige Minuten ruhen, damit sich Fleischsaft und Temperatur verteilen können.

KURZBRATEN – EINFACH KÖSTLICH

Das Braten in der Pfanne, im Wok oder in der Sauteuse geht schnell, ist unkompliziert und eignet sich perfekt für alle Sorten von Rindersteaks. Mit dem Begriff »Steak« wird eine zum Kurzbraten geeignete Fleischscheibe bezeichnet.

Steaks aus Nierenzapfen, Kugel, hinterem Lappenstück, Saumfleisch und Kachelfleisch sind zum Kurzbraten bestens geeignet. Die Muskelfasern ziehen sich durch die Hitzeeinwirkung zusammen und drücken den Saft nach innen.

Auch Schnitzel von Kalb und Lamm können in der Pfanne gegart werden. Rindfleisch wird schneller und heißer gebraten als Lamm- oder Kalbfleisch, deren zarte, feinfaserige Struktur hitzeempfindlicher ist. In feine Streifen geschnitten, eventuell mariniert und mit asiatischen Zutaten im Wok gegart schmecken solche Fleischstücke ebenfalls köstlich.

LANGSAMES GAREN IN FLÜSSIGKEIT

Im mittelalterlichen Europa hatten die Köche der vornehmen Familien die merkwürdige Angewohnheit, Fleisch vor dem Braten zu kochen. Braten und Backen waren der Oberschicht vorbehalten, das einfache Volk hatte nur die Möglichkeit, Nahrungsmittel in Wasser zu garen. Bis heute enthalten zahlreiche volkstümliche Gerichte gekochtes Fleisch, weil dazu auch kostengünstigere, weniger hochwertige Stücke verwendet werden können. Durch langes, langsames Garen werden die zähen Fasern weich. Sie haben einen hohen Anteil an Bindegewebe, das während des Kochvorgangs in Gelatine umgewandelt wird, die das Fleisch zart macht. Zusammen mit dem Fleisch gegartes Gemüse nimmt ein gutes Aroma an.

Das Fleisch wird vollständig mit Wasser bedeckt und langsam bei niedriger Temperatur gegart. Für einen kräftigen Geschmack empfiehlt sich die gleichzeitige Verwendung von fetten, mageren und gelatinereichen Fleischstücken. Zum Kochen eignen sich besonders Rinderbacke, Beinscheibe, Mittelbug- und Schaufelstück. Dazu kommen selbstverständlich ein Markknochen und Gemüse wie Speiserübe, Karotte und Lauch – sie sind fest genug und zerfallen nicht. Die aromatische Brühe kann separat, mit Reiseinlage oder mit geröstetem Brot als Vorspeise oder separat zu dem Fleisch und den Gemüsen serviert werden.

SCHMOREN: EIN ZAUBERMITTEL

Schmoren ist ein Garverfahren, das Aromenkonzentration und Aromenaustausch kombiniert. Auch hier empfiehlt sich die Verwendung durchwachsener Fleischstücke. Zunächst werden sie in heißem Fett rundherum angebräunt, dann wird der Bratensatz abgelöscht. Anschließend lässt man das Fleisch mit Suppengrün und Würzzutaten in reichlich Flüssigkeit im geschlossenen Topf bei niedriger Temperatur langsam gar schmoren. Dabei wird es nach und nach mürbe und zart und die Aromen von Fleisch, Gemüse und Gewürzen verbinden sich, sodass gleichzeitig eine köstliche Sauce entsteht. In der Regel wird rotes Fleisch in einem dunklen Fond, weißes Fleisch in einem hellen Fond geschmort. Rindfleisch auf Burgunder Art, Lammragout mit Rübchen, geschmorte Kalbsschulter zählen zu den Klassikern der französischen Küche – bodenständige Gaumenfreuden, die Leib und Seele wärmen und daher besonders in der kalten Jahreszeit hochwillkommen sind.

RINDFLEISCH – KRÄFTIG IM GESCHMACK

Rindfleisch kann sowohl von gemästeten Milchkühen als auch von über 24 Monate alten Ochsen stammen. Der französische Viehbestand zählt mehr als 20 verschiedene Rassen, wobei jede einzelne an Boden, Klima und Weiden einer speziellen Gegend angepasst ist. Neben den bekanntesten wie Charolais und Limousin gibt es seltenere, sehr alte Rassen wie Aubrac und Salers. Die Viehbestände werden häufig mit amtlichen Qualitätssiegeln versehen. Das Fleisch jeder einzelnen Rasse zeichnet sich durch einen unverwechselbaren Geschmack aus. So bietet beispielsweise das halbwilde Camargue-Rind (Raço di biou), das unter dem AOC-Siegel »Taureau de Camargue« vermarktet wird, mageres, zartes Fleisch mit einem einzigartigen, kräftigen Geschmack.

JEDES FLEISCHSTÜCK IST WERTVOLL

In Frankreich steht Rindfleisch auf der Beliebtheitsskala der Fleischkonsumenten ganz oben. Es ist Bestandteil vieler traditioneller Gerichte wie Boeuf bourguignon oder Pot-au-feu, dem Eintopf aus Rindfleisch und Gemüse, und wird auch in der alltäglichen Küche regelmäßig verwendet, etwa für den Klassiker Steak-Frites-Salat.

Die Vielfalt der Zuschnitte und der Garmethoden beschert uns eine Vielzahl köstlicher Gerichte. Die Hierarchie der einzelnen Teile lässt sich an den jeweiligen Preisen ablesen, aber die passende Art der Zubereitung kann aus jedem Stück Fleisch eine schmackhafte Mahlzeit machen.

Zu den besonders geschätzten und teuren Teilen zählen zarte, saftige Fleischstücke wie Entrecôte, Filet, Lende, Nierenzapfen oder hohes Roastbeef, die sich zum Kurzbraten eignen. Als weniger edel gelten Teile mit einem hohen Anteil an Bindegewebe. Sie sind perfekt für langes und langsames Schmoren.

Besondere Wertschätzung gilt mit kräftigen Fettadern durchzogenem Muskelfleisch. Bei den japanischen Wagyu-Rindern ist im Gegensatz zu anderen Rassen das Fett nicht punktuell verteilt, sondern durchzieht das gesamte Muskelfleisch in feiner Maserung. Diese Marmorierung verleiht dem Fleisch eine Zartheit, die der Konsistenz einer Foie gras vergleichbar ist.

VERMEIDBARE FEHLER

In der Küche gibt es viele Traditionen, die sich als wenig sinnvoll erwiesen haben. So sollte Fleisch entgegen der gängigen Praxis vor dem Anbraten nicht gesalzen werden: Salz entzieht dem Fleisch Saft und macht es auf diese Weise zäh. Damit der Saft während des Garens nicht ausläuft, sollte das Fleisch nicht mit einer Gabel, sondern mit einer Zange gewendet werden. Bei einem Steak sollte der Fettrand nicht vor, sondern nach dem Garen entfernt werden, denn er verleiht Geschmack. Allerdings empfiehlt es sich, ihn mehrmals einzuschneiden, damit sich das Fleisch in der Pfanne nicht wölbt.

ROTES FLEISCH IST GESUND

Wie andere Fleischsorten enthält Rindfleisch B-Vitamine: Vitamin B2 regt das Wachstum und die Bildung roter Blutkörperchen an, Vitamin B3 ist für die Gewinnung von Energie aus Kohlenhydraten, Fett und Eiweiß erforderlich.

Je nach Fleischteil enthält Rindfleisch 25–30 % Proteine und 2–15 % Fett. Gleich welche Garmethode man wählt, der Fettgehalt ändert sich durch die Art der Zubereitung nur unwesentlich.

Neben Eisen sind weitere Mineralstoffe und Spurenelemente in reichlicher Menge enthalten: Selen (ein Antioxidans), Zink und Kupfer, das an der Bildung von Kollagen beteiligt ist und zur Hämoglobinbildung beiträgt.

Nach einer wahren Flut von Medienberichten über die Risiken in Zusammenhang mit dem Verzehr von tierischen Proteinen weisen neuere Studien darauf hin, dass der übermäßige Konsum durchaus zu Krebs und Herz-Kreislauf-Erkrankungen führen kann, dass aber ein maßvoller Verzehr – unter 140 g pro Tag – der Gesundheit zuträglich ist.

Entsprechend empfiehlt es sich aus gesundheitlichen und ethischen Gründen, eher weniger Rindfleisch zu essen und dabei immer auf gute Qualität zu achten.

KALBFLEISCH – DELIKAT UND FEIN

Mit Kalb wird ein weibliches oder männliches Jungtier vom Rind bis zum Alter von etwa sechs Monaten bezeichnet. Man unterscheidet zwischen Milchkälbern, die ausschließlich mit Milch aufgezogen werden (die sie nicht zwangsläufig aus dem Euter der Mutterkuh saugen), und Weidekälbern aus einer muttergebundenen, artgerechten Tierhaltung.

Seit der Antike war Kalbfleisch lange der reichen Oberschicht vorbehalten. Erst mit der Industrialisierung der Milchproduktion Mitte des 20. Jahrhunderts wurde Kalbfleisch auch für die weniger wohlhabende Bevölkerung erschwinglich, weil die Züchter ihre Kälber mit Milchersatzprodukten füttern konnten.

Kalbfleisch ist ausgesprochen zart und delikat. Seine Farbe variiert von hellrosa bis hellrot, je nach dem Anteil an Grünfutter, und seine Fettränder sind perlmutt-weiß.

ZART UND MAGER

Obwohl Rindfleisch und Kalbfleisch eine ähnliche Zusammensetzung haben, gibt es einige spezifische Unterschiede. Kalbfleisch ist noch nicht von Fettadern durchzogen und daher deutlich magerer, sodass es dank seines hohen Proteingehalts einen genussreichen Beitrag zu einer kalorienarmen Ernährung leisten kann. Da Kälber sich zunächst von Milch ernähren, enthält ihr Fleisch deutlich weniger Eisen als Rindfleisch. Allerdings steht es dank seines hohen Gehalts an Selen, das das Herz und als Antioxidans die Zellen schützt, bei Ernährungsexperten hoch im Kurs. Darüber hinaus ist Kalbfleisch ein hervorragender Lieferant von Ölsäure, die dazu beiträgt, die Gesundheit der Arterien zu verbessern und den Fettstoffwechsel zu regulieren.

EINE DELIKATESSE MIT TRADITION

Auch die verschiedenen Teile vom Kalb sind unterschiedlich zart, einige eignen sich zum Kurzbraten, andere eher zum langsamen Schmoren. Die Fleischstücke sind insgesamt nicht sehr dick und garen entsprechend schnell. Zum Beispiel ist ein Schnitzel in 3–4 Minuten, ein 500 Gramm schwerer Kalbsbraten in 30 Minuten rosa gegart. Das als Lieblingsspeise der Franzosen geltende Kalbsfrikassee zählt zu den bekanntesten Rezepten. Aber auch Rouladen, gegrillte Koteletts oder ein Ragout lassen sich wunderbar mit Kalbfleisch zubereiten. Einige Rezepte aus Italien, wo sich Kalbfleisch größter Beliebtheit erfreut, gehören mittlerweile zur internationalen Küche, wie beispielsweise Osso buco, Saltimbocca alla romana oder das Kalbsschnitzel Mailänder Art.

Das zarte, delikate Kalbfleisch, das fast die gleiche Vielfalt an Teilstücken wie Rindfleisch bietet, ist der ideale Verbündete von Feinschmeckern, die auf ihre Gesundheit achten.

LAMMFLEISCH – IDEAL FÜR FESTLICHE ANLÄSSE

Ein Lamm ist ein männliches oder weibliches Jungtier vom Schaf bis zu einem Alter von knapp 12 Monaten. Die ersten sechs Wochen seines Lebens wird es ausschließlich mit Milch aufgezogen, dann folgt die Entwöhnung. Milchlämmer, eine geschätzte österliche Delikatesse, haben sehr zartes und helles Fleisch. Schafe leben vorwiegend in Koppelhaltung im Freiland, die Wanderschäferei, in früheren Zeit ein wichtiger Erwerbszweig, geht in allen Ländern der europäischen Gemeinschaft zurück.

In Frankreich sind mehr als 30 Schafrassen zu Hause. Dank ihrer Weidetätigkeit bleiben Bergwiesen und steile Grünlandflächen in trockenen oder landwirtschaftlich nicht nutzbaren Gebieten erhalten. Die Herden verhindern die Verbuschung der Flächen und tragen auf diese Weise zum Erhalt der pflanzlichen Artenvielfalt bei.

DAS OSTERLAMM

Das Osterfest wird in vielen Familien, gleich welcher Konfession, feierlich begangen. Bei Juden wie Christen spielt dabei traditionell das Lamm eine wichtige Rolle. Als Symbol der Reinheit und Unschuld gilt es als das Opfertier schlechthin.

Für viele Menschen ist Ostern der perfekte Anlass für ein traditionelles Festmahl mit besonderen Speisen.

EINE WAHRE GAUMENEXPLOSION

Lammfleisch ist heller als Hammelfleisch und überaus zart. Sein kräftiger Geschmack harmoniert wunderbar mit Kräutern der Provence wie Thymian und Rosmarin. Das fein marmorierte Fleisch ist saftig, vor allem, wenn es nach dem Braten zartrosa ist. Wird es zu lange gegart, verliert es an Zartheit und Geschmack. Wichtig ist, während des Garens nicht hineinzustechen und erst unmittelbar vor dem Servieren zu salzen.

Zwar wird in vielen traditionellen Rezepten empfohlen, das Fleisch zu marinieren, aber es ist von Natur aus derart schmackhaft, dass eine Marinade überflüssig ist. Die klassischen Braten sind Lammkeule, Lammschulter und Lammkarree. Aber auch ein Lammragout, das lange und sanft mit Suppengrün und Frühlingsgemüsen butterweich geschmort wird, ist ein überaus köstliches Gericht.

In der indischen und der maghrebinischen Küche wird zu besonderen Anlässen das üblicherweise verwendete Hammelfleisch durch Lammfleisch ersetzt, um alltägliche Speisen in ein Festmahl zu verwandeln.

FETT MIT GESUNDHEITSFAKTOR

Wie alle roten Fleischsorten ist Lammfleisch reich an Proteinen, B-Vitaminen (insbesondere B2, B3 und B12), Eisen und Zink. Auch Phosphor, das für die Festigkeit von Knochen und Zähnen sorgt und eine wichtige Rolle bei der Energiegewinnung sowie beim Aufbau der Zellwände spielt, ist reichlich enthalten.

Lammfleisch ist deutlich magerer als Hammelfleisch, aber die in seinem Fett enthaltene Stearinsäure besitzt, obwohl sie zu den gesättigten Fettsäuren gehört, die Fähigkeit, einen schlechten LDL-Wert zu senken und das (gute) HDL-Cholesterin ansteigen zu lassen.

ABWECHSLUNG IST GUT FÜR UNS

Die verschiedenen Fleischsorten, mit denen wir uns hier beschäftigt haben, bringen zwar recht ähnliche Eigenschaften mit, sind aber geschmacklich weit voneinander entfernt. Nicht nur für die Freude am Essen, sondern auch für den Erhalt der körperlichen Gesundheit ist es wichtig, dass wir uns so abwechslungsreich wie möglich ernähren – kaufen Sie also nicht immer nur Steaks. Wenn Sie außerdem nur Fleisch von kontrollierter Qualität und Herkunft wählen und gesunden Zubereitungsarten den Vorzug geben, steht einem Genuss ohne Reue nichts im Weg.

Rind

ENTRECÔTE

TOURNEDOS

LENDE

RINDERKOTELETT

RUMPSTEAK

Rindersteaks
RICHTIG BRATEN

SCHWIERIGKEITSGRAD:

UTENSILIEN: Pfanne

Tipp

FÜR EIN PERFEKTES ERGEBNIS die Steaks 15 Minuten vor der Zubereitung aus dem Kühlschrank nehmen. Erst in der Pfanne mit Salz und Pfeffer würzen.

1 Butter und Öl zu gleichen Teilen bei hoher Temperatur in der Pfanne erhitzen. Das Fleisch hineingeben und leicht salzen.

2 Sobald eine Seite schön gebräunt ist, das Steak mit einer Zange oder einem Spatel wenden (keine Gabel verwenden).

3 Die Temperatur leicht reduzieren und die zweite Seite braten, bis die gewünschte, durch Fingerdruck ermittelte Garstufe erreicht ist.

FAST ROH: Das Steak fühlt sich weich an und gibt auf Fingerdruck stark nach. Es ist innen gleichmäßig rot und hat eine Kerntemperatur von 37–39 °C.

BLUTIG: Das Steak fühlt sich weich an und gibt auf Fingerdruck nach. Es ist außen gebräunt, innen noch rot und hat eine Kerntemperatur von 50–52 °C.

ROSA: Das Steak fühlt sich elastisch an und bietet auf Fingerdruck leichten Widerstand. Es ist außen gebräunt, innen zartrosa und hat eine Kerntemperatur von 53–58 °C. Steaks weiter durchzubraten ist nicht ratsam. Mit Pfeffer würzen und servieren.

Rinderfilet
BRATFERTIG VORBEREITEN

SCHWIERIGKEITSGRAD: 👨‍🍳👨‍🍳

UTENSILIEN: Schneidebrett und Kochmesser

1 Das Filet mit der gewölbten Seite nach oben auf das Brett legen. Die dünne Haut, die das Filet mit der Kette verbindet, mithilfe des Messers abziehen.

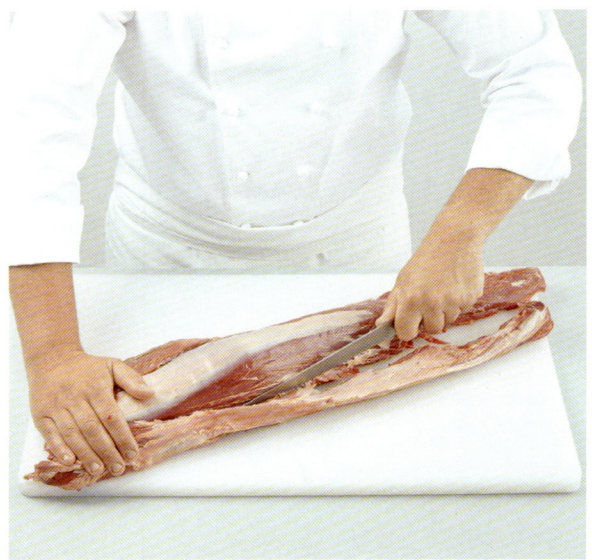

2 Die Kette (die seitliche, stark durchwachsene Partie) abtrennen und beiseitelegen.

3 Die Oberseite des Filets parieren, das heißt Haut und Sehnen entfernen.

4 Das Filet umdrehen und die Unterseite parieren, dabei von überschüssigem Fett befreien. Die Parüren für eine Jus beiseitelegen.

5 Das dickere Ende (den Filetkopf) abschneiden.

6 Die Filetspitze vom Mittelstück abschneiden.

7 Aus dem Kopf Chateaubriands schneiden (300–350 g für zwei Personen).

8 Das Mittelstück in Tournedos teilen (150–180 g pro Person).

9 Die Filetspitze in Würfel oder Streifen schneiden, die anschließend sautiert werden können, etwa für ein Boeuf Stroganoff.

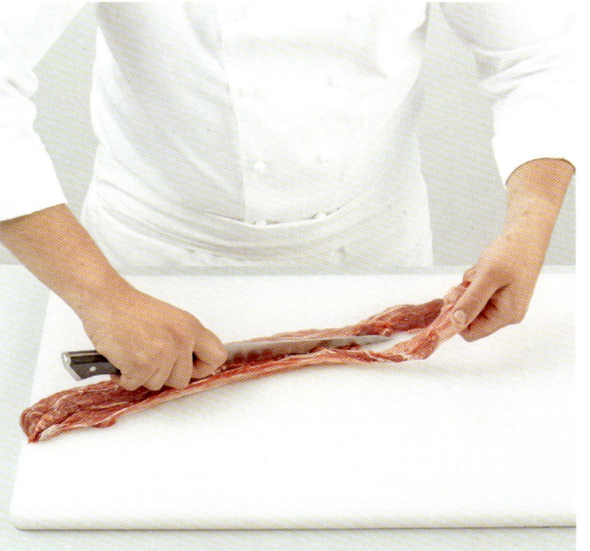

10 Die Kette parieren, sie kann zu Hackfleisch verarbeitet werden.

Rinderkotelett
BRATFERTIG VORBEREITEN

SCHWIERIGKEITSGRAD:

UTENSILIEN: Schneidebrett und Kochmesser

1 Den Fettrand über dem Knochen 6–7 cm einkürzen.

2 Auf der Oberseite überschüssiges Fett entfernen.

Tipp

NACH DER RASSE FRAGEN: Fleischrinder liefern bessere Koteletts, ihr Fleisch ist zarter und saftiger als das der Milchrassen.

3 Um die Knochenspitze 6–7 cm freizulegen, das Fleisch mithilfe des Messers abziehen und den Knochen sauber abschaben.

4 Das Kotelett ist grillfertig pariert.

Rinderkotelett

GRILLEN

SCHWIERIGKEITSGRAD:

UTENSILIEN: Grillpfanne oder Plancha
Schneidebrett und Kochmesser

1 Das Kotelett mit einem Pinsel leicht mit Öl bestreichen, dem nach Belieben aromatische Kräuter beigegeben wurden.

2 Die Grillpfanne (oder Plancha) mäßig erhitzen und das Kotelett auflegen.

3 Sobald die Unterseite gebräunt ist, das Kotelett um 90 Grad drehen und je nach Fleischdicke weitere 5–8 Minuten grillen, dabei die Temperatur reduzieren, falls nötig.

4 Das Kotelett mithilfe einer Zange wenden.

5 Die andere Seite anbraten.

6 Sobald sie gebräunt ist, das Kotelett um 90 Grad drehen und der gewünschten Garstufe entsprechend weitere 5–6 Minuten grillen.

7 Den Gargrad mittels Fingerdruck prüfen (s. S. 145).

8 Das Kotelett abdecken und 10 Minuten ruhen lassen.

9 Den Knochen entfernen.

10 Das Fleisch in dicke Scheiben schneiden und servieren.

Tournedos
BARDIEREN

SCHWIERIGKEITSGRAD:

UTENSILIEN: Schneidebrett und Kochmesser

1 Das Rinderfilet auf eine große Scheibe Grünen Speck legen und die Speckscheibe passend zurechtschneiden.

2 Das Filet einrollen, dabei den Speck 1 cm überlappen lassen, den Rest abtrennen.

Tipp

TOURNEDOS werden zwischen den Schnüren geschnitten. Je nach der gewünschten Fleischdicke das Küchengarn mit dem entsprechenden Abstand anbringen.

3 Küchengarn in der benötigten Länge zurechtschneiden und nacheinander um den Speckmantel wickeln und verknoten (die Anzahl der Fäden entspricht der Anzahl der Tournedos).

4 Das bardierte Filet in Tournedos schneiden.

Tournedos braten
UND MIT MADEIRA ABLÖSCHEN

SCHWIERIGKEITSGRAD: 👨‍🍳👨‍🍳

FÜR 4 PERSONEN

ZUBEREITUNG: 10 MIN. - **GARZEIT:** 20 MIN.

UTENSILIEN: Pfanne

ZUTATEN

50 g Butter - 1 EL Erdnussöl
4 Tournedos - 50 ml Madeira
150 ml Madeirasauce (s. S. 84)
150 ml Sahne
Salz und Pfeffer aus der Mühle

1 Die Butter und das Öl in einer Pfanne bei hoher Temperatur erhitzen. Die Tournedos hineinlegen.

2 Sobald die Unterseite schön gebräunt ist, das Fleisch salzen, mithilfe einer Zange oder eines Spatels wenden (keine Gabel verwenden).

3 Die Temperatur etwas reduzieren und die zweite Seite braten, bis der gewünschte Gargrad erreicht ist (s. S. 145). Salzen.

4 Die Tournedos aus der Pfanne nehmen und zwischen zwei Tellern warm stellen. Überschüssiges Fett aus der Pfanne entfernen.

5 Den Bratensatz mit dem Madeira ablöschen.

6 Den Bratensatz mit einem Spatel vom Pfannenboden lösen und die Flüssigkeit bei hoher Temperatur einkochen lassen

7 Die Madeirasauce dazugeben.

8 Anschließend mit der Sahne aufgießen.

9 Bei niedriger Temperatur einkochen lassen, bis die Sauce den Spatel überzieht.

10 Abschmecken, die Tournedos mit der Sauce nappieren und zum Schluss mit Pfeffer würzen.

Ein Schaufelstück
SPICKEN

SCHWIERIGKEITSGRAD:

UTENSILIEN: Schneidebrett und Kochmesser · Spicknadel

1 Das Fleisch von der Haut und den gröbsten Sehnen befreien.

2 Ein Stück fetten gepökelten Speck von der Schwarte befreien und in 1 cm dicke Scheiben schneiden.

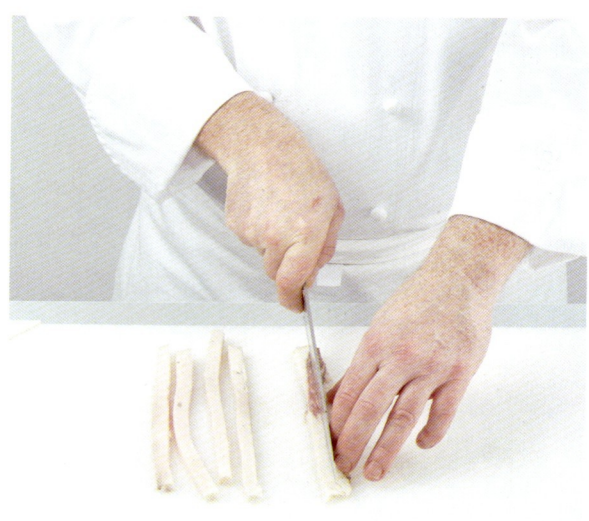

3 Die Scheiben in etwa 15 cm lange Streifen schneiden.

4 In eine Schale geben, mit Pfeffer übermahlen und mit 50 ml Alkohol (dem Rezept entsprechend) begießen. 30 Minuten kalt stellen.

Tipp

DARAUF ACHTEN, dass die Dicke der Speckstreifen zur Spicknadel passt.
Die Streifen müssen rutschfest gesichert sein.

5 Das Fleisch mit der Spicknadel durchstechen, einen Speckstreifen einlegen und fixieren.

6 Die Nadel vorsichtig durchziehen, dabei langsam drehen.

7 Der Speckstreifen ist durchgezogen.

8 Den Vorgang wiederholen, dabei die Speckstreifen im Abstand von 4–5 cm durch das Fleisch ziehen. Das Schaufelstück ist fertig für die Marinade.

Ein Schaufelstück
IN ROTWEIN SCHMOREN

SCHWIERIGKEITSGRAD:

1 Das Fleisch spicken, falls gewünscht. Mit dem Gemüse und dem Kräutersträußchen in einen Topf geben, mit dem Rotwein übergießen und in der Marinade ziehen lassen.

2 Am folgenden Tag das Fleisch aus der Marinade nehmen und abtrocknen.

3 Die Marinade durch ein Spitzsieb gießen, das Gemüse beiseitestellen.

4 Das Schaufelstück in einem Schmortopf in Olivenöl von allen Seiten anbraten, dabei zum Wenden eine Zange verwenden. Würzen.

FÜR 4–6 PERSONEN

ZUBEREITUNG: 15 MIN. - GARZEIT: 3–4 STD.

UTENSILIEN: Gusseiserner Schmortopf - Spitzsieb

ZUTATEN

1 Schaufelstück, nach Belieben gespickt (s. S. 156)
750 ml kräftiger Rotwein - 1 Karotte + 1 Selleriestange + 1 Zwiebel, in Würfel geschnitten (Mirepoix, s. S. 440)
1 Kräutersträußchen - 4 EL Olivenöl - 300 ml dunkler Kalbsfond (s. S. 68) - Salz und Pfeffer aus der Mühle

5 Das Fleisch herausnehmen und das Gemüse in den Topf geben.

6 Kurz anschwitzen.

7 Die Marinade zugießen.

8 Mit dem Kalbsfond aufgießen und zum Kochen bringen. Aufsteigenden Schaum abschöpfen.

9 Das Fleisch zurück in den Topf geben.

10 Im offenen Topf kochen lassen, bis der Weingeruch verflogen ist.

11 Den Deckel auflegen und das Fleisch bei niedriger Temperatur mindestens 3–4 Stunden langsam schmoren lassen.

12 Alternativ im auf 140 °C vorgeheizten Backofen gar schmoren, bis das Fleisch weich ist.

13 Das Fleisch abtropfen lassen und warm stellen.

14 Die Sauce durch ein Spitzsieb passieren, dabei das Gemüse kräftig ausdrücken.

15 Die Sauce wieder erhitzen und einkochen lassen, bis sie einen Löffel überzieht. Falls das Fleisch gespickt war, ist es notwendig, die Sauce zu entfetten.

16 Das Fleisch in der Sauce wieder langsam erwärmen. Mit frischen Nudeln und glasierten Karotten (s. S. 471) servieren.

- KALBSNACKEN
- OSSO BUCO
- BRUSTSPITZE
- KALBSBRUST
- QUERRIPPE

Schnitzel schneiden

SCHWIERIGKEITSGRAD:

UTENSILIEN: Schneidebrett und Kochmesser
Fleischklopfer

1 Aus einer Kalbsnuss 1 cm dicke Scheiben schneiden.

2 Jede Scheibe waagerecht bis 1 cm vor dem Rand halbieren.

Tipp

AUF DIE GLEICHE WEISE Schweineschnitzel (aus der Keule) oder Putenschnitzel (aus der Brust) schneiden.

3 Das Schnitzel auseinanderklappen.

4 Zwischen zwei Bögen Backpapier legen und mithilfe des Fleischklopfers plattieren.

Kalbsbraten
BRATFERTIG VORBEREITEN

SCHWIERIGKEITSGRAD:

UTENSILIEN: Schneidebrett und Kochmesser

1 Ein Stück Kalbsnuss oder -hüfte, eine große Scheibe Grünen Speck und Küchengarn bereitlegen.

2 Aus dem Speck einen 6 cm breiten Streifen schneiden, der lang genug ist, um ihn einmal längs um das Fleischstück zu wickeln.

3 Zusätzlich einen 2 cm breiten Streifen in Länge des Bratens zurechtschneiden.

4 Den schmalen Streifen auf den Braten legen.

5 Den breiten Speckstreifen um den Braten wickeln und die beiden Enden übereinanderlegen.

6 Den Speckstreifen mit Küchengarn fixieren.

7 Den Braten auf die Seite legen und das Garn verknoten.

8 Das Garn erneut längs um den Braten wickeln und auf der Oberseite verknoten.

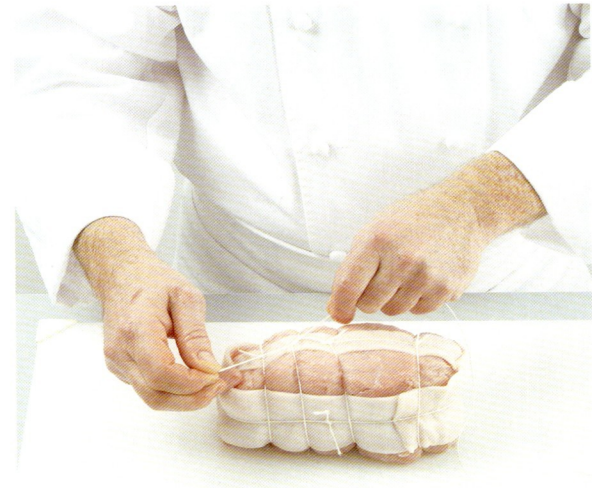

9 Je nach Länge des Bratens jeweils rechts und links vom mittleren Knoten 2–3 Schlaufen binden und ebenfalls verknoten.

10 Der Kalbsbraten ist fertig zum Garen.

Kalbskarree
IM OFEN SCHMOREN

SCHWIERIGKEITSGRAD: 👨‍🍳👨‍🍳

FÜR 6 PERSONEN

ZUBEREITUNG: 25 MIN. - **GARZEIT:** 45 MIN.

UTENSILIEN: Schneidebrett und Kochmesser
gusseiserner Schmortopf

ZUTATEN

2 Karotten - 2 Zwiebeln - 1 Tomate
1 Kalbskarree mit 3 Knochen (etwa 1,5 kg)
1 Kräutersträußchen
4 EL Erdnussöl - 50 g Butter
250 ml heller Kalbsfond (s. S. 66)
Salz und Pfeffer aus der Mühle

1 Das Röstgemüse in Würfel schneiden.

2 Das Kalbskarree bratfertig vorbereiten (s. S. 186).

3 Das Karree in dem Schmortopf in der Butter-Öl-Mischung bei mäßiger Temperatur von allen Seiten gleichmäßig bräunen.

4 Das Röstgemüse um das Fleisch herum verteilen und einige Minuten anschwitzen. Das Kräutersträußchen dazugeben.

Tipp

AUF DIESELBE WEISE kann man Nuss und Oberschale vom Kalb zubereiten, außerdem ein Karree vom Schwein.

5 Den Kalbsfond zugießen.

6 Mit Salz und Pfeffer würzen, den Deckel auflegen und bei niedriger Temperatur oder bei 170 °C im Backofen schmoren (für 1,5 kg etwa 35 Minuten).

7 Das Karree regelmäßig mit seinem Saft begießen und falls nötig noch etwas Fond zugeben.

8 Das fertig gegarte Karree herausnehmen und mit Alufolie bedeckt warm stellen.

Kalbskarree
GLASIEREN

SCHWIERIGKEITSGRAD: 👨‍🍳👨‍🍳

UTENSILIEN: Passiersieb - Schöpfkelle

▪ Im Restaurant wird das Fleisch auf eine ofenfeste Platte mit Rost gelegt, unter einen Salamander gestellt und mehrmals mit Sauce übergossen, bis ein schöner Glanz erreicht ist. ▪

Tipp

ZU HAUSE kann man ein vergleichbares Ergebnis unter dem gut vorgeheizten Backofengrill bei geöffneter Tür erreichen.

1 Das Kalbskarree braten (s. S. 168). Herausnehmen und den Topfinhalt einkochen lassen, bis der Bratensatz goldbraun ist. Mit 250 ml dunklem Kalbsfond ablöschen.

2 Den Bratensatz vom Topfboden lösen.

3 Den Topfinhalt durch ein Sieb passieren, dabei das Gemüse nicht ausdrücken.

4 So viel Fett wie möglich von der Oberfläche abschöpfen.

5 Die Jus bei hoher Temperatur einkochen lassen, bis sie einen karamellartigen Glanz bekommt.

6 Das Karree mit der Jus übergießen und sofort servieren.

Wiener Schnitzel

SCHWIERIGKEITSGRAD: 👨‍🍳👨‍🍳
FÜR 4 PERSONEN
ZUBEREITUNG: 10 MIN. - **GARZEIT:** 6 MIN.

ZUTATEN
Mehl - 1 Ei, verquirlt - Semmelbrösel
4 Kalbsschnitzel - 4 EL Erdnussöl - 50 g Butter
Salz und Pfeffer aus der Mühle

UTENSILIEN: Pfanne

1 Je eine Schale mit Mehl, verquirltem Ei und Semmelbröseln vorbereiten.

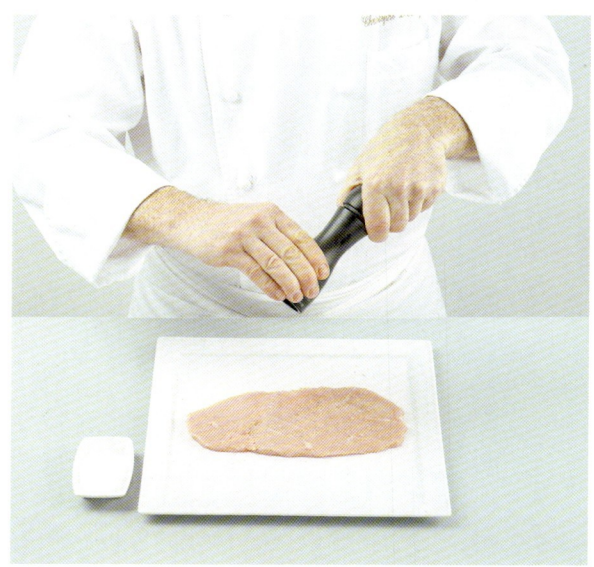

2 Die Schnitzel mit Salz und Pfeffer würzen.

3 Zunächst in dem Mehl wenden und überschüssiges Mehl abklopfen.

4 Anschließend in dem verquirlten Ei wenden.

5 Zum Schluss in Paniermehl wenden.

6 Öl und Butter in einer großen Pfanne erhitzen und das Schnitzel hineingeben.

7 Sobald die Unterseite goldbraun ist, das Schnitzel mithilfe einer Zange wenden.

8 Die zweite Seite braten.

9 Das Schnitzel aus der Pfanne nehmen und auf eine mit Küchenpapier ausgelegte Platte geben.

10 Mit einer Zitronenspalte anrichten und sofort servieren.

Kalbsrouladen

FÜLLEN UND SCHMOREN

SCHWIERIGKEITSGRAD: 👨‍🍳👨‍🍳👨‍🍳

FÜR 10 PERSONEN

ZUBEREITUNG: 20 MIN. - **GARZEIT:** 30 MIN.

ZUTATEN

10 Kalbsschnitzel (s. S. 164), in 12 cm lange Stücke geschnitten
10 Stücke Schweinenetz à etwa 20 × 20 cm, kalt abgespült und mit Küchenpapier trockengetupft
10 Speckscheiben à 25 × 3 cm

Für die Farce: 300 g Kalbfleisch, gehackt (Abschnitte vom Zurechtschneiden der Schnitzel)
150 g weiße Champignons, sehr fein gehackt (Duxelles, s. S. 458)
3 EL Petersilie (oder Kerbel oder Estragon), gehackt
1 Scheibe Toastbrot, in Milch eingeweicht und ausgedrückt - 2 Schalotten, fein gehackt
Salz und Pfeffer aus der Mühle

Für die Zubereitung:
50 g Butter - 1 EL Erdnussöl
1 Karotte + 1 Stange Staudensellerie + 1 Zwiebel, alles in gleichmäßige Würfel geschnitten (Mirepoix, s. S. 440) - 1 Kräutersträußchen
100 ml trockener Weißwein
150 ml dunkler Kalbsfond (s. S. 68)

UTENSILIEN: Sauteuse

1 Alle Zutaten für die Farce in eine Schale geben und gründlich mischen.

2 Mit Salz und Pfeffer abschmecken.

3 Die Schnitzel auf ein Brett legen und etwas Farce in die Mitte geben.

4 Zwei gegenüberliegende Ecken zur Mitte hin umschlagen.

5 Die beiden restlichen Ecken ebenfalls zur Mitte hin einschlagen (wie bei einem Briefumschlag).

6 Jede Roulade in ein Stück Schweinenetz wickeln.

7 Um jede Roulade einen Speckstreifen legen.

8 Den Speckstreifen mit Küchengarn fixieren.

9 Die Rouladen wie kleine Bälle verschnüren.

10 In der Sauteuse bei hoher Temperatur in Butter und Öl auf beiden Seiten anbraten.

11 Das Röstgemüse dazugeben und kurz anschwitzen.

12 Das Kräutersträußchen hinzufügen und den Weißwein zugießen.

13 Kurz einkochen lassen, dann mit dem Kalbsfond aufgießen.

14 Den Deckel auflegen und die Rouladen 30 Minuten bei niedriger Temperatur schmoren lassen.

Lamm

LAMMSATTEL

LAMMKEULE

LAMMSCHULTER

LAMMBRUST

LAMMNACKEN

BRUSTSPITZE

STIELKOTELETTS

Lammkeule
BRATFERTIG VORBEREITEN

SCHWIERIGKEITSGRAD:

UTENSILIEN: Schneidebrett und Kochmesser

1 Die Keule von überschüssigem Fett befreien.

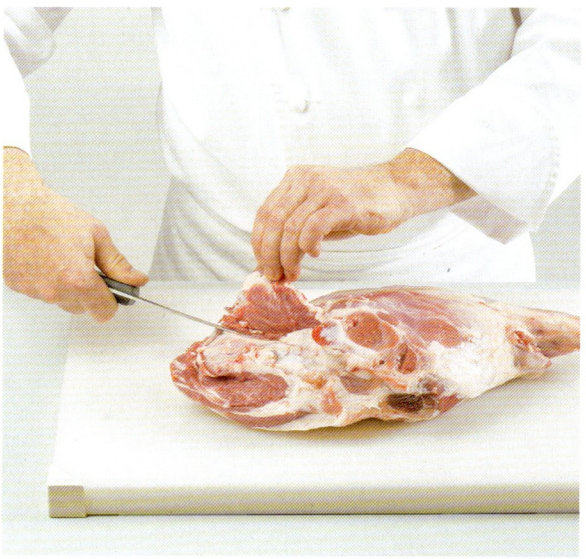

2 Mithilfe des Messers am oberen Ende der Keule den Hüftknochen freilegen.

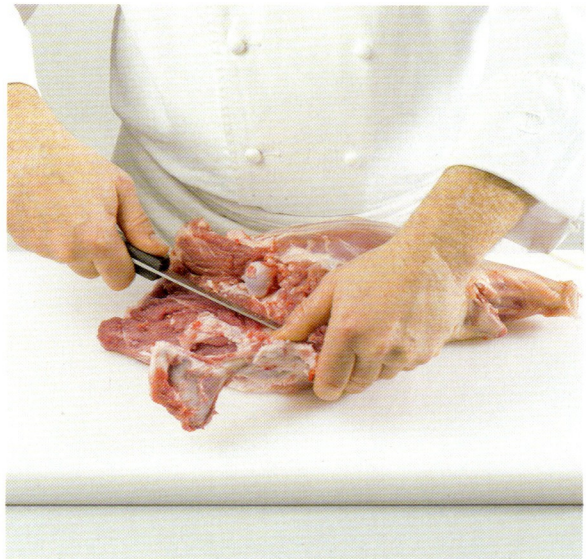

3 Den Hüftknochen entfernen.

4 Am unteren Ende der Keule das Fleisch in 5 cm Höhe rundum einschneiden, ablösen und den Knochen sauber abschaben.

Lammkeule
MIT KNOBLAUCH SPICKEN

SCHWIERIGKEITSGRAD:

UTENSILIEN: Schneidebrett und Kochmesser

1 Die Lammkeule in regelmäßigen Abständen einstechen. Am Knochen entlang je einen Zweig Rosmarin und Thymian in das Fleisch stecken.

2 Knoblauchzehen abziehen, der Länge nach halbieren und in die Einstiche stecken.

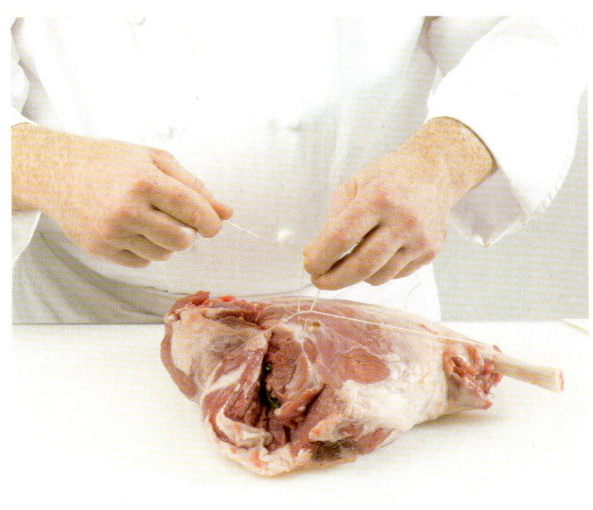

3 Den unteren Fleischlappen über den Knochen und die Kräuter schlagen und mit Küchengarn fixieren.

4 Die Keule im Abstand von 2–3 cm quer mit Küchengarn umwickeln und die Enden fest verknoten. Die Lammkeule ist fertig zum Braten.

Lammkeule braten
UND EINE JUS ZUBEREITEN

SCHWIERIGKEITSGRAD:

UTENSILIEN: Bräter - Passiersieb - Stieltopf

1 Den Backofen auf 220 °C vorheizen. Die Keule mit Knochen, Knoblauchzehen und Thymian in den Bräter geben. Mit Olivenöl übergießen, würzen.

2 Die Keule auf dem Herd anbraten, dann in den Backofen stellen. Nach 15 Minuten auf 180 °C herunterschalten. Je 500 g Gewicht 15–25 Minuten garen.

3 Die fertige Keule aus dem Bräter nehmen, abdecken und 15 Minuten ruhen lassen.

4 Den Bratensatz mit einem Spatel sorgfältig losschaben.

5 Mit 200 ml Lammfond (oder Gemüsebrühe oder Wasser) ablöschen.

6 Durch ein Sieb in einen kleinen Topf gießen.

7 Auf die Hälfte einkochen lassen.

8 Die Jus entfetten. Den beim Tranchieren der Keule auslaufenden Fleischsaft auffangen und vor dem erneuten Erhitzen in die Jus geben.

9 Für mehr Bindung 1 gestrichenen TL Speisestärke in kaltem Wasser auflösen und einrühren.

10 Die Jus aufwallen lassen und 1 Minute kochen, bis eine leichte Bindung entsteht.

Lammschulter
ENTBEINEN UND BINDEN

SCHWIERIGKEITSGRAD:

UTENSILIEN: Schneidebrett und Kochmesser

1 Die Lammschulter grob von Fett, Silberhaut und Sehnen befreien.

2 Das Schulterblatt freilegen und herauslösen.

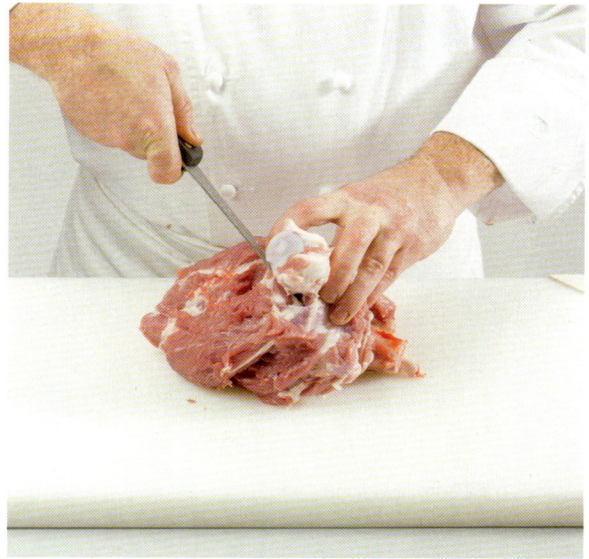

3 Das Fleisch mit kleinen Schnitten vom Oberschenkelknochen lösen.

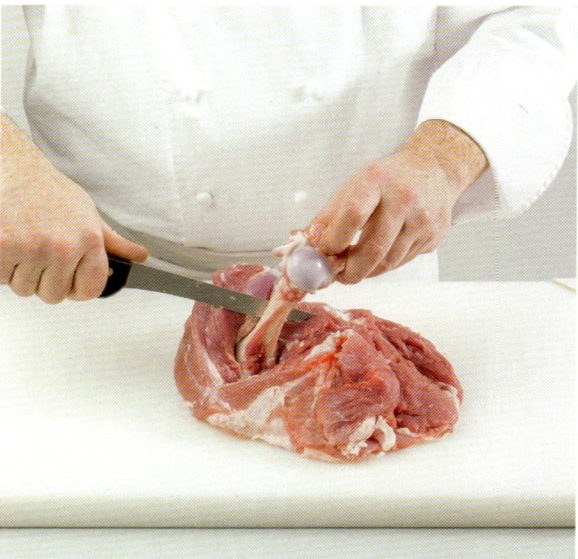

4 Den Knochen freilegen und herauslösen.

Tipp

DIE ENTBEINTE SCHULTER kann auch kugelförmig gebunden werden: Das Fleisch in ein Schweinenetz hüllen und auf vier über Kreuz angeordnete Stücke Küchengarn legen. Die Fäden auf der Oberseite verknoten, sodass eine leicht abgeflachte Kugel entsteht.

5 Den Stelzenknochen herauslösen.

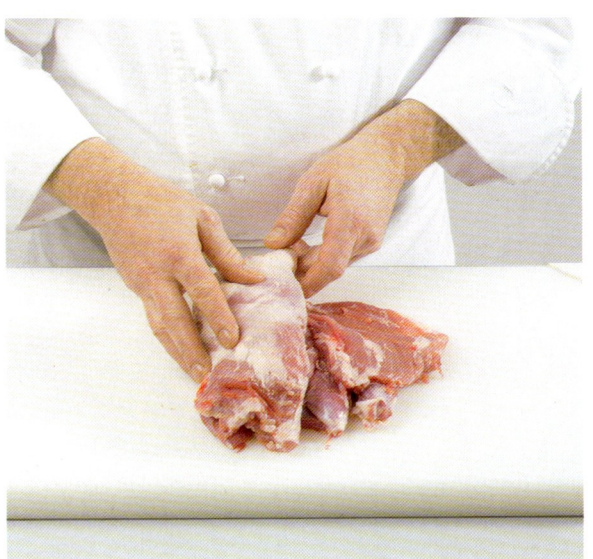

6 Die Lammschulter fest aufrollen.

7 Mit Küchengarn über Kreuz verschnüren.

8 Anschließend im Abstand von 2–3 cm quer mit Küchengarn in Form binden.

Lammkarree
BRATFERTIG VORBEREITEN

SCHWIERIGKEITSGRAD: 👨‍🍳 👨‍🍳 👨‍🍳

UTENSILIEN: Schneidebrett und Kochmesser - Küchenbeil

Tipp
FÜR EIN PERFEKT GEBRATENES KARREE die dünne Fettschicht mit einem scharfen Messer kreuzweise einritzen, ohne das Fleisch zu verletzen.

1 Ein Lammkarree besteht in der Regel aus vier oder acht Rippen (hier vier aus dem vorderen und vier aus dem mittleren Rippenstück).

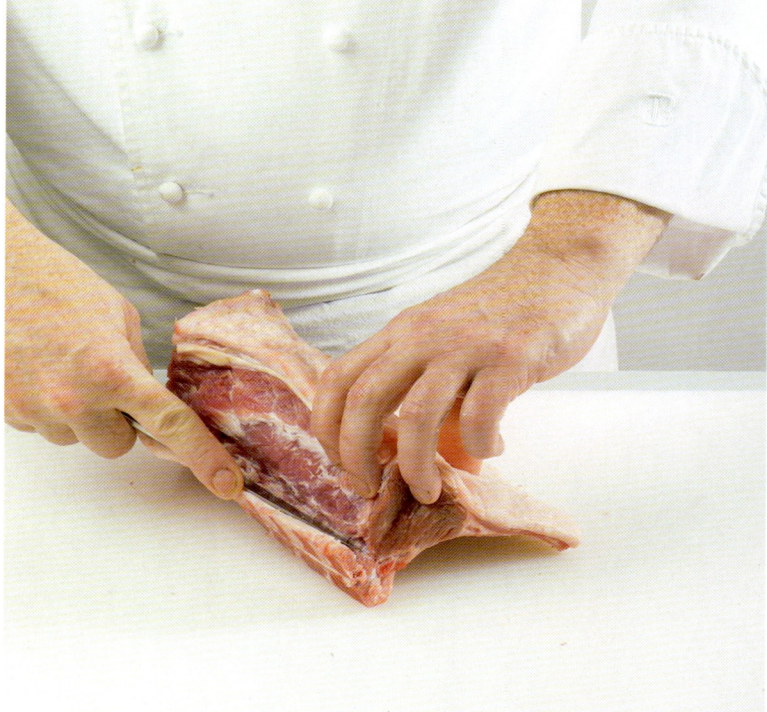

2 Mit dem Messer entlang der Wirbelsäule einen Schnitt führen.

3 Die Rückenwirbel mit dem Küchenbeil abhacken.

4 Überschüssiges Fett entfernen.

5 Etwa auf halber Höhe der Rippenknochen Fettschicht und Fleisch bis auf die Knochen einschneiden.

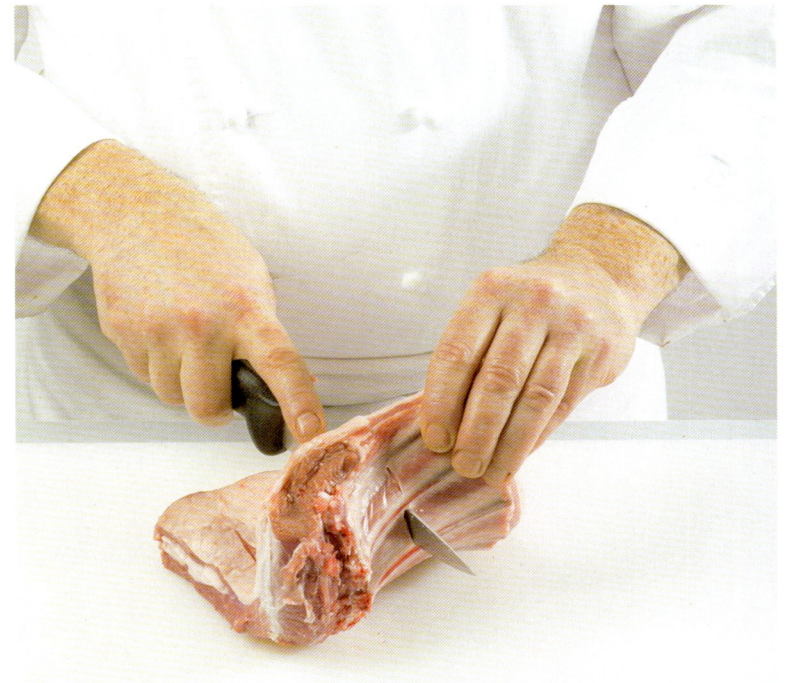

6 Den Rippenstrang nach vorne biegen und das Fleisch zwischen den Knochen entlang der Einschnitte durchtrennen.

7 Das Fleisch an beiden Seiten von den Rippenknochen schneiden.

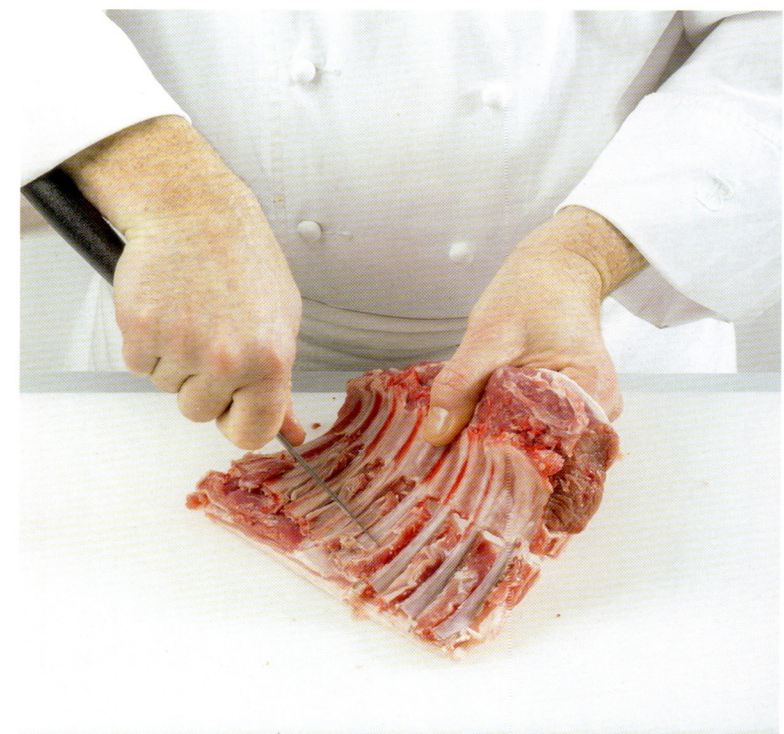

8 Die Knochen mit dem Messer freilegen und sauber abschaben.

9 Nach und nach löst sich die Fettdecke von den Knochen.

10 Die Karreehälfte aus dem mittleren Rippenstück von der mit Fett durchwachsenen dünnen Fleischschicht befreien.

11 Das Fett auf dem vorderen Rippenstück belassen.

12 Das Karree zwischen den Rippenknochen in Form binden.

13 Wird das Karree im Backofen gegart, jeden Knochen zum Schutz mit einem Streifen Alufolie umwickeln.

14 Alternativ das Karree in einfache oder doppelte Koteletts schneiden und in der Pfanne braten.

Lammsattel
ENTBEINEN UND BINDEN

SCHWIERIGKEITSGRAD: ♟♟♟

UTENSILIEN: Schneidebrett und Kochmesser

Tipp
VOR DEM AUFROLLEN die Innenseite mit einer aromatischen Farce (fein gehackte Mischung aus Knoblauch, frischem Thymian und Basilikum, Salz und Pfeffer) oder mit fein gewürfelten Champignons (Duxelles, s. S. 458) bedecken.

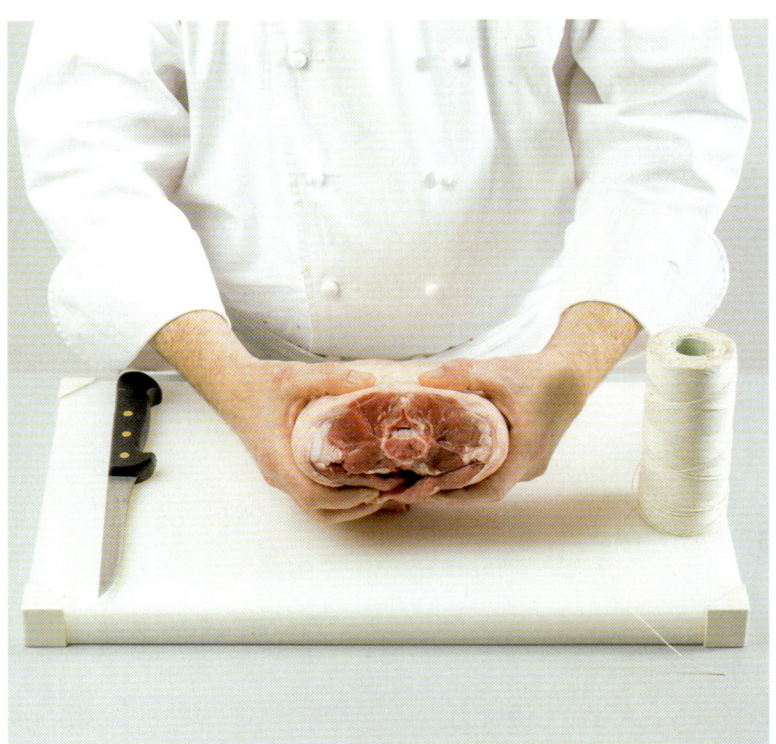

1 Ein Lammsattel nach französischer Schnittführung ist das Fleischstück unter den sechs Lendenwirbeln.

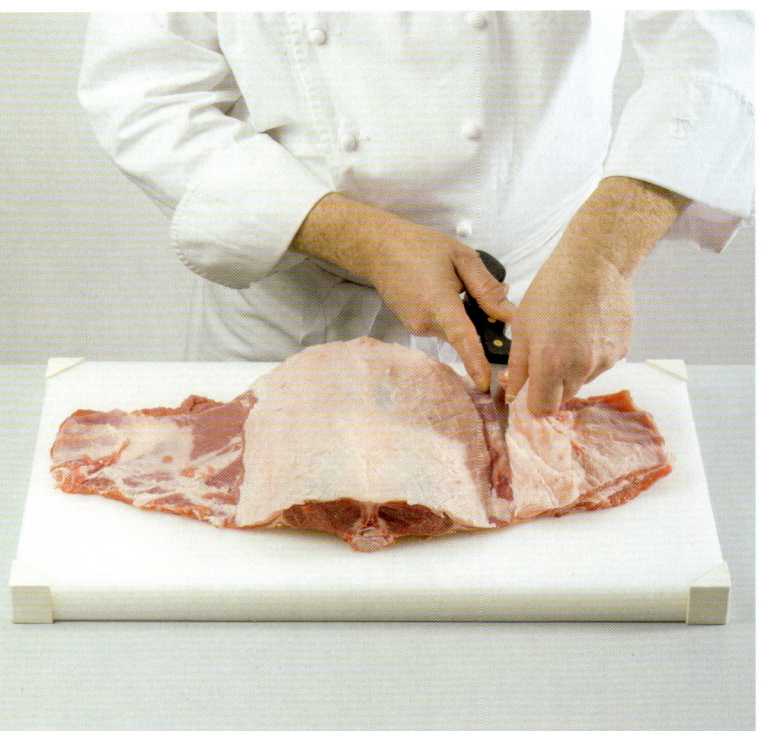

2 Die Oberseite gegebenenfalls grob von Fett befreien und die verbliebene Fettschicht mit dem Messer kreuzförmig einritzen.

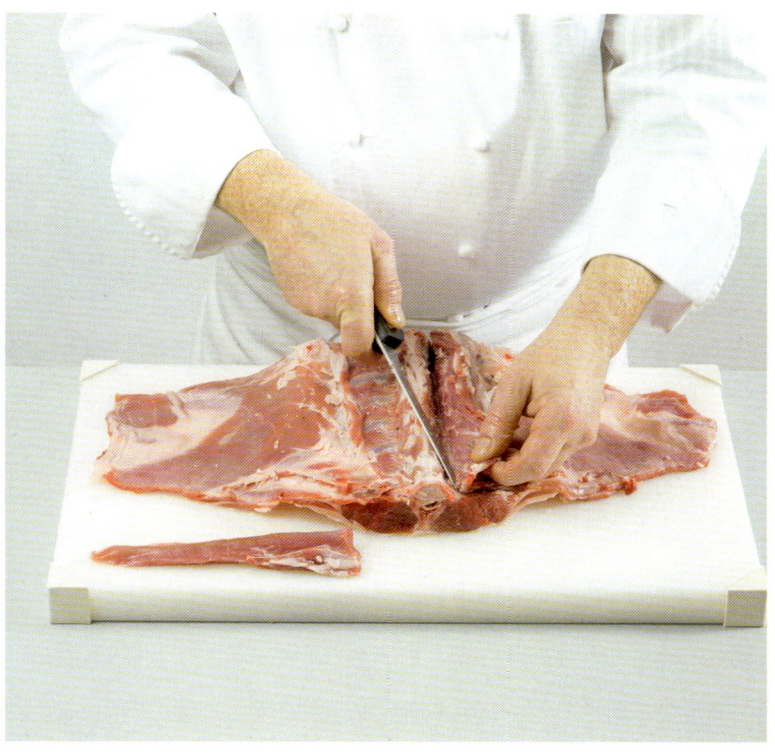

3 Vorsichtig die kleinen Filets auslösen.

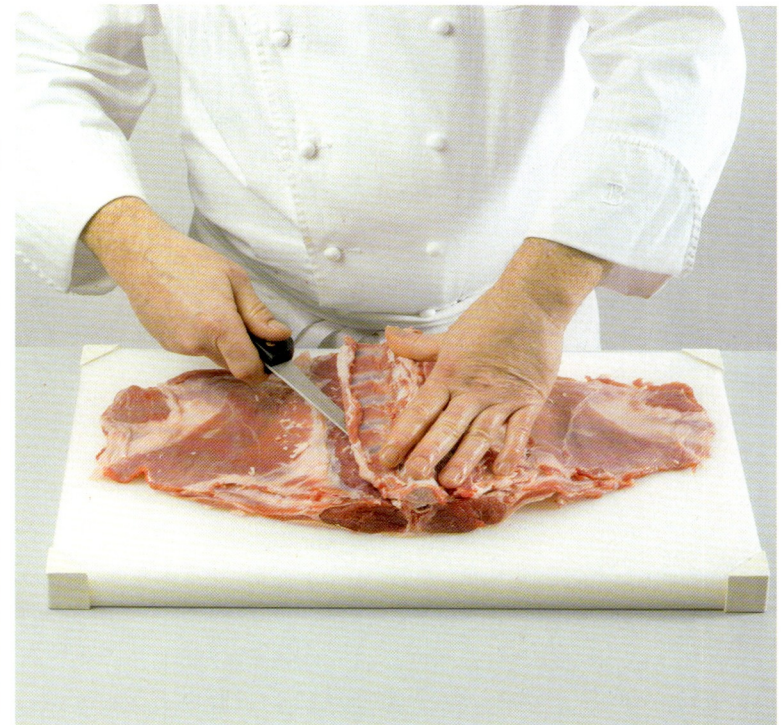

4 Mit dem Messer unter den Rippenknochen entlangfahren, um sie vom Fleisch zu lösen.

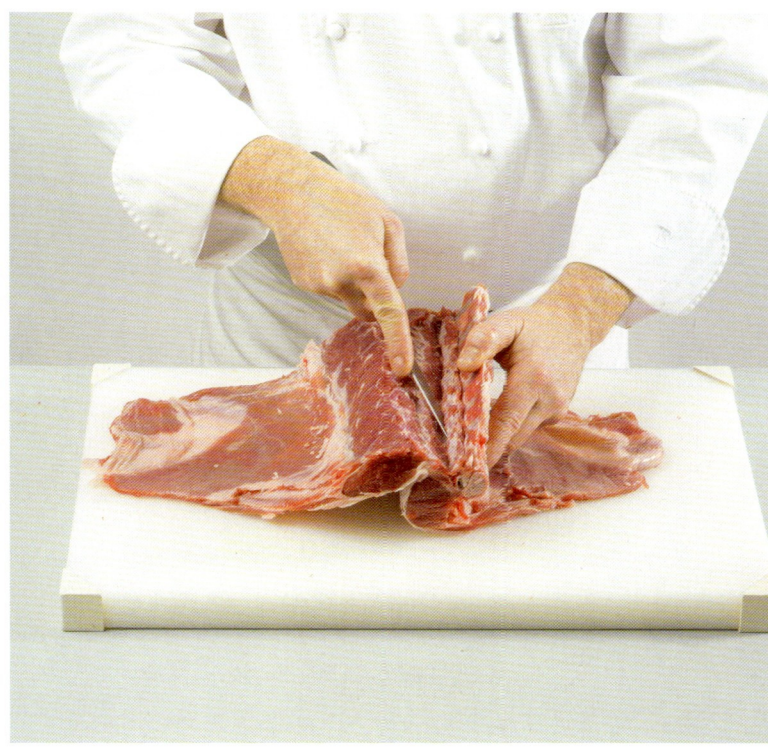

5 Anschließend das Messer zwischen Fleisch und Wirbeln entlangführen, dabei darauf achten, dass die Rückenhaut nicht verletzt wird.

6 Den Vorgang auf der anderen Seite wiederholen.

7 Zunächst die Wirbelspitzen, dann die restlichen Knochen von der Rückenhaut ablösen. Knochen und Parüren zur weiteren Verwendung beiseitelegen.

8 Den Sattel flach ausbreiten und grob von Fett befreien, falls nötig.

9 Die Seitenlappen einkürzen.

10 Die Filets auf die Seitenlappen legen und alles mit Salz und Pfeffer würzen.

11 Die Seitenlappen über den Filets einschlagen.

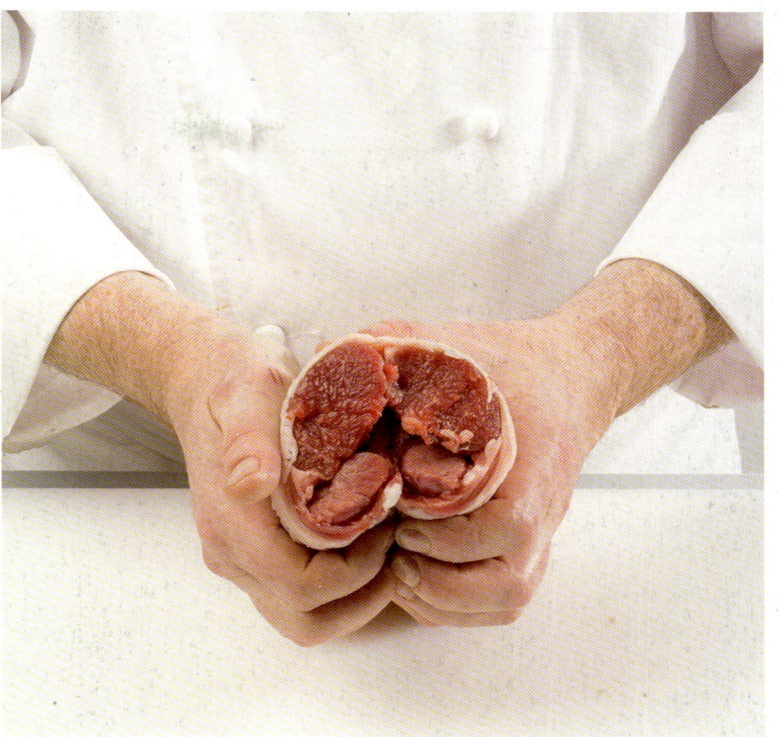

12 Von beiden Seiten fest zusammenrollen.

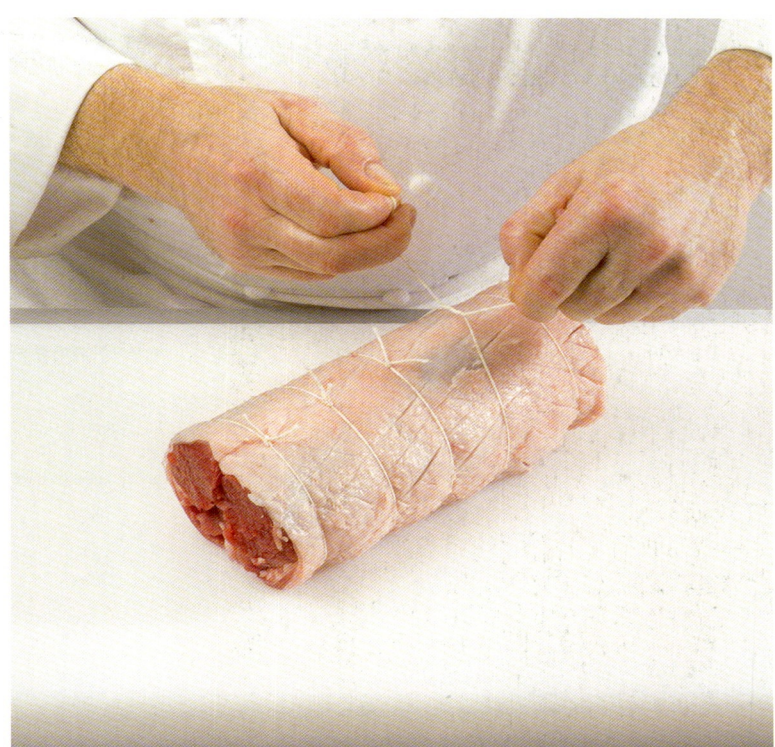

13 Zunächst im Abstand von 4 cm mit Küchengarn in Form binden.

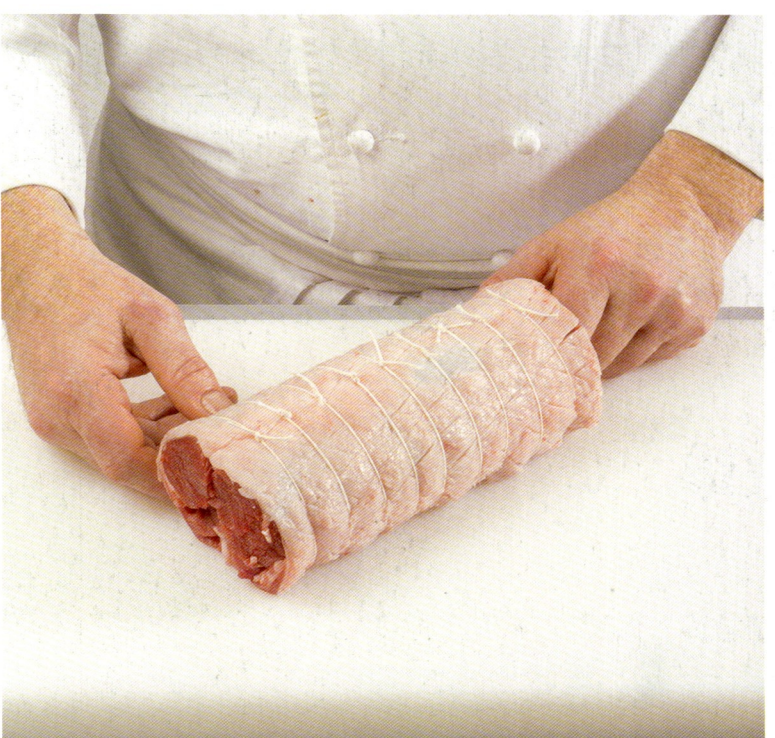

14 Dazwischen jeweils einen weiteren Faden anbringen, sodass der Braten im Abstand von 2 cm gebunden ist.

Lammrücken auslösen
UND IN NÜSSCHEN SCHNEIDEN

SCHWIERIGKEITSGRAD:

UTENSILIEN: Schneidebrett und Kochmesser

Tipp

DIE SEITENLAPPEN lassen sich durchgedreht wunderbar für eine Bolognese-Sauce verwenden.

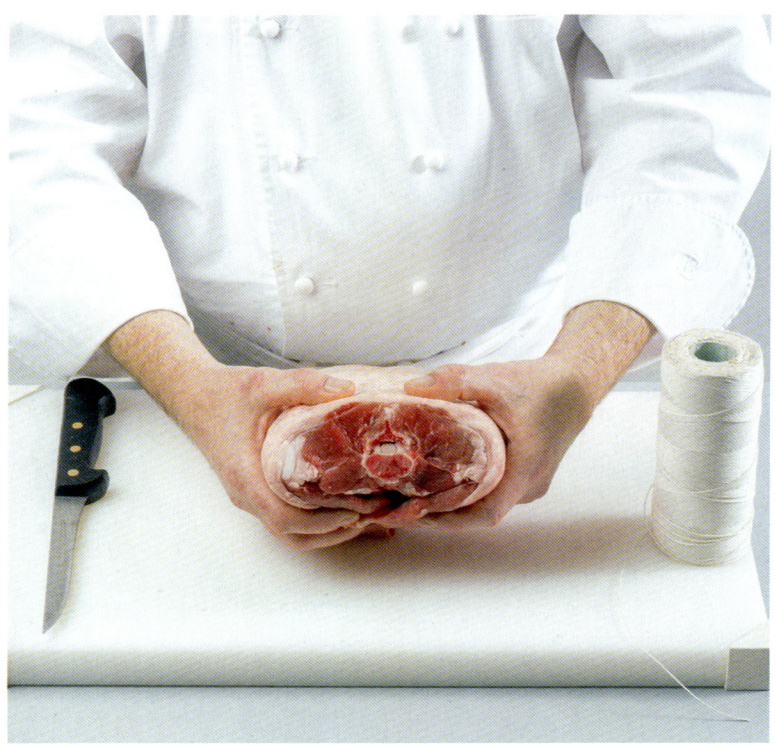

1 Vorgehen wie auf S. 190, Schritte 1–3, bis zum Auslösen der Filets.

2 Beide Rückenhälften entlang der Wirbelsäule abtrennen.

3 Vorsichtig um die Wirbel herumschneiden und dabei das Fleisch von den Knochen abschaben, um es nicht zu verletzen.

4 Die Seitenlappen entfernen (sie können zu Hackfleisch verarbeitet werden).

5 Die Fettschicht abziehen und das Fleisch parieren.

6 Dem Rezept entsprechend in Nüsschen schneiden.

Lamm-Navarin

SCHWIERIGKEITSGRAD: 👨‍🍳👨‍🍳

FÜR 4 PERSONEN

ZUBEREITUNG: 35 MIN. - **GARZEIT:** 50 MIN.

ZUTATEN

1 Lammschulter, entbeint (s. S. 184) und in grobe Würfel geschnitten (oder Lammnacken oder -brust mit Knochen) - 30 g Butter - 2 EL Olivenöl
1 Karotte + 1 Zwiebel, in gleichmäßige Würfel geschnitten (Mirepoix, s. S. 440)
1 gestrichener EL Mehl - 1 EL Tomatenmark
3 Knoblauchzehen, geschält - 1 Kräutersträußchen
300 ml dunkler Lammfond (hergestellt wie dunkler Kalbsfond, s. S. 68, unter Verwendung von Lammparüren) oder Gemüsebrühe (s. S. 79)
1,5 kg junges Gemüse der Saison, geputzt (Karotten, Champignons, kleine Speiserüben, kleine Zwiebeln, grüne Bohnen, Kartoffeln, Tomaten)
2 EL Petersilie, gehackt
Salz und Pfeffer aus der Mühle

UTENSILIEN: 2 gusseiserne Schmortöpfe - Passiersieb

1 Das Fleisch in Butter und Öl und von allen Seiten gleichmäßig anbräunen.

2 Karotten- und Zwiebelwürfel zugeben und einige Minuten anschwitzen.

3 Mit Mehl bestauben und bei hoher Temperatur unter ständigem Rühren anrösten.

4 Das Tomatenmark unterrühren, dann den Knoblauch und das Kräutersträußchen hinzufügen.

5 Bis zur halben Höhe mit dem Fond aufgießen.

6 Den Deckel auflegen und das Fleisch bei niedriger Temperatur 35–40 Minuten (Nacken oder Brust etwa 75 Minuten) schmoren lassen.

7 In der Zwischenzeit das Gemüse putzen und in einem Mehlsud garen (s. S. 470).

8 Das Fleisch etwa 20 Minuten vor Ende der Garzeit in den zweiten Topf umfüllen.

9 Die Sauce durch das Sieb auf das Fleisch passieren.

10 Das gegarte Gemüse dazugeben.

11 Mit der gehackten Petersilie bestreuen.

12 Das Ragout fertig garen und heiß servieren.

BEI DER VERWENDUNG VON NACKEN ODER BRUST die Sauce zunächst in einen separaten Topf durchpassieren, bei schwacher Wärmezufuhr erhitzen und so viel Fett wie möglich von der Oberfläche abschöpfen. Die entfettete Sauce zum Fleisch gießen.

Geflügel

Inhalt

Die Vorzüge von Geflügel	202
Huhn	206
EIN HUHN KÜCHENFERTIG VORBEREITEN	208
EIN HUHN BRIDIEREN (MIT KÜCHENGARN IN FORM BINDEN)	214
AUSLÖSEN VON HÜHNERKEULEN UND -BRUST	216
EIN HUHN IN ACHT TEILE ZERLEGEN	220
POULARDE IN SAHNESAUCE	224
STUBENKÜKEN »EN CRAPAUDINE« VORBEREITEN	226
STUBENKÜKEN AUF AMERIKANISCHE ART	228
EINE MASTENTE ZERLEGEN	230
ENTENFETT AUSLASSEN ZUR WEITERVERWENDUNG	234
ENTENKEULEN KONFIEREN	236
ENTENKEULEN FÜLLEN	238
ENTENBRUSTFILETS IN DER PFANNE BRATEN	240
EINE JUNGENTE KÜCHENFERTIG VORBEREITEN	242
EINE JUNGENTE VERSCHLIESSEN UND BRIDIEREN	244
EINE JUNGENTE BRATEN	246
EINE JUNGENTE TRANCHIEREN	248
EINE TAUBE VORBEREITEN FÜR GETRENNTES GAREN	250
STOPFLEBER VORBEREITEN UND IN DER TERRINE GAREN	252
GEBRATENE STOPFLEBER MIT HIMBEEREN	256
KANINCHEN ZERLEGEN	258
KANINCHENRÜCKEN ENTBEINEN UND FÜLLEN	262
KANINCHEN AUF JÄGERART	264

Geflügel

DIE VORZÜGE VON WEISSEM FLEISCH

Der französische König Heinrich IV. (1553–1610) soll gesagt haben: »Wenn mir Gott zu leben erlaubt, werde ich dafür sorgen, dass es in meinem Land keinen Bauern gibt, der sonntags nicht sein Huhn im Topf hat!«

Und auch wenn dieser Ausspruch vielleicht ins Reich der Legende gehört, so zeugt er doch von dem wichtigen Platz, den Geflügel seit Langem in der Ernährung einnimmt, denn selbst weniger Begüterte konnten sich zumindest einmal in der Woche Hühnerfleisch leisten.

Das lag unter anderem daran, dass Geflügel einfach zu halten ist. Im Scheunenhof unweit des Hauses zog die Bäuerin Hühner, Enten und Kaninchen auf, die nicht viel Futter brauchten und sich auch mit Essensresten begnügten. Außerdem konnten Kleintiere nach der Schlachtung ohne größere Probleme haltbar gemacht und gelagert werden.

Heute ruft Geflügel häufig zwiespältige Gefühle hervor: Einerseits haben Bilder der industriellen Massentierhaltung seinem guten Ruf erheblich geschadet, andererseits gelten viele Zubereitungen aus dem Fleisch von Poularden und insbesondere Kapaunen als ganz besonders edel und exquisit.

Es ist ratsam, hochwertiges, mit Sorgfalt aufgezogenes Geflügel zu kaufen. Das sollte uns nicht nur der gute Geschmack wert sein, sondern auch das Wohl der Tiere und nicht zuletzt unsere eigene Gesundheit.

LUXUSHÜHNER

Der Kapaun, ein kastrierter Masthahn, wird wegen seines außergewöhnlich zarten und delikaten Fleisches hoch geschätzt. Aufgrund des veränderten Hormonhaushaltes setzt er nicht nur unter der Haut, sondern auch im Fleisch Fett an. Kapaune sind eine Rarität. In der französischen Region Bresse, die für ihre Geflügelzucht berühmt ist, werden Kapaune im Freiland aufgezogen und mehrere Wochen mit Getreide und Milch gemästet.

Die Poularde ist ein Masthuhn. Früher wurden den Tieren die Eierstöcke entfernt, damit sie mehr Fett ansetzen; das ist heute nicht mehr üblich. In Frankreich werden Poularden aus der Bresse, Loué und Le Mans mit dem AOC-Siegel (kontrollierte Herkunftsbezeichnung) gekennzeichnet.

FÜR KLEINE UND GROSSE FEINSCHMECKER

Unter den Oberbegriff »Geflügel« fallen viele verschiedene Arten wie Ente, Gans, Hahn, Hähnchen, Huhn, Kapaun, Perlhuhn, Poularde, Truthahn und Babypute, Stubenküken, Wachtel ... Auch Fasan und Taube gehören dazu, wenn sie aus einer Zucht stammen und nicht zum Wildgeflügel zählen. Auf dem Bauernhof zählt das alles zum Kleinvieh, wozu auch die Hauskaninchen gehören. Das erklärt vielleicht, warum sie in der Küche dieser Gruppe zugeordnet werden.

EINE GROSSE FAMILIE

Die Gattung Geflügel umfasst zahlreiche Arten. Viele werden während ihrer Aufzucht Eingriffen wie Kastration oder Mast unterzogen, um Geschmack und Textur ihres Fleisches zu beeinflussen. Obwohl Hahn, Hähnchen und Kapaun männlich sind, schmeckt ihr Fleisch vollkommen unterschiedlich. Natürlich wird der Geschmack zusätzlich von der jeweiligen Zubereitung bestimmt.

Tatsächlich liegen zwischen Chicken-Nuggets mit bestenfalls mysteriöser, schlimmstenfalls schockierender Zusammensetzung und einer Bresse-Poularde mit unter die Haut geschobenen Trüffelscheibchen Welten! Zwischen diesen beiden Extremen liegt das Brathuhn, die klassische Sonntagsmahlzeit vieler Familien, die noch vor nicht allzu langer Zeit einen gewissen Wohlstand symbolisierte und zudem mit zahlreichen Kindheitserinnerungen verbunden ist.

Man kann das Fleisch beim Geflügelhändler, im Supermarkt oder, wenn die Möglichkeit besteht, direkt beim Züchter kaufen. Unzerteilte Tiere sind in der Regel ausgenommen und küchenfertig vorbereitet. In Supermärkten und Feinkostgeschäften werden auch Geflügelteile angeboten wie Keulen, Brustfilets, Hähnchenbrust mit Haut und Flügelknochen, Entenfilets, außerdem bereits zubereitete Speisen wie Schnitzel »Cordon bleu«, außerdem Geflügelwurst und -schinken. Wurstwaren aus Geflügelfleisch erfreuen sich großer Beliebtheit – sie sind fettarm und dürfen auch von Personen verzehrt werden, deren Religion den Konsum von Schweinefleisch verbietet.

Geflügel wird auch tiefgekühlt angeboten, vorgegart als fertige Mahlzeit oder roh, ganz oder in Teilen. Ein tiefgekühltes Hähnchen sollte nicht bei Raumtemperatur, sondern im Kühlschrank oder, wenn es schnell gehen soll, in der Mikrowelle aufgetaut werden. Im kältesten Bereich des Kühlschranks hält es ein paar Tage, höheren Temperaturen darf es nicht ausgesetzt werden.

GEFLÜGELKLEIN FÜR KENNER

Geflügelklein ist der Sammelbegriff für die Innereien sowie die Neben- und Kleinteile. Dazu zählen die Flügel, der Hals, Magen, Nieren, Herz und Leber. Kopf und Füße gehören ebenfalls dazu, dürfen aber in Deutschland nicht verkauft werden. Geflügelklein war bereits in der Antike bekannt, wird in Frankreich von erfahrenen Feinschmeckern geschätzt und gilt in vielen asiatischen Ländern als absolute Delikatesse.

GARPROBE NICHT VERGESSEN!

Man findet die unterschiedlichsten Empfehlungen bezüglich Garzeit und -temperatur, wobei es sich allerdings nur um Richtwerte handelt. Um zu prüfen, ob ein im Ganzen gebratenes Geflügel gar ist, sticht man mit einem kleinen spitzen Messer vorsichtig zwischen Keule und Körper: Ist der austretende Saft klar und absolut farblos, ist das Fleisch gar.

IST DER BACKOFEN GROSS GENUG ...

In früheren Zeiten war der häusliche Backofen zu klein, um große Vögel wie Pute oder Gans zu braten. Vor einem Festmahl trug man deshalb das vorbereitete Geflügel zum Bäcker, der es in den großen Ofen schob.

Seit den 50er-Jahren des 20. Jahrhunderts sind die Küchen mit modernen Backöfen ausgestattet, sodass auch das Braten von großem Geflügel relativ unkompliziert ist, vorausgesetzt, man beachtet einige Regeln.

Großes Geflügel und Geflügel für die Festtafel werden in der Regel gefüllt. Im Backofen verleiht die Füllung dem Fleisch nach und nach zusätzliche Aromen, und das austretende Fett sorgt von innen für Zartheit und Saftigkeit.

Obwohl bereits die Farce dem Austrocknen des Fleisches entgegenwirkt, empfiehlt es sich, das Geflügel während des Garens regelmäßig mit dem ausgetretenen Saft zu begießen. Eine gute Idee ist es auch, zusätzlich einige Scheiben Speck auf den Braten zu legen. Bardiertes Geflügel muss nicht so oft begossen werden, was zusätzlich den Vorteil hat, dass die Backofentür seltener geöffnet wird und damit die Temperatur konstant bleibt.

Die Zugabe der Innereien oder zusätzlich gekaufter Geflügellebern verleiht der Farce ein kräftiges Aroma. Wichtig ist auch, das Geflügel zu bridieren, das heißt, Flügel und Keulen fest an den Rumpf zu binden. Auf diese Weise wird dafür gesorgt, dass alle

Teile gleichmäßig garen, und verhindert, dass das Geflügel beim Braten unschön aus der Form gerät.

Geflügel kann auch pochiert werden, das heißt, es wird zusammen mit frischem Suppengemüse in viel siedendem Wasser gegart. Ein Beispiel dafür ist »Poule au pot«, ein Klassiker der ländlichen französischen Küche: gekochtes Huhn, das mit dem Gemüse umlegt serviert wird. Die Brühe, manchmal mit Brot oder Speisestärke angedickt, wird separat gereicht. Um eine schöne klare Hühnerbrühe zu erhalten, wird der beim Kochen aufsteigende grauweiße Schaum regelmäßig abgeschöpft.

Manche Geflügelarten eignen sich ganz besonders für ausgefallene Zusammenstellungen. Zum Beispiel harmoniert das Fleisch der ausgesprochen saftigen Gänse wunderbar mit süßen Geschmackskomponenten. Mit Früchten wie Äpfeln gebraten oder mit einer süßsauren Sauce aus Honig und Senf überzogen, wird eine Gans zu einem außergewöhnlichen Geschmackserlebnis. Derartige Rezepte sind im Übrigen schon in mittelalterlichen Kochbüchern vermerkt.

Auch der kräftige Geschmack von Entenfleisch wird besonders gut durch Zubereitungen mit süßsäuerlichen Früchten unterstrichen: Neben den häufig verwendeten Orangen sind auch Himbeeren oder Sauerkirschen hervorragende Begleiter.

PRAKTISCH PORTIONIERT ...

Wenn man nicht das ganze Tier, sondern nur Teilstücke zubereitet, kann das Fleisch als Hauptteil einer Mahlzeit serviert, aber auch mit verschiedenen anderen Zutaten zu einer kalten Speise zusammengestellt werden.

Ein gemischter Salat beispielsweise lässt sich mit Geflügelfleisch anreichern, wie der berühmte Caesar Salad mit gebratenem Hähnchenfilet – ideal als leichte Mittagsmahlzeit an einem heißen Sommertag. Eine besonders festliche und elegante Variante ist der Perigord-Salat mit dünnen Scheiben von geräucherter Entenbrust, Mägen, gefülltem Hals und Foie gras.

Gebratene Filets, Schnitzel, Ober- und Unterschenkel von Hähnchen und Pute, Entenbrust – alle portionierten Geflügelteile lassen sich schnell und problemlos in der Alltagsküche verwenden, ohne dass tranchiert werden muss oder Reste anfallen (wobei sich Geflügel gut aufwärmen lässt und dabei an Geschmack gewinnt). Außerdem mögen es Kinder normalerweise nicht so gern, wenn ein ganzer Vogel aufgetragen und zerteilt wird, deshalb sind Teilstücke auch in dieser Hinsicht vorteilhaft – die Tiere sind gewissermaßen »entkörperlicht«. Bei einem Festmahl allerdings zählt das fachgerechte Tranchieren von Geflügel zu den Höhepunkten, es ist eine Kunst für sich.

EIN GANZ BESONDERER BISSEN

Die sogenannten Pfaffenschnittchen liegen gut versteckt im hinteren Rückenbereich oberhalb der Keulen, in den beiden Skelettmulden rechts und links von der Wirbelsäule. Das Fleisch hat eine besonders zarte, saftige Konsistenz und ein intensives Aroma - eine kleine Delikatesse, die der Herr des Hauses beim Tranchieren des Geflügels dem Ehrengast oder den anwesenden Damen anbietet.

... UND PROBLEMLOS GEGART

Die Zubereitung fertig portionierter Geflügelteile ist einfach und geht relativ schnell – und obendrein sind dabei der Fantasie so gut wie keine Grenzen gesetzt. Man kann ein Hähnchenbrustfilet ganz einfach in einer Pfanne bei mittlerer Temperatur goldbraun braten, dabei bleibt das Fleisch zart und nimmt das Aroma des Bratfetts auf (Butter oder Olivenöl). Eine Panierung ist ein zusätzlicher Schutz für Fleisch und Aroma, nimmt aber mehr Fett auf. Sahnige Saucen passen gut zu Geflügel, aber damit es nicht zu üppig wird, empfiehlt es sich, in Fett gebackenes Fleisch nur mit einer Zitronenspalte zu servieren.

Besonders fettarm und schonend ist die Zubereitung *en papillote*: In einer Hülle aus Pergamentpapier gart das Fleisch mit Kräutern und anderen geschmackgebenden Zutaten im Dampf. Auf diese Weise wird es wunderbar zart und saftig.

Schließlich und endlich können Geflügelstücke auch bei höherer Temperatur auf dem Grill gegart werden. Vorher legt man sie mehrere Stunden in eine relativ dickflüssige Marinade ein, beispielsweise aus Honig und Senf, die durch die Hitze der Glut karamellisiert und um das empfindliche Fleisch eine schützende Kruste bildet, die das Austrocknen verhindert.

Auch in den verschiedenen asiatischen Küchen erfreut sich Geflügelfleisch großer Beliebtheit. In dünne Scheiben oder Streifen geschnitten wird es rasch im Wok gegart, entweder naturbelassen oder in kräftig gewürzter oder mit Zucker oder Honig gesüßter Sojasauce mariniert.

SCHMECKT GUT UND IST GESUND

Bekanntermaßen bietet das weiße Geflügelfleisch in gesundheitlicher Hinsicht viele Vorteile. Befasst man sich näher damit, wird man feststellen, dass das Fleisch der Gesundheit noch zuträglicher ist als bisher angenommen – vorausgesetzt allerdings, man entscheidet sich für erstklassige Produkte.

MAGERE PROTEINE

Geflügel ist reich an hochwertigem tierischem Eiweiß. Hühnerfleisch beispielsweise liefert jede Menge sogenannte vollständige Proteine, die für den menschlichen Organismus unerlässlich sind. Da er sie nicht selbst herstellen kann, ist er darauf angewiesen, diese neun essenziellen Aminosäuren mit der Nahrung aufzunehmen, und alle neun sind in Hühnerfleisch enthalten.

Von wenigen Ausnahmen abgesehen ist Geflügelfleisch ausgesprochen fettarm. Der Hauptteil des angesetzten Fettes befindet sich in der Haut. Bei einer Schlankheitskur oder einer fettarmen Ernährung genügt es bereits, auf die schmackhafte und knusprige Haut zu verzichten und nur das magere Fleisch zu verzehren. Aufgrund seines niedrigen Kalorien- und seines hohen Proteingehalts kann Geflügelfleisch dabei helfen, das Gewicht zu halten oder sogar einige Pfunde abzunehmen. Das gilt allerdings nur für bestimmte Arten der Zubereitung. Mit Sahnesauce, in Fett ausgebacken, als Cordon bleu oder als Confit ist auch Geflügel fett- und kalorienreich.

TREFFEN SIE IHRE WAHL

Bei Geflügel und zahlreichen anderen landwirtschaftlichen Produkten garantieren Gütesiegel erstklassige Qualität. Bei Geflügel aus Frankreich zertifiziert das »Label Rouge« eine Geschmacksqualität, die durch artgerechte Tierhaltung gewährleistet ist: rein pflanzliches Futter, langsames Wachstum, kontrollierte Hygiene, natürliches Umfeld.

Das Bio-Siegel kennzeichnet Erzeugnisse aus ökologischem Landbau. Für Geflügel gewährleistet das Siegel die tiergerechte Haltung mit Auslauf und eine ökologisch ausgerichtete Fütterung ohne Zusatz von Antibiotika. Der Kauf von Tieren aus einer hygienisch und ethisch einwandfreien Aufzucht garantiert nicht nur hohe geschmackliche Qualität, sondern auch eine gesunde Ernährung.

ROHES GEFLÜGEL IST TABU

Zwar ist Geflügel sehr gesund, doch sollte das Fleisch wegen der Gefahr einer Salmonelleninfektion keinesfalls roh verzehrt werden. Obwohl manche Geflügelrezepte den Begriff »Tatar« verwenden, wird das Fleisch vor dem Vermengen mit den anderen Zutaten üblicherweise in siedendem Zitronenwasser pochiert. Nichts spricht indessen gegen eine rosa gebratene Entenbrust – im Gegenteil.

Das fettärmste Fleisch liefert die Pute. Der regelmäßige Verzehr von Putenfleisch kann dazu beitragen, hohe Blutfettwerte zu senken und das Gleichgewicht zwischen HDL- und LDL-Cholesterin wieder herzustellen. Darüber hinaus hat von allen Fleischsorten Putenfleisch den niedrigsten Anteil an Myristinsäure, die einen Anstieg insbesondere des »schlechten« Cholesterins verursachen kann und damit als Risikofaktor für Herz-Kreislauf-Erkrankungen gilt.

HOHER VITAMINGEHALT

Geflügelfleisch ist reich an B-Vitaminen, Mineralstoffen und Spurenelementen wie Eisen, Phosphor und Selen. Selen fängt freie Radikale ab und schützt damit vor oxidativem Stress, der die Zellen schädigt, zur Alterung des Organismus beiträgt und zu Herz-Kreislauf-Erkrankungen führen kann.

Huhn

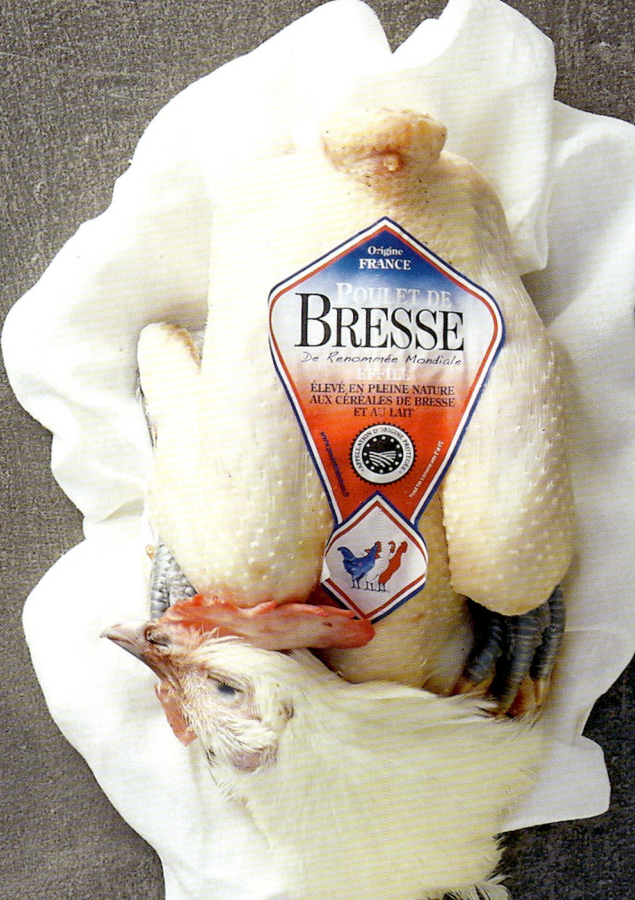

BRESSE-POULARDE

UNTERSCHENKEL

OBERFLÜGEL

BRUST

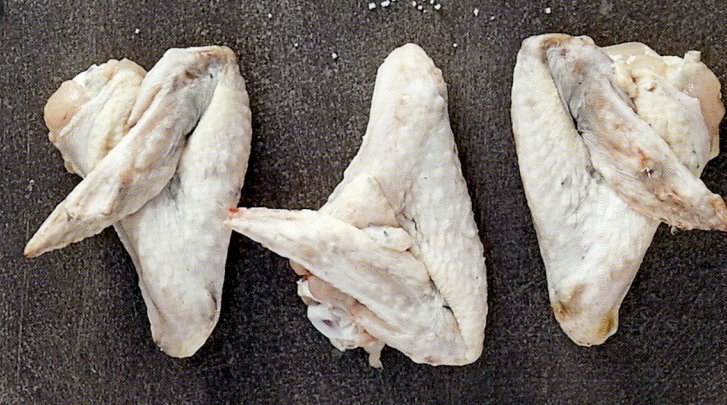

FLÜGEL

Ein Huhn
KÜCHENFERTIG VORBEREITEN

SCHWIERIGKEITSGRAD: 🧑‍🍳🧑‍🍳🧑‍🍳

UTENSILIEN: Schneidebrett und Kochmesser

1 Mithilfe des Messers restliche Federkiele entfernen.

2 Restliche Härchen und Flaumfedern über einer Gasflamme oder mithilfe eines Flambierbrenners rasch abflämmen.

Tipp

MIT DIESER TECHNIK kann man auf dem Bauernhof oder bei kleinen Erzeugern auf dem Markt gekauftes Geflügel, das nur gerupft ist, weiterverarbeiten.

3 Den Sporn und alle Zehen bis auf die mittlere entfernen.

4 Die Füße abflämmen.

5 Die blasige Haut mit einem Tuch abstreifen.

6 Die Flügelspitzen abtrennen.

7 Das Huhn auf den Bauch legen. Die Haut über dem Hals straff ziehen und der Länge nach aufschneiden.

8 Den Hals freilegen und am Rumpfansatz mit dem Messer abtrennen.

17 Den Magen aufschneiden und von der Innenhaut befreien. Anschließend sorgfältig abspülen.

18 Das Huhn ist küchenfertig und kann nun bridiert werden (s. S. 214).

WER DAS HUHN nicht im Ganzen garen will, lässt Schritt 3–6 weg und löst dann Keulen und Brust aus (s. S. 216) oder zerlegt das Huhn für ein Ragout in acht Teile (s. S. 220).

Ein Huhn bridieren

SCHWIERIGKEITSGRAD: ♟♟♟

UTENSILIEN: Schneidebrett und Kochmesser - Bridiernadel

1 Die Flügel nach hinten biegen und unter den Rumpf schieben.

2 Die Sehnen der Füße durchtrennen.

3 Das Huhn an den Füßen auf dem Rücken halten, die Bridiernadel am fleischigen Teil der Keulen ansetzen und hindurchstechen.

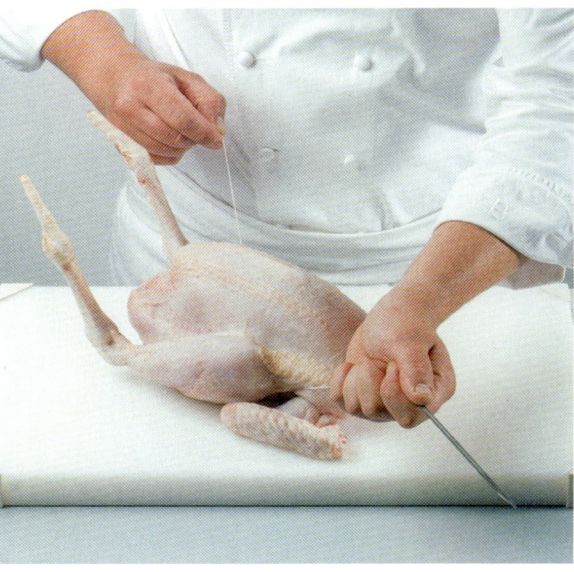

4 Die Nadel auf der anderen Seite herausziehen, dabei 10 cm Küchengarn für den Knoten überstehen lassen.

Tipp

MIT DIESER MASSNAHME wird gewährleistet, dass alle Teile gleichmäßig garen und das Geflügel beim Tranchieren appetitlich aussieht.

5 Das Huhn herumdrehen und die Haut über die Halsöffnung legen.

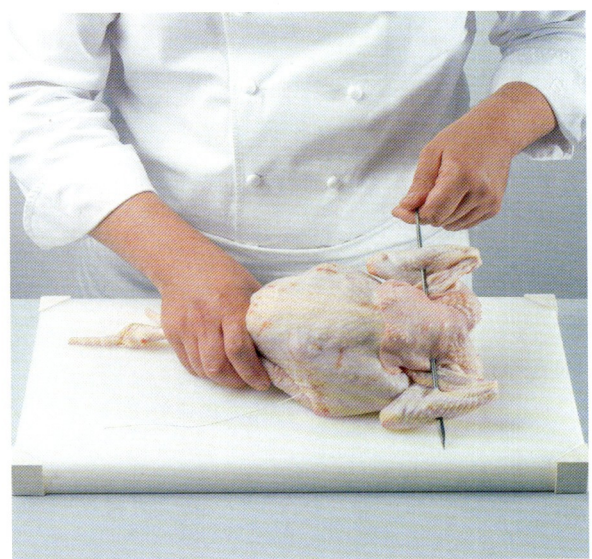

6 Zum Durchstechen der Haut die Nadel durch jeweils beide Flügelglieder und unter der Wirbelsäule hindurchführen.

7 Die Garnenden fest verknoten.

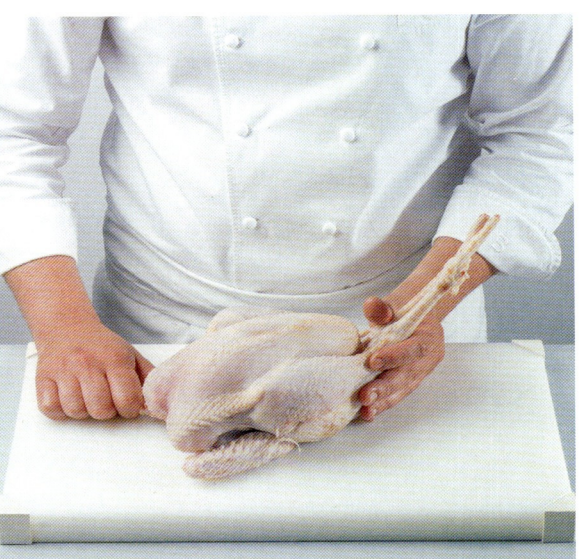

8 Das Huhn kann gebraten werden.

Auslösen
VON HÜHNERKEULEN & -BRUST

SCHWIERIGKEITSGRAD:

UTENSILIEN: Schneidebrett und Kochmesser

Tipp

INNERHALB WENIGER MINUTEN ist ein Huhn auf diese Weise küchenfertig vorbereitet; die Karkasse wird zum Ansetzen eines Fonds verwendet. Die Brust im Suprême-Schnitt enthält Haut und Flügelknochen.

1 Von einem küchenfertigen Huhn die Füße am Gelenk abtrennen.

2 Die Flügel am ersten Gelenk abschneiden.

3 Die Pfaffenschnittchen suchen und auslösen.

4 Das Huhn auf den Rücken legen, die Haut zwischen Rumpf und Keule bis an das Gelenk einschneiden. Die Keule nach außen biegen, um das Gelenk freizulegen.

5 Zum Auslösen der Keule das Gelenk durchtrennen. Den Vorgang mit der zweiten Keule wiederholen.

6 Das Fleisch über dem Oberschenkelknochen einschneiden.

7 Den Knochen hochziehen und samt Gelenkknorpel abtrennen.

8 Den Unterschenkelknochen kürzen, die Sehnen durchtrennen und das Knochenende freischaben.

9 Dicht am Brustbein entlangschneiden, um das Fleisch vom Knochen zu lösen.

10 Beide Brusthälften in Höhe des Flügelgelenks auslösen.

11 Den Flügelknochen freischaben.

12 Die teilweise entbeinten Keulen und die Brust mit dem Flügelknochen sind fertig zum Garen.

Tipp

HÜHNERBRUST MIT HAUT UND FLÜGELKNOCHEN (Suprême) eignet sich perfekt für Tellergerichte.
Sie bleibt beim Garen saftiger als ein Brustfilet.

Ein Huhn
IN ACHT TEILE ZERLEGEN

1 Von einem küchenfertigen Huhn die Füße abtrennen.

2 Die Flügel am ersten Gelenk abschneiden.

3 Das Huhn auf den Rücken legen. Die Haut zwischen Rumpf und Keule bis an das Gelenk einschneiden. Die Keule nach außen biegen, um das Gelenk freizulegen.

4 Zum Auslösen der Keule das Gelenk durchtrennen. Den Vorgang mit der zweiten Keule wiederholen.

SCHWIERIGKEITSGRAD: 🧢🧢

UTENSILIEN: Schneidebrett und Kochmesser

5 Die Keulen am Gelenk teilen.

6 Die Unterschenkelknochen kürzen, die Sehnen durchtrennen und das Knochenende freischaben.

7 Die Brust an der Spitze beginnend entlang des Rückens waagerecht einschneiden.

8 Die Brust nach oben klappen und die Rückseite der Karkasse abtrennen (zum Ansetzen eines Fonds verwenden).

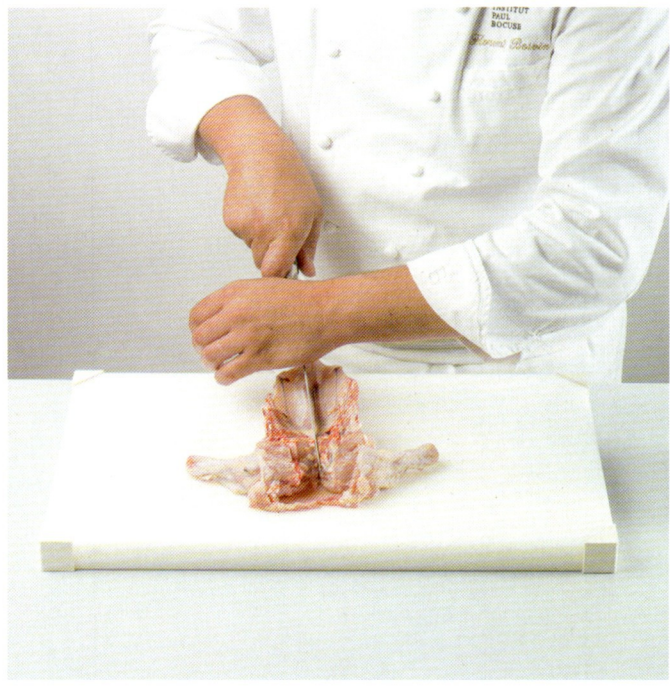

9 Das Huhn auf die Brust legen und das Brustbein mit einem kräftigen Schlag spalten.

10 An beiden Seiten des Brustbeins entlangschneiden und das Fleisch ablösen.

11 Die Brust der Länge nach halbieren.

12 Den Flügelknochen freischaben.

13 Beide Bruststücke quer halbieren.

14 Das Huhn ist in acht Teile zerlegt und kann beispielsweise zu einem Ragout verarbeitet werden.

Tipp

DIE KNOCHEN WERDEN AM FLEISCH BELASSEN, denn sie sorgen dafür, dass es in Schmorgerichten wie Coq au vin, Hühnerfrikassee, Hähnchen »Marengo« oder Poularde in Sahnesauce (s. S. 224) zart und saftig bleibt.

Poularde
IN SAHNESAUCE

SCHWIERIGKEITSGRAD:

FÜR 4–6 PERSONEN

ZUBEREITUNG: 25 MIN. - **GARZEIT:** 30 MIN.

UTENSILIEN: Sauteuse - kleiner Schneebesen
Passiersieb

ZUTATEN

1 große Freilandpoularde, vorzugsweise ein Bresse-Huhn, in 8 Teile zerlegt (s. S. 220) - 50 g Butter - 2 EL Erdnussöl - 2 Zwiebeln, fein gewürfelt - 40 g Mehl - 1 l heller Geflügelfond (hergestellt aus dem Hühnerklein und der Karkasse des Huhns; s. S. 66) - 200 ml flüssige Sahne - Salz und Pfeffer aus der Mühle

1 Die Hühnerteile mit Salz und Pfeffer würzen und in der Sauteuse in Butter und Öl leicht bräunen.

2 Das Fleisch herausnehmen, die Zwiebelwürfel in die Sauteuse geben und mit dem Mehl bestauben.

3 Das Mehl einige Minuten unter ständigem Rühren anschwitzen, ohne dass es sich verfärbt (weiße Mehlschwitze).

4 Den Fond zugießen, dabei ständig rühren.

5 Zum Kochen bringen, die Poulardenstücke hineinlegen und etwa 25 Minuten mit Deckel bei niedriger Temperatur schmoren lassen.

6 Nach der Hälfte der Garzeit die Bruststücke herausnehmen. Die Keulen sind gar, wenn beim Anstechen der fleischigsten Stelle eine klare Flüssigkeit austritt.

7 Das Fleisch warm stellen und die Sahne in die Sauce rühren.

8 Auf die gewünschte Konsistenz reduzieren. Mit Salz und Pfeffer abschmecken.

9 Die Sauce durch das Sieb passieren.

10 Das Fleisch zurück in die Sauteuse geben und die gewünschte Garnitur hinzufügen, etwa glasierte Zwiebeln (s. S. 472) und Champignons (s. S. 470). Mit der Sahnesauce übergießen.

Stubenküken
»EN CRAPAUDINE« VORBEREITEN

SCHWIERIGKEITSGRAD:

UTENSILIEN: Schneidebrett und Kochmesser · Plattiereisen

1 Das küchenfertige Stubenküken auf den Rücken legen und mit dem Messer entlang des Brustbeins aufschneiden.

2 Das Stubenküken aufklappen.

Tipp

DIE METHODE IST EMPFEHLENSWERT, wenn Geflügel im Ganzen gegrillt werden soll.
Auf diese Art gart es gleichmäßig und das Portionieren wird erleichtert.

3 Das Stubenküken herumdrehen und die überstehende Haut in die Halsöffnung stecken.

4 Mit einem Küchenbeil oder Fleischklopfer plattieren.

Stubenküken
AUF AMERIKANISCHE ART

SCHWIERIGKEITSGRAD: 👨‍🍳👨‍🍳

UTENSILIEN: Schneidebrett und Kochmesser - Grillpfanne

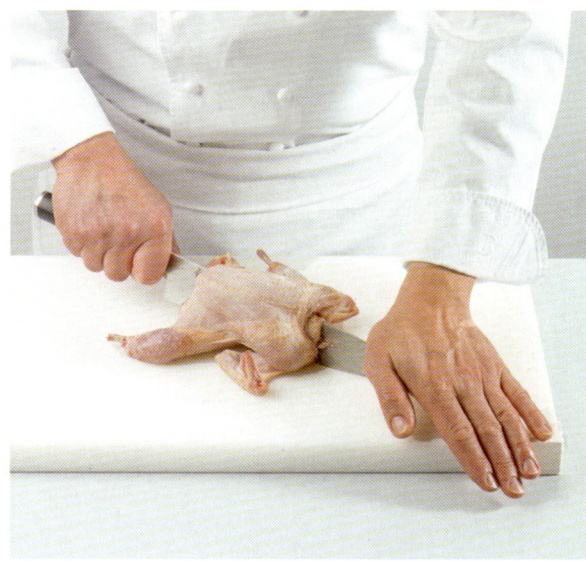

1 Das küchenfertige Stubenküken auf den Rücken legen, das Messer in die Bauchhöhle einführen und die Rippen entlang der Wirbelsäule durchtrennen.

2 Das Stubenküken herumdrehen und das obere Ende des Brustbeins spalten.

3 Auf die andere Seite drehen und in die Mitte des Hautdreiecks rechts und links des Brustknorpels eine Öffnung schneiden.

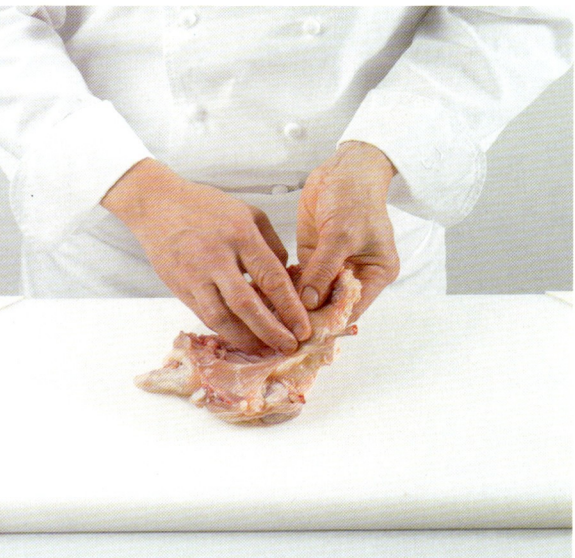

4 Die Keulenenden durch die Öffnungen stecken.

5 Die Grillpfanne erhitzen. Das Stubenküken auf der Ober- und Unterseite würzen, diagonal in die Pfanne legen und etwa 30 Sekunden anbraten.

6 Um 90 Grad drehen und weitere 30 Sekunden anbraten.

7 Das Stubenküken wenden und beide Vorgänge wiederholen.

8 Das Fleisch mit Öl und anschließend mit Senf bestreichen, in Semmelbröseln wenden und in eine ofenfeste Form legen

9 Im auf 170 °C vorgeheizten Backofen 20 Minuten garen.

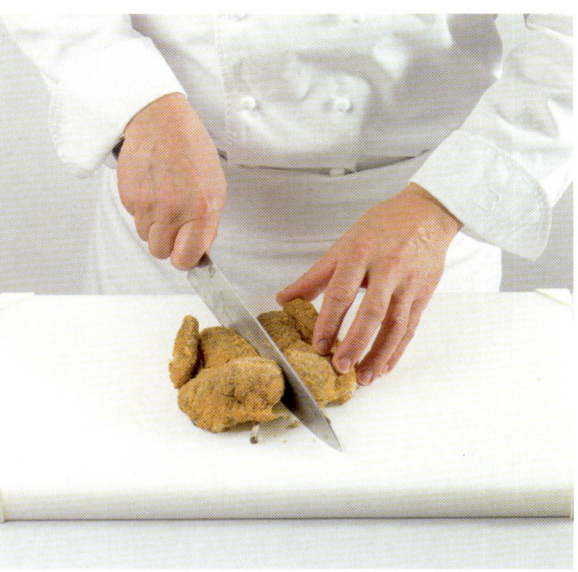

10 Das Stubenküken der Länge nach halbieren und servieren.

Eine Mastente
ZERLEGEN

SCHWIERIGKEITSGRAD: ♟♟♟

UTENSILIEN: Schneidebrett und Kochmesser

Tipp

IN FRANKREICH wird das Fleisch der gemästeten Enten aus der Stopfleberproduktion hoch geschätzt. Eine solche Ente ist hier zu sehen. Auf die gleiche Art werden gewöhnliche Enten und Gänse zerlegt.

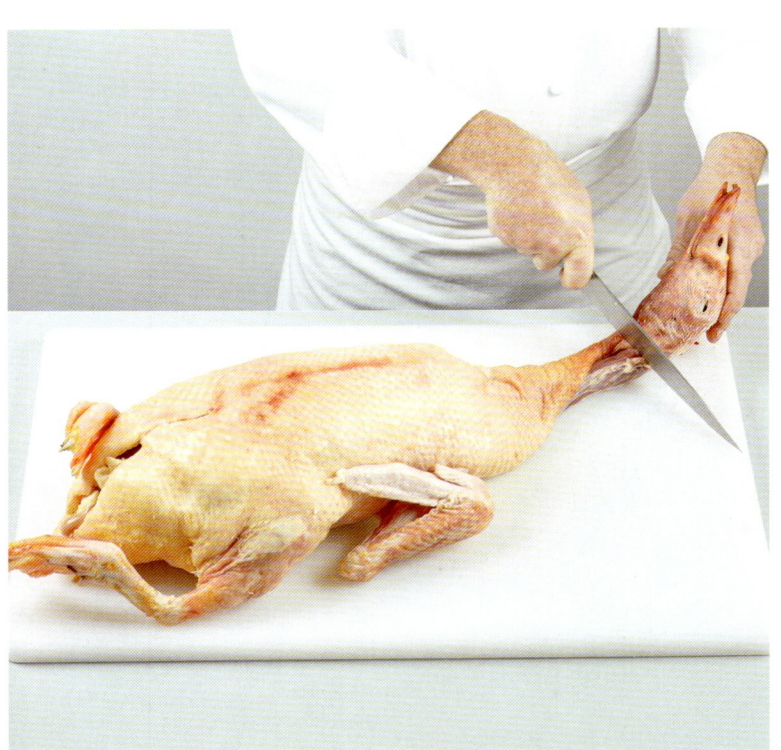

1 Restliche Federkiele aus der Haut ziehen und die Ente abflämmen (s. S. 209). Anschließend die Ente auf den Rücken legen und den Kopf abtrennen.

2 Den Hals abschneiden, Luft- und Speiseröhre herausziehen. Die Halshaut nicht abschneiden und, falls sie gefüllt werden soll, nicht einschneiden.

3 Gegebenenfalls die Leber vorsichtig herauslösen und die Eingeweide entfernen.

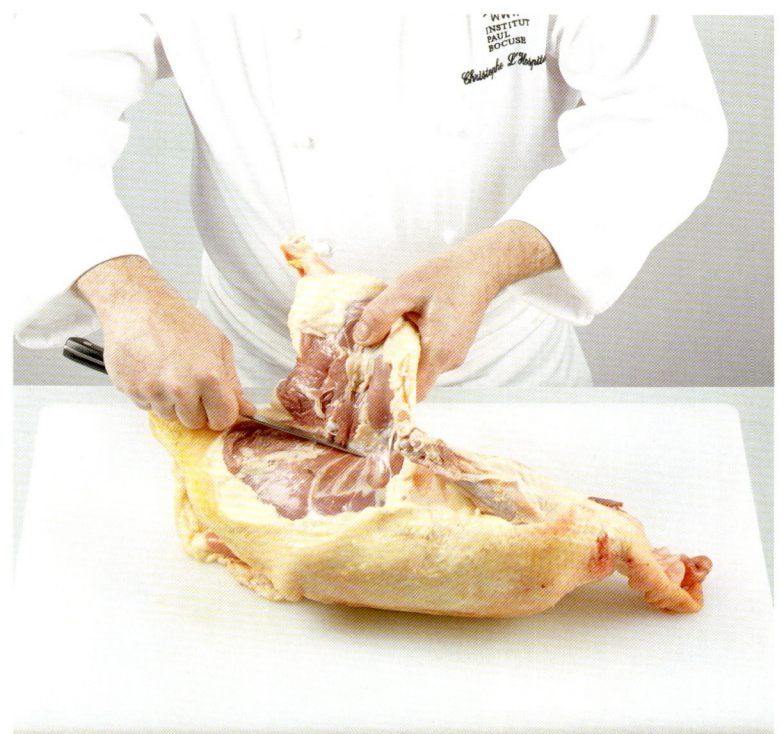

4 Beide Keulen nach außen biegen und am Gelenk mit dem Messer abtrennen.

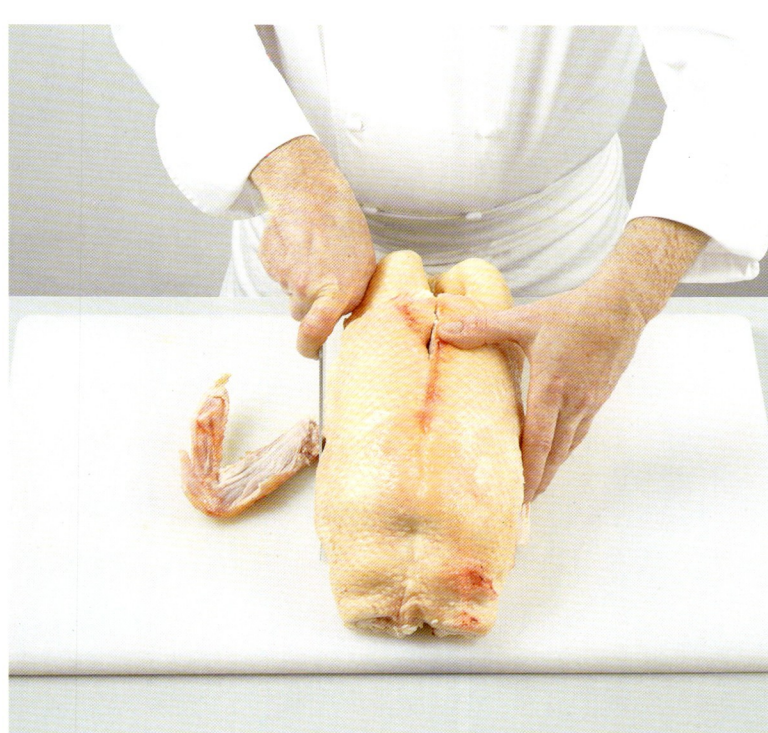

5 Die Flügel abschneiden.

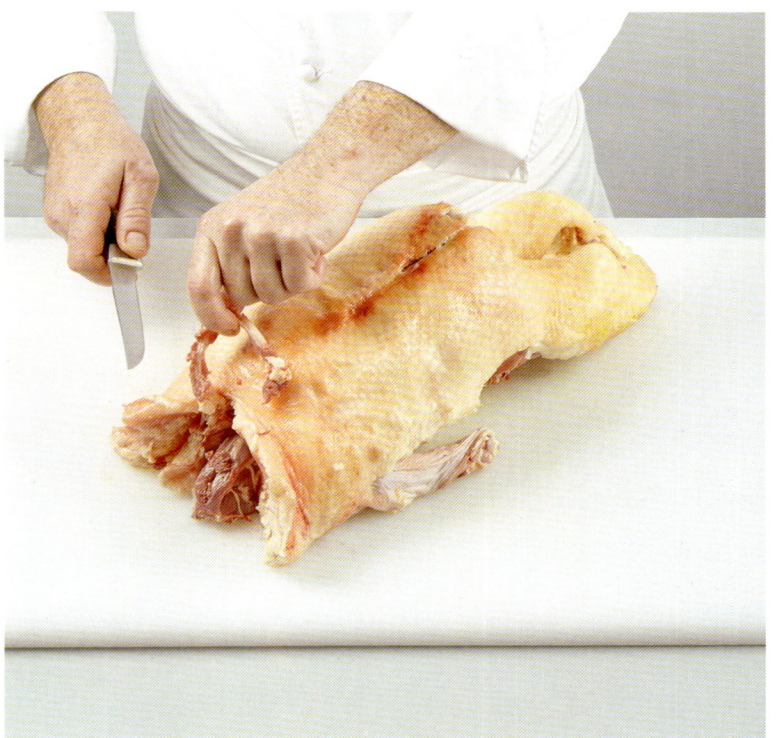

6 Das Fett über dem Gabelknochen einschneiden, den Knochen auslösen und herausziehen.

7 Zum Freilegen der Brustfilets dicht am Brustbein entlangschneiden. Dabei mit dem Messer dem Verlauf des Knochens folgen, um die Innenfilets mit auszulösen.

8 Die Innenfilets abtrennen.

9 Die Brustfilets am Rand von überschüssigem Fett befreien.

10 Auf beiden Seiten der Wirbelsäule die Pfaffenschnittchen auslösen.

11 So viel Haut und Fett wie möglich von der Karkasse abschneiden.

12 Alle Teile der Ente sind küchenfertig vorbereitet. Die Karkasse kann zur Herstellung eines Entenfonds verwendet werden.

GANZE MASTENTEN waren lange Zeit der Gastronomie vorbehalten und auch in Frankreich im Handel kaum zu finden. Sie werden vor allem auf Bauernhöfen oder auf speziellen Märkten im Südwesten verkauft. Inzwischen gibt es die Möglichkeit, über das Internet zu bestellen und sich die Ware in einer Kühlbox ins Haus liefern zu lassen.

Entenfett auslassen
ZUR WEITERVERWENDUNG

SCHWIERIGKEITSGRAD: 👨‍🍳👨‍🍳

ZUBEREITUNG: 15 MIN. - **GARZEIT:** 1 STD.

UTENSILIEN: Stieltopf - Passiersieb

Tipp

ENTENFETT eignet sich hervorragend zum Braten oder Rösten blanchierter Kartoffelscheiben und verleiht ihnen einen wunderbaren Geschmack. Es kann auch eingefroren werden.

1 Entenhaut und -fett mit dem Messer in Stücke schneiden. In den Topf geben und bei niedriger Temperatur langsam schmelzen, ohne dass das Fett zischt oder sich verfärbt.

2 Das geschmolzene Fett nach und nach mit einer Kelle in eine Schüssel umfüllen.

3 Sobald kein Fett mehr im Topf ist, die Hautstückchen (Grieben) bräunen.

4 Die Grieben abtropfen lassen.

5 Mit Salz bestreuen. Man kann die Grieben warm oder kalt auf Salate geben oder als Füllung für eine Fougasse verwenden (südfranzösisches Fladenbrot).

6 Das Fett durch ein feines Sieb gießen und gut verschlossen im Kühlschrank aufbewahren.

Entenkeulen konfieren

SCHWIERIGKEITSGRAD:

ZUBEREITUNG: 30 MIN. - KÜHLZEIT: 12 STD. - GARZEIT: 3 STD.

UTENSILIEN: gusseiserner Schmortopf

Tipp

FÜR EINE LÄNGERE HALTBARKEIT die abgetrockneten Keulen mit dem Fett und den Gewürzen in ein Einkochglas geben und 3 Stunden lang bei 100 °C sterilisieren.

1 Die Keulen mit grobem Salz bestreuen und über Nacht kalt stellen.

2 Am folgenden Tag abspülen und trockentupfen.

3 In den Schmortopf geben und mit geschmolzenem Entenfett bedecken.

4 Ein Kräutersträußchen und einige Pfefferkörner dazugeben und etwas Wasser angießen.

5 Im geschlossenen Topf etwa 3 Stunden bei sehr niedriger Temperatur oder im Backofen bei 100 °C garen.

6 Die Entenkeulen bis zur weiteren Verwendung im eigenen Fett aufbewahren.

Entenkeulen füllen

SCHWIERIGKEITSGRAD: ♟♟♟

UTENSILIEN: Schneidebrett und Kochmesser

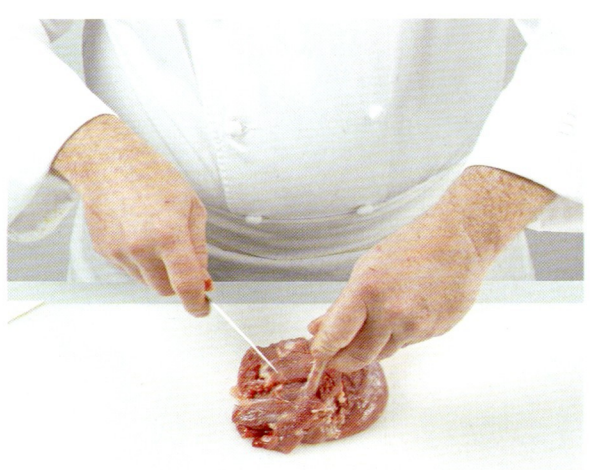

1 Mit einem spitzen Messer den Oberschenkelknochen freilegen.

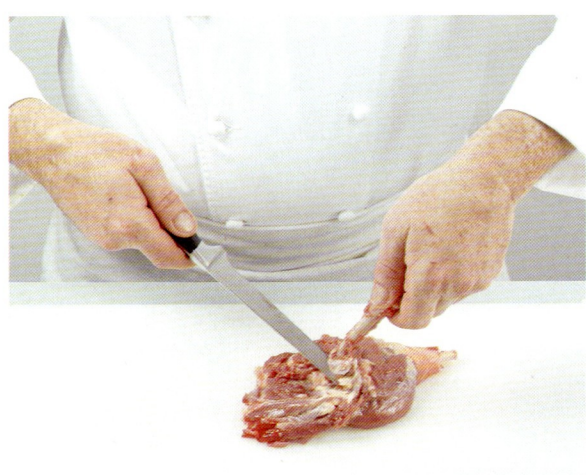

2 Am Gelenk die Sehnen durchtrennen, die den großen mit dem kleinen Knochen verbinden. Den Knochen durch leichtes Drehen aus dem Gelenk lösen.

3 Den Unterschenkelknochen freilegen.

4 Das obere Ende des Unterschenkelknochens abtrennen.

Tipp

AUF DIE GLEICHE WEISE Hähnchen- und Perlhuhnkeulen entbeinen.

5 Die Keulen parieren, sodass sie überall gleich dick sind.

6 Die Parüren hacken und mit Eiweiß (1 Eiweiß auf 8 Keulen), Salz, Pfeffer und etwas geriebener Muskatnuss mischen.

7 Die Farce anstelle des entfernten Knochens auf das Fleisch geben.

8 Die gefüllten Keulen fest in ein quadratisch zugeschnittenes, gewässertes Schweinenetz wickeln. Dann in einem Topf schmoren.

Entenbrustfilets
IN DER PFANNE BRATEN

SCHWIERIGKEITSGRAD:

ZUBEREITUNG: 15 MIN. - GARZEIT: 15 MIN.

UTENSILIEN: Schneidebrett und Kochmesser - Pfanne

1 Die Brustfilets auf der Fettseite rautenförmig einschneiden, ohne das Fleisch zu verletzen. Salzen.

2 Die Filets auf der Hautseite in die kalte Pfanne legen.

3 Sanft erhitzen, dabei soll das Fett nicht spritzen, sondern langsam austreten, bis die Haut nach etwa 10 Minuten goldbraun ist.

4 Das ausgetretene Fett nach und nach aus der Pfanne abschöpfen.

Tipp

DAS FETT AUFBEWAHREN und zum Braten von Kartoffeln verwenden (Kartoffeln nach Art von Sarlat, s. S. 479).

5 Den Gargrad wie bei Rindersteaks durch Fingerdruck prüfen (s. S. 145). Sobald kaum noch Fett austritt, die Wärmezufuhr erhöhen und die Haut 2–3 Minuten knusprig braten.

6 Anschließend wenden und die Fleischseite kurz anbraten.

7 Die Brustfilets aus der Pfanne nehmen (nicht anstechen!) und zwischen zwei Tellern einige Minuten ruhen lassen. In der Zwischenzeit den Bratensatz ablöschen.

8 Die Filets schräg in dicke Scheiben schneiden und mit Pfeffer würzen.

Eine Jungente
KÜCHENFERTIG VORBEREITEN

SCHWIERIGKEITSGRAD: 🧑‍🍳🧑‍🍳🧑‍🍳

UTENSILIEN: Schneidebrett und Kochmesser

1 Mit dem Messer restliche Federkiele entfernen.

2 Verbliebene Härchen und Flaumfedern über einer Gasflamme oder mithilfe eines Flambierbrenners rasch abflämmen.

3 Die Flügel bis auf den Oberknochen abschneiden.

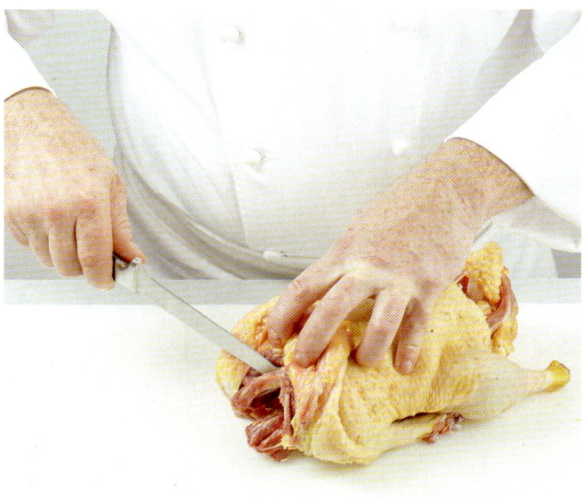

4 Den Hautlappen am Hals zurückziehen, das Gabelbein freilegen und auslösen.

Tipp

AUF DIE GLEICHE WEISE eine Mastente vorbereiten, die für eine große Tafelrunde im Ganzen gebraten werden soll.

5 Die Fettdrüsen am Bürzel entfernen.

6 In die Bauchhöhle greifen und alle Innereien vorsichtig auf einmal herausziehen.

7 Das Herz, die Leber, den Magen und das Fett abtrennen, den Rest wegwerfen.

8 Das Herz von Blut und Adern, die Leber von der Galle, sämtlichen grünlichen Stellen und großen Blutgefäßen befreien. Den Magen aufschneiden und säubern.

Eine Jungente
VERSCHLIESSEN & BRIDIEREN

SCHWIERIGKEITSGRAD: ♟♟♟

UTENSILIEN: Schneidebrett und Kochmesser · Bridiernadel

1 Die auf der Oberseite des Bürzels sitzenden Fettdrüsen entfernen.

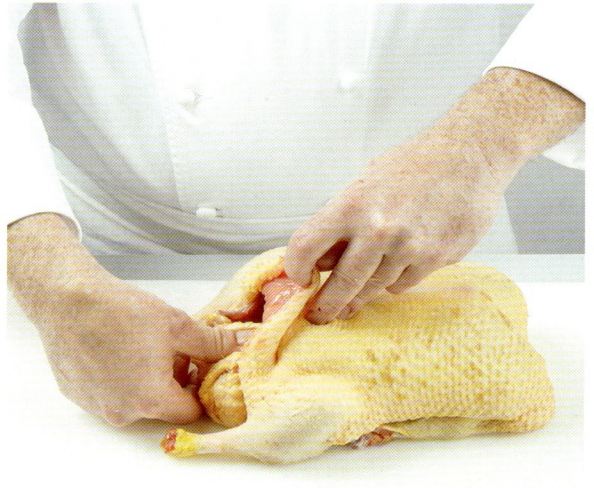

2 Den Bürzel mit kräftigem Daumendruck hochklappen und in die Bauchhöhle drücken.

3 In den Hautlappen rechts und links neben dem Brustknorpel eine Öffnung schneiden.

4 Die Keulen umbiegen und über Kreuz durch die Öffnungen stecken.

Tipp

AUF DIE GLEICHE WEISE lässt sich Wildgeflügel wie Fasan, Stockente oder Ringeltaube vorbereiten.

5 Die Ente auf den Rücken legen und mit der Bridiernadel in Höhe des Gelenks durchstechen, dabei den Faden zum Verknoten 30 cm überstehen lassen.

6 Die Ente herumdrehen und die Halshaut über den Rücken schlagen. Mit der Nadel fixieren, dabei auf beiden Seiten durch die Flügel stechen.

7 Die Garnenden fest verknoten.

8 Mit einem weiteren Faden unterhalb der Unterschenkelknochen durch den hochgeklappten Bürzel stechen. Fest verknoten, um die Bauchöffnung so dicht wie möglich zu verschließen.

Eine Jungente
BRATEN

SCHWIERIGKEITSGRAD: 👨‍🍳👨‍🍳

FÜR 4 PERSONEN

ZUBEREITUNG: 20 MIN.

GARZEIT: 15 MIN. PRO 500 G

RUHEZEIT: 15 MIN.

ZUTATEN

1 Jungente mit ihren Innereien - 30 g Butter
2 EL Erdnussöl - 150 ml dunkle Hühnerbrühe (s. S. 74)
Salz und Pfeffer aus der Mühle

UTENSILIEN: Bräter - Passiersieb - Stieltopf

1 Den Backofen auf 220 °C vorheizen. Ente und Innereien in den Bräter legen und mit Salz und Pfeffer würzen. Mit Butterflocken belegen und Öl angießen.

2 In den Backofen stellen. Die Temperatur nach 15 Minuten auf 180 °C herunterschalten und die Ente fertiggaren (15 Minuten Garzeit pro 500 g Fleisch).

3 Die Ente aus dem Bräter nehmen.

4 Mit Alufolie abdecken und 15 Minuten warm stellen.

5 In der Zwischenzeit den Bratensatz mit der Brühe ablöschen.

6 Den Boden des Bräters sorgfältig abschaben.

7 Die Jus durch ein Sieb in einen Topf gießen.

8 Zur Hälfte einkochen lassen.

9 Die Jus in eine Saucenschale gießen und so viel Fett wie möglich abschöpfen.

10 Den während der Ruhezeit ausgetretenen Fleischsaft in die Jus gießen. Sofort servieren.

Eine Jungente
TRANCHIEREN

SCHWIERIGKEITSGRAD:

UTENSILIEN: Tranchierbrett - Tranchierbesteck

Tipp

DIE ENTENBRUST sollte zartrosa sein. Nicht vollständig durchgebratene Keulen während des Tranchierens einige Minuten im Backofen nachgaren lassen.

1 Die Ente auf das Tranchierbrett legen. In Höhe der Brustbeinspitze mit einer Tranchiergabel festhalten.

2 Die Vertiefung zwischen Körper und Keulen einschneiden, das jeweilige Gelenk durchtrennen und die Keulen auslösen.

3 Beide Keulen im Gelenk teilen.

4 Dicht am Brustbein entlangschneiden und die Brust mit dem anhängenden Flügel abtrennen.

5 Beide Entenbrüste schräg halbieren.

6 Die Ente ist in acht Teile zerlegt.

Eine Taube vorbereiten
FÜR GETRENNTES GAREN

SCHWIERIGKEITSGRAD: ♙♙

UTENSILIEN: Schneidebrett und Kochmesser

■ Die Methode des getrennten Garens ist auch für Rebhuhn und Ringeltaube geeignet. ■

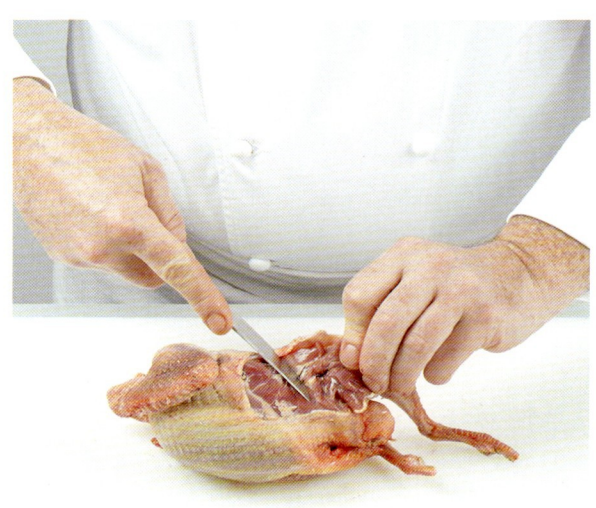

1 Die Taube auf die Seite legen und die Haut zwischen Keule und Körper einschneiden. Die Keule nach außen biegen, um das Gelenk freizulegen.

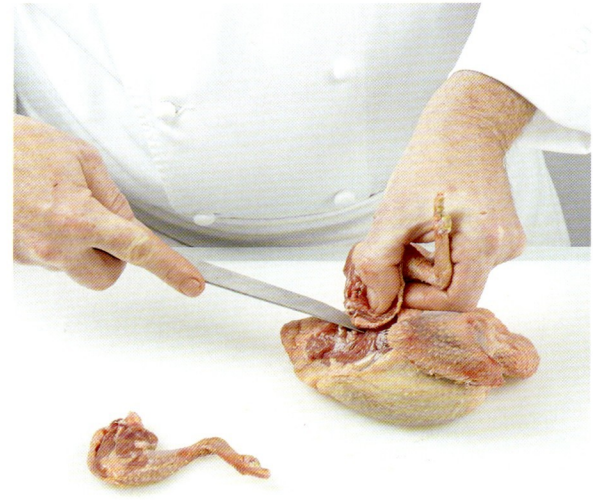

2 Das Gelenk durchtrennen. Die zweite Keule auf die gleiche Weise auslösen.

3 Die Flügel bis auf den Oberknochen kürzen.

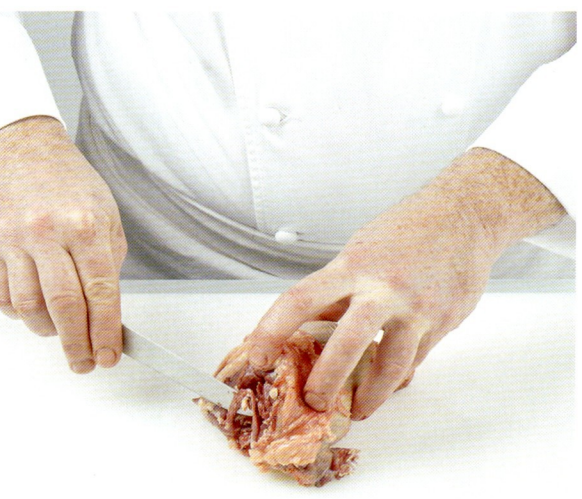

4 Die Taube auf den Rücken legen und das Gabelbein mit dem Messer freilegen.

Tipp

DIESE METHODE EMPFIEHLT SICH BESONDERS für Wildgeflügel mit magerem, empfindlichem Brustfleisch. Die Keulen sind etwas fester und werden durch andere Garmethoden zarter, zum Beispiel konfiert oder gefüllt und sanft geschmort.

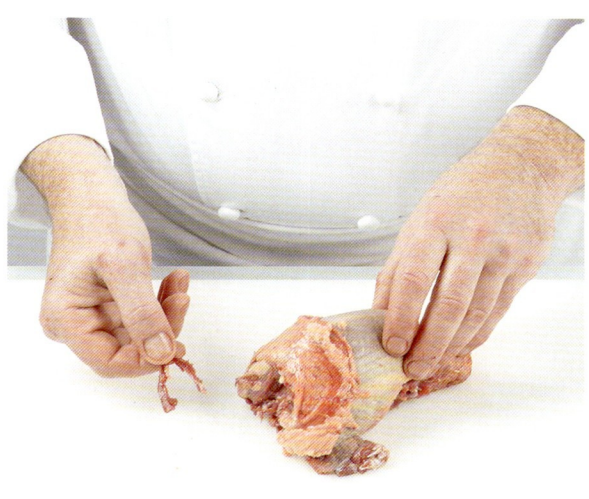

5 Das Gabelbein herausziehen.

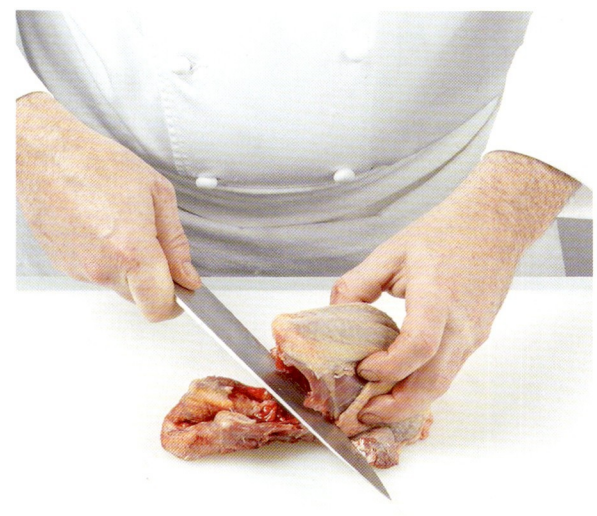

6 An der Spitze beginnend die Brust mit den Knochen entlang des Brustkorbs abtrennen.

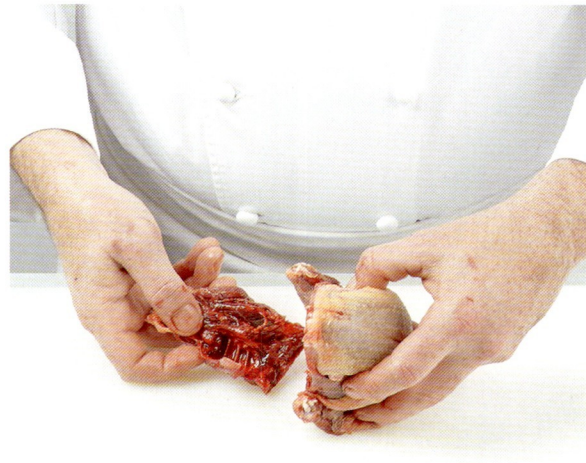

7 Die Wirbelsäule von der Vorderseite abziehen (sie kann zum Ansetzen eines Fonds verwendet werden).

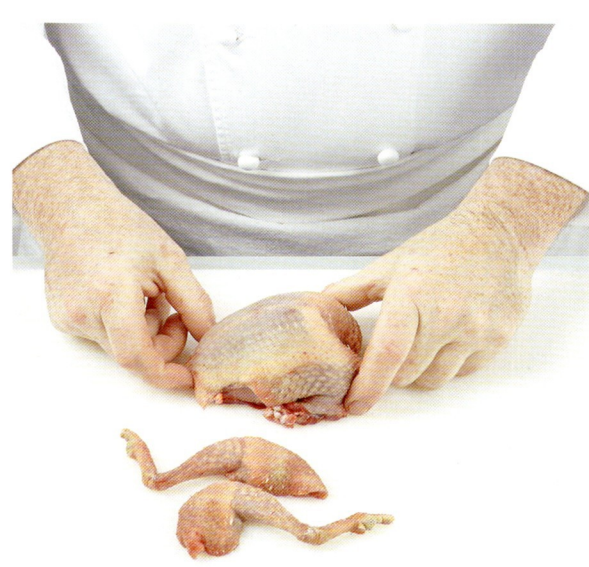

8 Die Keulen sind ausgelöst und können zubereitet gegart werden. Die wesentlich empfindlicheren Taubenbrüstchen werden am Knochen blutig gegart und anschließend ausgelöst.

Stopfleber vorbereiten
UND IN DER TERRINE GAREN

SCHWIERIGKEITSGRAD:

UTENSILIEN: Schneidebrett und Kochmesser - Terrine - Bräter - Küchenthermometer

Tipps

EINE FOIE GRAS VON DER ENTE wiegt etwa 400–600 g, eine Gänsestopfleber 600–900 g. Wenn das Rezept eine Spirituose vorsieht, ist Armagnac die beste Wahl.

1 Die Stopfleber 1 Stunde in lauwarmes Wasser legen, damit sie weicher wird. Anschließend sorgfältig trockentupfen.

2 Mit der gewölbten Seite auf das Brett legen und die beiden Leberlappen vorsichtig auseinanderbrechen.

3 Den großen Lappen von Blutgefäßen befreien: Die große Ader am Leberansatz freilegen, ihren Verlauf vorsichtig mit dem Daumen aufbrechen und dabei behutsam an dem Blutgefäß ziehen.

4 Weiter behutsam an der Ader ziehen, damit sie nicht zerreißt und alle mit der Messerspitze freigelegten Verzweigungen ebenfalls entfernt werden.

5 Den kleinen Lappen auf die gleiche Weise putzen.

6 Die Leberlappen mit Salz und Pfeffer würzen (oder mit anderen Gewürzen, etwa einer Pfeffermischung oder Piment d'Espelette).

7 Die Leber mit den Händen wieder in ihre ursprüngliche Form bringen.

8 In die Terrine legen und gut andrücken, damit keine Luft eingeschlossen wird.

9 Den Backofen auf 100 °C vorheizen. Die Terrine in eine ofenfeste Form stellen.

10 Den Deckel auflegen und die Form bis auf zwei Drittel der Terrinenhöhe mit heißem Wasser füllen.

11 Im Backofen 30–45 Minuten garen. Die Kerntemperatur mit der Sonde eines Küchenthermometers überprüfen: bei 57 °C ist die Stopfleber rosa *(mi-cuit)*.

12 Die Terrine aus dem Wasserbad nehmen und so viel Fett wie möglich abgießen. Das Fett im Kühlschrank aufbewahren.

13 Die Stopfleber mit einer passenden Platte oder einem mit Alufolie umwickelten Brett bedecken. Mit einem Gewicht beschweren und in den Kühlschrank stellen.

14 Nach 6 Stunden die Abdeckung entfernen. Das abgeschöpfte Fett auf die Oberfläche gießen. Die Terrine vor dem Anschneiden 24 Stunden ruhen lassen; im Kühlschrank ist sie 10 Tage haltbar.

Gebratene Stopfleber
MIT HIMBEEREN

SCHWIERIGKEITSGRAD:

Tipp

STOPFLEBER harmoniert wunderbar mit frischen Früchten wie Feigen, Schwarzen Johannisbeeren oder Weintrauben.

1 Die Stopfleber mindestens 30 Minuten vor der Zubereitung in 1,5 cm dicke Scheiben schneiden.

2 Auf einen Teller legen, mit Salz und Pfeffer würzen und in den Kühlschrank stellen.

3 Die Leberscheiben in einer heißen Pfanne ohne Zugabe von Fett auf jeder Seite etwa 2 Minuten braten.

4 Herausnehmen und auf einem Teller warm stellen.

FÜR 2 PERSONEN

ZUBEREITUNG: 10 MIN. - **GARZEIT:** 10 MIN.

UTENSILIEN: Schneidebrett und Kochmesser - Pfanne

ZUTATEN

200 g Stopfleber, geputzt
2 TL Rohrohrzucker - 3 EL Sherryessig -
100 ml Enten- oder Geflügelfond (s. S. 66)
1 kleine Schale Himbeeren (125 g)
Salz und Pfeffer aus der Mühle

5 Das Bratfett abgießen und den Zucker in der Pfanne karamellisieren lassen.

6 Den Karamell mit dem Sherryessig ablöschen und anschließend den Geflügelfond zugießen.

7 Die Flüssigkeit sirupartig einkochen lassen. Dann die Himbeeren dazugeben.

8 Die Himbeeren kurz in der Jus schwenken, bis sie heiß sind. Anschließend auf die Stopfleberscheiben geben und mit der Jus beträufeln.

Kaninchen zerlegen

SCHWIERIGKEITSGRAD:

UTENSILIEN: Schneidebrett und Kochmesser

Tipp

DIE KEULEN UNZERTEILT LASSEN und wie Geflügelkeulen füllen (s. S. 238).

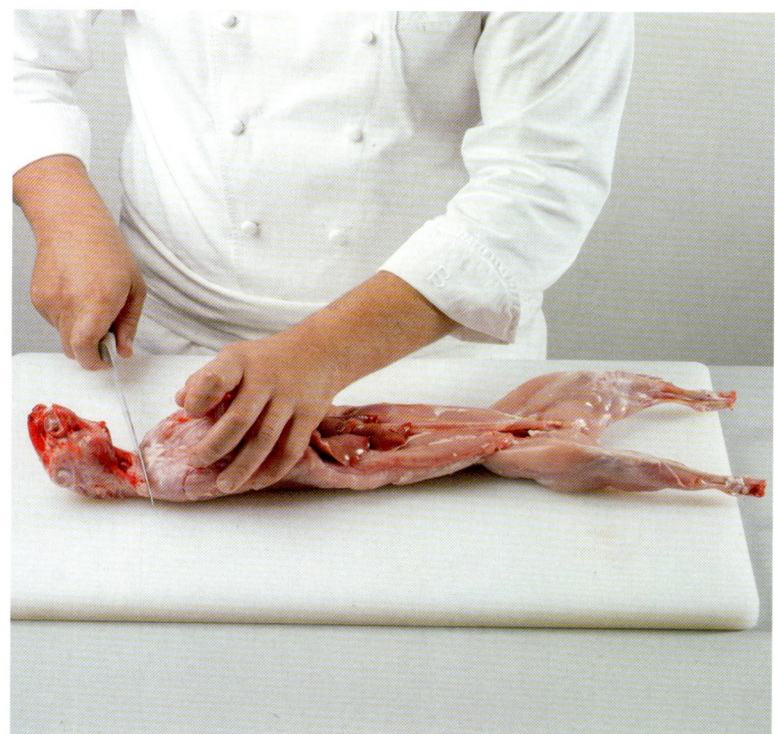

1 Den Kopf abtrennen.

2 Die Leber (und nach Belieben die Nieren) beiseitestellen.

3 Das Kaninchen hinter dem Brustkorb quer halbieren.

4 Zum Ablösen von Schultern und Vorderläufen (ohne Gelenk) dicht unter dem Schulterblatt entlangschneiden.

5 Den Hals bis zum Ansatz abtrennen.

6 Den Brustkorb am Brustbein spalten.

7 Auseinanderklappen und entlang der Wirbelsäule halbieren.

8 Jede Hälfte in zwei Teile schneiden.

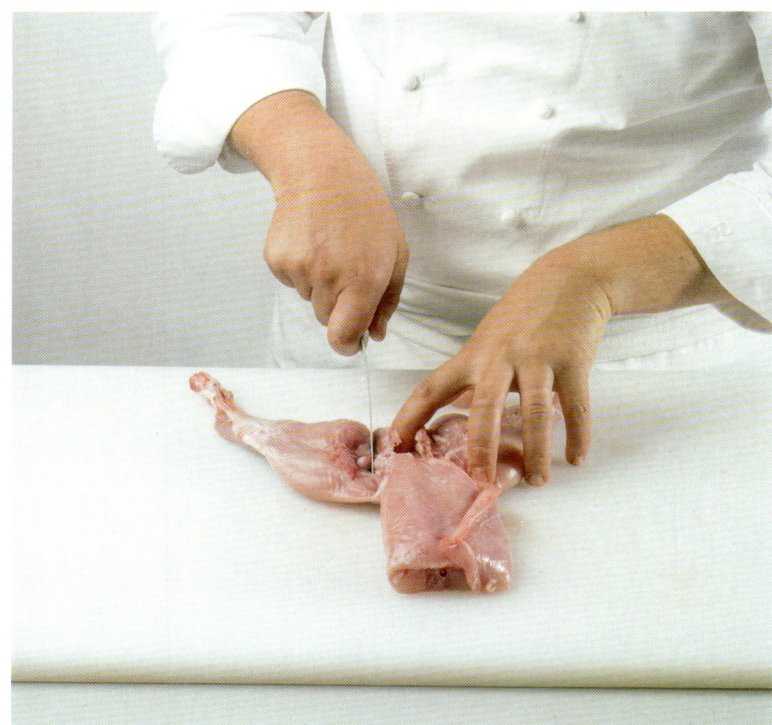

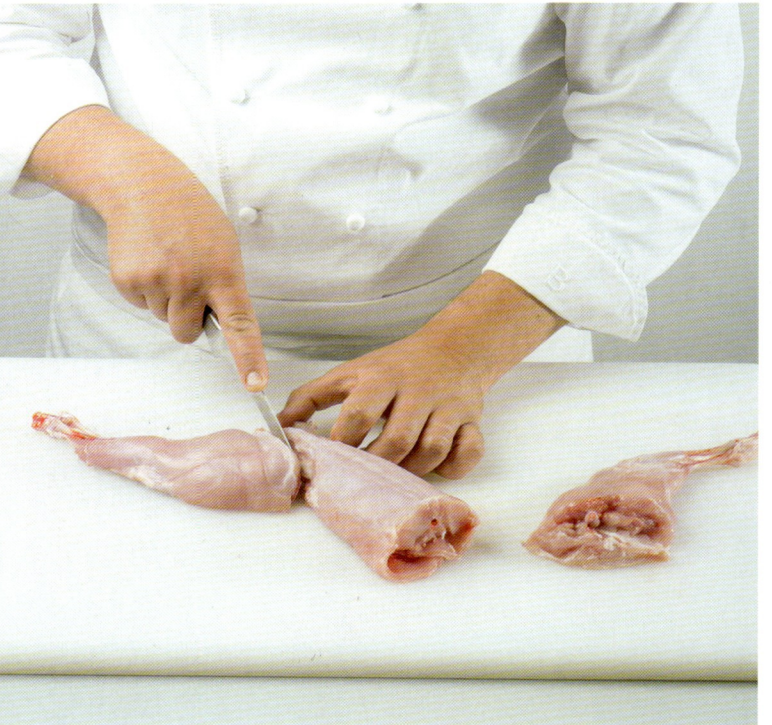

9 Die Keulen entlang der Körperkonturen einschneiden, nach außen biegen und das Gelenk aufbrechen.

10 Zum Ablösen der Keulen dicht am Kreuzbein entlangschneiden.

11 Die Keulen gegebenenfalls mit einem Messerschlag im Gelenk teilen (dicht über dem Gelenk ansetzen).

12 Die Spitze des Kreuzbeins abtrennen.

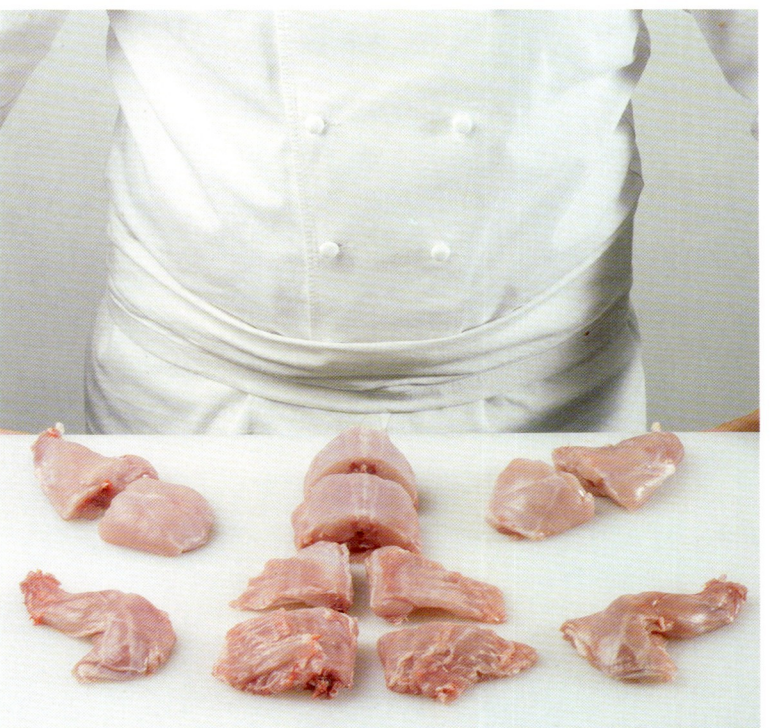

13 Den Rücken ganz lassen oder in 2–3 Stücke teilen.

14 Das Kaninchen ist zerlegt und kann zu einem Ragout verarbeitet werden, zum Beispiel auf Jägerart (s. S. 264).

Kaninchenrücken
ENTBEINEN UND FÜLLEN

SCHWIERIGKEITSGRAD:

UTENSILIEN: Schneidebrett und Kochmesser

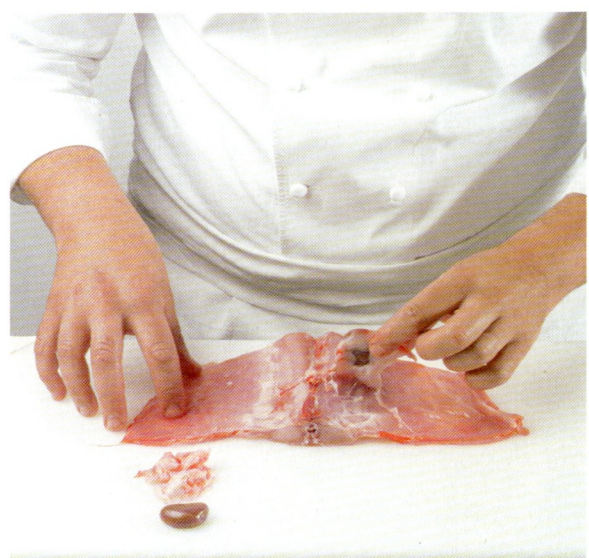

1 Den Kaninchenrücken auf das Brett legen und die Bauchlappen ausbreiten. Die Nieren und überschüssiges Fett entfernen.

2 Den Rücken in der Mitte entlang der Dornfortsätze einschneiden und das Filet behutsam von den Rippen lösen.

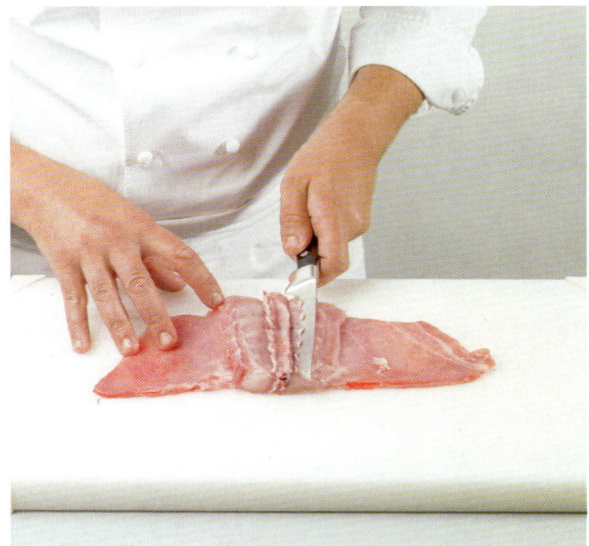

3 Das Messer hinter die Rippen schieben und das Filet bis zum Rückgrat hinunter vorsichtig abschaben, aber nicht abtrennen.

4 Den Vorgang auf der anderen Seite wiederholen, dabei darauf achten, die Rückenhaut nicht zu verletzen.

5 Die Wirbelkette mit dem Messer vorsichtig von der Rückenhaut lösen und abziehen.

6 Die Bauchlappen gerade schneiden.

7 Das Fleisch mit Salz und Pfeffer würzen und mit der Farce (gemäß Rezept) bestreichen.

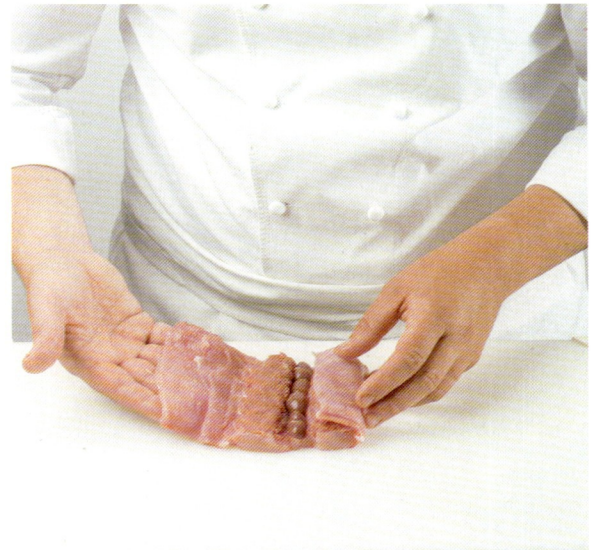

8 Die Nieren zwischen die Filets legen, einen Bauchlappen darüberschlagen und fest aufrollen.

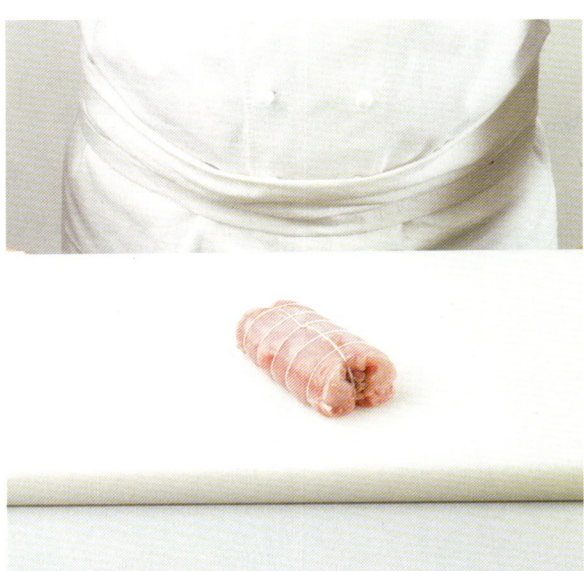

9 Dem Rezept entsprechend zu einem kleinen Braten binden.

10 Alternativ in ein Schweinenetz wickeln.

Kaninchen
AUF JÄGERART

SCHWIERIGKEITSGRAD: 👨‍🍳👨‍🍳

FÜR 4 PERSONEN

ZUBEREITUNG: 30 MIN. - **GARZEIT:** 45 MIN.

UTENSILIEN: 2 gusseiserne Schmortöpfe - Passiersieb

ZUTATEN

1 Kaninchen, in Stücke zerlegt (s. S. 258)
4 EL Erdnussöl - 1 Karotte + 1 Zwiebel, in gleichmäßige Würfel geschnitten (Mirepoix, s. S. 440)
1 EL Mehl - 2 Knoblauchzehen, zerdrückt
1 Kräutersträußchen - 1 EL Tomatenmark
50 ml Cognac - 350 ml trockener Weißwein
150 ml dunkler Kalbsfond (s. S. 68)
250 g Champignons, fein gewürfelt - 30 g Butter
2 EL Estragon, gehackt
Salz und Pfeffer aus der Mühle

1 Die Kaninchenteile mit Salz und Pfeffer würzen. Das Öl erhitzen und das Fleisch langsam von allen Seiten bräunen.

2 Die Gemüsewürfel dazugeben und einige Minuten anschwitzen.

3 Mit dem Mehl bestauben.

4 Das Mehl bei hoher Temperatur anrösten, dabei die Fleischstücke wenden.

5 Das Kräutersträußchen und das Tomatenmark hinzufügen.

6 Mit dem Cognac begießen und flambieren.

7 Den Weißwein angießen.

8 Den Wein verdampfen lassen. Anschließend mit dem Kalbsfond aufgießen.

9 Den Deckel auflegen und bei niedriger Temperatur 35 Minuten sanft schmoren lassen.

10 Die Champignons bei hoher Temperatur in der Butter braten.

11 Die Kaninchenteile in den zweiten Topf geben.

12 Die Sauce durch das Sieb auf das Fleisch passieren.

13 Die Champignons dazugeben.

14 Mit dem gehackten Estragon bestreuen und sofort servieren.

INNEREIEN

Inhalt

Deftig und delikat, ein Arme-Leute-Essen im Trend — 270

KALBSNIEREN ZUM BRATEN VORBEREITEN	272
KALBSNIEREN IM EIGENEN FETT GAREN	274
KALBSBRIES KÜCHENFERTIG VORBEREITEN	276
KALBSBRIES SCHMOREN	278
HIRN PUTZEN UND POCHIEREN	282
HIRN AUF MÜLLERINART	284

Innereien

DEFTIG UND DELIKAT, EIN ARME-LEUTE-ESSEN IM TREND

Innereien ist der Sammelbegriff für die essbaren Organe von Schlachttieren, Wild und Geflügel. In der Küchenpraxis werden in der Regel auch Köpfe, Schwanz und Füße mit dazugerechnet. Von Kennern hoch geschätzt, rufen Kutteln und Kalbskopf, Schweinsfüße und Sülze vom Ochsenmaul, Bries, Leber, Hirn und Knochenmark bei vielen Menschen allerdings keine positiven Assoziationen hervor.

In der Antike aßen wohlhabende Römer mit Vorliebe die Organe verschiedener Land- und Wassertiere. Besonders begehrt waren Zitzen und Vulva von Säuen, insbesondere von unfruchtbaren Tieren. Offenbar war die spezifische Eigenschaft eines Organs mindestens ebenso wichtig wie seine geschmackliche Qualität. Dennoch lässt die relativ einfache Art der Zubereitung und die sparsame Beigabe von Gewürzen darauf schließen, dass die zarte, feine Textur der Innereien durchaus geschätzt wurde.

Fälschlicherweise werden die weniger bekannten Innereien häufig den Fortpflanzungsorganen der Tiere zugeordnet oder sie werden miteinander verwechselt wie Bries und Nieren. Das Bries, die im vorderen Brustbereich aller Wirbeltiere sitzende Thymusdrüse, ist eine von Feinschmeckern begehrte Delikatesse. Die Nieren hingegen sind als Ausscheidungsorgane negativ belegt, sie werden von vielen Verbrauchern generell abgelehnt und ihre Vorzüge hinsichtlich Geschmack und Ernährung gar nicht erst in Betracht gezogen.

ERHELLUNGEN

»Die Einzelheiten hatte ich vergessen, aber vor dem Stand mit den ausgelegten Innereien waren sie plötzlich wieder da (...). Zunge, und auch Hirn (...). Ich fragte nach und erinnerte mich dann wieder, wie man sie zubereitet (...). Ich schwelgte in Kindheitserinnerungen. Das Hirn zerging auf der Zunge, es rann fast wie von selbst die Kehle hinunter, ich musste kaum schlucken. Die Zunge dagegen bot Widerstand: Ich kaute voller Hingabe, es dauerte eine Weile, denn ich hatte etwas Festes, Konsistentes im Mund (...). Ich aß in nostalgischer Erinnerung an Fleisch, das man heute nicht mehr isst.« Alexis Jenni

ROT UND WEISS

Ihrem Aussehen entsprechend wird zwischen roten und weißen Innereien unterschieden. Idealerweise kauft man sie in der Metzgerei, wo man auch fachkundige Beratung findet. Leichter zu verarbeitende Innereien wie Leber oder Nieren werden auch im Supermarkt frisch oder tiefgekühlt angeboten. Da sie in rohem Zustand leicht verderblich und nicht lagerfähig sind, sollten sie frühestens am Vortag, nach Möglichkeit aber am selben Tag gekauft und verzehrt werden.

Weiße Innereien, wie Bries oder Pansen, bedürfen der fachgerechten Vorbereitung. Sie werden blanchiert, häufig auch vor- oder sogar fertig gegart angeboten. Man erkennt sie an ihrer weißen bis gelblich weißen Farbe. Kalbskopf ist das wohl bekannteste Beispiel, gepresst oder wieder als halber oder sogar ganzer Kopf zusammengesetzt.

Rote Innereien wie Niere, Leber und Zunge bedürfen vor der Auslage in der Vitrine keiner speziellen Vorbereitung. Man kann sie zu Hause leicht und schnell zubereiten.

Zum Teil werden Innereien auch verzehrfertig angeboten, wie beispielsweise Schweinskopfsülze oder Ochsenmaulsalat.

EIN HAUCH VON BISTRO

Dank ihrer unterschiedlichen Texturen und variantenreicher Zubereitungen bieten Innereien eine Vielfalt organoleptischer Eigenschaften. Hirn beispielsweise zergeht auf der Zunge, während Schweinsfüße sowohl fest und knusprig als auch gallertartig sein können.

Innereien vom Rind haben einen kräftigeren Geschmack und eine dichtere Textur als Organe vom Kalb oder Lamm. Insbesondere die Innereien junger Lämmer verbreiten einen unvergleichlich feinen Duft, und ihre zarte Textur erzeugt ein schmelzendes Mundgefühl.

Sorgfältig ausgewählte Begleiter sollen den Charakter der Zubereitung unterstreichen: Kalbskopf beispielsweise harmoniert wunderbar mit würzigen Saucen wie der Gribiche-Sauce, die ihm eine säuerlich-pikante Note verleiht. Dagegen passen milde Komponenten wie Sahne und Champignons perfekt zu Lammbries, dessen feiner Geschmack durch kräftigere Aromen überdeckt würde.

Abgesehen von diesen Klassikern der französischen Küche hängen Zubereitung und Verzehr von Innereien in hohem Maße von den nach wie vor lebendigen regionalen Traditionen ab: Im Norden Frankreichs beispielsweise werden oft und regelmäßig Innereien aufgetischt, hauptsächlich vom Rind.

Den geringsten Verzehr verzeichnet dagegen die provenzalische Küche – mit Ausnahme von Lamminnereien, für die es eine Vielzahl von Rezepten gibt, wie sautierte Nierchen mit Dicken Bohnen oder kleine Stücke von Herz, Leber, Bries und Nieren, die auf dem Holzkohlengrill gegart werden.

Angesichts des stark rückläufigen Verzehrs von Innereien haben die zuständigen französischen Berufsverbände innerhalb des vergangenen Jahrzehnts große Anstrengungen unternommen, um deren Image wieder zu verbessern und ihren Verkauf zu fördern. Dank vieler Veranstaltungen und konzentrierter Öffentlichkeitsarbeit genießen Innereien heute wieder ein weitgehend positives Image.

Darüber hinaus haben in der aktuell im Trend liegenden Bistronomie-Küche Innereien einen festen Platz. In den zur Zeit angesagten Bistros stehen regelmäßig Gerichte aus Innereien auf der Speisekarte. Die Produkte sind von erstklassiger Qualität, aber nicht teuer und mit einer handwerklichen Perfektion zubereitet, die den Meisterkoch verrät.

DIE BISTRONOMIE-BEWEGUNG

In Frankreich liegen Restaurants im Trend, die in einem unprätentiösen Ambiente Bistroküche auf hohem Niveau und zu fairen Preisen anbieten. Auf der Speisekarte stehen häufig neu interpretierte Klassiker der bürgerlichen Küche. Bevorzugt werden traditionelle, zum Teil in Vergessenheit geratene Produkte, die dank hervorragender Qualität und meisterlicher Zubereitung wahren Genuss bescheren.

GESUNDHEIT VON INNEN

Die verschiedenen Innereien haben spezifische ernährungsphysiologische Eigenschaften, die sich allerdings nicht erheblich voneinander unterscheiden. Alle enthalten Nähr- und Vitalstoffe, die kräftigend wirken und das Immunsystem stärken, deshalb waren sie insbesondere in der Nachkriegszeit sehr begehrt. Außerdem sind die inneren Organe von Schlachttieren ebenso wertvolle Proteinlieferanten wie Muskelfleisch. Zudem enthalten sie reichlich Mineralstoffe und Spurenelemente wie Eisen, Zink, Mangan, Kupfer und Selen, außerdem beträchtliche Mengen der Vitamine A, D, E, B1, B9 und B12.

Entgiftungs- und Ausscheidungsorgane sollten nur gelegentlich verzehrt werden, wie beispielsweise Nieren, die das Blut filtern und von Schadstoffen wie Harnsäure befreien. Auch sollten Innereien generell von Tieren aus artgerechter biologischer Aufzucht stammen, die gesund ernährt und denen weder Wachstumshormone noch Antibiotika verabreicht wurden.

Wer sich bewusst für Innereien entscheidet, schätzt ihre geschmacklichen und ernährungsphysiologischen Eigenschaften hoch genug, um über ihr mitunter eigentümliches Erscheinungsbild hinwegzusehen. Auch sind die einzelnen Organe zu unterschiedlich, um eine pauschale Ablehnung zu rechtfertigen. Sie zuzubereiten und zu kosten ist ein guter Weg, persönliche Vorlieben und Toleranzgrenzen auszuweiten. Damit ermöglicht man sich selbst und seinen Gästen, geschmackliches Neuland zu betreten, anstatt sich vom Widerwillen gegen alles Unbekannte leiten zu lassen.

Kalbsnieren
ZUM BRATEN VORBEREITEN

SCHWIERIGKEITSGRAD: 👨‍🍳👨‍🍳

UTENSILIEN: Schneidebrett und Officemesser

Tipp

WIE ALLE INNEREIEN müssen Nieren absolut frisch sein, vorzugsweise schlachtfrisch aus der Fleischerei.

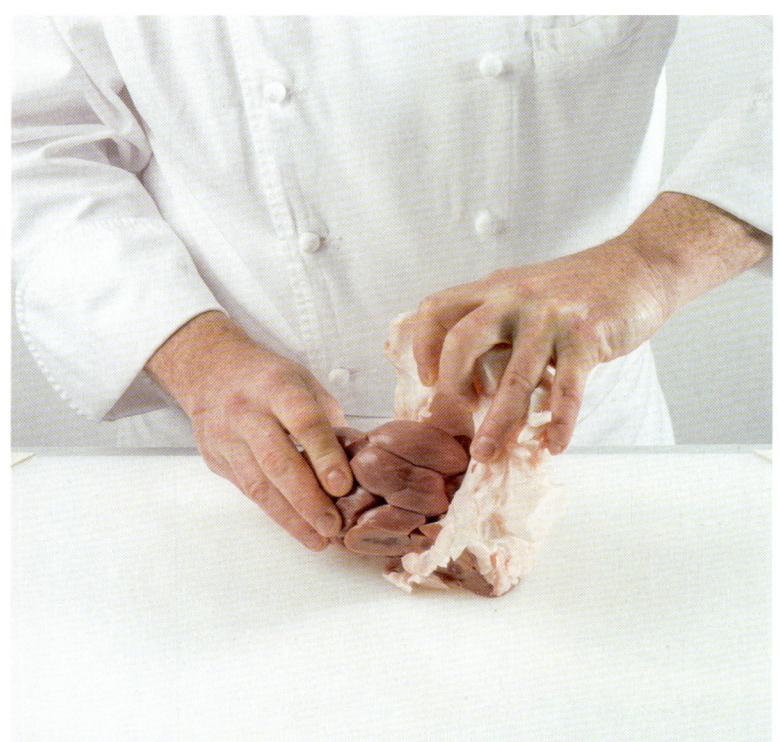

1 Die Kalbsniere aus der Fettschicht lösen.

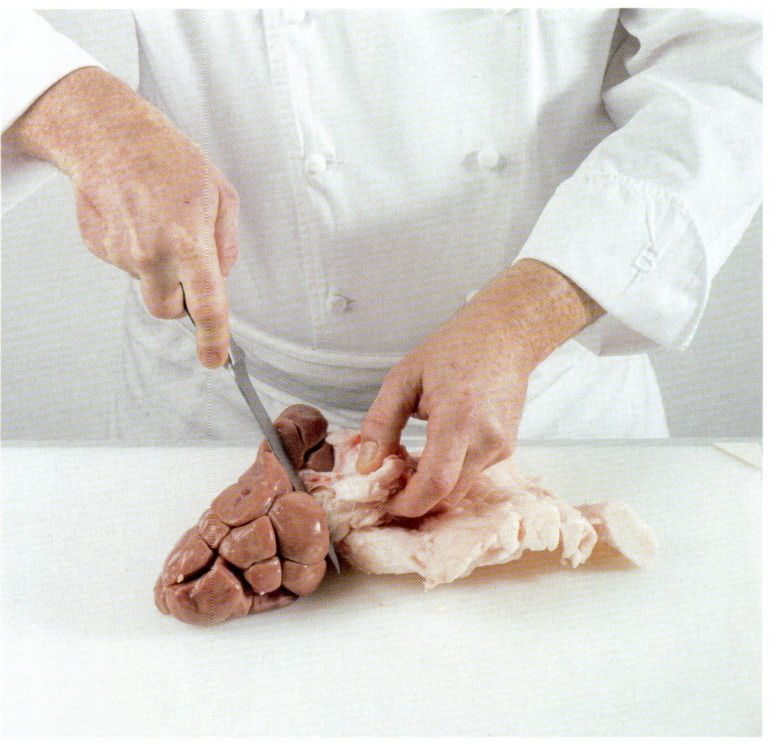

2 Das Fett und die dünne Außenhaut abziehen (das Fett zum Braten aufheben).

3 Die Niere flach auf das Brett legen und aufschneiden, aber nicht halbieren.

4 Mithilfe eines Officemessers die weißen Stränge entfernen.

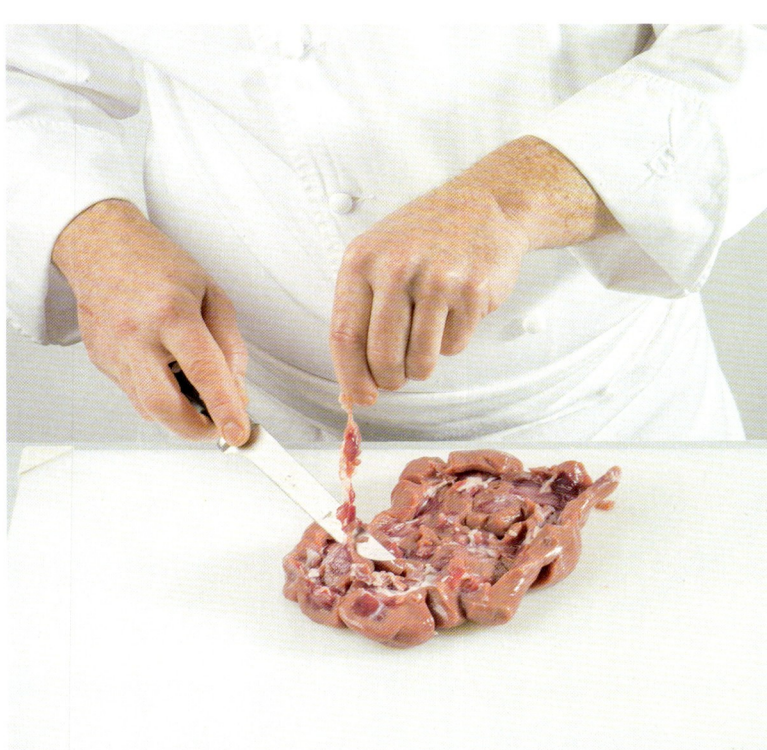

5 Alle harten Teile (Harnwege) so weit wie möglich entfernen.

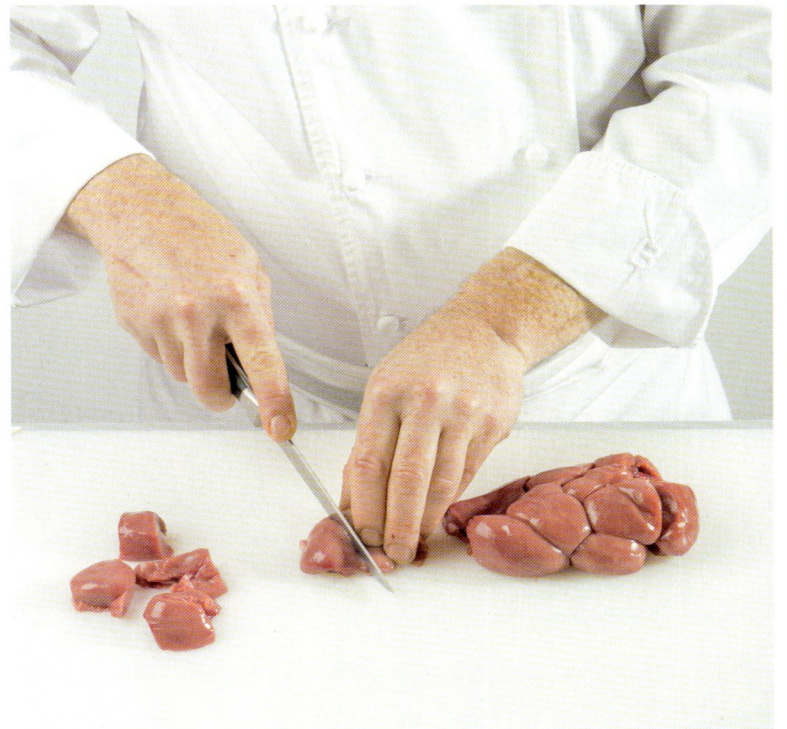

6 Die Niere in große Würfel schneiden.

Kalbsnieren
IM EIGENEN FETT GAREN

SCHWIERIGKEITSGRAD:

UTENSILIEN: Schneidebrett und Kochmesser · Sauteuse

Tipp

SANFT GESCHMOLZEN UND GEFILTERT, kann Nierenfett zum Braten oder Frittieren von Kartoffeln verwendet werden (wie in Belgien üblich).

1 Von der Niere das Fett bis auf eine 1 cm dicke Schicht mit dem Messer entfernen.

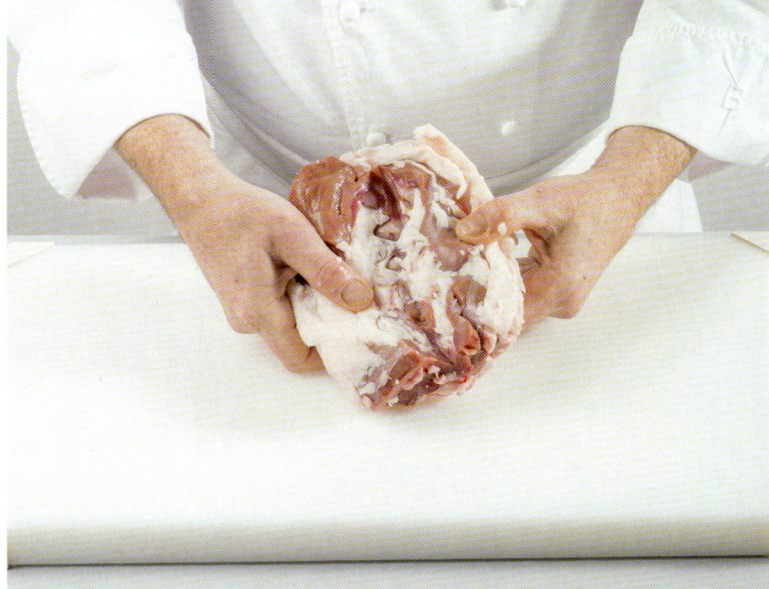

2 Die Zugänge von Blutgefäßen und Harnwegen suchen.

3 Mit der Messerspitze so viele Röhrchen und Adern wie möglich entfernen, ohne dabei die Niere zu verletzen.

4 Die Niere mit Salz und Pfeffer würzen und in der Sauteuse in einem Butter-Öl-Gemisch auf beiden Seiten anbraten.

5 Den Deckel auflegen und die Niere im auf 180 °C vorgeheizten Ofen etwa 16 Minuten garen.

6 Die Niere abgedeckt 10 Minuten ruhen lassen, anschließend in Scheiben schneiden.

Kalbsbries
KÜCHENFERTIG VORBEREITEN

SCHWIERIGKEITSGRAD:

UTENSILIEN: Sauteuse

Tipp

DAS SELTEN ANGEBOTENE LAMMBRIES ist ebenfalls eine Delikatesse.
Da es sehr schnell gar ist, empfiehlt es sich, Lammbries nur kurz in der Pfanne zu braten.

1 Das Kalbsbries in eine Schüssel mit Eiswasser legen und 60 Minuten wässern, dabei das Wasser wechseln, falls nötig.

2 Das Bries anschließend in eine mit kaltem Wasser gefüllte Sauteuse geben.

3 Das Wasser zum Kochen bringen, salzen und das Bries bei niedriger Temperatur 5 Minuten sieden lassen.

4 Das Bries in einer Schüssel mit Eiswasser abschrecken.

5 Die Außenhaut abziehen und überschüssiges Fett entfernen, dabei darauf achten, das Bries nicht zu zerpflücken.

6 Zum Schluss mit einem Gegenstand beschweren und mindestens 60 Minuten pressen. Bis zur weiteren Verarbeitung in den Kühlschrank stellen.

Kalbsbries
SCHMOREN

SCHWIERIGKEITSGRAD: 👨‍🍳👨‍🍳

FÜR 4 PERSONEN

ZUBEREITUNG: 20 MIN. - **GARZEIT:** 30 MIN.

UTENSILIEN: Sauteuse - Passiersieb - Stieltopf

ZUTATEN

2 Kalbsbriese - 50 g Butter - 2 EL Erdnussöl
1 Karotte + 1 Zwiebel + 1 Stange Staudensellerie
+ 4 Champignons, jeweils in gleichmäßige Würfel
geschnitten (Mirepoix, s. S. 440) - 50 ml Portwein (oder
Madeira oder Weißwein) - 300 ml heller oder dunkler
Kalbsfond (s. S. 66 bzw. 68) - 150 ml flüssige Sahne
Salz und Pfeffer aus der Mühle

1 Das Kalbsbries mit Salz und Pfeffer würzen. In der Sauteuse in einem Butter-Öl-Gemisch von beiden Seiten leicht bräunen.

2 Herausnehmen und beiseitestellen. Das Gemüse in der Sauteuse einige Minuten anschwitzen.

3 Mit dem Portwein ablöschen.

4 Um zwei Drittel einkochen lassen.

5 Mit dem Kalbsfond aufgießen.

6 Aufkochen, anschließend die Temperatur herunterschalten und das Bries auf das Gemüse legen.

7 Mit passend zugeschnittenem Backpapier abdecken.

8 Bei niedriger Temperatur 20 Minuten schmoren lassen.

9 Das Bries warm stellen und die Sauce durch das Sieb in den Stieltopf passieren.

10 Die Sahne in die Sauce gießen.

11 Die Sauce erneut reduzieren, bis sie einen Löffel überzieht.

12 Mit Salz und Pfeffer abschmecken und über das Kalbsbries löffeln.

Tipp

DIE SAUCE WIRD häufig mit Pilzen angereichert, üblicherweise Morcheln.
Als Garnitur empfehlen sich frische Nudeln, gemischte Gemüse oder ein Karottenpüree.

Hirn
PUTZEN UND POCHIEREN

SCHWIERIGKEITSGRAD: 👨‍🍳👨‍🍳

UTENSILIEN: Sauteuse

▪ Die Vorgehensweise gilt gleichermaßen für Hirn von Kalb, Lamm und Schwein. ▪

Tipp

POCHIERTES HIRN in grobe Würfel schneiden, mit Salz und Pfeffer würzen und in Tempurateig gehüllt ausbacken (Rezept für Seezungenstreifen in Tempurateig, s. S. 330).

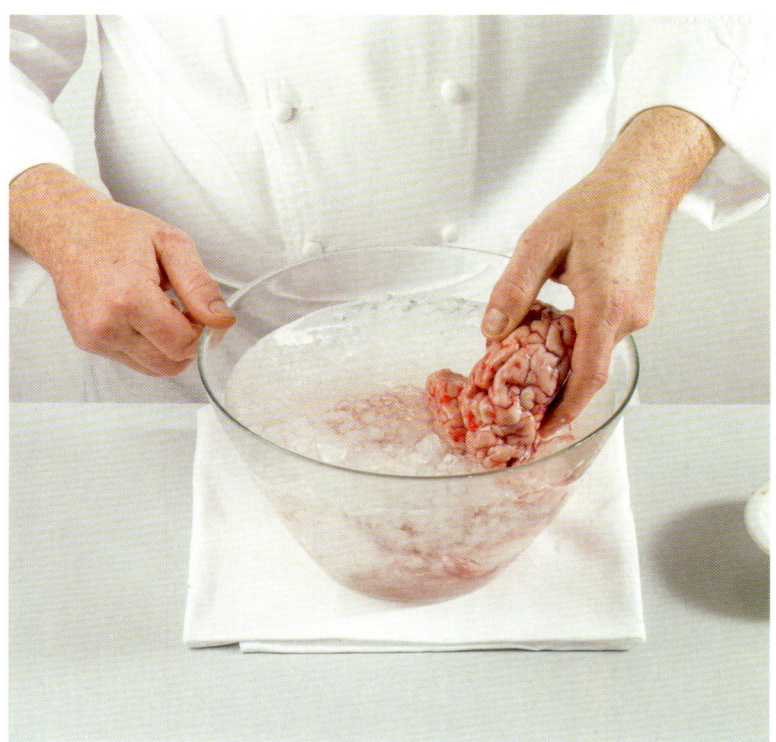

1 Die Hirne in eine Schüssel mit Essigwasser und Eiswürfeln legen und 60 Minuten wässern, dabei das Essigwasser wechseln, falls nötig.

2 In einer Schüssel oder unter einem schwachen Wasserstrahl vorsichtig die dünne Außenhaut abziehen und vorhandene Blutgerinnsel entfernen.

3 Die Hirne in eine mit kaltem Salzwasser gefüllte Sauteuse geben. Mit einigen Pfefferkörnern, 1 Zweig Thymian und 1 Lorbeerblatt zum Sieden bringen.

4 Aufsteigenden Schaum sorgfältig entfernen.

5 Sobald das Hirn dem Fingerdruck leicht widersteht, ist es gar.

6 Die Hirne mit einer Schaumkelle herausheben und auf Küchenpapier abtropfen lassen.

Hirn
AUF MÜLLERINART

SCHWIERIGKEITSGRAD: 👨‍🍳👨‍🍳
FÜR 6 PERSONEN
ZUBEREITUNG: 5 MIN. - **GARZEIT:** 15 MIN.
UTENSILIEN: Pfanne

ZUTATEN
3 Hirne, gewässert und pochiert - 75 g Mehl
100 g Butter - 2 EL Erdnussöl
Saft von ½ Zitrone - 1 EL gehackte Petersilie
Zitronenspalten
Salz und Pfeffer aus der Mühle

1 Die Hirne mit Salz und Pfeffer würzen und in Mehl wenden. Überschüssiges Mehl abschütteln.

2 Die Hälfte der Butter mit dem Öl in der Pfanne erhitzen und die Hirne hineingeben.

3 Insgesamt etwa 10 Minuten auf beiden Seiten braten, dabei immer wieder bei schräg gehaltener Pfanne mit der heißen Butter begießen.

4 Die Hirne herausnehmen und das Bratfett entsorgen. Die restliche Butter in der Pfanne kurz aufschäumen lassen.

5 Den Zitronensaft und die Petersilie dazugeben.

6 Kurz aufkochen lassen und sofort über die Hirne löffeln. Mit den Zitronenspalten servieren.

WILD

Inhalt

Die Rückkehr zur Jagd	**288**
MARINADE FÜR WILD ODER RIND	**290**
REHKEULE	**292**
REHRAGOUT	**294**

Wild

DIE RÜCKKEHR ZUR JAGD

Unter allen naturbelassenen Lebensmitteln besitzt Wild vielleicht die höchste Symbolkraft. Ursprünglich diente die Jagd der Nahrungsversorgung und lieferte Felle zur Bekleidung. Im frühen Mittelalter wandelte sie sich zunehmend zu einem Privileg des Hochadels. Erst Mitte des 19. Jahrhunderts wurde dieses Vorrecht in Deutschland aufgehoben und ein bis heute gültiges Jagdrecht entwickelt. Im Gegensatz zu Frankreich ist die Parforcejagd auf Wild bei uns seit 1952 verboten und wurde durch eine tierfreundliche Variante ersetzt: die Schleppjagd, mit Pferden und einer Meute, aber ohne Wild. Reiter und Hunde folgen einer künstlichen Fährte. Die Ausübung der Jagd setzt einen gültigen Jagdschein voraus, wobei das Ausübungsrecht dem Grundeigentümer vorbehalten ist.

Der Großteil der erlegten Wildtiere wird nicht von den Jägern selbst verzehrt, sondern im Handel zum Verkauf angeboten. Gelegentlich kann man das Fleisch direkt vom Jäger oder Förster beziehen, aber es gibt auch viele Metzgereien, die auf Wildbret spezialisiert sind. Im Allgemeinen spielt der Konsum von Wildbret keine große Rolle. In der Weihnachtszeit steigt er stark an, ist danach aber wieder rückläufig und stagniert bis zum Ende des Jahres.

In Supermärkten wird Wild häufig auch tiefgekühlt angeboten. Frisch ist das Fleisch nicht lange lagerfähig, verträgt aber den Kälteschlaf sehr gut. Das ist insofern von Vorteil, als die Jagd mit wenigen Ausnahmen nur im Herbst und Winter erlaubt ist.

Der Sammelbegriff »Wild« wird zunächst unterteilt in Haarwild und Federwild. Zum Haarwild zählen die dem Jagdrecht unterliegenden Säugetiere wie Wildkaninchen, Feldhase, Reh, Rothirsch, und Wildschwein, zum Federwild die dem Jagdrecht unterliegenden Vögel wie Auerhuhn, Fasan, Graugans, Rebhuhn, Ringeltaube, Stockente, Wachtel und Waldschnepfe. Mit Schalenwild werden die dem Jagdrecht unterliegenden Horn- und Geweihträger sowie Schwarzwild (Wildschweine) bezeichnet. Zum Hochwild zählt gemäß Jagdrecht alles Schalenwild mit Ausnahme des Rehwildes, das wie alles übrige Wild dem Niederwild zugeordnet wird.

WILDES VERGNÜGEN

Aufgrund der Schonzeiten gehört Wildbret auch heute noch zu den kulinarischen Höhepunkten von Herbst und Winter. Rot- und Schwarzwild darf im Wesentlichen von August bis Januar bejagt werden, Rehwild darüber hinaus auch im Mai. Fasane sind von Oktober bis Mitte Januar zur Jagd freigegeben, Rebhühner von September bis Mitte Dezember (wo sie nicht ganzjährig geschützt sind).

KRAFT UND EISEN

Wildtiere wachsen in einem natürlichen Lebensraum in absoluter Freiheit auf. Da sie selbst für ihre Nahrung sorgen müssen, sind sie ständig in Bewegung und entwickeln auf diese Weise festes, mageres Muskelfleisch mit einem Fettanteil von maximal 4 %.

Ein Feldhase beispielsweise setzt fünf Mal weniger Fett an als ein Hauskaninchen, ein Rebhuhn drei Mal weniger als ein Haushuhn, eine Hirschkuh fünf Mal weniger als ein Rind.

Allerdings wird Wild häufig nach klassischen Rezepten zubereitet, wie Ragouts mit reichhaltigen Saucen, und es kommt mit üppigen Garnituren auf den Tisch. Aufgrund dieser Zubereitungen zählt Wildbret nicht unbedingt zur schlanken Küche, obwohl es grundsätzlich durchaus das Potenzial dafür mitbringt.

Wie alle qualitativ hochwertigen Fleischsorten ist auch Wildbret reich an Eisen und verschiedenen B-Vitaminen. Die abwechslungsreiche Ernährung der Tiere, insbesondere Wildkräuter und holzige Pflanzenteile, verleihen dem Fleisch einen kräftigen, hocharomatischen Geschmack.

ÜBERLIEFERTE REZEPTE NEU INTERPRETIERT

Zwar muss man das Wildtier nicht unbedingt selbst erlegen, der Händler nimmt uns in der Regel auch das Rupfen, Enthäuten und Zerlegen ab, aber auch die Zubereitung des Fleisches will gelernt sein.

Stücke von großen Tieren werden traditionell zunächst eine Zeitlang in eine kräftigen Marinade aus Wein und Gewürzen eingelegt. Die Marinade, auch als Beize bezeichnet, macht nicht nur das Fleisch zart, sie dient auch der Abtötung von Parasiten und Keimen. Dieser Vorgang ist besonders wichtig, wenn das Fleisch nicht aus der Tiefkühltruhe kommt. Da Wildbret zum Reifen für längere oder kürzere Zeit abgehängt wird, können Krankheitserreger nicht ausgeschlossen werden.

Das Fleisch von Haarwild harmoniert wunderbar mit kräftigen Aromen. Seit dem Mittelalter wird es mit Gewürzen und aromatischen Kräutern ausgiebig in Wein mariniert, den man anschließend zur Herstellung der Sauce verwendet. Häufig wird Wildbret auch mit gedünsteten oder gebratenen Früchten serviert, die den aromatischen Fleischgeschmack perfekt unterstreichen. Es empfiehlt sich, der Schmorflüssigkeit Speckwürfel beizugeben oder das Fleisch mit dünnen fetten Speckscheiben zu umwickeln, damit es beim Braten nicht austrocknet.

HALB WILD

Die Wildhaltung dient der Erzeugung von hochwertigem Wildbret. In Jagdgattern können sich die Tiere frei bewegen, dürfen aber bejagt werden. Wildgeflügel wie Fasane und Rebhühner werden in Aufzuchtstationen gehalten und vor einer Jagd freigelassen.

WILD UND WEIN

Ein Wildragout ist in der Regel ein würziges, aromatisches Gericht, zu dem der begleitende Wein sehr sorgfältig ausgewählt werden muss. Es empfehlen sich generöse Weine mit lang anhaltendem Abgang, die aber nicht allzu schwer sein sollten und idealerweise mit frischen, mineralischen Noten für das körperliche Wohlbefinden nach der Mahlzeit sorgen.

Die Zubereitung von Federwild ist vergleichsweise unaufwendig. Am einfachsten ist es, den Vogel im Ganzen im Backofen zu garen. Dabei empfiehlt es sich, ihn vorher mit einer gehaltvollen Farce zu füllen und während des Bratens immer wieder ausgiebig mit dem ausgetretenen Saft zu begießen.

Wegen seines festen, aromatischen Fleisches eignet sich Wild auch hervorragend für die Herstellung von Pasteten und Terrinen für ein festliches Menü. Man kann sie in Feinkostgeschäften und in gut sortierten Fleischereien fertig kaufen oder selbst zubereiten.

Für eine längere Lagerung von Wildterrinen empfiehlt sich die Konservierung in Einmachgläsern. Das Fleisch wird grob gehackt, mit Trockenfrüchten, Gewürzen und einer Spirituose vermengt, in zuvor sterilisierte, fest schließende Einmachgläser gefüllt und im sprudelnden Wasserbad 2–3 Stunden sterilisiert.

Marinade
FÜR WILD ODER RIND

SCHWIERIGKEITSGRAD: 👨‍🍳
FÜR 1,5 KG FLEISCH
ZUBEREITUNG: 15 MIN.
UTENSILIEN: Passiersieb

1 Das Fleisch in eine flache Schale geben und vollständig mit Rotwein bedecken.

2 Die je nach Fleisch passenden Gemüse und Würzzutaten hinzufügen und die Pfefferkörner dazugeben.

ZUTATEN

750 ml kräftiger Rotwein
1 Karotte + 2 Zwiebeln + 1 Selleriestange mit Blattgrün, jeweils grob gewürfelt (Mirepoix, s. S. 440)
2 Knoblauchzehen - 1 TL Pfefferkörner
1 TL Wacholderbeeren (für Wild, nach Belieben)
1 Kräutersträußchen - 1 Stück getrocknete Orangenschale (für Rindfleisch, nach Belieben)

3 Mit Frischhaltefolie abdecken, in den Kühlschrank stellen und gemäß Zeitangabe im Rezept ziehen lassen.

4 Die Marinade durch das Sieb gießen, Gemüse und Gewürze beiseitestellen (weiterverwenden wie im Rezept angegeben).

Rehkeule

SCHWIERIGKEITSGRAD: 👨‍🍳👨‍🍳
FÜR 6 PERSONEN
ZUBEREITUNG: 30 MIN. - **GARZEIT:** 15 MIN. PRO 500 G
UTENSILIEN: Bräter - Passiersieb - Stieltopf

ZUTATEN
1 Rehkeule (ohne Hüftknochen)
50 g Butter
150 ml Rehfond oder dunkler Kalbsfond (s. S. 68)
Salz und Pfeffer aus der Mühle
Für die Marinade: 750 ml Rotwein
1 Zwiebel + 1 Karotte, jeweils fein gewürfelt (Brunoise, s. S. 443) - 1 Kräutersträußchen - 2 Knoblauchzehen
Pfefferkörner - Wacholderbeeren

1 Am Vortag sämtliche Zutaten für die Marinade bereitstellen und die Rehkeule in eine flache Schale legen.

2 Gemüse, Kräuter und Gewürze dazugeben, den Wein angießen. Mit Frischhaltefolie abdecken und in den Kühlschrank stellen (die Keule gelegentlich wenden).

3 Am folgenden Tag die Keule aus der Marinade nehmen, abtrocknen, in Form binden und in einen Bräter legen (mit Parüren, falls vorhanden). Mit Butterwürfeln belegen und mit Salz und Pfeffer würzen.

4 Die Keule von allen Seiten langsam anbraten. Anschließend in den auf 210 °C vorgeheizten Backofen stellen. Die Temperatur nach 15 Minuten auf 180 °C herunterschalten.

5 Die gegarte Keule aus dem Bräter nehmen und mit Alufolie bedeckt warm stellen.

6 In der Zwischenzeit den Bratensatz mit dem Fond und der durchgesiebten Marinade ablöschen.

7 Den Bratensatz mit einem Spatel sorgfältig losschaben.

8 Durch das Sieb in den Stieltopf gießen und auf die Hälfte einkochen lassen.

9 Die Keule wie eine Lammkeule tranchieren (s. S. 496).

10 Das ausgetretene Blut zur Bratenjus geben. Erneut erhitzen und sofort servieren.

Rehragout

SCHWIERIGKEITSGRAD: ♟♟♟

FÜR 6 PERSONEN

ZUBEREITUNG: 40 MIN. - GARZEIT: 3–4 STUNDEN

1 Am Vortag das Fleisch in ein Abtropfsieb geben und eine Schüssel darunterstellen, um auslaufendes Blut aufzufangen (besonders viel bei Tiefkühlfleisch).

2 Das Fleisch und die Zutaten für die Marinade in eine flache Schale geben, mit dem Wein bedecken und über Nacht ziehen lassen.

3 Am folgenden Tag aus der Marinade nehmen und auf Küchenpapier abtropfen lassen.

4 Die Marinade durch das Sieb in eine Schüssel gießen und das abgetropfte Gemüse beiseitestellen.

ZUTATEN

1,5 kg Rehfleisch, in Stücke geschnitten
150 g Speckwürfel - 4 EL Erdnussöl - 50 ml Cognac
12 Schalotten, braun glasiert (s. S. 472)
250 g Knopfchampignons - 100 g Butter
etwas Weißbrot, in Würfel geschnitten
Petersilie, gehackt - Salz und Pfeffer aus der Mühle

Für die Marinade: s. S. 290

UTENSILIEN: Abtropfsieb - gusseiserner Schmortopf - Spitzsieb - Stieltopf - Pfanne

▪ Auf die gleiche Weise Wildschwein- oder Hasenragout zubereiten. ▪

5 Das Öl in dem Schmortopf erhitzen, die Speckwürfel dazugeben und das Fleisch von allen Seiten darin anbraten.

6 Mit dem Cognac flambieren.

7 Das Fleisch herausnehmen und beiseitestellen.

8 Das Gemüse der Marinade in den Topf geben und kurz anbraten.

9 Das Fleisch zurück in den Topf geben und mit Mehl bestauben.

10 Die gefilterte Marinade dazugießen.

11 Zum Kochen bringen und abschäumen.

12 Im offenen Topf kochen lassen, bis der Weingeruch verflogen ist.

13 Den Deckel auflegen und bei sehr niedriger Temperatur oder im auf 140 °C vorgeheizten Backofen 1,5–2 Stunden schmoren lassen, bis das Fleisch weich ist.

14 Das Fleisch aus dem Topf nehmen und warm stellen. Die Sauce durch ein Spitzsieb in den Stieltopf passieren, dabei das Gemüse kräftig ausdrücken.

15 Die Sauce einkochen lassen, bis sie einen Löffel überzieht.

16 Das Fleisch mit der Sauce erhitzen.

17 Zum Schluss das aufgefangene Blut unterrühren, dabei die Sauce keinesfalls kochen lassen.

18 Die Schalotten in der Pfanne braun glasieren (s. S. 472).

19 Die Champignons in Butter braten. Anschließend die Croûtons goldbraun rösten.

20 Das Ragout mit den Croûtons, den Champignons und den Schalotten anrichten und mit Petersilie bestreuen. Traditionell wird es mit Kartoffel- oder Selleriepüree und Preiselbeeren serviert.

FISCH *und* MEERES-FRÜCHTE

Inhalt

Fisch und Meeresfrüchte – Gesundheit, die schmeckt	300
Fisch	306
Meeresfrüchte	308
KABELJAU VORBEREITEN UND ZERLEGEN	310
LACHSFILETS AUSLÖSEN UND PORTIONIEREN	312
EINEN LACHS KÜCHENFERTIG VORBEREITEN	316
LACHSTATAR	317
GRAVLAX	318
SEEZUNGE KÜCHENFERTIG VORBEREITEN	320
GROSSE SEEZUNGEN FILETIEREN	322
SEEZUNGE AUF MÜLLERINART	324
SEEZUNGENFILETS AUF HAUSFRAUENART	326
WITTLING PANIEREN UND BRATEN	328
SEEZUNGENSTREIFEN IN TEMPURATEIG	330
STEINBUTT KÜCHENFERTIG VORBEREITEN	331
STEINBUTT FILETIEREN	332
STEINBUTT IN TRANCHEN SCHNEIDEN	334
FISCHTRANCHEN IN COURT-BOUILLON POCHIEREN	335
RUNDFISCHE KÜCHENFERTIG VORBEREITEN	336
RUNDFISCHE DURCH DEN RÜCKEN ENTGRÄTEN	338
RUNDFISCHE FILETIEREN	342
SEETEUFEL FILETIEREN UND IN MEDAILLONS SCHNEIDEN	344
SEETEUFELBRATEN ZUBEREITEN	346
FISCHSTEAKS GRILLEN	348
ROTBARBEN GRILLEN	349
HECHTKLÖSSCHEN	350
KAISERGRANAT KÜCHENFERTIG VORBEREITEN	352
FLUSSKREBSE VOM DARM BEFREIEN	354
HUMMER IN TRANCHEN SCHNEIDEN	355
HUMMER ZUM GRILLEN HALBIEREN	356
JAKOBSMUSCHELN ÖFFNEN UND VORBEREITEN	358
SCHAUMFARCE VON JAKOBSMUSCHELN	360
TINTENFISCHE KÜCHENFERTIG VORBEREITEN	362
MIESMUSCHELN SÄUBERN	364
ROHE MIESMUSCHELN ÖFFNEN	365
MIESMUSCHELN IN WEISSWEIN	366
AUSTERN ÖFFNEN	368

Fisch und Meeresfrüchte –
GESUNDHEIT, DIE SCHMECKT

Abgesehen von den Küstenregionen, wo regelmäßig jodreicher Seefisch auf den Tisch kommt, und von regionalen Spezialitäten wie Forelle in Riesling (Elsass) oder Hechtklößchen (Auvergne) greift die traditionelle französische Küche nicht besonders häufig auf Fischereiprodukte zurück, zumindest seltener als gedacht – oder erhofft.

Seit dem 17. Jahrhundert gilt Fleisch als Hauptbestandteil einer guten Mahlzeit. Das lässt sich nur zum Teil durch die weite Entfernung der Küsten und fehlende Kühlmöglichkeiten erklären. Denn Fische leben ja nicht nur in den Meeren, sie bevölkern auch unsere Seen, Teiche und Flüsse. Allerdings ist Fisch seit dem Mittelalter als typische Fastenspeise mit der Zeit der Buße und Abstinenz verbunden. Dementsprechend hat er sich in der jüngeren Vergangenheit nur schwer als eigenständiges Gericht durchsetzen können.

Dabei sind Fische, Schalen- und Krustentiere mit ihrer geschmacklichen Vielfalt und ihren unterschiedlichen Texturen eine enorme Bereicherung des kulinarischen Spektrums und liefern darüber hinaus einen wichtigen Beitrag für eine gesunde Ernährung.

KLEINE UND GROSSE FISCHE

Die Vielfalt des Angebots ist beeindruckend – allein in Frankreich werden mehr als 150 verschiedene Arten von Speisefischen angeboten. Wenn man nicht gerade ein Spezialist in Fischkunde ist, findet man sich häufig nur schwer zurecht. Ganz allgemein wird zwischen fetten, mittelfetten und fettarmen Fischen, Zuchtfischen und Wildfang, See- und Süßwasserfischen unterschieden. Wer seinen Fisch unbeschwert genießen möchte, sollte unbedingt darauf achten, woher das Produkt stammt. Die allerbeste Qualität wird in Küstennähe mit Langleinen gefischt. Ökologisch vertretbar ist auch Bio-Fisch aus Aquakultur und nachhaltig bewirtschafteter Wildfang.

ALGEN – EIN DESSERT FÜR SIRENEN?

Fische und Meeresfrüchte sind nicht die einzigen Geschenke des Ozeans. Im Gegensatz zu vielen Ländern Asiens fangen wir hier in Europa gerade erst an, die mineralstoffreichen Algen für die Küche zu entdecken. Bekannt ist inzwischen Agar-Agar, ein Binde- und Geliermittel auf Algenbasis, einfacher anzuwenden als Gelatine. Gerne genutzt werden auch Spirulina-Algen, eine hervorragende Quelle für pflanzliches Protein und somit eine wertvolle Nahrungsergänzung während einer Diät. Zumindest den Sushi-Freunden sind Noriblätter vertraut - unverzichtbar für die Herstellung von Maki-Sushi.

Trotz der enormen Unterschiede in Gestalt und Größe, die von wenigen Zentmetern bis zu mehreren Metern variieren kann, haben alle Fische doch einige Gemeinsamkeiten. Dazu zählen nicht zuletzt ihre Vorzüge für eine gesunde Ernährung.

GESUNDHEIT AUS DEM MEER

Fische führen dem menschlichen Organismus wenig Kalorien zu, sind aber gleichzeitig reich an hochwertigen und leicht verwertbaren Proteinen. Darüber hinaus liefern sie viele wichtige Vitamine, insbesondere Vitamin B12, das für die Blutbildung, die Funktion des Nervensystems sowie für Zellteilung und -wachstum unersetzlich ist.

Fette Fische wie Lachs und Makrele sind besonders reich an den Vitaminen A und D. Vitamin A ist ein essenzielles Antioxidans und wichtig für die Sehkraft. Vitamin D bindet Kalzium und kann einen Beitrag zur Vorbeugung gegen schwere Erkrankungen wie Krebs, Demenz und Depressionen leisten.

Außerdem enthält Fisch wichtige Mineralstoffe wie Eisen und Phosphor. Phosphor ist für die Gesundheit unserer Knochen und Zähne unverzichtbar und versorgt den Körper mit der notwendigen Energie. Eisen ist vor allem für die Bildung roter Blutkörperchen und gesundes Wachstum von Bedeutung.

Darüber hinaus liefern Fische die Spurenelemente Zink, Kupfer und insbesondere Selen, das den Kampf gegen Krebs unterstützen kann und dazu beiträgt, die unerwünschten Begleiterscheinungen einer Chemotherapie zu lindern.

Schließlich ist Fisch eine hervorragende Quelle für mehrfach ungesättigte Fettsäuren wie Omega-3. Sie versorgen den Körper mit Energie, senken das »schlechte« LDL-Cholesterin und erhöhen den »guten« HDL-Wert, der als Schutz vor Arteriosklerose und koronaren Herzerkrankungen gilt. Die größten Omega-3-Lieferanten sind fettreiche Fische wie Hering und Makrele, deren Fettgehalt über 10 % beträgt. Bei Forelle, Lachs, Sardine und Thunfisch liegt der Fettgehalt unter 10 %, bei fettarmen Fischen wie Kabeljau oder Schellfisch unter 1 %.

Aufgrund dieser gesundheitsfördernden Eigenschaften empfiehlt die Deutsche Gesellschaft für Ernährung, ein- bis zweimal pro Woche Fisch zu essen, und zwar abwechselnd fette und magere Sorten. Auch sollte zwischen den Arten und ihrer Herkunft – Zucht oder Wildfang, Salz- und Süßwasser – gewechselt werden. Tatsächlich können Fische aller Kategorien mit unterschiedlichen Konzentrationen an Umweltgiften belastet sein. Dagegen ist der beste Schutz, eingefahrene Gewohnheiten abzulegen und immer wieder eine andere Fischart zu wählen. Auch in kulinarischer Hinsicht ist der Wechsel interessant, denn er beschert immer wieder neue geschmackliche Erlebnisse und Erfahrungen.

WAS ZEICHNET GUTEN FISCH AUS?

Frischer Fisch wird in unterschiedlicher Form angeboten, ganz und nur ausgenommen, als Filet oder als Steak. Frischer Fisch ist leicht verderblich, er muss in einer geschlossenen Kühlkette transportiert werden. Tiefgekühlt, geräuchert oder in Konserven, aber auch getrocknet ist Fisch für einen mehr oder wenigen langen Zeitraum lagerfähig. Die große Auswahl ermöglicht jedem Verbraucher, Produkte zu finden, die seinem persönlichen Geschmack und seinen Bedürfnissen entsprechen.

Natürlich empfiehlt es sich, frischen Fisch beim Fischhändler des Vertrauens zu kaufen. Damit werden nicht nur Qualität und Frische des Produkts garantiert, sondern man kann sich auch hinsichtlich Zubereitung und Garzeit fachkundig beraten lassen und den besten Zeitpunkt für den Genuss der verschiedenen Fischarten erfragen. Die Frische eines ganzen Fisches lässt sich an seinem Äußeren ablesen: Die besonders empfindlichen Augen sollen klar und nach außen gewölbt, die Kiemen hellrot bis rot, die Haut feucht und glänzend, das Fleisch fest und elastisch sein.

Beim Kauf von frischem Fisch empfiehlt es sich, einige Regeln zu beachten, um das sehr leicht verderbliche Produkt nicht zu beeinträchtigen. Es ist ratsam, ihn erst unmittelbar vor dem Nachhauseweg zu kaufen und in einer Kühltasche zu transportieren. Zu Hause

ZUCHT- ODER WILDLACHS?

Der lange verschmähte Zuchtlachs soll letzten Endes doch gesünder sein als sein wild lebender Artgenosse, der mit Schwermetallen belastet sein kann. Allerdings können auch Fische aus Aquakulturen über die Futtermittel Umweltgifte aufnehmen. Der Gesundheit zuliebe sollte man deshalb auf kontrollierte oder ökologische Erzeugung achten.

FRISCH IN DEN KÄLTESCHLAF

Die für den Verkauf als Tiefkühlware bestimmten Fische werden direkt auf dem Fangschiff verarbeitet und bei -40 °C tiefgefroren. Auf diese Weise bleiben Frische und wichtige Nährstoffe erhalten. Damit ist Tiefkühlfisch eine sehr gute Alternative, wenn kein frischer Fisch zur Verfügung steht. Allerdings verliert er an Nährwert und geschmacklicher Qualität, wenn er länger als sechs Monate gelagert wird.

wird er zunächst mit Küchenpapier trockengetupft (Bakterien lieben Feuchtigkeit), in Frischhaltefolie gewickelt, um ihn vor Sauerstoff zu schützen (Bakterien lieben auch Luft), und maximal zwei Tage im kältesten Bereich des Kühlschranks gelagert.

Fischkonserven sowie geräucherte, gesalzene und getrocknete Fische können problemlos gelagert werden. Das Schwierigste ist die richtige Auswahl. Es empfiehlt sich, beim Einkauf auf die Label MSC (Marine Stewardship Council) und FOS (Friends of the Sea) zu achten, die eine umweltbewusste und nachhaltige Fischerei zertifizieren – das ist wichtig, um die wild lebenden Bestände zu schonen, damit auch unsere Kinder und Enkel noch frischen Fisch aus dem Meer genießen können.

FISCH RICHTIG ZUBEREITEN

Die Vielfalt der Fische erfordert selbstverständlich auch eine große Bandbreite an Zubereitungen: von roh über kalt gegart bis frittiert und gegrillt – alles ist möglich. Aber denken Sie daran: Fisch ist ein empfindliches Produkt und schonende Zubereitungsarten bewahren seinen delikaten Geschmack.

RÄUCHERFISCH, SUSHI UND SASHIMI, TATAR UND CARPACCIO

Häufig vergessen wir, dass Fisch nur bei etwa 25 °C geräuchert wird. Somit ist auch der beliebte Räucherlachs, der auf keinem festlichen Büfett fehlen darf, noch roh. Eine Ausnahme stellt nur der Stremellachs dar, eine ostpreußische Spezialität, die bei etwa 65 °C geräuchert wird.

Traditionelle japanische Spezialitäten wie Sashimi und Sushi – hauchdünn geschnittener roher Fisch, serviert mit Reis, Sojasauce, Wasabi (japanischer Meerrettich) und eingelegtem Ingwer – erfreuen sich inzwischen auch hierzulande größter Beliebtheit.

Peru, Mexiko und Tahiti verdanken wir Zubereitungen wie die Ceviche, bei denen der Fisch durch die Marinade aus Zitronensaft, Salz und Chili kalt gegart wird. Da Fisch ein sehr leicht verderbliches Produkt ist, muss bei der Zubereitung solcher Gerichte auf absolute Frische geachtet werden.

IN WASSER GAREN

Das Fleisch von Fischen hat von Natur aus einen hohen Wasseranteil. Außerdem ist es hochempfindlich. Die einfache Methode des Garens in Wasser ist für ihre feine Struktur perfekt geeignet.

KEINE ANGST VOR GRÄTEN

Manche Menschen verzichten auf den Genuss von Fisch, weil sie Gräten im Mund als unangenehm empfinden. Ihnen allen kann ganz leicht geholfen werden. Dazu genügt es in der Regel, rohen Fisch sorgfältig zu zerlegen oder zu filetieren und die Gräten mit einer Pinzette in Wuchsrichtung herauszuziehen. Versteckte Gräten lassen sich mit den Fingerspitzen ertasten.

IM PAPIER GAREN

Lange Zeit hat man Fisch gern in Alufolie gegart, weil das so praktisch ist. Heute weiß man, dass Aluminium auf Salz und Säure reagiert und gesundheitsschädliche Substanzen auf das Gargut übergehen können. Deshalb empfiehlt sich stattdessen die Verwendung von Backpapier. Fisch, aber natürlich auch andere Produkte in der Papierhülle, kann im Backofen, im Dampf oder auf dem Grill gegart werden. Eine weitere Alternative sind Bananenblätter, die dem Gargut geschmacklich und optisch eine exotische Note verleihen.

Dabei wird der Fisch in einer Court-Bouillon (leise siedendes Wasser mit aromatischen Kräutern und Gemüse) pochiert oder in aromatisiertem Wasserdampf gegart. Kleine Fische mit kurzer Garzeit können auch in der Mikrowelle zubereitet werden.

IN EINER HÜLLE GAREN

Das Schmoren im Topf oder das Garen in einer Papierhülle fördert die Konzentration von Aromen. Dabei ist der Fisch (er sollte festfleischig sein) von einer aromatischen Garnitur umhüllt. Auf diese Weise bleibt seine Textur erhalten und sein Eigengeschmack wird mit dem der Kräuter und Gewürze angereichert, die allerdings sparsam zu dosieren sind, um die feinen Aromen des Fisches nicht zu überdecken.

GAREN IM BACKOFEN

Möchte man einen Fisch im Backofen garen, gibt man ihn in eine Gratinform und bedeckt ihn großzügig mit Gemüse, Weißwein oder Fischfond, damit er in der trockenen Ofenhitze nicht zu viel Feuchtigkeit verliert. Bei fettarmen Fischen ist das besonders wichtig. Auf diese Weise wird der Fisch langsam und schonend gegart, bleibt zart und saftig und erhält durch die beigefügten Zutaten ein besonderes Aroma.

ETWAS RUSTIKALER: BARBECUE UND GRILL

Zwar stehen zur Zeit fettarme Fischarten besonders hoch im Kurs, aber für ein Barbecue oder auf dem offenen Grill sind im Grunde nur fette Fische, etwa Lachs oder Makrele, geeignet. Durch die hohe Temperatur würde das Fleisch magerer Fische schnell trocken. Grillen ist eine gesunde Garmethode, vorausgesetzt, das Gargut kommt der Hitzequelle nicht zu nahe. Fachgerecht gegrillt, kann ein Fisch seine natürlichen Aromen besonders gut entfalten.

BRATEN UND FRITTIEREN

Nur in Mehl gewendet oder ganz klassisch paniert und anschließend in heißem Fett gegart, bekommt Fisch eine knusprige Kruste und bleibt innen schön zart und saftig. Beliebt ist die Zubereitung »auf Müllerinart«, aber auch im Ganzen in heißem Fett ausgebackene Fische sind eine Delikatesse – diese Zubereitungsart ist allerdings kleinen Fischen vorbehalten, die nach dem Frittieren nur noch gesalzen und dann im Ganzen verzehrt werden. Natürlich ist Frittieren nicht die allergesündeste Garmethode, aber eine gute Möglichkeit, Fischverweigerer auf den Geschmack zu bringen.

Wer sich mit dem Thema Fisch näher befasst, wird schnell feststellen, dass der außerordentliche Artenreichtum und die vielen verschiedenen Möglichkeiten der Zubereitung immer neue Anregungen für gesunde Mahlzeiten liefern, sowohl für festliche Anlässe als auch für die Alltagsküche.

DIE AROMEN DES MEERES

Schalen- und Krustentiere bilden die große Familie der Meeresfrüchte, deren besondere Vorzüge in der breiten Öffentlichkeit wenig bekannt sind, die aber von Gourmands wie Gourmets überaus geschätzt und mit Hochgenuss verspeist werden.

Die oftmals eigenartig aussehenden Tiere, von denen die meisten im Meer und nur wenige in Süßwasser leben, zeichnen sich durch ihr helles, unvergleichlich zartes und aromatisches Fleisch aus,

das man allein oder zusammen mit weiteren exquisiten Speisen genießen kann. Viele Meeresfrüchte sind Luxusprodukte, die in der Regel nur zu besonderen Anlässen oder zu einem Festessen serviert werden.

Flusskrebse, Garnelen, Hummer, Krabben, Langusten, Scampi … Krustentiere sind hauptsächlich marine Lebewesen, nur wenige Arten haben das Land besiedelt. Sie besitzen ein festes, gegliedertes Außenskelett, das ihren Organismus wie ein Panzer schützt. Ihr Körper besteht aus einem Kopf, einem Rumpf, von dem häufig mehrere Segmente mit dem Kopf zu einem sogenannten Cephalothorax verschmolzen sind, und dem Schwanz mit den Extremitäten, den man voll ungeduldiger Vorfreude aufbricht und abschält, um an das begehrte Fleisch zu gelangen. Die restlichen Körperteile können für die Herstellung von Fonds und Saucen verwendet werden.

Austern, Jakobsmuscheln, Kammmuscheln, Miesmuscheln, Teppichmuscheln, Venusmuscheln … Schalentiere gehören zu den Weichtieren. Der weiche Körper, dem sie ihren Namen verdanken, besteht aus Kopf, Fuß und Eingeweidesack. Als Schutz dienen ein Gehäuse oder Schalen aus Kalk. Die verschiedenen Arten unterscheiden sich erheblich in Form, Textur und Geschmack. Einige Muschelarten bilden Perlen – eine Reaktion der Perlmuttschicht, mit der sie Eindringlinge wie Sandkörner überziehen, um sie unschädlich zu machen.

JOD UND STOFFWECHSEL

Jod ist für das einwandfreie Funktionieren unseres Organismus unverzichtbar. Das essenzielle Spurenelement ist Hauptbestandteil der Schilddrüsenhormone, die den gesamten Grundumsatz steuern: Sie regulieren die Körpertemperatur, beeinflussen Wachstum und Entwicklung, Blut und Blutbildung, Blutdruck und Leistungsvermögen, Muskel- und Nervenfunktionen und auch die Psyche.

FRANCIS PONGE UND DIE AUSTER

»Die Auster … sieht runzliger aus, nicht so gleichmäßig gefärbt und schimmert weißlich. Sie ist eine hartnäckig verschlossene Welt. Dennoch kann man sie öffnen: dann muss man sie mit einem Lappen in der hohlen Hand halten, ein kurzes, schartiges Messer nehmen, wiederholte Male ansetzen. Die vorwitzigen Finger schneiden sich dabei ins Fleisch, die Nägel brechen: es ist eine grobe Arbeit. Die Wunden, die man ihr beibringt, zeichnen ihren Mantel mit runden weißen Flecken, einer Art von Lichthöfen.

Drinnen findet man eine ganze Welt, zu essen und zu trinken: unter einem Firmament (im eigentlichen Wortsinn) aus Perlmutt senken sich die Oberhimmel auf die Unterhimmel und bilden mit ihnen eine einzige Lache, einen grünlichen, klebrig-zähen Beutel … am Ufersaum mit schwärzlichen Spitzen besetzt.«

Francis Ponge, *Im Namen der Dinge*

ABSOLUTE FRISCHE

Krusten- und Schalentiere haben eine geringe Kaloriendichte und enthalten wenig Fett. Dagegen sind sie, wie Fische, reich an essenziellen Spurenelementen und Mineralstoffen wie Selen, Kupfer, Zink und vor allem Jod.

Außerdem liefern Meeresfrüchte hochwertige Proteine und eine beträchtliche Menge Eisen. Austern und Miesmuscheln beispielsweise sind deutlich eisenhaltiger als rotes Fleisch, das

DIE MONATE OHNE »R«

Ein Edikt des französichen Königs Ludwig XV. aus dem Jahr 1759 untersagte den Verkauf von Austern von Mai bis Oktober. Grund dafür waren tödliche Lebensmittelvergiftungen nach dem Verzehr von Austern, die der hohen Außentemperaturen wegen verdorben waren, denn Kühlmöglichkeiten gab es noch nicht. Dieses Verbot schützte nicht nur die Konsumenten, sondern auch die Austern während ihrer Laichzeit.

immerhin als beste Eisenquelle für den menschlichen Organismus angesehen wird. Meeresfrüchte sollten nur absolut frisch verzehrt werden. Die besten und beliebtesten werden lebend zum Kauf angeboten. Für den Verbraucher kann das eine erhebliche psychologische Hemmschwelle sein, denn lebende Krustentiere zu kaufen bedeutet, sie in kochendem Wasser töten zu müssen. Lebend können sie in feuchtes Küchenpapier gewickelt bis zu zwei Tage im Kühlschrank gelagert werden. Vorher werden Beine und Scheren zusammengebunden, damit sie sich und ihre Artgenossen nicht verletzen.

Auch Schalentiere werden häufig lebend angeboten. Ein sicherer Frischetest: Leicht geöffnete Muscheln sollen sich nach dem Klopfen auf einen harten Gegenstand wieder schließen. Tun sie das nicht, müssen sie aussortiert werden. Auch alle Muscheln, die sich nach dem Kochen nicht geöffnet haben, müssen aussortiert werden.

Empfindsame Seelen, die nicht durch die rauen Sitten der professionellen Küche abgehärtet sind, können auf tiefgekühlte Produkte zurückgreifen, deren Frische durch die sofortige Weiterverarbeitung auf dem Fangschiff garantiert ist.

DIE BESTE SAISON

Auch wenn man Fisch und Meeresfrüchte fast das ganze Jahr über in großer Vielfalt kaufen kann, lohnt es sich doch, darauf zu achten, wann spezielle Produkte ihre Saison haben. Dann bekommt man sie nicht nur in bester Qualiät, sondern auch in ausreichender Menge und zu günstigen Preisen.

	J	F	M	A	M	J	J	A	S	O	N	D
KRUSTENTIERE												
Flusskrebs						✘	✘	✘	✘	✘		
Garnele	✘	✘	✘	✘	✘	✘	✘	✘	✘	✘	✘	✘
Hummer						✘	✘	✘	✘			
Kaisergranat					✘	✘	✘	✘	✘			
Riesengarnele						✘	✘					
Taschenkrebs						✘	✘	✘				
SCHALENTIERE												
Auster	✘	✘	✘						✘	✘	✘	✘
Jakobsmuschel	✘	✘	✘	✘						✘	✘	✘
Miesmuschel	✘	✘							✘	✘	✘	✘
Strandschnecke	✘	✘	✘	✘	✘	✘	✘	✘	✘	✘	✘	✘
Wellhornschnecke			✘	✘	✘	✘	✘	✘	✘	✘	✘	✘

Fisch

Meeresfrüchte

KRAKE

KALMARE

SEPIEN

KAMMMUSCHELN

AUSTERN

JAKOBSMUSCHELN

MIESMUSCHELN

Kabeljau
VORBEREITEN UND ZERLEGEN

SCHWIERIGKEITSGRAD: 👨‍🍳👨‍🍳👨‍🍳

UTENSILIEN: Schneidebrett und Kochmesser - Küchenschere - großes Sägemesser - Filetiermesser (nach Belieben)

■ Die Methode eignet sich auch für andere große Rundfische, etwa Seelachs. ■

1 Das Halsstück mit den Brustflossen abtrennen und für die Herstellung eines Fischfonds verwenden.

2 Die Rücken- und Bauchflossen in Richtung Kopf mit der Schere abtrennen.

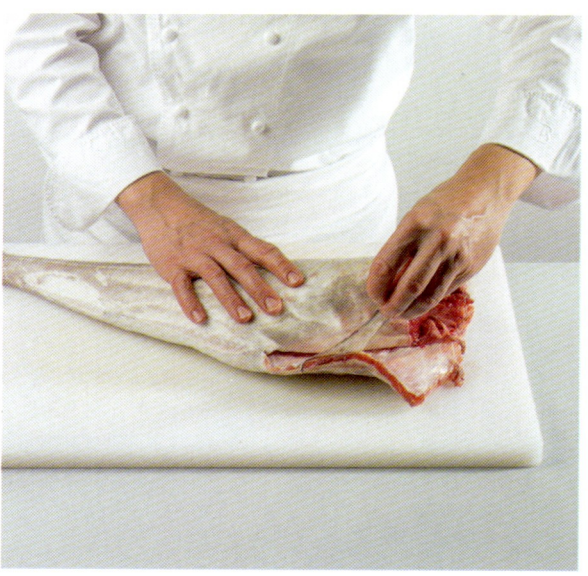

3 Das dunkle Bauchfell abziehen.

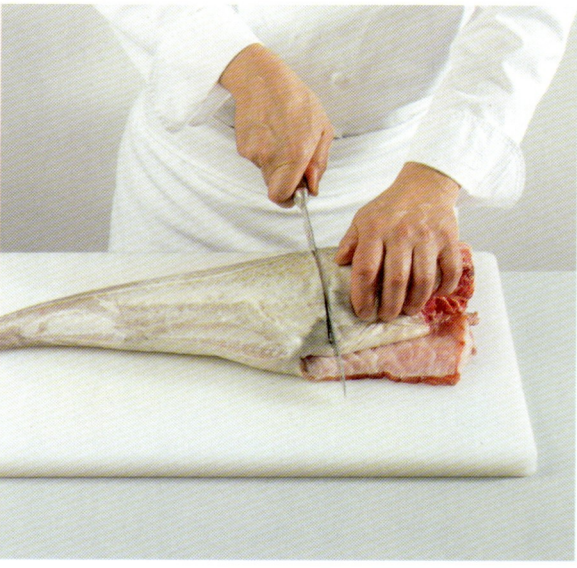

4 Das Schwanzstück mit dem Sägemesser in Höhe der Bauchhöhle abtrennen.

5 Zum Auslösen der Rückenfilets das Kabeljaustück auf den Bauch legen und das Messer auf beiden Seiten dicht an der Rückengräte entlangführen.

6 Beide Filetstücke leicht parieren und von Gräten befreien, falls nötig.

7 Falls im Rezept vorgesehen, die Haut mithilfe des Filetiermessers abziehen.

8 Alternativ die beiden Filets mit der Hautseite nach außen zusammenbinden, um sie wie einen Braten in einem Topf zu schmoren (für zwei Personen).

9 Man kann die gehäuteten Filets auch in vier Portionsstücke schneiden.

10 Das Schwanzstück ebenfalls filetieren (s. S. 312) oder nach Entfernung der Bauchlappen quer in dicke Koteletts schneiden.

Lachsfilets
AUSLÖSEN UND PORTIONIEREN

SCHWIERIGKEITSGRAD:

UTENSILIEN: Schneidebrett - Filetiermesser - Pinzette (oder Schälmesser)

Tipp

FRITTIERTE, GROB ZERBRÖSELTE Lachshaut ist eine wunderbare Ergänzung zum rohen Lachs in Maki-Sushi.

1 Den küchenfertigen Lachs (s. S. 316) mit dem Kopf nach oben und dem Rücken nach vorn diagonal auf das Schneidebrett legen.

2 Mit einer Hand festhalten und hinter Brustflosse und Kiemendeckel bis wenige Millimeter oberhalb der Rückengräte schräg einschneiden.

3 Das Filetiermesser entlang der Rückengräte Richtung Schwanz führen und die obere Hälfte des Filets von den großen Gräten lösen.

4 Den Fisch herumdrehen und das Messer entlang der Bauchgräten führen.

5 Den Lachs wieder drehen, das Filet vom Kopf abtrennen und vollständig auslösen.

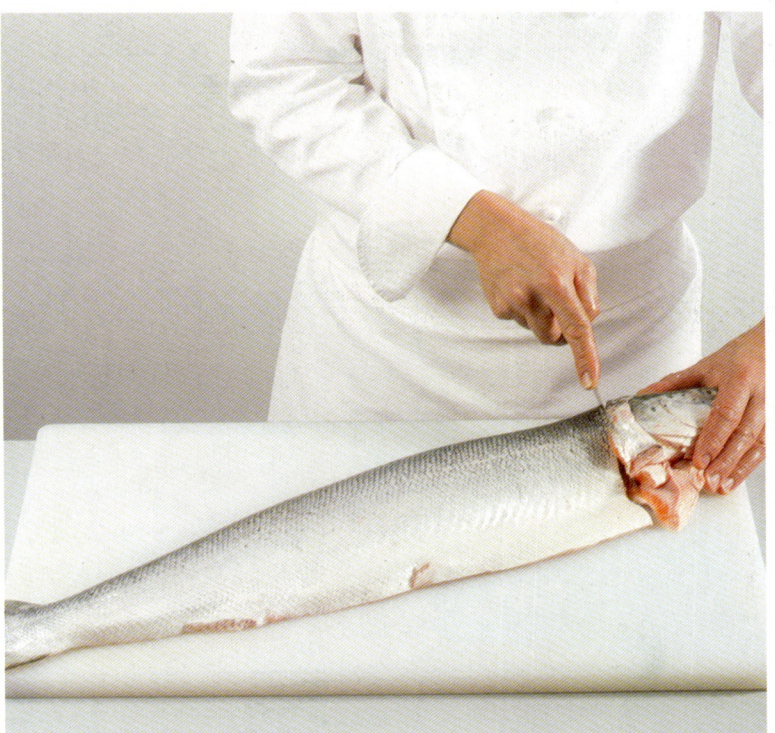

6 Den Fisch auf die andere Seite drehen und das zweite Filet mit einem Schnitt um den Kiemendeckel herum vom Kopf abtrennen.

7 Das Filet mit dem Messer von der Mittelgräte lösen, dabei mit der anderen Hand hochhalten.

8 Auf beiden Seiten des Filets die Flossenansätze abschneiden und die Ränder leicht parieren.

9 Restliche Gräten mit dem Zeigefinger ertasten und herausziehen, dabei die Pinzette immer wieder in kaltes Wasser tauchen (oder die Gräten zwischen Daumen und Schälmesser geklemmt entfernen).

10 Für Medaillons, die nur auf der Hautseite gebraten werden sollen, das Filet jetzt in passende Stücke schneiden.

11 Zum Häuten das Filetiermesser am Schwanzende flach zwischen Fleisch und Haut schieben, das lose Hautende festhalten und das Messer zwischen Haut und Filet durchziehen.

12 Je nach Rezept die gehäuteten Filets in dicke Streifen oder in dünne Schnitzel schneiden.

Tipp

WENN FRISCHER LACHS günstig ist, kaufen Sie ruhig einen ganzen Fisch. Sie können ihn selbst für unterschiedliche Verwendungen vorbereiten:

- das Mittelstück für Lachsfilet Wellington oder für Sashimi
- dicke Filetstücke mit oder ohne Haut (zum Tiefkühlen geeignet)
- Lachstatar aus dem dünnen Schwanzende (s. S. 317)
- Schaumfarce aus Schnittresten (Schaumfarce von Jakobsmuscheln, s. S. 360).

Einen Lachs
KÜCHENFERTIG VORBEREITEN

SCHWIERIGKEITSGRAD: 🧑‍🍳🧑‍🍳🧑‍🍳

UTENSILIEN: Schneidebrett und Kochmesser · Küchenschere · Schuppeisen

1 Die Rücken- und Bauchflossen mit der Schere in Richtung Kopf abtrennen (Vorsicht, Flossen können sehr stachelig sein).

2 Den Lachs am Schwanz festhalten und rundherum von seinen Schuppen befreien, dabei auf der Bauchseite behutsam vorgehen.

3 Die Kiemendeckel aufklappen, die Kiemenbögen hochziehen und mit der Schere an ihrem Ansatz abschneiden, dabei darauf achten, dass die Haut zwischen Kopf und Rumpf nicht verletzt wird.

4 Überprüfen, ob der Fisch vollständig ausgenommen ist, und restliche Eingeweide entfernen, falls nötig.

Lachstatar

SCHWIERIGKEITSGRAD: ♟♟

FÜR 4 PERSONEN - ZUBEREITUNG: 20 MIN.

ZUTATEN

400 g Lachsfilet der Frischeklasse Extra, ohne Haut und Gräten - 1 Schalotte oder ¼ Zwiebel, fein gewürfelt
1 kleine Stange Sellerie oder ¼ Fenchelknolle, in Würfel geschnitten (Mirepoix, s. S. 440) - 3 EL Kräuter nach Wahl, gehackt (Dill, Kerbel, Basilikum, Koriander)
3 EL Olivenöl - Saft von ½ Zitrone
Salz und Pfeffer aus der Mühle oder rosa Pfeffer

Dekoration (nach Belieben): Kirschtomaten, gehäutet
Zitronenzesten, blanchiert - Dillstängel

UTENSILIEN: Schneidebrett und Kochmesser

1 Den Lachs in Streifen und anschließend in sehr kleine Würfel schneiden.

2 Die Würfel in eine Schüssel geben und mit Schalotte, Sellerie und Fenchel, den Kräutern, dem Öl und dem Zitronensaft mischen. Würzen.

3 Dessertringe auf die Teller stellen und mit dem Lachstatar füllen.

4 Die Ringe abziehen, das Tatar dekorieren und sofort servieren.

Gravlax

SCHWIERIGKEITSGRAD: 👨‍🍳👨‍🍳

FÜR 8 PERSONEN

ZUBEREITUNG: 20 MIN.

KÜHLZEIT: 12–18 STD., JE NACH GRÖSSE

UTENSILIEN: Filetiermesser

ZUTATEN
100 g feiner Zucker - 250 g grobes graues Meersalz
1 Bund Dill, gehackt
1 großes Lachsfilet mit Haut (s. S. 312)

Tipp

<u>IN SKANDINAVIEN</u> wird Graved Lachs mit einer Dill-Honig-Senf-Vinaigrette und Pellkartoffeln serviert.

1 In einer Schüssel den Zucker, das Salz und den Dill mischen.

2 Eine kleine Menge dieser Mischung in eine große Form geben und das Lachsfilet mit der Haut nach unten darauflegen. Mit der restlichen Mischung bedecken.

3 Gleichmäßig auf dem Filet verteilen und mit der Hand behutsam andrücken.

4 Mit Frischhaltefolie abdecken und für 12–18 Stunden in den Kühlschrank stellen, dabei zwei- bis dreimal die ausgetretene Flüssigkeit abgießen.

5 Die Würzmischung entfernen und das Lachsfilet sorgfältig mit Küchenpapier trockentupfen.

6 Mit dem Filetiermesser in etwa 8 mm dicke Streifen schneiden.

Seezunge
KÜCHENFERTIG VORBEREITEN

SCHWIERIGKEITSGRAD: ♟♟♟

UTENSILIEN: Schneidebrett und Kochmesser - Küchenschere - Schuppeisen

Tipp

VON ABSOLUT FRISCHEN FISCHEN kann man die Haut abziehen, ohne die Filets zu beschädigen. Eine Rotzunge wird auf dieselbe Art behandelt.

1 Die Seezunge mithilfe der Küchenschere vom Flossensaum befreien.

2 Die Haut am Schwanzende einschneiden und mit den Fingern ein Stückchen ablösen.

3 Die Haut mit einer Hand (falls sie zu glitschig ist, mit einem Tuch) nach und nach zum Kopf hin abziehen, dabei mit der anderen Hand den Fisch flach halten und immer wieder nachfassen.

4 Die weiße Haut mit dem Schuppeisen oder einem Messer schuppen.

5 Die Kiemen mit der Schere herausschneiden.

6 Überprüfen, ob der Fisch vollständig ausgenommen ist, und restliche Eingeweide entfernen, falls nötig.

Große Seezungen
FILETIEREN

SCHWIERIGKEITSGRAD: 👨‍🍳👨‍🍳👨‍🍳

UTENSILIEN: Schneidebrett und Kochmesser · Küchenschere

■ Die Filets von großen Seezungen sind besonders fleischig. ■

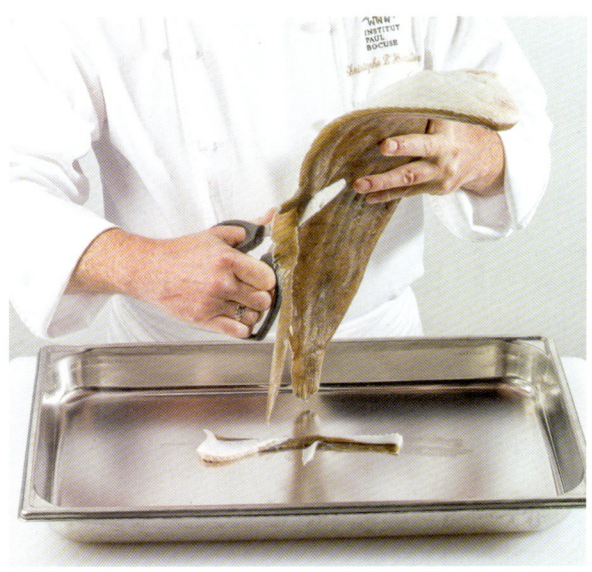

1 Mit der Schere den Flossensaum abschneiden.

2 Die Haut am Schwanzende einschneiden und mit den Fingern etwas ablösen.

3 Die Haut mit einer Hand (falls sie zu glitschig ist, mit einem Tuch) nach und nach zum Kopf hin abziehen, dabei mit der anderen Hand den Fisch flach halten und immer wieder nachfassen.

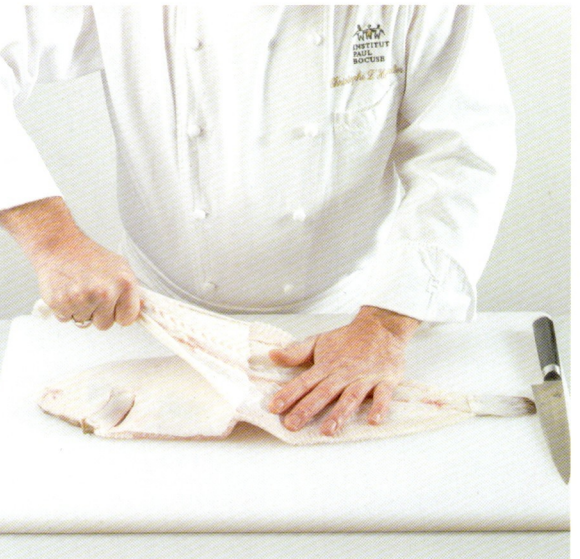

4 Die weiße Haut auf die gleiche Weise abziehen.

5 Die Seezunge flach auf das Brett legen, das Messer am Kopf ansetzen und entlang der Mittelgräte bis zum Schwanzende einschneiden.

6 Das obere Filet dicht um den Kopf herum abtrennen und mit dem Messer entlang der Rückengräten bis zum Schwanzende ablösen.

7 Die Seezunge um 180 Grad drehen und das untere Filet entlang der Bauchgräten auslösen.

8 Die Seezunge wenden und die Schritte 5, 6 und 7 wiederholen.

9 Restliche Hautstückchen und den Flossenansatz entfernen. Gräten und Parüren für die Herstellung eines Fischfonds verwenden.

10 Die Filets im Ganzen, in Streifen geschnitten (s. S. 330) oder zusammengeklappt garen (s. S. 326).

Seezunge
AUF MÜLLERINART

SCHWIERIGKEITSGRAD: ♟♟

FÜR 3–4 PERSONEN

ZUBEREITUNG: 10 MIN. - **GARZEIT:** 7–8 MIN.

UTENSILIEN: Fischpfanne

ZUTATEN
1 große küchenfertige Seezunge (s. S. 320)
150 g Mehl
120 g Butter - 2 EL Erdnussöl
Saft von ½ Zitrone - 1 EL Petersilie, gehackt
Salz und Pfeffer aus der Mühle

Tipp

AUF DIESE ART kann man viele Fische und auch Fischfilet zubereiten.

1 Die Seezunge mit Salz und Pfeffer würzen und in Mehl wenden. Überschüssiges Mehl gründlich abschütteln.

2 Die Hälfte der Butter und das Öl in der Pfanne erhitzen und die Seezunge mit der weißen Haut nach unten hineinlegen.

3 Die Seezunge 3–4 Minuten braten, dann wenden und bei niedriger Temperatur fertiggaren, dabei immer wieder bei schräg gehaltener Pfanne mit heißem Fett übergießen.

4 Die Seezunge herausnehmen und das Bratfett entsorgen. Die restliche Butter in die Pfanne geben und kurz aufschäumen lassen.

5 Den Zitronensaft dazugießen.

6 Einige Sekunden aufkochen lassen, die Petersilie dazugeben und die Sauce über die Seezunge löffeln.

Seezungenfilets
AUF HAUSFRAUENART

SCHWIERIGKEITSGRAD: 👨‍🍳👨‍🍳

FÜR 4 PERSONEN

ZUBEREITUNG: 25 MIN. - **GARZEIT:** 7 MIN.

UTENSILIEN: Stieltopf

ZUTATEN

100 g weiche Butter - 200 g Champignons,
in dünne Scheiben geschnitten
4 große Seezungenfilets (s. S. 322)
200 ml Fischfond (s. S. 88) - 200 ml flüssige Sahne
2 EL Petersilie, fein gehackt
Salz und Pfeffer aus der Mühle

1 Eine herd- und ofenfeste Form mit einem Drittel der Butter ausstreichen.

2 Die Champignons in der Form verteilen und die mit Salz und Pfeffer gewürzten und zusammengeklappten Seezungenfilets darauflegen.

3 Den Fischfond angießen.

4 Mit einem mit Butter bestrichenen Stück Backpapier abdecken.

5 Auf dem Herd angaren und anschließend im auf 160 °C vorgeheizten Backofen etwa 5 Minuten fertiggaren.

6 Die gegarten Filets auf eine ovale, leicht vertiefte Servierplatte geben, mit etwas Garflüssigkeit beträufeln und warm stellen. Die restliche Garflüssigkeit mit den Champignons in den Topf gießen.

7 Bei hoher Temperatur einkochen, bis die Sauce einen Löffel überzieht.

8 Die Sahne zugießen und erneut einkochen lassen, bis die Sauce sämig ist.

9 Vom Herd nehmen, mit der restlichen Butter montieren, zum Schluss die Petersilie dazugeben.

10 Die Filets mit der Sauce überziehen und kurz unter einem Salamander oder dem Backofengrill gratinieren. Sofort servieren.

Wittling
PANIEREN UND BRATEN

SCHWIERIGKEITSGRAD: 👨‍🍳👨‍🍳

FÜR 4 PERSONEN

ZUBEREITUNG: 15 MIN.

GARZEIT: 8 MIN.

ZUTATEN
4 Wittlinge - 140 g Mehl - 2 Eier, verquirlt
140 g Semmelbrösel - 50 g Butter - 50 ml Erdnussöl
Salz und Pfeffer aus der Mühle - 1 Zitrone

UTENSILIEN: beschichtete Pfanne - Schlitzwender

1 Die Wittlinge vom Rücken her entgräten (s. S. 338). Eine Panierstrecke aus Mehl, verquirltem Ei und Paniermehl vorbereiten.

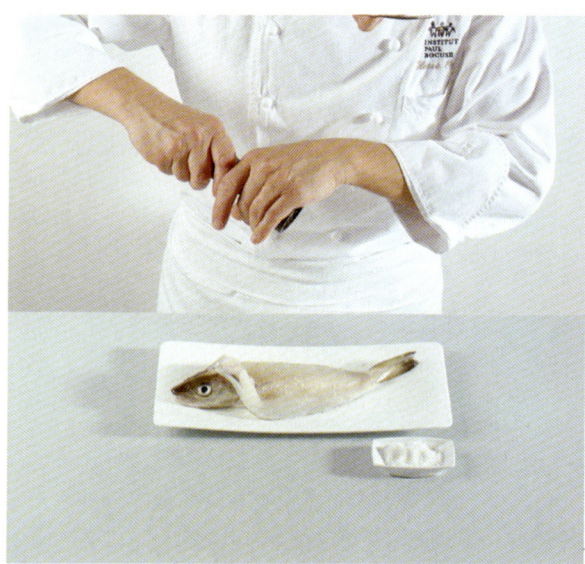

2 Die Fische mit Salz und Pfeffer würzen.

3 Zunächst in Mehl, dann in dem Ei und zum Schluss in den Semmelbröseln wenden.

4 Die Butter und das Öl in der Pfanne erhitzen und die Fische hineingeben.

Tipp

DIESE ART DER ZUBEREITUNG eignet sich für die Filets vieler Fischarten wie Pollack, Kabeljau, Blauleng ...

5 Sobald die erste Seite goldbraun ist, den Wittling vorsichtig wenden.

6 Auf der zweiten Seite 3 Minuten braten, dabei regelmäßig mit dem Bratfett übergießen.

7 Die Wittlinge auf mehreren Lagen Küchenpapier kurz abtropfen lassen.

8 Sofort mit Zitronenschnitzen und Tatarensauce (s. S. 32) servieren.

Seezungenstreifen
IN TEMPURATEIG

SCHWIERIGKEITSGRAD: 👨‍🍳👨‍🍳
FÜR 3–4 PERSONEN
ZUBEREITUNG: 10 MIN. - **GARZEIT:** 5 MIN.
UTENSILIEN: Sauteuse - Schneebesen

ZUTATEN
Öl zum Frittieren - 100 g Mehl - 50 g Maisstärke
½ TL Backpulver - 250 ml Eiswasser
Filets von 1 großen Seezunge,
in Streifen geschnitten (s. S. 322)
Salz und Pfeffer aus der Mühle

1 Das Frittieröl auf 170 °C erhitzen. Das Mehl, die Maisstärke und das Backpulver mischen und mit dem Eiswasser glatt rühren.

2 Die Seezungenstreifen mit Salz und Pfeffer würzen. Kurz in den Teig tauchen und nach und nach in das heiße Öl geben.

3 Einige Minuten frittieren, bis sie rundherum goldbraun sind.

4 Auf mehreren Lagen Küchenpapier abtropfen lassen und sofort mit Zitrone oder einer Sauce (etwa grüner Sauce, s. S. 36) servieren.

Steinbutt
KÜCHENFERTIG VORBEREITEN

SCHWIERIGKEITSGRAD: 👨‍🍳👨‍🍳👨‍🍳

UTENSILIEN: Schneidebrett und Kochmesser · Küchenschere

▪ Nach derselben Methode wird Glattbutt vorbereitet. ▪

1 Den Steinbutt mithilfe der Schere vom Flossensaum befreien.

2 Die Kiemen herausziehen und ebenfalls mit der Schere entfernen.

3 Überprüfen, ob der Fisch vollständig ausgenommen ist. Falls nötig, die Bauchhöhle etwas weiter aufschneiden und restliche Eingeweide entfernen.

4 Den Fisch innen und außen mit Küchenpapier sorgfältig trockentupfen. Er ist küchenfertig und kann nun in Tranchen geschnitten oder filetiert werden.

Steinbutt
FILETIEREN

SCHWIERIGKEITSGRAD:

UTENSILIEN: Schneidebrett und Kochmesser · Filetiermesser

■ Glattbutt wird auf die gleiche Weise filetiert. ■

Tipp

STEINBUTT AUS AQUAKULTUREN kommt wegen Überfischung mittlerweile häufiger auf den Tisch als Steinbutt aus Wildfang. Insbesondere der Label-Rouge-Steinbutt der bretonischen Insel Noirmoutier zeichnet sich durch zartes, festes Fleisch aus.

1 Den küchenfertigen Steinbutt (s. S. 331) mit dem Kopf nach rechts und dem Rücken nach vorn auf das Schneidebrett legen. Entlang der Mittelgräte vom Schwanz bis zum Kopf einschneiden.

2 Zum Auslösen des Rückenfilets die Messerklinge um den Kiemendeckel herum und entlang der Gräten zum Flossensaum hin führen.

3 Den Steinbutt um 180 Grad drehen und das zweite Filet auf die gleiche Weise auslösen.

4 Den Fisch wenden, auf der Mittelgräte einschneiden und die Schritte 2–3 wiederholen.

5 Zum Entfernen der Haut die Messerklinge flach unter dem Fleisch entlangführen, dabei das lockere Hautende festhalten.

6 Die Filets parieren, falls nötig, und den Flossenrand abtrennen. Gräten, Haut und Parüren für die Herstellung eines Fischfonds verwenden.

Steinbutt
IN TRANCHEN SCHNEIDEN

SCHWIERIGKEITSGRAD:

UTENSILIEN: Schneidebrett und Kochmesser · Küchenbeil (oder großes Messer)

■ Auf die gleiche Weise wird Glattbutt portioniert. ■

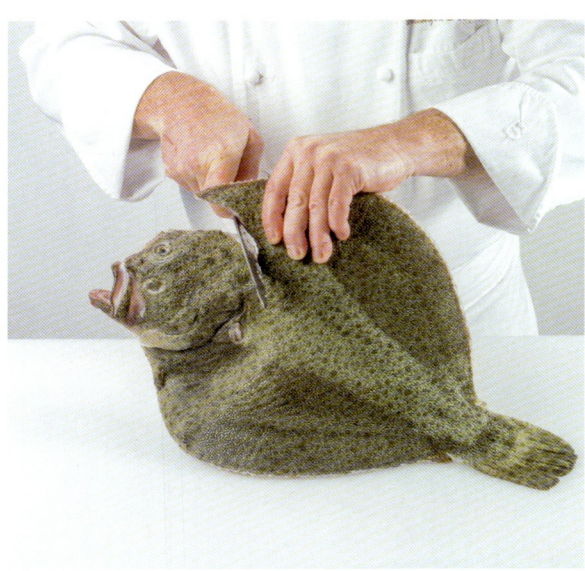

1 Den Kopf mit einem halbrunden Schnitt abtrennen, dabei darauf achten, hinter dem Kopf so wenig Fleisch wie möglich abzuschneiden.

2 Den Steinbutt am Schwanz festhalten und mit dem Küchenbeil mit kräftigen Schlägen entlang der Mittelgräte durchtrennen.

3 Jede Hälfte in 3–4 Portionen teilen, dabei für ein gleichmäßiges Gewicht die dünneren Teile größer schneiden.

4 Die Tranchen in kaltem Wasser gründlich reinigen und von Blutresten befreien. Danach sorgfältig trockentupfen.

Fischtranchen
IN COURT-BOUILLON POCHIEREN

SCHWIERIGKEITSGRAD: 👨‍🍳👨‍🍳

UTENSILIEN: Sauteuse

■ Auf diese Weise werden Tranchen von Steinbutt und Glattbutt pochiert. ■

1 In der Sauteuse 1 l Court-Bouillon (s. S. 86) zum Kochen bringen und die Fischtranchen hineingeben.

2 Die Wärmezufuhr drosseln und die Tranchen je nach Dicke 8–10 Minuten in der knapp siedenden Court-Bouillon pochieren.

3 Mit einer Schaumkelle herausheben.

4 Haut und Gräten vorsichtig entfernen: Das Fleisch soll sich leicht ablösen lassen und keine rosa Spuren mehr aufweisen. Mit weißer Buttersauce oder Holländischer Sauce (s. S. 52 bzw. 42) servieren.

Rundfische
KÜCHENFERTIG VORBEREITEN

SCHWIERIGKEITSGRAD:

UTENSILIEN: Schneidebrett und Kochmesser – Küchenschere – Schuppeisen

■ Auf die gleiche Weise werden auch Felchen, Rotbarbe, Wittling und Wolfsbarsch vorbereitet. ■

1 Die Rücken- und Bauchflossen mit der Schere in Richtung Kopf abschneiden (Vorsicht, Flossen können sehr stachelig sein).

2 Den Schwanz leicht einkürzen.

3 Den Fisch rundherum schuppen, dabei am Schwanz gut festhalten.

4 Die Kiemendeckel aufklappen und die Kiemen mit Daumen und Zeigefinger greifen.

Tipp

IN ERMANGELUNG EINES SCHUPPEISENS einen Suppenlöffel verwenden. Um zu verhindern, dass sich die Schuppen in der ganzen Küche verteilen, den Fisch im mit Wasser gefüllten und mit einem Abflusssieb versehenen Spülbecken schuppen.

5 Behutsam herausziehen: Vorsicht, die Kiemenbögen sind scharf. Ein Teil der Eingeweide wird in der Regel mit herausgezogen, deshalb darauf achten, dass der Bauch nicht einreißt.

6 Die Bauchhöhle mit der Schere von der Afteröffnung ausgehend etwas aufschneiden und die restlichen Eingeweide entfernen.

7 Die dunkle, an der Mittelgräte entlanglaufende bittere Niere und das Bauchfell ebenfalls entfernen.

8 Den Fisch sorgfältig mit Küchenpapier trockentupfen.

Rundfische
DURCH DEN RÜCKEN ENTGRÄTEN

SCHWIERIGKEITSGRAD:

UTENSILIEN: Schneidebrett - Küchenschere - Schuppeisen - Messer

Tipp
AUF DIE GLEICHE WEISE werden Forelle, Wolfsbarsch und Wittling entgrätet.

1 Die Rücken- und Bauchflossen in Richtung Kopf mit der Schere abschneiden.

2 Den Schwanz leicht einkürzen.

3 Den Fisch rundherum schuppen, dabei am Schwanz gut festhalten. Auf der Bauchseite behutsam vorgehen.

4 Die Kiemendeckel aufklappen und die Kiemen mit Daumen und Zeigefinger greifen.

5 Behutsam herausziehen (Vorsicht, die Kiemenbögen sind scharf). Möglichst viele Eingeweide mit herausziehen, dabei darauf achten, dass die bei manchen Fischen wie dem Wittling sehr fragile Bauchhaut nicht aufreißt.

6 Den Fisch rechts und links der Rückengräte vom Kopf bis zum Schwanz einschneiden.

7 Beide Filets von der Mittelgräte lösen, ohne den Kopf abzutrennen oder die Bauchdecke zu verletzen.

8 Die freigelegte Mittelgräte zunächst am Kopfansatz, dann am Schwanz durchtrennen.

9 Die Gräte herausziehen, dabei behutsam vorgehen, damit die feinen Bauchgräten mit entfernt werden.

10 Den Ansatz der Bauchflosse abschneiden, ohne die Haut zu verletzen.

11 Die Bauchhöhle unter fließendem kaltem Wasser ausspülen und Eingeweidereste sowie das Bauchfell entfernen. Den Fisch anschließend mit Küchenpapier trockentupfen.

12 Der Fisch ist küchenfertig und kann nun paniert oder gefüllt werden.

Tipp

DIESE METHODE wird angewandt, wenn der Fisch im Ganzen paniert (s. S. 328) oder gefüllt werden soll, beispielsweise mit einer Schaumfarce (Schaumfarce von Jakobsmuscheln, s. S. 360).

Rundfische
FILETIEREN

SCHWIERIGKEITSGRAD: 👨‍🍳👨‍🍳

UTENSILIEN: Schneidebrett und Kochmesser · Filetiermesser (nach Belieben)

▪ Die Technik wird hier am Beispiel eines Wolfsbarschs gezeigt. ▪

1 Den Fisch diagonal auf das Schneidebrett legen, der Kopf zeigt nach oben links und der Rücken nach hinten.

2 Mit einer Hand flach halten und das Messer vom Kopf bis zum Schwanz oberhalb der Rückengräte entlangführen.

3 So dicht wie möglich um den Kiemendeckel herumschneiden, damit kein Fleisch verloren geht.

4 Das erste Filet auslösen, dabei die Messerklinge schräg entlang der Mittelgräte führen.

Tipp

AUS DEN GRÄTEN UND PARÜREN gleich anschließend einen Fischfond herstellen (s. S. 88) und zur späteren Verwendung einfrieren.

5 Den Fisch wenden, der Kopf zeigt nach rechts. Das zweite Filet auslösen.

6 Zum Abtrennen der Bauchgräten das Messer flach hinter deren Ansatz legen und nach unten schieben.

7 Falls das Rezept ein gehäutetes Filet verlangt, die Messerklinge flach unter dem Fleisch entlangführen, dabei das lockere Hautende festhalten.

8 Das Filet parieren.

Seeteufel filetieren
UND IN MEDAILLONS SCHNEIDEN

SCHWIERIGKEITSGRAD:

UTENSILIEN: Schneidebrett und Kochmesser

Tipp

DAS FILET in dicke Filetstücke schneiden oder zu einem kleinen Braten binden (siehe Kabeljau zerlegen, S. 310) und nach Belieben mit Speckscheiben umwickeln.

1 Den Seeteufel auf den Bauch legen, die Hautschichten mit einem sehr scharfen Messer vom Rücken lösen und nach und nach zum Schwanz hin abziehen.

2 Die Filets rechts und links entlang der Mittelgräte mit dem Messer abtrennen.

3 Die Filets parieren.

4 Beide Filets von den Bauchlappen befreien (für eine Garnitur oder eine Schaumfarce verwenden).

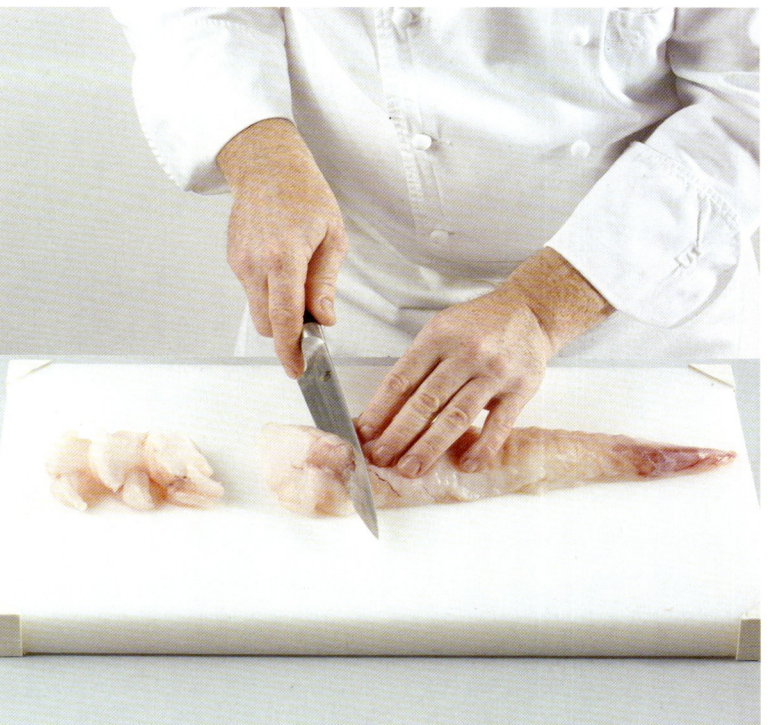

5 Die Filets fertig parieren (die Parüren für die Herstellung eines Fischfonds verwenden).

6 Jedes Filet in 2 cm dicke Medaillons schneiden.

Seeteufelbraten
ZUBEREITEN

SCHWIERIGKEITSGRAD:

1 Den Seeteufel auf den Bauch legen, die Hautschichten mit dem Messer vom Rücken lösen und nach und nach zum Schwanz hin abziehen.

2 So viele feine Häute wie möglich entfernen.

3 Den dünnen Schwanzteil abtrennen.

4 Kleine Einschnitte im Fleisch anbringen und mit den Knoblauchhälften und Rosmarinnadeln füllen.

FÜR 6 PERSONEN
ZUBEREITUNG: 20 MIN. - **GARZEIT:** 5 MIN. PRO 500 G

UTENSILIEN: Schneidebrett und Kochmesser
Schmortopf

ZUTATEN
1 kg Seeteufelschwanz
6 Knoblauchzehen, abgezogen und halbiert
1 Stängel Rosmarin, abgezupft
50 g Mehl - 50 g Butter - 4 EL Olivenöl
Zitronenscheiben - Salz und Pfeffer aus der Mühle

5 Das Fleisch mit Küchengarn wie Tournedos binden (s. S. 152).

6 Mit Salz und Pfeffer würzen, in etwas Mehl wenden und abklopfen.

7 Die Butter und das Öl in dem Schmortopf erhitzen und den Braten hineingeben. Von allen Seiten goldbraun anbraten.

8 In den auf 200 °C vorgeheizten Backofen stellen und 5 Minuten pro 500 g Gewicht garen, dabei mehrfach mit dem Bratensaft übergießen.

Fischsteaks
GRILLEN

SCHWIERIGKEITSGRAD:

UTENSILIEN: gusseiserne Grillpfanne - ofenfeste Form

■ Diese Garmethode ist für Thun- und Schwertfisch geeignet. ■

1 Das Steak für etwa 60 Minuten in eine Marinade legen (s. S. 115), abtupfen und in die heiße Grillpfanne legen.

2 Etwa 30 Sekunden anbraten, um 90 Grad drehen und weitere 30 Sekunden anbraten. Wenden und den Vorgang auf der anderen Seite wiederholen.

3 Das Steak in eine Gratinform geben und mit der Marinade bestreichen.

4 Im Backofen etwa 4 Minuten bei 170 °C fertiggaren.

Rotbarben grillen

SCHWIERIGKEITSGRAD:

UTENSILIEN: gusseiserne Grillpfanne

Tipp

DIE ROTBARBEN IN DER PFANNE erst bewegen, wenn sich ihre Haut von selbst von den Rippen löst.

1 Die ausgenommenen und geschuppten Rotbarben für etwa 60 Minuten in eine Marinade legen (s. S. 115).

2 Abtropfen lassen und mit Salz und Pfeffer würzen. In die heiße Grillpfanne legen. 3 Minuten grillen, zwischendurch um 90 Grad drehen.

3 Die Fische vorsichtig wenden und auf der anderen Seite auf die gleiche Weise grillen.

4 Auf einen Teller geben, mit Olivenöl beträufeln und mit Zitronenscheiben und einigen Basilikumblättern servieren.

Hechtklößchen

SCHWIERIGKEITSGRAD: ♛♛♛

FÜR 1,5 KG ODER ETWA 30 KLÖSSCHEN À 50 G

ZUBEREITUNG: 40 MIN.

GARZEIT: 6 MIN. - **KÜHLZEIT:** 3 STD.

UTENSILIEN: Passiersieb - Sauteuse

ZUTATEN

500 g Hechtfilet ohne Haut - 1 Eigelb + 2 Eiweiß
150 g weiche Butter + 60 g Butter, zerlassen
Salz und Pfeffer aus der Mühle (oder Cayennepfeffer)

Für die Panade: 250 ml Milch
100 g Butter - 125 g Mehl, gesiebt - 4 Eier

■ Traditionell werden die Hechtklößchen mit Nantuasauce (s. S. 92) serviert. ■

1 Das Hechtfilet in Streifen schneiden und im Mixer mit dem Eigelb, dem Eiweiß und der weichen Butter glatt pürieren. Mit Salz und Pfeffer würzen.

2 Die Masse durch das Sieb in eine auf Eis stehende Schüssel streichen.

3 Die zerlassene Butter untermischen.

4 Für die Panade die Milch und die Butter in der Sauteuse zum Kochen bringen. Salzen.

5 Sobald die Milch kocht, die Sauteuse vom Herd nehmen und das gesamte Mehl unter kräftigem Rühren dazugeben.

6 Zurück auf den Herd stellen und bei niedriger Temperatur unter ständigem Rühren abbrennen, bis die Konsistenz glatt ist. Abkühlen lassen.

7 In eine Schüssel geben und die Eier nacheinander untermischen.

8 Die Panade mit der Hechtmasse vermengen. Mit Frischhaltefolie abdecken und für 3 Stunden in den Kühlschrank stellen.

9 Salzwasser zum Sieden bringen. Mit einem angefeuchteten Löffel etwas von der Masse abstechen und zwischen zwei Löffeln mit leichtem Druck hin und her schieben, bis sie zu einer Nocke geformt ist.

10 Die Klößchen in dem siedenden Wasser 6 Minuten pochieren, dabei nach der Hälfte der Zeit umdrehen. Mit einer Schaumkelle herausheben und auf einem Küchentuch abtropfen lassen.

Kaisergranat
KÜCHENFERTIG VORBEREITEN

SCHWIERIGKEITSGRAD:

UTENSILIEN: Kochmesser

Tipp

DIE AUCH SCAMPI genannten Krustentiere sind besonders empfindlich. Sie werden entweder lebend auf Eis transportiert und verkauft oder noch auf dem Fangschiff in Meerwasser gegart. Frischer Kaisergranat muss festes, transparentes Muskelfleisch haben und darf nicht die Spur von Ammoniakgeruch aufweisen.

1 Den Kopf abtrennen.

2 Den Schwanzpanzer seitlich zusammendrücken, bis er auf der Unterseite aufbricht.

3 Vorsichtig mit beiden Händen auseinanderziehen und das Fleisch herauslösen.

4 Die Scampi am Rücken entlang leicht einschneiden, um den Darm freizulegen.

5 Den Darm mithilfe der Messerspitze entfernen.

6 Die Kaisergranatschwänze sind küchenfertig und können sautiert werden. Die Köpfe für die Herstellung einer amerikanischen Sauce, eines Krustentierfonds (s. S. 98 bzw. 90) verwenden.

Flusskrebse
VOM DARM BEFREIEN

SCHWIERIGKEITSGRAD:

■ Diese Technik, auch Chatrieren genannt, wird in Frankreich traditionell für die Rezepte auf S. 92 bzw. 596 angewendet. Sie soll den Geschmack der Krustentiere verbessern. In Deutschland verlangt die Tierschutz-Schlachtverordnung, die Krebse vorher in reichlich kochendem Wasser zu töten. ■

1 Die Flusskrebse sorgfältig waschen. Einen Krebs in die Hand nehmen und die mittlere Schwanzschuppe nach oben abdrehen.

2 Vorsichtig mit dem anhängenden bitteren Darm herausziehen.

Hummer
IN TRANCHEN SCHNEIDEN

SCHWIERIGKEITSGRAD: 🎩

UTENSILIEN: Schneidebrett und Kochmesser

■ In Deutschland verlangt die Tierschutz-Schlachtverordnung, den Hummer zunächst in reichlich kochendem Wasser zu töten. ■

1 Den Kopf spalten. Den Schwanz abtrennen und das Innere des Kopfteils säubern (s. S. 357, Schritt 5).

2 Den Hummerschwanz in etwa 2 cm dicke Tranchen schneiden.

Hummer
ZUM GRILLEN HALBIEREN

SCHWIERIGKEITSGRAD:

UTENSILIEN: Schneidebrett und großes Messer

Tipp

DEN HUMMER vor dem Grillen mit etwas gesalzener Butter bestreichen (die Butter nach Belieben mit dem Hummerrogen oder Knoblauch anreichern). In Deutschland verlangt die Tierschutz-Schlachtverordnung, den Hummer vor dem Zerteilen in reichlich kochendem Wasser zu töten.

1 Den Hummer festhalten und mit dem Messer hinter dem Kopf in Längsrichtung durchstechen.

2 Das Messer von der Klingenspitze aus nach unten drücken, um den Kopf zu spalten.

3 Den Hummer in die entgegengesetzte Richtung drehen und den hinteren Körperteil halbieren.

4 Die beiden Hummerhälften flach auf das Brett legen.

5 Den Magensack und die cremige Masse aus dem Hummerkopf entfernen. Den kostbaren Corail (den dunkelgrünen Rogensack) im Hummer belassen oder für eine Sauce verwenden.

6 Aus dem Schwanzteil den Darm entfernen.

Jakobsmuscheln
ÖFFNEN UND VORBEREITEN

SCHWIERIGKEITSGRAD:

UTENSILIEN: Austernmesser - Kochmesser

1 Eine Muschel in die durch ein Tuch geschützte linke Hand nehmen. Das Austernmesser zwischen der flachen und der runden Seite vorsichtig ansetzen.

2 Die Klinge einführen und mit leichtem Sägeschnitt an der flachen oberen Schale entlangfahren, um den Schließmuskel zu durchtrennen.

3 Die obere Schale vorsichtig abnehmen.

4 Den grauen Bart und den schwarzen Magensack entfernen. Den Bart beiseitelegen.

5 Die Nuss und den Corail (Rogensack) mit einem Löffel aus der unteren Schale lösen.

6 Den Corail sauber parieren.

7 Die Nuss von dem festen Bindegewebe befreien.

8 Nuss und Corail rasch abspülen.

9 Beides sorgfältig trockentupfen.

10 Die Muschelbärte und die Parüren für die Herstellung eines Krustentierfonds (s. S. 90) verwenden.

Schaumfarce
von Jakobsmuscheln

SCHWIERIGKEITSGRAD: ♟♟

FÜR 1 KG SCHAUMFARCE

ZUBEREITUNG: 20 MIN.

ZUTATEN

500 g ausgelöste Jakobsmuscheln - 1 Eiweiß - 400 ml flüssige Schlagsahne, gut gekühlt
80 g Butter, zerlassen - Salz, Pfeffer aus der Mühle oder Cayennepfeffer

UTENSILIEN: Küchenmaschine - weicher Spatel

1 Die Jakobsmuscheln in die Küchenmaschine geben.

2 Fein pürieren. Das Eiweiß bei laufendem Motor durch die Deckelöffnung dazugeben.

3 Die Masse in eine kleine Schlagschüssel geben und in eine größere Schüssel mit Eiswürfeln stellen.

4 Mit dem Spatel kräftig durcharbeiten, dabei nach und nach die Sahne zugießen.

5 Auf die gleiche Weise die flüssige Butter einarbeiten.

6 Mit Salz und Pfeffer würzen und bis zur weiteren Verwendung auf Eis stehen lassen.

Tintenfische
KÜCHENFERTIG VORBEREITEN

SCHWIERIGKEITSGRAD: ♟♟♟

UTENSILIEN: Schneidebrett und Kochmesser

1 Von den Kalmaren die Flossen abtrennen und die dünne Haut von den Tuben abziehen.

2 Von den Flossen ebenfalls die Haut abziehen.

3 Den Kopf herausziehen.

4 Den Kopf flach auf das Brett legen und unmittelbar hinter den Augen abschneiden, um das Kauwerkzeug und die am Kopf festsitzenden Innereien zu entfernen.

5 Das Fischbein lösen und herausziehen.

6 Die Tuben von innen nach außen kehren, um sicherzustellen, dass sie vollständig geleert sind.

7 Die Tuben, Tentakel und Flossen sorgfältig abspülen und auf Küchenpapier abtropfen lassen.

8 Die Tuben zum Ausbacken in Ringe schneiden.

9 Zum Braten je nach Größe der Tintenfische Streifen oder Rechtecke schneiden. (In dicke Streifen bzw. Rechtecke mit einem kleinen spitzen Messer ein Rautenmuster ritzen).

10 Für eine Füllung die Tentakel und die Flossen hacken und unter die Farce mischen.

Miesmuscheln
SÄUBERN

SCHWIERIGKEITSGRAD:

UTENSILIEN: stumpfes Messer · Passiersieb · Schaumkelle

▪ Die Muscheln müssen absolut frisch sein und gründlich gesäubert werden. ▪

1 Die Muscheln mit einem stumpfen Messer abkratzen und von Seepocken und Kalkresten befreien. Die Bärte (Haftfäden) zum spitzen Ende hin abziehen.

2 Die Muscheln in einer Schüssel mit kaltem Wasser waschen. Gründlich durchrühren und das Wasser mehrfach wechseln, bis es klar bleibt.

3 Die Muscheln aus dem Wasser nehmen und in ein Sieb geben. Sand lagert sich am Schüsselboden ab.

4 Beschädigte und weit geöffnete Muscheln wegwerfen. Leicht geöffnete Muscheln etwas zusammendrücken: Wenn sie daraufhin die Schalen nicht wieder schließen, ebenfalls aussortieren.

Rohe Miesmuscheln
ÖFFNEN

SCHWIERIGKEITSGRAD:

UTENSILIEN: kleines stumpfes Messer oder Austernmesser
▪ Wie Austern sind auch rohe Miesmuscheln mit Zitronensaft oder einer Schalotten-Vinaigrette ein Genuss. ▪

1 Eine Muschel mit der flachen Seite nach oben und dem Scharnier nach vorn in die linke Hand nehmen. Ein kleines Messer zwischen die Schalen schieben.

2 Die Klinge an der oberen Schale entlangführen und den Schließmuskel durchtrennen.

3 Das Messer zum Scharnier führen und den zweiten Muskel durchtrennen.

4 Die obere Schale aufklappen und abnehmen.

Miesmuscheln
IN WEISSWEIN

SCHWIERIGKEITSGRAD:

1 Die Muscheln mit den Schalotten und der Hälfte der Butter in den Schmortopf geben.

2 Den Weißwein angießen und das Kräutersträußchen hinzufügen.

3 Mit geschlossenem Deckel bei hoher Temperatur etwa 5 Minuten kochen, bis die Muscheln weit geöffnet sind, dabei den Topf zwei- bis dreimal kräftig schütteln.

4 Die Muscheln mit einer Schaumkelle aus dem Sud heben und jeweils die obere Schale entfernen. Ungeöffnete Muscheln wegwerfen.

FÜR 1 KG
ZUBEREITUNG: 10 MIN. - GARZEIT: 5 MIN.
UTENSILIEN: Schmortopf - Stieltopf

ZUTATEN
1 kg Miesmuscheln (oder eine andere Muschelart), küchenfertig vorbereitet (s. S. 364)
2 Schalotten, fein gewürfelt - 60 g Butter
100 ml Weißwein - 1 Kräutersträußchen
3 EL Petersilie, gehackt

5 Die Garflüssigkeit in den Stieltopf gießen, dabei darauf achten, dass Sand im Schmortopf zurückbleibt.

6 Die Flüssigkeit zum Kochen bringen, mit der restlichen Butter montieren und etwas Petersilie dazugeben.

7 Die Sauce über die Muscheln gießen.

8 Mit der restlichen Petersilie bestreuen.

Austern öffnen

SCHWIERIGKEITSGRAD:

UTENSILIEN: Austernmesser

1 Eine Auster mit der gewölbten Schale nach unten in die durch ein mehrfach gefaltetes Tuch geschützte linke (bei Linkshändern in die rechte) Hand legen und das Messer auf halber Höhe der rechten Seite ansetzen.

2 Die Klinge mit hebelnden Bewegungen und leichtem Druck zwischen die Schalenhälften schieben.

Tipp

WÄHREND DER LAICHZEIT IM SOMMER werden Austern nicht sonderlich geschätzt, denn ihr Fleisch wird weich und milchig weiß. Daher werden sie gelegentlich mit den Spéciales de claire verwechselt, die sich durch helles, aber festes Fleisch auszeichnen.

3 Das Messer entlang der oberen Schale zum Scharnier hin führen und den Schließmuskel durchtrennen.

4 Anschließend die obere Schale abheben. Das Wasser aus der unteren Schale abgießen, es kann Schalensplitter enthalten. Nach einiger Zeit bildet sich neues Austernwasser.

NUDELN, GETREIDE und HÜLSENFRÜCHTE

Inhalt

Gutes aus Körnern und Samen	372
Nudeln	380
Hülsenfrüchte	382
Reis	384
Getreide	385

NUDELTEIG HERSTELLEN	386
NUDELN SCHNEIDEN	387
BUNTE NUDELN HERSTELLEN	388
HALBMOND-RAVIOLI MIT RICOTTA-SPINAT-FÜLLUNG	389
TRIANGOLI & TORTELLINI	390
RAVIOLI MIT JAKOBSMUSCHELN (ERSTE METHODE)	392
RAVIOLI MIT JAKOBSMUSCHELN (ZWEITE METHODE)	394
GEFÜLLTE NUDELN GAREN	395
QUADRATISCHE RAVIOLI HERSTELLEN	396
KARTOFFEL-GNOCCHI HERSTELLEN	398
BULGUR GAREN	400
QUINOA GAREN	401
REIS-PILAW ZUBEREITEN	402
REIS GAREN NACH DER QUELLREISMETHODE	404
RISOTTO ZUBEREITEN	406
DINKELRISOTTO ZUBEREITEN	408
POLENTA ZUBEREITEN	410
POLENTA BRATEN	411
GETROCKNETE BOHNEN KOCHEN	412
LINSENSALAT AUF ASIATISCHE ART	414

Nudeln, Getreide & Hülsenfrüchte
GUTES AUS KÖRNERN UND SAMEN

Linsen, Bohnen, Kichererbsen, Reis, Weizen … die lange, bunte Reihe der Hülsenfrüchte und Körner liefert vielen Völkern ihre Grundnahrungsmittel und spielt in der einen oder anderen Form überall auf der Welt eine wichtige Rolle für die menschliche Ernährung. Viele Jahrhunderte lang kamen sie auch in Europa zu jeder Mahlzeit auf den Tisch.

Während Botaniker einen Unterschied zwischen Körnern und Hülsenfrüchten machen, nehmen es Küchenchefs und Hausfrauen nicht so genau: Sie schätzen die Vorzüge, die beide vereinen: Sie sind leicht zu verwenden und zuzubereiten und können vor ihrer Verarbeitung zu ebenso schmackhaften wie gesunden Speisen lange gelagert werden.

HÜLSEN MIT WERTVOLLEM INHALT

Hülsenfrüchte, botanisch als Leguminosen bezeichnet, sind die in Fruchthülsen herangereiften Samen von Pflanzen mit einer seltenen Eigenschaft: Im Gegensatz zu den meisten anderen Gewächsen reichern ihre Wurzeln den Boden mit Stickstoff an, anstatt ihm diesen Nährstoff zu entziehen. Daher sind Hülsenfrüchte insbesondere im ökologischen Landbau ein wichtiger Bestandteil der Fruchtfolge.

Die Pflanzen sind recht anspruchslos und brauchen nur wenig Dünger. Nach der Ernte halten sich die getrockneten Früchte problemlos ein Jahr und länger – vorausgesetzt, sie lagern kühl, dunkel und vor Insekten geschützt, die sich in alten Vorräten nur allzu gern einnisten.

GESUNDHEIT MIT TRADITION

Im früheren Jahrhunderten bildeten Hülsenfrüchte die Nahrungsgrundlage der Landbevölkerung. Man findet sie in zahlreichen überlieferten Rezepten wie Bauchspeck mit Linsen, dem südwestfranzösischen Cassoulet, einem Eintopf aus Fleisch und weißen Bohnen, oder Panisses, eine Art Pommes frites aus Kichererbsenmehl, die ursprünglich aus Ligurien stammen. Getrocknete Hülsenfrüchte sind vielfältig verwendbar. Manche halten sie für nicht mehr zeitgemäß oder für ein einfaches Arme-Leute-Essen. Andere dagegen schätzen sie als Bestandteil traditioneller, Leib und Seele wärmender Gerichte. Und immer mehr Konsumenten, die Wert auf eine gesunde und ausgewogene Ernährung legen, gelten Hülsenfrüchte als wahre Wundermittel, und das nicht ohne Grund.

Hülsenfrüchte enthalten sehr wenig Fett, sind aber reich an Ballast- und Mineralstoffen. Zusammen mit Getreide serviert, wie es etwa in der indischen Küche üblich ist, versorgen sie den Körper mit vielen pflanzlichen Proteinen. Darüber hinaus sind Linsen, Bohnen und Co. dank ihrer komplexen Kohlenhydrate eine hervorragende Energiequelle. Aus diesem Grund empfiehlt man sie Sportlern vor Wettkämpfen als Ernährungsgrundlage.

KOCHENDES WASSER UND GEDULD

Lange wurden getrocknete Hülsenfrüchte auf ganz einfache Art zubereitet. Zunächst müssen sie eingeweicht werden, in der Regel über Nacht in reichlich Wasser und an einem kühlen Ort, damit sie nicht keimen. Aus rein praktischer Sicht erreicht man damit, dass sich die Garzeit verkürzt, gleichzeitig wird aber auch die Verwertbarkeit der enthaltenen Nährstoffe erhöht. Nach dem Einweichen werden die Hülsenfrüchte abgespült und anschließend in viel Wasser gekocht. Die Garzeit variiert je nach Sorte und Alter – Linsen sind am schnellsten gar, Kichererbsen brauchen am längsten, Hülsenfrüchte, die lange gelagert wurden, brauchen länger als Produkte aus der neuen Ernte. Dazugegebene Kräuter wie Thymian, Lorbeer oder Salbei intensivieren den Geschmack und machen das Gemüse leichter verdaulich. Bisweilen wird empfohlen, dem Kochwasser Algen oder Natron beizugeben, damit die Hülsenfrüchte schneller weich werden. Wer einen Schnellkochtopf hat, kann ihn hier zum Einsatz bringen, so reduziert sich die Garzeit um etwa die Hälfte.

Gelegentlich werden Hülsenfrüchte auch als Püree serviert oder als Suppe zubereitet, wie beispielsweise die schwarze Bohnencremesuppe, die in Guatemala zu fast jeder Mahlzeit gehört.

Getrocknete Hülsenfrüchte haben im Allgemeinen keinen ausgeprägten Eigengeschmack. In der Regel schmecken sie mild und harmonieren wunderbar mit den verschiedensten Gewürzen und

Kräutern, deren Aromen sie aufnehmen. Man kann sie ohne Weiteres mit Fleisch und Gemüse als eigenständige Mahlzeit servieren und auf diese Weise allseits bekannte Rezepte verändern.

Das wiedererwachte Interesse an Hülsenfrüchten hat zur Entwicklung neuer Rezepte geführt, deren Zubereitung einfacher, vor allem aber weniger zeitaufwendig und damit den Zwängen des täglichen Lebens besser angepasst ist. So werden Sojabohnen zum Beispiel getrocknet und zu Flocken verarbeitet. Grob geschrotet, gedämpft und gewalzt sind sie natürlich weniger lange haltbar als in naturbelassenem Zustand.

Aus Flocken und frischen, in Juliennestreifen geschnittenen Gemüsen kann man Fladen formen und in etwas Fett braten – ein praktischer Snack für die Mittagspause oder für ein Picknick im Grünen, den auch Kinder sehr gerne mögen.

Die Flocken können auch unter Füllungen für Gemüse gemischt werden, eine Möglichkeit, die insbesondere Vegetarier gerne nutzen, um verschiedenen Zubereitungen etwas mehr Substanz zu verleihen.

Auch Produkte, für die Hülsenfrüchte zu feinem Mehl zerstoßen werden, spielen zunehmend eine Rolle. Das Mehl wird einfach mit Wasser angerührt und zum Binden flüssiger Zubereitungen verwendet. Besonders findige Köche verwenden es sogar zur Herstellung von Cremesuppen und Saucen.

Hülsenfrüchte in jeglicher Form findet man in Reformhäusern und Bioläden, und selbst Supermärkte stellen sich zunehmend auf den Trend ein und bieten eine breite Auswahl an.

ALLES GUTE AUS DER SOJABOHNE

Soja nimmt unter den Hülsenfrüchten eine Sonderstellung ein. Die Pflanze ist ursprünglich in Asien beheimatet und sowohl die Bohne selbst wie eine Vielzahl daraus hergestellter Produkte spielen dort in der traditionellen Ernährung schon lange eine wichtige Rolle. Inzwischen sind diese Erzeugnisse auch in Europa bekannt, was hauptsächlich der vegetarischen und veganen Küche zu verdanken ist, die beide immer mehr Anhänger finden.

Sojamilch und -sahne dienen als Ersatz für Kuhmilch. Im Allgemeinen wird »Milch« mit dem süßen weißen Getränk aus Kindertagen assoziiert, aber Sojamilch ist ein Gemisch aus fermentierten gemahlenen Sojabohnen und Wasser. Für die Herstellung von Sojasahne werden die Bohnen mit Wasser, Sonnenblumenöl und Weizensirup püriert.

Tofu, auch als Sojaquark oder -käse bezeichnet, ist dickgelegte Sojamilch, die als cremige und stichfeste Variante im Handel zu finden ist. Cremig (oder seidig) wird Tofu gerne als Sahneersatz verwendet, lässt sich aber nicht steif schlagen. Wird das geschmacksneutrale Produkt in schnittfester Form in Säften oder aromatischen Saucen mariniert, nimmt es deren Aromen auf. Tofu ist ausgesprochen proteinreich und wird von Vegetariern häufig als Fleisch- und Wurstersatz verwendet.

Marinierter Tofu kann gegrillt, gebraten und geschmort werden. Frisch und naturbelassen passt er ausgezeichnet zu einer leichten, kalorienarmen Salatmahlzeit, die er mit wertvollen Nährstoffen anreichert.

Darüber hinaus wird in Asialäden Miso angeboten, eine Paste aus vergorenen Sojabohnen. In Europa kennt man sie hauptsächlich als Bestandteil der japanischen Miso-Suppen. Dank ihrer kräftigen Aromen und ihres hohen Proteingehalts ist die Paste ein perfektes Würzmittel, um bestimmten Saucen einen kräftigeren Geschmack und eine asiatische Note zu verleihen.

IST SOJA GUT FÜR DIE GESUNDHEIT?

Der Verzehr von Sojaprodukten wird häufig wegen ihrer gesundheitsfördernden Eigenschaften empfohlen. So sollen sie den Cholesterinspiegel senken, vor frauenspezifischen Krebserkrankungen schützen und zur Bekämpfung von Übergewicht beitragen. Aber Wissenschaftler weisen auch auf den hohen Anteil an Isoflavonen hin, die ähnlich wie Östrogen wirken und störend in den Hormonhaushalt von Frauen wie Männern eingreifen können. Außerdem gehören Sojabohnen zu den landwirtschaftlichen Erzeugnissen, die zunehmend genmanipuliert werden, daher auf kontrolliert ökologische Herkunft achten. Dann dürfte der Verzehr von Sojaprodukten im Rahmen einer abwechslungsreichen und ausgewogenen Ernährung eher vorteilhaft als schädlich sein.

GETREIDE – EINE WERTVOLLE PROTEINQUELLE

In vielen traditionellen Küchen besteht eine ausgewogene Mahlzeit im Idealfall zu einem Drittel aus Hülsenfrüchten und zu zwei Dritteln aus Getreide. Ein typisches Beispiel dafür ist das indische Dhal, ein Gericht aus Linsen oder anderen Hülsenfrüchten und Reis. Auch andere kulinarische Traditionen befürworten derartige Zusammenstellungen, ohne allerdings die Proportionen genau festzulegen. So gelten in den Maghreb-Ländern beispielsweise Weizengrieß und Kichererbsen als Basis für ein Couscous, während Reis und Tofu fester Bestandteil asiatischer Gerichte sind.

Hülsenfrüchte und Getreide werden unter dem Begriff »stärkehaltige Lebensmittel« zusammengefasst. Seit Beginn der 1970er-Jahre wird in den westlichen Ländern zunehmend empfohlen, deren Konsum einzuschränken, mit der Begründung, ihr Gehalt an Kohlenhydraten sei in erheblichem Umfang für die Entstehung von Übergewicht verantwortlich. Dennoch ist Brot – überwiegend aus Weizenmehl gebacken – ein wesentlicher Bestandteil der Ernährung und darf für viele Menschen bei keiner Mahlzeit fehlen.

CEREALIEN MACHEN MUNTER

In den westlichen Ländern ist in der Regel das Frühstück die Mahlzeit mit dem höchsten Getreideanteil.

Nicht jedes Getreide eignet sich für die Brotherstellung. Backfähiges Getreide zeichnet sich durch einen hohen Gehalt an Gluten aus, das zusammen mit Wasser einen Brotteig aufgehen lässt und dafür sorgt, dass der Laib nach dem Backen seine Form behält. Für die Herstellung von Brot und Gebäck ist Weizen das wichtigste Getreide.

Aufgrund seines Nährwertes ist Getreide insbesondere für Kinder ein unverzichtbarer Energielieferant. Der menschliche Körper kann es gut verwerten und es ist schwer, darauf zu verzichten: Butterbrote, Teilchen, Zwieback, Kekse, mit Schokolade überzogene Getreideriegel oder, für den Verzehr mit Milch, Flocken, Porridge, Müsli und knusprig geröstete, mit Honig gesüßte Getreideflocken – jede Vorliebe wird bedient.

Getreide kann man auch in flüssiger Form zu sich nehmen, beispielsweise als Hafermilch, pur oder mit Kakao aromatisiert, oder als kaffeeähnliches Getränk auf der Basis von Gerste, Malz und Roggen.

Zwar lässt sich nicht aus jedem Getreide Brot backen, aber aus den meisten Körnern kann man problemlos Riegel oder Kekse herstellen – die ideale Grundlage für Pausensnacks gegen den kleinen Hunger zwischendurch.

INKAREIS UND WUNDERKORN DER AZTEKEN

Quinoa und Amaranth sind sogenannte Pseudogetreide und gehören zur Familie der Gänsefuß- bzw. Fuchsschwanzgewächse. Sie sind glutenfrei und daher nicht backfähig, aber ausgesprochen reich an wertvollen Nährstoffen und Proteinen. Mittlerweile sind sie fester Bestandteil der vegetarischen und der Vollwertküche, auch Detox-Diäten nutzen die basenbildende Wirkung der Körner, die sich ebenso leicht zubereiten lassen wie Weizen oder Reis. Für das Frühstück werden Quinoa und Amaranth auch als Flakes oder gepoppt angeboten. Die weltweit gestiegene Nachfrage nach Quinoa und Amaranth führt allerdings auch zu immer höheren Preisen.

MEHL, MILCH UND FLOCKEN

Abgesehen von Reis und neuerdings auch Quinoa, die sich zunehmender Beliebtheit erfreut, wird Getreide bei uns nur selten in unverarbeiteter Form verzehrt. Wenn es nicht als Mehl Verwendung findet, kommt es in Form von Grieß, Grütze, Schrot oder Flocken auf den Teller, die häufig ähnlich wie Hülsenfrüchte zubereitet werden.

Von alters her dient Getreide, insbesondere Gerste, auch als Grundlage für die Bierherstellung. Ein noch recht neuer Trend ist hingegen die Produktion pflanzlicher Milchgetränke auf der Basis von Getreidekörnern, vor allem Hafer. In Wasser eingeweicht, anschließend gekocht, dann mit reinem Wasser sehr fein püriert und anschließend gefiltert, ergeben die Körner ein gesundes, relativ neutral schmeckendes Getränk als Ersatz für Kuhmilch. Eine Alternative für alle, die sich möglichst fettarm oder einfach nur abwechslungsreicher ernähren möchten, aber auch eine gute Option für Menschen mit Laktose-Intoleranz.

Im Handel sind auch Produkte erhältlich, zum Beispiel auf der Basis von feinst vermahlenem Reismehl, die von der Konsistenz her an Sahne erinnern und in der Küche wie diese verwendet werden können, etwa zum Andicken flüssiger Massen, Suppen und Saucen.

Dennoch bleibt das Mehl wohl das am meisten hergestellte und verwendete Getreideerzeugnis, insbesondere die backfähigen Sorten. Doch auch in Form von Grieß (relativ fein zerstoßene Körner) und als Flocken finden Körner in unserer Ernährung Verwendung.

ENERGIE PUR

Lange galten Getreideprodukte im kollektiven Bewusstsein in erster Linie als sättigende Beilage für hungrige Mägen. Dabei sind Cerealien nicht nur Sattmacher, sondern gute Energiespender, die für die Entwicklung eines gesunden Organismus unverzichtbar sind. Um so bedauerlicher, dass sie heute so in Verruf geraten sind und manche von ihnen nur als Viehfutter Verwendung finden.

Getreide ist reich an komplexen Kohlenhydraten (Stärke), Proteinen, Mineral- und Ballaststoffen. Es enthält nur wenig Fette, die allerdings hochwertig und gesundheitsförderlich sind. Die Fette stecken hauptsächlich in den Keimen der Körner, aus denen auch Öl gepresst wird (Mais- oder Weizenkeimöl, das nicht nur in der Küche, sondern auch in der Kosmetikindustrie verwendet wird).

Im Hinblick auf den gesundheitlichen Nutzen – aber auch auf den Geschmack – empfiehlt es sich, gebleichtes Mehl und raffinierte Getreideprodukte links liegen zu lassen und möglichst zu Vollkornerzeugnissen zu greifen. Sie enthalten die dunkleren Randschichten des Korns und damit viele wichtige Nährstoffe. Leider können sie auch Rückstände von Pflanzenschutzmitteln enthalten, daher ist es ratsam, zertifizierten Bio-Erzeugnissen den Vorzug zu geben.

Unter allen Getreidesorten spielen zwei eine ganz besondere Rolle: Reis, der als ganzes Korn verzehrt wird, das Grundnahrungsmittel in Asien, und Weizen, der Rohstoff für Brot und Nudeln in den westlichen Kulturen.

SEITAN – KONZENTRIERTES PROTEIN

Seitan, ein Fleischimitat aus Weizeneiweiß, ist eine meist bräunliche, geschmacksneutrale Masse mit leicht gummiartiger Konsistenz. Trotz dieser zunächst nicht sonderlich appetitanregenden Eigenschaften lässt sich Seitan in Verbindung mit Würzmitteln und Saucen zu ausgesprochen schmackhaften Speisen verarbeiten. Man kann es fertig kaufen, aber auch relativ leicht selber herstellen: Weizen- oder Dinkelmehl wird mit Wasser verknetet und anschließend in mehrfach gewechseltem frischem Wasser ausgewaschen, um die Stärke zu entfernen. Zurück bleibt das wasserunlösliche Weizeneiweiß Gluten, das neben vielen Proteinen auch Eisen und Vitamine wie B2 enthält. Es wird mit Gewürzen in viel siedendem Wasser lange gegart. Das vor über 1000 Jahren von buddhistischen Mönchen als Grundnahrungsmittel entwickelte Produkt dient heute in der vegetarischen und veganen Küche als Fleischersatz.

TEIGWAREN, RAFFINIERT UND EINFACH

Für die Herstellung von Teigwaren wird Weizenmehl oder Hartweizengrieß mit Wasser und Salz verknetet. Manchmal kommen Eier, Kräuter und andere Aromazutaten dazu (in Eiernudeln müssen mindestens 140 g ganze Eier oder Eigelb je Kilogramm Weizenmehl enthalten sein). Anschließend wird der Teig geformt und getrocknet. Der Vorgang ist relativ einfach, mit etwas Übung kann man die originellsten Formen kreieren. Teigwaren waren schon in Mesopotamien, im China der Han-Dynastie und im Alten Rom bekannt – im Kochbuch des Apicius aus der römischen Kaiserzeit wird bereits eine Art Lasagne erwähnt. Wer sie wirklich erfunden hat, liegt im Dunkel der Geschichte. Ihr Platz in den nationalen Mythen jedoch und kulinarischer Patriotismus führen immer wieder zum Streit – alle Beteiligten beanspruchen die Erfindung für sich.

Früher war man in dieser Hinsicht großzügiger. So brachte der venezianische Kaufmann Marco Polo bei seiner Rückkehr aus

China einige neue Nudelsorten und Rezepte mit, die bei seinen italienischen Landsleuten neues Interesse an Pastagerichten aufkommen ließen.

In Europa wurden Teigwaren früher wie heute aus Weizen, Hartweizen, Dinkel oder aus Buchweizen hergestellt. Für frische Pasta, wie man sie auch zu Hause herstellt, findet in erster Linie Weizenmehl Verwendung. In Asien bestehen Nudeln hauptsächlich aus Reismehl, teilweise aber auch aus Weizen oder Buchweizen.

Im Mittelalter lagerte man getrocknete Teigwaren mitunter recht lange. Zwei bis drei Jahre waren nicht ungewöhnlich. Damit kam ihnen große Bedeutung zu in einer Gesellschaft, die in ständiger Angst vor schlechten Ernten und Nahrungsmittelknappheit lebte und die darüber hinaus kaum Konservierungsmöglichkeiten kannte. Auch heute sind getrocknete Teigwaren aufgrund ihres Wassergehalts von unter 12 % mindestens ein Jahr lang haltbar, wenn sie trocken, kühl und dunkel gelagert werden.

Teigwaren lassen sich sehr gut dem regionalen Geschmack anpassen. Im Elsass, in der Schweiz und in Süddeutschland liebt man Spätzle, die zu den Eier-Teigwaren gehören. Der Teig wird über einem Topf mit kochendem Salzwasser von einem nassen Brett geschabt oder durch ein Lochblech gedrückt. Je nach Konsistenz des Teiges werden die Spätzle lang und dünn oder kurz und dick. Eine Spezialität aus Savoyen sind die Crozets, kleine Nudelquadrate aus Buchweizenmehl, die langsam an der Luft trocknen und die auf diese Weise einen sehr intensiven Geschmack entwickeln. Kleine Teigtaschen in Form von Kissen oder pausbäckigen Monden, gefüllt mit Gemüse, Fleisch oder Käse, heißen in Japan Gyoza, in Italien Ravioli, in der Dauphiné Ravioles und in Polen Piroggen.

TEIGWAREN KOCHEN

Für das Kochen von Teigwaren gibt es viele Empfehlungen, aber wichtig ist, dass sie in einen ausreichend großen Topf mit viel kochendem Salzwasser gegeben werden, um wegen der enthaltenen Stärke nicht aneinanderzukleben. Sie werden ohne aufgelegten Deckel gegart und dabei regelmäßig umgerührt. Die von Art und Größe der Teigwaren abhängige Garzeit zählt erst ab dem Zeitpunkt, zu dem das Wasser wieder sprudelnd zu kochen beginnt. Der berühmte französische Schriftsteller Alexandre Dumas, der neben seinen Romanen auch ein Wörterbuch der Kochkunst verfasst hat, bezeichnete das Kochen von Nudeln als eine Sache des Gefühls.

Häufig wird empfohlen, dem Kochwasser einen Schuss Öl, vorzugsweise Olivenöl beizugeben. Das ist absolut unsinnig, denn das Öl vermischt sich nicht mit dem Wasser und stört den Garprozess. Dagegen empfiehlt es sich, die heißen Nudeln nach dem Abtropfen sofort in etwas Öl oder Butter zu schwenken, damit sie nicht zusammenkleben.

Teigwaren sollten nur kurz abtropfen, etwas Kochwasser sollte haften bleiben, denn die enthaltene Stärke bindet die Sauce und macht sie cremiger. Manche schwören darauf, ein bis zwei Löffel Kochwasser aufzufangen und unter die jeweilige Sauce zu rühren, um ihr etwas mehr Konsistenz zu verleihen. Wie bereits erwähnt, empfiehlt es sich, Teigwaren zusammen mit Hülsenfrüchten zu verzehren, aber traditionsgemäß werden sie eher zu Fleischragouts serviert oder sind mit der dazu gereichten Sauce (beispielsweise Tomaten-, Fleisch- oder Pilzsauce) und geriebenem Käse ein eigenständiges Gericht.

In Italien wird die »al dente« gegarte und kurz abgetropfte Pasta in die kochend heiße Sauce gegeben. In Frankreich dagegen vermischt man Teigwaren und Sauce in der Regel erst bei Tisch. Es ist schwierig, Nudeln heiß zu servieren, ohne dass sie zusammenkleben.

GLUTEN UND UNVERTRÄGLICHKEITEN

Die Umweltverschmutzung ist für das vermehrte Auftreten von Glutenallergie und -unverträglichkeit mitverantwortlich. Dazu kommt Zöliakie, eine genetisch bedingte Glutenunverträglichkeit, die aufgrund der gestörten Nährstoffaufnahme zu schwerem Eisen- und Calciummangel führen kann. Um Beschwerden zu vermeiden, muss vollständig auf den Verzehr glutenhaltiger Lebensmittel verzichtet werden. Für das Wohlbefinden der Betroffenen ist es wichtig, auf eine qualitativ hochwertige, nährstoffreiche Ernährung ohne raffinierte Produkte wie Weißmehl und -brot, die kaum Ballast- und Mineralstoffe enthalten, zu achten und die täglichen Mahlzeiten auf mehrere kleine Portionen zu verteilen.

Deshalb werden sie beispielsweise in den USA häufig als Gratin zubereitet. In Japan schätzt man Ramen, Nudeln aus Weizenmehl, nach denen auch die köstlichen Suppen benannt sind, die in der japanischen Esskultur zu den wichtigsten Gerichten gehören und dort in zahlreichen Stehimbissen verkauft werden. Sogar in Europa erfreuen sich auf Ramen spezialisierte Restaurants inzwischen wachsender Beliebtheit.

GESUNDES ESSVERGNÜGEN

Teigwaren schmecken gut, aber dass sie auch zu den gesunden Nahrungsmitteln zählen, wird weniger beachtet – wahrscheinlich, weil ihr Nährwert am Ende von der dazu gereichten Sauce abhängt. Die Nudel selbst ist reich an komplexen Kohlenhydraten, die die Leistungsfähigkeit fördern. Aus diesem Grund essen die Teilnehmer des New-York-Marathons am Vorabend der Veranstaltung eine ordentliche Portion Pasta.

Lange haben die Italiener den übrigen Europäern vorgeworfen, Teigwaren zu weich zu garen. Aber seit bekannt ist, dass bissfest gekochte Nudeln gesünder sind, weil sie langsamer verdaut werden, kommt Pasta auch außerhalb Italiens öfter »al dente« auf den Tisch.

In der gehobenen Gastronomie waren Teigwaren bis in die 1970er-Jahre verpönt – sie galten als zu simpel und zu sättigend. Auch das hat sich grundlegend geändert.

GESCHMACK UND FORMEN

Heute gibt es nicht nur frische Nudeln im Kühlregal, auch bei der getrockneten Pasta tut sich einiges. Die Hersteller bringen ständig neue Sorten auf den Markt. Ende der 80er-Jahre hat die französische Firma Panzani® sogar namhafte Designer wie Philippe Starck, den Erfinder der Mandala-Nudel, mit der Kreation neuer Formen beauftragt.

Der hohe Glutengehalt sorgt dafür, dass sie elastisch und weich sind und sich im Kochwasser nicht verformen. Dabei sind Teigwaren aus Hartweizengrieß wesentlich formbeständiger als Nudeln aus Weichweizen- oder aus Reismehl, die vorwiegend in Form von Spaghetti oder Bandnudeln hergestellt werden.

Die Form der Teigwaren wird nicht nur aus ästhetischen Gründen, sondern auch der beabsichtigten Zubereitung entsprechend gewählt. So eignen sich kleine Sorten wie Sternchen und Buchstaben oder reisförmige Nudeln perfekt als Einlage für Brühe und Suppe. Röhrennudeln mit geriffelter Oberfläche wie Rigatoni nehmen viel flüssige Sauce auf, während Spiralnudeln wie Fusilli und Rocchetti ideale Begleiter für cremige Saucen mit viel geschmolzenem Käse sind.

Längst hat die Pasta den Aufstieg von den einfachen Spaghetti Bolognese aus Studententagen auf den sonntäglich gedeckten Esstisch geschafft. Nudeln selbst zu machen ist gar nicht schwer und mithilfe von Spinat und Karotten, selbst mit Curaçao, kann man ihnen alle möglichen Farben verleihen.

Aufgrund ihrer Vielfalt passen Teigwaren zu fast allen Gerichten. Selbst eine neue Interpretation von Risotto ist möglich: Dafür werden kleine Nudeln nur in so viel Wasser gegart, wie sie vollständig aufnehmen können, und anschließend mit geriebenem Parmesan gemischt. Auch für Desserts kann man anstelle von Reis Nudeln verwenden.

REIS HAT VIELE GESICHTER

Reis ist das Grundnahrungsmittel für einen großen Teil der Weltbevölkerung. Dabei unterscheiden sich die Küchen des asiatischen Kontinents erheblich voneinander. Außer Reis haben Biryani (indisches Reisgericht), Sushi und Nasi Goreng nicht viel miteinander gemein. Auch in Nord- und Lateinamerika sowie in Europa wird häufig Reis verzehrt.

Der Anbau ist nur unter bestimmten Bedingungen möglich: Die Reispflanze gedeiht ausschließlich in tropischen und subtropischen Zonen, weil sie viel Licht, Wärme und Feuchtigkeit benötigt. In den Hauptanbaugebieten lässt die Mechanisierung der Landwirtschaft bis heute auf sich warten.

Im Gegensatz zu anderen Getreidesorten wird Reis zumeist in seiner ursprünglichen Form als ganzes Korn verzehrt. Daneben gibt es aber auch das nicht backfähige Reismehl, aus dem Teigwaren hergestellt werden, Reismilch sowie Reissahne, die sich sogar aufschlagen lässt. Und nicht zu vergessen Puffreis – eine in Milchschokolade gehüllte Kindheitserinnerung.

BRAUN, WEISS ODER PARBOILED?

Weltweit kennt man heute 8000 Reissorten, die je nach Form (Lang- oder Rundkorn), Anbaugebiet (Basmati) und Geschmack (Jasminreis) in mehrere große Gruppen unterteilt werden.

In der Küche wird Reis hinsichtlich seiner Haltbarkeit, Garzeit und besonderer ernährungsphysiologischer Eigenschaften noch spezieller klassifiziert.

BRAUNER ODER VOLLKORNREIS

Die Reiskörner werden nach der Ernte nur von ihrer harten Außenschicht befreit und behalten Keim und Silberhaut. Auf diese Weise bleiben wertvolle Mineralien, B-Vitamine, Ballaststoffe und Antioxidantien erhalten. Vollkornreis hat eine Garzeit von mindestens 45 Minuten und ist nicht lange haltbar. Sein feines nussiges Aroma kommt zum Beispiel in Salaten gut zur Geltung. Da sich in der Silberhaut Pflanzenschutzmittel ablagern können, ist es ratsam, Reis aus biologischem Anbau zu verwenden.

WEISSER REIS

Die Körner werden nicht nur von Keim und Silberhaut befreit, sondern anschließend auch noch poliert, bis sie ein gleichmäßig perlmuttfarbenes Äußeres aufweisen. Auf diese Weise geht ein Großteil der Nährstoffe verloren. Allerdings können die zarten Körner ausgesprochen lange gelagert werden. Zu den beliebtesten Sorten gehören der für ein Risotto unverzichtbare Rundkornreis Arborio und die Duftreis-Varianten der asiatischen Küchen: Jasmin-, Thai- und Basmatireis. Weißer Reis hat eine Garzeit von etwa 20 Minuten; noch schneller geht es, wenn man die Körner vorher abspült oder einweicht.

ROT UND SCHWARZ

Zum Vollkornreis zählen auch einige seltene rote und schwarze Sorten. Roter Reis kommt aus dem Himalaya, aus Afrika, aber auch aus der Camargue. Der chinesische »Glücksreis« hat ebenso wie der Nerone aus dem Piemont schwarze Körner. Roter und schwarzer Reis haben einen zart-nussigen Geschmack und sind ausgesprochen nährstoffreich. Ihre auffällige Farbe macht sie zu einer dekorativen Beilage.

WILDREIS

Der allseits beliebte Wildreis wird zwar zu den Getreidearten gezählt, ist aber botanisch gesehen nur ein entfernter Verwandter der Kulturpflanze Reis.

Wildreis wird in Kanada und den USA im Gebiet der Großen Seen kultiviert. Das auf natürliche Weise wachsende Wassergras ist sehr widerstandsfähig und benötigt keine Pflanzenschutzmittel. Seine Beliebtheit beruht auf seinem kräftigen Geschmack und der bissfesten Konsistenz. Wildreis ist reich an Proteinen und Ballaststoffen und wird von Feinschmeckern und gesundheitsbewussten Konsumenten gleichermaßen geschätzt.

PARBOILED-REIS

Die Reiskörner werden vor dem Schälen und Polieren zunächst eingeweicht, dann mit heißem Wasserdampf behandelt und anschließend getrocknet. Durch dieses Verfahren werden die im Keim enthaltenen Vitamine und Mineralstoffe ins Innere des Korns gepresst. Daher ist Parboiled-Reis ernährungsphysiologisch wertvoller als gewöhnlicher weißer Reis und hat außerdem eine kürzere Garzeit. Schnellkochreis ist vorgekochter und anschließend wieder getrockneter Reis, der innerhalb von wenigen Minuten gar ist.

ZWEI GARMETHODEN

Trotz der außerordentlichen Vielfalt der Sorten und ihrer Verwendung sind die Garmethoden sehr einfach. Im Grunde gibt es nur zwei Möglichkeiten: das Garen in viel Wasser und das Garen durch Absorption, als Wassermethode und Quellmethode bezeichnet. Von beiden Verfahren existieren verschiedene Varianten.

Bei der Wassermethode wird der Reis, wie der Name schon sagt, in reichlich kochendem Wasser gegart. Dabei braucht Parboiled-Reis nur wenige Minuten, Vollkornreis dagegen etwa 45 Minuten. Die Methode empfiehlt sich insbesondere für Wildreis und Vollkornreis. Man kann den Kochvorgang vorzeitig abbrechen und den Topf fest verschließen, sodass der Reis einen Teil des nach Belieben gewürzten oder aromatisierten Kochwassers absorbiert. Diese sehr einfache Technik hat den Vorteil, dass die Reiskörner voneinander getrennt im Kochwasser schwimmen und anschließend nicht zusammenkleben.

Das Garen im Dampf beruht auf demselben Prinzip. Dampfgegarter Reis hat ein einzigartiges Aroma, das er zum Teil seinem Garkorb verdankt. Vorher wird er lange eingeweicht, gegebenenfalls über Nacht, und anschließend in einer dünnen Schicht auf den mit einem Tuch ausgelegten Boden eines Bambuskorbs gegeben. Das Tuch sollte relativ locker gewebt sein, damit der Dampf gut durchziehen kann. Der Bambuskorb wird auf einen Topf mit kochendem Wasser gesetzt, und nach etwa 30 Minuten ist der Reis gar.

Die Quellreismethode ist genauso simpel, allerdings muss die Wassermenge der Reismenge entsprechend präzise abgemessen werden, da sie von den Körnern vollständig absorbiert werden soll. Gart man den Reis in einer gewürzten Flüssigkeit, bedarf der gegarte Reis keiner zusätzlichen Gewürze. Auch die Zubereitung in einem Reiskocher entspricht der Quellreismethode. Ein Reiskocher ist ein elektrisches Küchengerät, in dem Reis ohne weiteres Zutun gart. Das Gerät ist in Asialäden und zunehmend auch im Elektrofachhandel zu finden.

Die Quellreismethode wird auch für Risotto genutzt, in diesem Fall kommt allerdings die Flüssigkeit erst nach und nach dazu. Für die Zubereitung eines Risottos oder eines Pilaws werden die Reiskörner zunächst in etwas Fett unter ständigem Rühren glasig angeschwitzt.

Traditionell kam Reis vor allem als Beilage auf den Tisch, etwa zu Fisch und Frikassees. Heute glänzt er auch als Hauptdarsteller, etwa in einem Risotto, der trotz seiner Präzision erfordernden Zubereitung im Trend liegt, weil er der Kreativität großen Spielraum bietet. Vor allem im Sommer findet Reis zudem als Grundlage für Salate verschiedenster Art Verwendung. Zum Füllen von Gemüse kann er mit Hackfleisch vermischt werden oder das Fleisch vollständig ersetzen. Auch für süße Speisen bietet er sich an, etwa für Milchreis, dem geliebten Dessert aus Kindertagen. Eine Variante ist Reispudding: Nach dem Ausquellen in Milch wird der Reis mit verquirlten Eiern vermischt und auf einem Karamellspiegel im heißen Ofen im Wasserbad gebacken.

MUSS REIS GEWASCHEN WERDEN?

Das Waschen von Reis ist für die einen unbedingt erforderlich, für die anderen absolut unsinnig. Dabei werden die Körner in mehrfach gewechseltem Wasser gewaschen und mit den Händen aneinandergerieben, bis sich die überschüssige Stärke gelöst hat und das Wasser klar bleibt oder nur noch leicht trüb ist. Auf diese Weise sollen die Körner nicht nur von Unreinheiten und Staub befreit werden, sondern vor allem von der Stärke, damit der gekochte Reis schön locker wird. Und damit dürfte klar sein: Es gibt auf diese Frage keine allgemeingültige Antwort. Das Waschen erscheint sinnvoll, wenn das Rezept absolut trockenen und lockeren Reis verlangt; wird dagegen Klebreis gewünscht, dessen Körner gut zusammenhalten, ist davon abzuraten.

Nudeln

RAVIOLI AUS DER DAUPHINÉ

TAGLIATELLE

RAVIOLI

LASAGNE

SPÄTZLE

GNOCCHI

Reis

BASMATIREIS

LANGKORNREIS, PARBOILED

WILDREIS

WEISSER CAMARGUE-REIS

ARBORIO

Nudelteig
HERSTELLEN

SCHWIERIGKEITSGRAD: ♟♟

FÜR 1 KG

UTENSILIEN: Nudelmaschine

ZUTATEN
300 g Mehl - 300 g extrafeiner Hartweizengrieß
6 Eier - Salz

■ Extrafeiner Hartweizengrieß ist in italienischen Lebensmittelgeschäften erhältlich. ■

1 Mehl, und Grieß in die Rührschüssel der Küchenmaschine geben oder auf der Arbeitsfläche aufhäufen, salzen. Die Eier aufschlagen und dazugeben.

2 Alle Zutaten zu einem homogenen Teig verkneten. Bei Raumtemperatur 1 Stunde ruhen lassen.

3 Den Teig in acht Portionen teilen und jede durch die Nudelmaschine auf Stufe 1 (größter Walzenabstand) drehen. Nacheinander durch die nächsthöhere Einstellung drehen, bis Stufe 5 erreicht ist.

4 Die Streifen auf einem mit Grieß bestreuten Tuch ausbreiten. Vor dem Schneiden (s. S. 387) etwa 15 Minuten trocknen lassen.

Nudelteig schneiden

SCHWIERIGKEITSGRAD:

UTENSILIEN: Kochmesser - Nudelmaschine

1 Die Teigbänder zunächst in große Rechtecke teilen. Für Lasagne in 8 × 16 cm große Platten schneiden.

2 Für Fettuccine die Walzen der Nudelmaschine vor dem Durchdrehen der Teigbänder bemehlen. Die Nudeln auf einem Tuch oder hängend trocknen lassen.

3 Für Tagliatelle die Teigrechtecke zweimal falten.

4 In gleichmäßige Streifen schneiden. Auflockern und zum Trocknen flach auf ein Tuch legen oder zu Nestern formen und mit Grieß bestreuen.

Bunte Nudeln
HERSTELLEN

SCHWIERIGKEITSGRAD:

FÜR 1 KG

UTENSILIEN: Nudelmaschine

ZUTATEN
300 g Mehl - 300 g extrafeiner Hartweizengrieß
6 Eier - Salz

Für schwarze Nudeln: 4 EL Sepiatinte

Für grüne Nudeln: 1 Bund Basilikum
(oder 250 g Spinat, geputzt und gewaschen)

Für rote Nudeln: 3 EL Tomatenmark
¼ TL Piment d'Espelette

Für braune Nudeln: 2 EL getrocknete Steinpilze

1 Basilikum- oder Spinatblätter in einen Entsafter geben; Steinpilze im Mixer fein zerkleinern und das Pulver mit 50 ml heißem Wasser verrühren. Die jeweilige Mischung mit den Eiern verrühren und den Nudelteig herstellen (s. S. 386).

2 Auf diese Weise entstehen Teige mit unterschiedlichen Farben und Aromen.

Halbmond-Ravioli
MIT RICOTTA-SPINAT-FÜLLUNG

SCHWIERIGKEITSGRAD: 👨‍🍳👨‍🍳
FÜR 1,5 KG
ZUBEREITUNG: 30 MIN.

ZUTATEN
1 kg grüner Nudelteig (s. S. 388) - 1 Eiweiß

Für die Ricotta-Spinat-Füllung
400 g Ricotta (oder Ziegenfrischkäse)
300 g gegarter Spinat (s. S. 469),
gut ausgedrückt und gehackt
1 Ei - Muskatnuss
Salz und Pfeffer aus der Mühle

1 Aus dem Teig mithilfe eines glatten oder gewellten Ausstechers mit 6–7 cm Durchmesser Kreise ausschneiden.

2 Die Teigränder zur Hälfte mit Eiweiß bestreichen.

3 Für die Füllung die Zutaten mischen und jeweils auf eine Seite der Teigkreise kleine Häufchen setzen.

4 Die andere Hälfte darüberklappen, die Ränder leicht andrücken und mithilfe der stumpfen Seite des Ausstechers verschließen.

Triangoli & Tortellini

SCHWIERIGKEITSGRAD:

FÜR 1,5 KG

ZUBEREITUNG: 30 MIN.

ZUTATEN

1 kg roter Nudelteig (s. S. 388)
1 Eiweiß

Für die Füllung:

500 g Ziegenfrischkäse · 200 g getrocknete Tomaten in Olivenöl, gehackt · 1 Ei · frischer Thymian, fein gehackt · Salz und Pfeffer aus der Mühle

1 Das Teigband mithilfe eines Lineals und eines Messers oder Teigrades in Quadrate mit 6 cm Seitenlänge schneiden.

2 Jeweils eine Ecke mit Eiweiß bestreichen. Für die Füllung sämtliche Zutaten vermischen und in einen Spritzbeutel füllen.

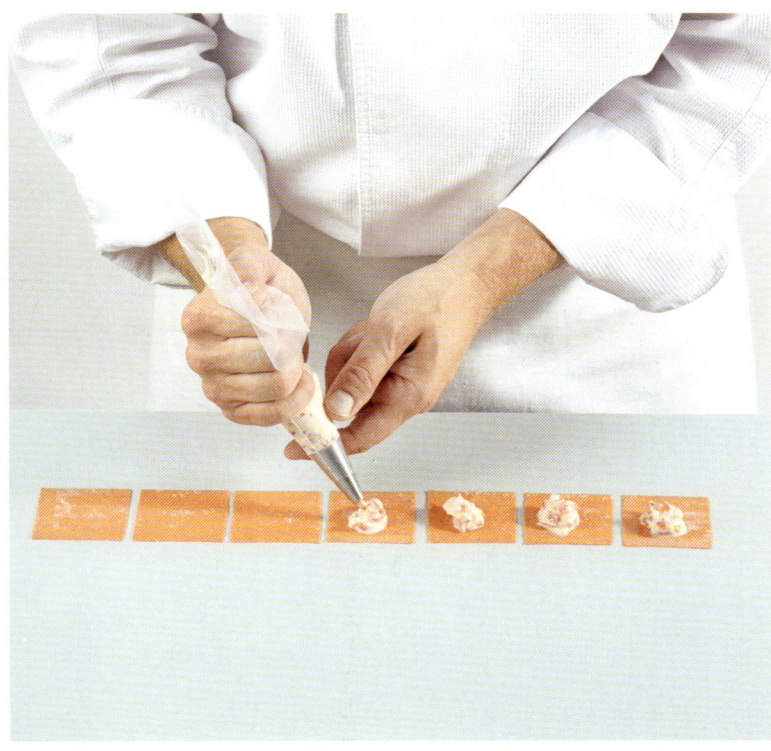

3 Kleine Häufchen der Füllung auf eine Ecke setzen.

4 Die Quadrate diagonal zusammenklappen und die Ränder mit den Fingern fest zusammendrücken.

5 Für ein perfektes Aussehen die Ränder mit einem Messer oder gewellten Teigrad begradigen.

6 Für Tortellini die Spitzen zur Mitte hin umklappen, übereinanderlegen und fest zusammendrücken.

Ravioli
MIT JAKOBSMUSCHELN
(ERSTE METHODE)

SCHWIERIGKEITSGRAD: 👨‍🍳👨‍🍳

FÜR 1,5 KG

ZUBEREITUNG: 40 MIN

ZUTATEN
1 kg schwarzer Nudelteig (s. S. 388)
1 Eigelb

Für die Jakobsmuschel-Füllung:
400 g ausgelöste Jakobsmuscheln, gewürfelt und in
Butter gebraten - 1 TL Curry

1 Aus dem Nudelteig mithilfe eines Ausstechers mit 6–7 cm Durchmesser Kreise ausschneiden.

2 Die Hälfte der Teigkreise mit Eigelb bestreichen, dabei an den Rändern besonders sorgfältig vorgehen.

3 Jeweils ein kleines Häufchen Füllung in die Mitte setzen.

4 Mit den restlichen Teigkreisen bedecken und die Ränder über der Füllung fest zusammendrücken, damit die Luft entweicht.

5 Mit der stumpfen Seite des Ausstechers verschließen.

6 Erneut mit Eigelb bestreichen. In einen Topf mit siedendem Salzwasser geben und 3 Minuten garen.

Ravioli
MIT JAKOBSMUSCHELN
(ZWEITE METHODE)

SCHWIERIGKEITSGRAD: ♟♟♟

FÜR 1,5 KG

ZUBEREITUNG: 30 MIN.

ZUTATEN
1 kg schwarzer Nudelteig (s. S. 388)
1 Eigelb

Für die Jakobsmuschel-Füllung:
400 g ausgelöste Jakobsmuscheln, gewürfelt und in Butter gebraten · 1 TL Curry

1 Vorgehen wie für quadratische Ravioli (s. S. 396, Schritte 1–3). Die Füllung zubereiten und kleine Häufchen auf dem Nudelteig verteilen.

2 Die Teigplatte an den Rändern und zwischen den Häufchen mit Eiweiß bestreichen. Mit einer weiteren Teigplatte bedecken.

3 Die Teigplatten mit den Fingern um die Füllung herum sorgfältig zusammendrücken, dabei von der Mitte nach außen hin vorgehen, damit nach und nach die Luft entweichen kann.

4 Die Ravioli mit einem glatten oder gewellten Ausstecher ausschneiden.

Gefüllte Nudeln
GAREN

SCHWIERIGKEITSGRAD:

UTENSILIEN: großer Topf

1 Salzwasser zum Kochen bringen. Die Ravioli hineingeben und die Temperatur etwas reduzieren.

2 Die Ravioli 3 Minuten gar ziehen lassen. Mit dem Finger die Garprobe machen: Der Teig darf nicht mehr hart sein, soll sich aber noch bissfest anfühlen.

3 Die Ravioli mit einer Schaumkelle vorsichtig herausheben und abtropfen lassen.

4 Mit etwas zerlassener Butter oder Olivenöl beträufeln, mit geriebenem Parmesan und aromatischen Kräutern bestreuen und sofort servieren.

Quadratische Ravioli
HERSTELLEN

SCHWIERIGKEITSGRAD: 🎩🎩🎩

1 Den ausgerollten Nudelteig in 36 cm lange und 12 cm breite Streifen schneiden.

2 Mit einem Lineal jeweils die waagerechte Mitte markieren.

3 Anschließend quer alle 6 cm eine Markierung eindrücken, sodass zwölf Quadrate zu sehen sind.

4 Für die Füllung sämtliche Zutaten mischen und jeweils ein kleines Häufchen in die Mitte der Quadrate setzen.

FÜR 1,5 KG

ZUBEREITUNG: 30 MIN.

ZUTATEN

1 kg brauner Nudelteig (s. S. 388) - 1 Eiweiß

Für die Steinpilzfüllung: 3 Schalotten, fein gewürfelt und mit 400 g Steinpilz-Duxelles (s. S. 458) in Butter angeschwitzt - 2 EL Crème fraîche (oder Mascarpone) - 1 Ei - Salz und Pfeffer aus der Mühle

5 Den Teig rundherum und zwischen der Füllung mit Eiweiß bestreichen.

6 Mit einer weiteren Teigplatte abdecken.

7 Die Teigschichten entlang der Markierungen mit dem Lineal sorgfältig zusammendrücken, dabei von innen nach außen vorgehen, damit die Luft nach und nach entweichen kann.

8 Die Ravioli mit einem Messer oder einem Teigrad ausschneiden.

Kartoffel-Gnocchi
HERSTELLEN

SCHWIERIGKEITSGRAD: ♣♣♣

FÜR 4 PERSONEN

ZUBEREITUNG: 20 MIN.

RUHEZEIT: 30 MIN. - **GARZEIT:** 3 MIN.

UTENSILIEN: Passiersieb - großer Stieltopf

ZUTATEN

500 g mehligkochende Kartoffeln, in Salzwasser gegart (s. S. 469) oder gedämpft
1 Eigelb - etwa 200 g Mehl (je nach verwendeter Kartoffelsorte) - Salz

1 Die Kartoffeln ohne Zugabe von Flüssigkeit zerdrücken und das Püree mithilfe einer Teigkarte durch ein Sieb streichen.

2 Das Eigelb mit einem Spatel untermischen. Salzen.

3 Das Mehl nach und nach einarbeiten, bis die Masse an einen weichen Mürbeteig erinnert. Sie darf nicht mehr an den Fingern kleben.

4 Den Gnocchiteig zu einer Kugel formen.

5 Den Teig in Portionen teilen und auf der bemehlten Arbeitsfläche zu daumendicken Strängen rollen.

6 In 2 cm lange Stücke schneiden und zwischen den Händen zu länglichen Klößchen formen.

7 Die Gnocchi einzeln über die Zinken einer Gabel rollen und anschließend 30 Minuten auf einem bemehlten Tuch trocknen lassen.

8 Die Gnocchi in einen großen Topf mit kochendem Salzwasser geben und die Temperatur herunterschalten.

9 Etwa 3 Minuten gar ziehen lassen: Sobald die Gnocchi an der Wasseroberfläche schwimmen, mit einer Schaumkelle behutsam herausheben und abtropfen lassen.

10 Sofort mit etwas zerlassener Butter (s. S. 57) oder mit einem Schuss Olivenöl, Basilikum und geriebenem Parmesan servieren.

Bulgur garen

SCHWIERIGKEITSGRAD:

UTENSILIEN: großer Topf mit Deckel

1 Wasser in den Topf füllen und zum Kochen bringen (2 Teile Wasser auf 1 Teil mittelfeinen Bulgur).

2 Den Bulgur einrieseln lassen. Salzen und die Herdplatte ausschalten.

3 Den Deckel auflegen und den Bulgur 20 Minuten ausquellen lassen.

4 Etwas Butter oder Olivenöl dazugeben und den Bulgur mit einer Gabel auflockern.

Quinoa garen

SCHWIERIGKEITSGRAD:

UTENSILIEN: großer Topf - Passiersieb

1 Die Quinoa unter fließendem kalten Wasser gründlich abspülen, um ihr die bitter schmeckenden Saponine zu entziehen.

2 Abtropfen lassen und in einen großen Topf mit kochendem Salzwasser geben. Etwa 10 Minuten kochen lassen.

3 Sobald die Körner glasig werden und sich der außen liegende Keim zu lösen beginnt, sind sie bissfest gegart.

4 In ein Sieb geben, unter kaltem Wasser abspülen, um den Garvorgang zu stoppen, und abtropfen lassen.

Reis-Pilaw
ZUBEREITEN

SCHWIERIGKEITSGRAD:

UTENSILIEN: Sauteuse mit Deckel

Tipp

DIESE GARMETHODE ist besonders gut für Langkornreis aus den USA oder der Camargue sowie für Reismischungen geeignet.

1 Eine fein gewürfelte Zwiebel in Butter einige Minuten in der Sauteuse farblos anschwitzen.

2 Die gewünschte Menge Langkornreis abmessen (250 ml oder etwa 200 g für 4 Personen) und einrieseln lassen. Unter Rühren mit einem Spatel glasig anschwitzen.

3 Für jeden Teil Reis 1,5 Teile Brühe dazugießen (je nach Rezept Gemüse- oder Hühnerbrühe, Fisch- oder Krustentierfond).

4 Ein Kräutersträußchen hinzufügen.

5 Mit passend zurechtgeschnittenem Backpapier bedecken und den Deckel auflegen. Die Sauteuse in den auf 160 °C vorgeheizten Backofen stellen und den Reis etwa 17 Minuten ausquellen lassen.

6 Den gegarten Reis aus dem Backofen nehmen. Das Kräutersträußchen entfernen. Einen Stich Butter dazugeben und den Reis mit einer Gabel behutsam auflockern.

Reis garen
NACH DER QUELLREISMETHODE

SCHWIERIGKEITSGRAD: ♟♟

UTENSILIEN: Abtropfsieb · Stieltopf mit dickem Boden

ZUTATEN
1 Teil Basmati- oder Jasminreis
(250 ml oder etwa 200 g für 4 Personen)
1,5 Teile kaltes Wasser (für Sushi-Reis 1,25 Teile)
Salz

Tipp

BEIM KAUF VON BASMATIREIS in einem Asialaden ein hochwertiges Produkt der oberen Preisklasse mit langen feinen Körnern wählen, die locker und körnig kochen und nicht zerfallen.

1 Den Reis in einer Schüssel in kaltem, mehrfach gewechseltem Wasser unter stetigem Rühren waschen, bis die überschüssige Stärke entfernt ist und das Wasser klar bleibt. In einem Sieb abtropfen lassen.

2 Den Reis in den Topf geben und das kalte Wasser dazugießen.

3 Bei hoher Temperatur zum Kochen bringen.

4 Sobald das Wasser kocht, die Temperatur herunterschalten und den Deckel fest auflegen, gegebenenfalls vorher mit einem Küchentuch umwickeln.

5 Den Reis 20 Minuten garen, ohne den Deckel abzuheben. Gegen Ende der Garzeit soll der Dampf auf der Reisoberfläche kleine Krater entstehen lassen.

6 Vom Herd nehmen und zugedeckt weitere 5 Minuten ruhen lassen. Anschließend mit einem Spatel behutsam auflockern.

Risotto zubereiten

SCHWIERIGKEITSGRAD:

Tipp

RISOTTO AUSSCHLIESSLICH mit italienischem Rundkornreis zubereiten. Arborio wird am häufigsten verwendet, Carnaroli-Reis ergibt besonders cremigen Risotto.

1 Das Öl in der Sauteuse erhitzen und die Schalotten (oder die Zwiebel) darin einige Minuten farblos anschwitzen.

2 Den Reis dazugeben und unter Rühren mit dem Spatel glasig anschwitzen.

3 Den Wein dazugießen und verdampfen lassen.

4 Zwei Schöpfkellen heiße Brühe angießen und bei niedriger Temperatur köcheln lassen, bis der Reis die Flüssigkeit absorbiert hat.

FÜR 4 PERSONEN

ZUBEREITUNG: 10 MIN. - GARZEIT: 20 MIN.

UTENSILIEN: Sauteuse

ZUTATEN

3 EL Olivenöl - 2 Schalotten (oder 1 kleine Zwiebel), fein gewürfelt - 200 g Arborio-Reis
100 ml Weißwein - etwa 1 l Brühe
(je nach Rezept Gemüse- oder Hühnerbrühe, Fisch- oder Krustentierfond) - 50 g Butter (oder
2 EL Mascarpone oder 100 ml flüssige Schlagsahne)
50 g Parmesan - Salz und Pfeffer aus der Mühle

5 Schritt 4 wiederholen, bis der Reis gar und cremig ist.

6 Die Butter (oder den Mascarpone oder die Sahne) unterrühren.

7 Den geriebenen Parmesan unterziehen (außer bei einem Risotto mit Fisch oder Meeresfrüchten). Abschmecken.

8 Den Deckel auflegen und den Risotto noch 5 Minuten ruhen lassen. Anschließend sofort servieren.

Dinkelrisotto
ZUBEREITEN

SCHWIERIGKEITSGRAD: 👨‍🍳👨‍🍳

FÜR 4 PERSONEN

ZUBEREITUNG: 10 MIN. - **GARZEIT:** 15 BZW. 40 MIN.

UTENSILIEN: Sauteuse mit Deckel

ZUTATEN

3 EL Olivenöl · 1 Zwiebel, fein gewürfelt
200 g Dinkel · etwa 1 l Gemüsebrühe (s. S. 79)
30 g Butter · Salz und Pfeffer aus der Mühle

1 Das Öl in der Sauteuse erhitzen und die Zwiebelwürfel darin 3 Minuten anschwitzen.

2 Den Dinkel dazugeben und rühren, bis alle Körner mit Fett überzogen sind.

3 Zwei Kellen heiße Brühe angießen und bei niedriger Temperatur unter gelegentlichem Rühren köcheln lassen, bis sie absorbiert ist.

4 Den Vorgang wiederholen, dabei immer wieder umrühren. Die Garzeit variiert (siehe Packungshinweis): 15 Minuten für vorgegarten, bis zu 40 Minuten für herkömmlichen Dinkel.

5 Regelmäßig umrühren, bis die gewünschte Konsistenz erreicht ist.

6 Die Butter dazugeben und abschmecken. Den Risotto vor dem Servieren mit aufgelegtem Deckel 5 Minuten ruhen lassen.

Polenta zubereiten

SCHWIERIGKEITSGRAD:

UTENSILIEN: Sauteuse mit dickem Boden · Schneebesen

Tipp

DIE GARZEIT VARIIERT von etwa 5 Minuten für vorgegarten Polentagrieß (Instantpolenta) bis zu 45 Minuten für ein traditionelles Produkt.

1 In der Sauteuse 1 l Wasser und 250 ml Milch mit 1 gestrichenen TL Salz sowie Pfeffer aus der Mühle zum Kochen bringen. 250 g feinen Polentagrieß (für 6–8 Personen) unter ständigem Rühren mit dem Schneebesen einrieseln lassen.

2 Die Temperatur herunterschalten und die Polenta sanft köcheln lassen, dabei ständig rühren. Für eine weiche Polenta nach und nach Sahne dazugießen, bis die gewünschte Konsistenz erreicht ist. Sofort servieren, da Polenta schnell fest wird.

Polenta braten

SCHWIERIGKEITSGRAD:

UTENSILIEN: Backrahmen - beschichtete Pfanne

1 Die Polenta in 750 ml Salzwasser und 250 ml Milch (keine Sahne) garen. Den Backrahmen auf eine Silikonmatte stellen und die heiße Polenta hineinfüllen.

2 Mit einer Winkelpalette und mithilfe zerlassener Butter glatt streichen. Abkühlen lassen, anschließend für 2 Stunden in den Kühlschrank stellen.

3 Die Polenta in beliebige Formen schneiden, beispielsweise in Streifen. Etwas Olivenöl in der Pfanne erhitzen und die Polentastreifen hineingeben.

4 Von beiden Seiten je 3 Minuten goldbraun braten.

Getrocknete Bohnen
KOCHEN

SCHWIERIGKEITSGRAD:

UTENSILIEN: großer Kochtopf

Tipps

AUF DIE GLEICHE WEISE Flageolettbohnen, rote Bohnen, Kichererbsen usw. garen. Für Linsen entfällt das Einweichen. Im Schnellkochtopf verringert sich die Garzeit um die Hälfte.

1 Die Bohnen über Nacht in einer Schüssel mit kaltem Wasser einweichen.

2 Am folgenden Tag abtropfen lassen und in einen mit kaltem (ungesalzenem) Wasser gefüllten Topf geben. Zum Kochen bringen und abschäumen.

3 1 Kräutersträußchen, 1 Zwiebel und 1 Karotte, jeweils geviertelt, dazugeben.

4 Bei mittlerer Temperatur im offenen Topf 35–40 Minuten garen. Nach Ablauf von zwei Dritteln der Garzeit salzen. Die Garzeit variiert je nach Sorte und Alter der Bohnen.

5 Für die Garprobe eine Bohne kosten: Sie soll weich sein, aber nicht zerfallen. Die fertigen Bohnen abtropfen lassen.

6 Das Kräutersträußchen entfernen. Nach Belieben etwas Fleischjus zu den Bohnen geben.

Linsensalat
AUF ASIATISCHE ART

SCHWIERIGKEITSGRAD: 👨‍🍳👨‍🍳
FÜR 6 PERSONEN
ZUBEREITUNG: 15 MIN. - GARZEIT: 20 MIN.
UTENSILIEN: Sauteuse - Pfanne

ZUTATEN
200 g Linsen - 50 g Erdnusskerne
200 g rohe Stopfleber, in Würfel geschnitten

Für die Vinaigrette:
1 TL Ingwer, gehackt - 1 EL Traubenkernöl
1 TL Sesamöl - 1 TL Apfelessig
2 EL Schnittlauch, gehackt

1 Die Linsen in kaltem Wasser aufsetzen, zum Kochen bringen und etwa 20 Minuten garen, bis sie weich, aber noch bissfest sind (s. S. 412).

2 Die Erdnüsse in der Pfanne rösten.

3 Die Stopfleber dazugeben und kurz erhitzen.

4 Die lauwarmen, abgetropften Linsen in eine Servierschüssel füllen und den Pfanneninhalt darübergeben.

5 Für die Vinaigrette alle Zutaten in eine Schüssel geben und verrühren.

6 Den Salat mit der Vinaigrette beträufeln.

GEMÜSE

Inhalt

Viel mehr als nur grün und gesund	418
Wurzelgemüse	430
Fruchtgemüse	432
Blattgemüse	434
Kartoffeln	436
Karotten in scheiben schneiden	438
Karotten in paysanne schneiden	439
Gemüse in mirepoix schneiden	440
Gemüse in macédoine schneiden	441
Gemüse in julienne schneiden	442
Gemüse in brunoise schneiden	443
Fenchel in feine streifen schneiden	444
Zucchini kannelieren und schneiden	445
Salatgurke in scheiben schneiden	446
Salatgurke kannelieren und aushöhlen	447
Lauch küchenfertig vorbereiten	448
Stangensellerie küchenfertig vorbereiten	449
Spargel küchenfertig vorbereiten	450
Blumenkohl & brokkoli küchenfertig vorbereiten	451
Spinat küchenfertig vorbereiten	452
Salatblätter zu chiffonnade schneiden	453
Artischockenböden tournieren	454
Kleine artischocken tournieren	456
Schnitttechniken für champignons	458
Grosse champignons küchenfertig vorbereiten	459
Tomaten häuten und schneiden	460
Gemüsekugeln ausstechen	461
Zwiebeln in feine würfel schneiden	462
Zwiebeln in ringe schneiden	463
Schalotten in feine würfel schneiden	464
Knoblauch hacken	465
Petersilie hacken	466
Schnittlauch in feine röllchen schneiden	467
Kräuter fein hacken	468
Gemüse garen in salzwasser	469
Gemüse garen in einem mehlsud	470
Karotten glasieren	471
Perlzwiebeln glasieren	472
Gemüse schmoren	473
Erbsen dünsten	474
Kartoffeln tournieren	475
Kartoffeln mit dem gemüsehobel schneiden	476
Kartoffeln von hand schneiden	477
Kartoffelscheiben braten	478
Kartoffeln nach art von sarlat	479
Kartoffeln im ganzen braten	480
Anna-kartoffeln	481
Kartoffeln auf bäckerart	482
Kartoffelpüree zubereiten	483
Pommes frites in zwei durchgängen	484
Kartoffelchips frittieren	485
Herzoginkartoffeln	486
Kartoffelkroketten	487
Dauphine-kartoffeln	488

Gemüse

VIEL MEHR ALS NUR GRÜN UND GESUND

Im *Journal officiel*, dem Amtsblatt der französischen Republik, sind mehr als 2000 verschiedene Gemüse und deren Sorten katalogisiert und für die Vermarktung zugelassen. Allein die Tomaten sind mit über 400 Sorten vertreten. Das bedeutet, dass man bei einem täglichen Verzehr von drei neuen Gemüsen ungefähr zwei Jahre bräuchte, um alle zu kosten!

So großzügig zeigt sich die Natur selten. Dennoch machen nur drei Gemüse – die Kartoffel, die Tomate und die Karotte – mehr als zwei Drittel des jährlichen Pro-Kopf-Verzehrs aus.

Mag die Unkenntnis der Gemüsevielfalt auch bedauerlich sein, sie ist historisch gewachsen: Im 19. Jahrhundert galt Gemüse, mit Ausnahme der Kartoffel, der von harter körperlicher Arbeit und Entbehrungen gezeichneten Bevölkerung als zu wenig kräftigend. Und auch die wohlhabenderen Bürger, die ebenfalls unter den schlechten Ernten und den Kriegen litten, sahen das nicht anders. Nachdem Gemüse viel zu lange eine unrühmliche Nebenrolle als Beilage gespielt hat, ist es mittlerweile zu einem der Hauptdarsteller auf dem Teller avanciert, weil zwar spät, aber letztlich erfreulicherweise erkannt und gewürdigt wird, was es alles zu bieten hat.

EIN COCKTAIL FÜR GESUNDHEIT UND JUGENDLICHKEIT

Mit seiner breit gefächerten Palette an Farben, Aromen und Nährstoffen bietet Gemüse unzählige Gaumenfreuden und dazu unschätzbaren Nutzen für unsere Gesundheit.

FARBENVIELFALT

Um den Körper und seine Zellen jung und gesund zu erhalten, müssen freie Radikale bekämpft werden, die unter schädlichen Umwelteinflüssen und in Stresssituationen vermehrt auftreten. Sie sind nicht nur für die frühzeitige Zellalterung verantwortlich, sondern können auch Krebs und Herz-Kreislauf-Erkrankungen verursachen. Die wirksamste Waffe, um ihre Vermehrung zu bekämpfen und das Immunsystem zu stärken, ist die Zufuhr von Antioxidantien, die in Obst und Gemüse reichlich enthalten sind.

Zu den Antioxidantien zählen sekundäre Pflanzenstoffe wie Carotinoide, natürliche Pigmente, die den Pflanzen ihre appetitliche Farbe von leuchtendem Gelb bis zu tiefem Violett verleihen. Wenn wir Gemüse in verschiedenen Farben essen, versorgen wir unseren Organismus mit einem breiten Spektrum an sekundären Pflanzenstoffen und erfreuen gleichzeitig den Gaumen mit vielfältigen Aromen.

Einige Antioxidantien wie das für die rote Farbe der Tomaten verantwortliche Lycopin sind fettlöslich und werden vom Körper besser aufgenommen, wenn sie mit etwas Fett gegart oder verzehrt werden.

GAR NICHT SO SCHLECHT

Nach den letzten veröffentlichten Zahlen des Bauernverbands verzehrt jeder Deutsche mehr als 90 kg Gemüse im Jahr. An der Spitze liegt die Tomate mit etwa 10 kg, gefolgt von der Karotte mit fast 8 kg, danach kommen Gurke und Zwiebel.

→ DIE 7 FAMILIEN

Es gibt verschiedene Methoden, Gemüse zu klassifizieren. In der Küche werden sie in sieben große Familien unterteilt.

FAMILIE	BESCHREIBUNG	BEISPIELE
Blattgemüse	Verwendet werden die zumeist grünen Blätter	Kohl, Spinat, Sauerampfer, Salat
Stielgemüse	Verwendet werden die mehr oder weniger faserigen Stiele	Spargel, Lauch, Staudensellerie
Fruchtgemüse	Essbare Pflanzenteile, die aus den Blüten entstehen, sind botanisch gesehen Früchte, die allerdings in der Regel als Gemüse verwendet werden	Aubergine, Tomate, Avocado, grüne Bohnen, Zuckerschoten
Wurzel- und Knollengemüse	Essbare Pflanzenteile, die als Wurzel ausgebildet sind und unter der Erde wachsen	Kartoffel, Karotte, Radieschen, Rettich, Speiserübe
Pilze	Wild- und Zuchtpilze; in der Küche zählen sie zum Gemüse, obwohl sie mangels Chlorophyll, Blättern und Wurzeln keine Pflanzen sind	Champignon, Morchel, Steinpilz
Kräuter und Zwiebelgemüse	Kräuter und unterirdische Pflanzenteile von Lauchgewächsen, die häufig als würzende Zutaten verwendet werden	Knoblauch, Zwiebel, Schnittlauch, Petersilie
Hülsenfrüchte oder Leguminosen	Getrocknete, lange lagerfähige Gemüse mit einer ähnlich hohen Nährstoffdichte wie Getreide	Linse, Erbse, Kichererbse

Nicht ohne Grund bereitet man also in der gesunden mediterranen Küche Gemüse mit einem Schuss Olivenöl zu.

EMPFINDLICHE VITAMINE

Vitamine sind organische Verbindungen, die der Körper für den Erhalt lebenswichtiger Funktionen braucht und die er in der Regel nicht selbst herstellen kann. Deshalb müssen wir sie mit der Nahrung zuführen.

Gemüse ist eine hervorragende Quelle für Provitamin A und Vitamin C. Das als Provitamin A bezeichnete Beta-Carotin schützt Haut, Augen und Gehirnzellen vor freien Radikalen. Vitamin C regt das Zellwachstum an, stärkt die Abwehrkräfte, fördert die Aufnahme von Eisen und kräftigt das Bindegewebe.

Vitamine sind empfindlich und werden durch die längere Lagerung der Gemüse nach und nach abgebaut. Außerdem reagieren sie auf Hitze und können beim Kochen zerstört werden, daher kommt der Wahl der Garmethode große Bedeutung zu. Viele Vitalstoffe sind wasserlöslich und werden bereits durch zu intensives Waschen ausgeschwemmt. Die meisten Vitamine und Mineralstoffe stecken in der Schale, daher empfiehlt es sich, Gemüse nur so dünn wie möglich zu schälen. Junges Gemüse sollte gar nicht geschält werden, etwa neue Karotten und kleine Speiserüben, deren zarte Schale nicht als störend empfunden wird.

BALLASTSTOFFE UND WASSER

Gemüse enthält auch reichlich Wasser und Ballaststoffe. Da weder die löslichen noch die unlöslichen Fasern im Verdauungstrakt von den Enzymen zersetzt werden, regen sie die Darmtätigkeit an und helfen dem Körper, Giftstoffe schnell auszuscheiden.

Lösliche Ballaststoffe verlangsamen die Verdauung sowie die Aufnahme von Kohlenhydraten und damit den Anstieg des

Blutzuckerspiegels, der sich infolgedessen besser kontrollieren lässt – wichtig für Diabetiker. Außerdem senken sie das »schlechte« LDL-Cholesterin und damit das Risiko für koronare Herzkrankheiten.

Darüber hinaus ist Gemüse sättigend: Die außergewöhnlich hohe Nährstoffdichte bei geringem Energiegehalt macht es für eine genussreiche, ausgewogene Ernährung unverzichtbar. Natürlich hängt die gesundheitsfördernde Wirkung von der Zubereitung ab, vor allem von der Garmethode.

DER ZAUBERKESSEL

Kochen ist ein fast magischer Vorgang: Es verändert nicht nur die chemische Zusammensetzung der Nahrungsmittel, sondern auch deren Geschmack, Aroma, Textur und Farbe. Bis in die 1970er-Jahre wurde Gemüse in aller Regel zu lange und zu heiß gegart. Dadurch gehen wertvolle Nährstoffe und Aromen verloren, die Textur leidet und die Farben verblassen.

Die heutige Küche berücksichtigt die spezifischen Eigenschaften der einzelnen Gemüse und nutzt fünf verschiedene Zubereitungsmethoden. Wenn man als Rohkost oder Carpaccio serviertes Gemüse mit einbezieht, sind es sogar sechs.

GAREN ODER NICHT GAREN, DAS IST HIER DIE FRAGE

In rohem Zustand hat Gemüse die intensivste Farbe und den höchsten Nährwert. Gemüse für einen Rohkostteller sollte erst kurz vor dem Anrichten geraspelt oder gestiftet und danach nicht mehr unter fließendem Wasser gewaschen werden. Rohkost ist allerdings nicht in jedem Fall die beste Wahl – sie kann das Wohlbefinden empfindlich beeinträchtigen, denn Pflanzenfasern sind in ungegartem Zustand schwer verdaulich.

Gemüse für ein Carpaccio – Rote Bete, Fenchel, Champignons, Radieschen, Rettich - wird nicht durch Erhitzen gegart, sondern mit dem Saft einer Zitrusfrucht oder in einer Vinaigrette mariniert. Das Gemüse wird dazu in hauchdünne Scheiben gehobelt. Dabei geht ein Teil der Nährstoffe verloren, aber es liefert dennoch einen wertvollen Beitrag zur gesunden Ernährung, vorausgesetzt, das Gemüse ist absolut frisch und von guter Qualität.

BLANCHIEREN

Um Gemüse vor dem eigentlichen Garen zu blanchieren, wird es kurz in kochendes Wasser getaucht und anschließend sofort in Eiswasser abgeschreckt, um den Garprozess zu stoppen. So bleiben Farbe, Konsistenz und Geschmack optimal erhalten.

Das Blanchieren verhindert die Oxidation und verkürzt die eigentliche Garzeit. Auf diese Weise werden Vitamine und andere Nährstoffe geschont.

Kurzes Blanchieren empfiehlt sich in jedem Fall auch für Gemüse, das tiefgekühlt werden soll.

GANZ EINFACH IN WASSER KOCHEN

Eine der gebräuchlichsten Garmethoden ist das Kochen in reichlich siedendem Salzwasser. Das kann in geschmacklicher Hinsicht durchaus von Vorteil sein, vorausgesetzt, die Kochzeit wird so kurz wie möglich gehalten und der Garprozess durch Abschrecken des Gemüses in Eiswasser gestoppt.

Wurzelgemüse mit mehligem Fruchtfleisch wie Kartoffeln benötigt eine längere Garzeit; es empfiehlt sich, sie in kaltem Wasser aufzusetzen, da sie durch langsames Aufkochen gleichmäßiger garen.

Gemüse wie Karden, Mangoldstiele oder Artischockenherzen oxidieren sehr schnell, was durch die Zugabe von Zitronensaft und etwas in kaltem Wasser angerührtem Mehl zum Kochwasser verhindert wird. Eine solche Garflüssigkeit wird in der Fachsprache als »Blanc« bezeichnet.

ROHKOST

Im frühen 20. Jahrhundert kam die Rohkostbewegung auf. Sie basiert einerseits auf ernährungswissenschaftlichen Studien, andererseits auf spirituellen und ideologischen Konzepten für eine gesunde und natürliche Lebensweise. Rohköstler, in der Regel Vegetarier und Veganer, verzehren ausschließlich ungegarte Speisen. Für eine ausgewogene Ernährung brauchen sie allerdings viele Ersatzprodukte und einen nicht versiegenden Einfallsreichtum.

SCHONEND IM DAMPF GAREN

Das Garen von Gemüse in Wasserdampf ist ebenso einfach wie sinnvoll, weil ein Großteil der wertvollen Nährstoffe sowie die appetitanregenden Aromen, Farben und Texturen erhalten bleiben. Die Methode ist generell zu empfehlen, mit Ausnahme für schnell oxidierende und sehr wasserreiche Gemüse wie Auberginen, Tomaten oder Zucchini.

Zum Garen im Dampf werden Metall- oder Bambuskörbe auf einen Topf mit kochendem Wasser gesetzt, dem gegebenenfalls Kräuter beigegeben werden, um dem Gemüse zusätzlich Aroma zu verleihen. Der Wasserspiegel darf nur so hoch sein, dass der Korbboden ihn nicht berührt. Das Ganze wird fest verschlossen, damit kein Dampf entweicht. Im Handel werden Dampfgarer angeboten, die sehr leicht zu bedienen sind.

Der in den 1980er-Jahren in Mode gekommene Schnellkochtopf ermöglicht das Garen in Wasserdampf bei sehr hoher Temperatur unter erhöhtem Druck. Wie der Name schon sagt, wird die Garzeit auf diese Weise erheblich verkürzt.

Das häufig verwendete und ebenso häufig abgelehnte Mikrowellengerät ermöglicht ebenfalls eine Art Dampfgaren, wenn man zusätzlich ein Gefäß mit etwas Wasser hineinstellt. Über die gesundheitlichen Risiken mikrowellenerhitzter Nahrungsmittel lässt sich noch kein abschließendes Urteil fällen. In jedem Fall sollte man drei einfache Regeln beachten: kein direkter Kontakt zwischen dem kochend heißen Wasser und dem Gemüse, eine Einstellung von maximal 1000 Watt und eine Garzeit unter 2 Minuten.

IM BACKOFEN KONZENTRIEREN SICH DIE AROMEN

Ob auf einem geölten Blech gebacken oder mit etwas Fett in einem fest verschlossenen Topf gedünstet – das langsame Garen von Gemüse im Backofen bei niedriger Temperatur bewirkt eine Konzentration der Aromen, insbesondere der Zuckerstoffe. Auf diese Weise wird die Süße von Tomaten, Schalotten und Auberginen optimal zur Geltung gebracht.

Das Garen in der Papierhülle ist eine Variante des Dampfgarens: Das Gargut und nach Belieben weitere Zutaten zur Aromatisierung und etwas Flüssigkeit werden auf einen Bogen Backpapier gegeben und sorgfältig darin eingepackt. Das Papier muss gut verschlossen, werden, damit kein Dampf entweicht.

PFANNENRÜHREN BILDET RÖSTAROMEN

Für das Garen im Wok wird Gemüse in kleine Stücke oder schmale Streifen geschnitten und bei hoher Temperatur in wenig Fett unter ständigem Wenden gebraten. Auf diese Weise gart das Gemüse sehr schnell und verliert dabei weder seine knackige Konsistenz noch seine Farbe. Auch die Nährstoffe bleiben erhalten, vorausgesetzt, das Gemüse ist absolut frisch. Die aus Asien stammende Garmethode eignet sich auch für Produkte, die normalerweise roh verzehrt werden wie Salatgurken oder Mungobohnensprossen (oft fälschlicherweise als Sojasprossen bezeichnet).

FRITTIEREN KANN DEN GESCHMACK AN GEMÜSE WECKEN

Das in gleichmäßige Stücke oder für Chips in dünne Scheiben geschnittene Gemüse wird ein- oder zweimal in stark erhitztem, geschmacksneutralem Öl schwimmend ausgebacken. Frittiertes Gemüse ist ausgesprochen schmackhaft, nimmt aber auch recht viel Fett auf. Das Fett wiederum verstärkt die Aromen. Wie alles Frittierte ist auch das Gemüse außen knusprig, innen dagegen weich und saftig. Frittiertes Gemüse erfreut sich allgemein großer Beliebtheit, auch Menschen, die Grünzeug sonst eher verschmähen, kann man damit überlisten.

GENUSSVOLLE ALCHIMIE

Der Einfachheit halber und weil wir die Rezepte kennen und lieben, bringen wir immer wieder dieselben Gerichte unverändert auf den Tisch. So werden Karotten geraspelt, Tomaten gefüllt, Lauch und Kartoffeln als Gratin zubereitet. Dass diese Klassiker so beliebt sind, hat sicher seinen Grund. Das muss uns aber nicht davon abhalten, wenigstens hin und wieder auch andere Möglichkeiten auszuprobieren.

Wer seine Ernährung abwechslungsreicher gestalten möchte, muss nicht gleich zu neuen exotischen Produkten greifen. Man kann ganz einfach damit beginnen, die geliebten und bewährten Familienrezepte mit frischem Gemüse der Saison abzuwandeln. Dabei sollten allerdings die passenden Garmethoden Anwendung finden.

Wenn es darum geht, Genuss und eine ausgewogene und gesunde Ernährung zu verbinden, kann ein bisschen Küchenalchimie nicht schaden. Denn es wäre doch schade, die wertvollen Nährstoffe von frischem, unter optimalen Bedingungen gezogenem Gemüse durch falsches Garen zu verschwenden.

GENUSSVOLLE ALCHIMIE

Gemeint ist die Verbindung von optimaler Zubereitung und Garmethode für ein einzelnes Produkt, das ein Gericht in einen hocharomatischen und gesunden Gaumenschmaus verwandelt.

EIN GLAS GEMÜSE

Wasserreiche Gemüse wie Salatgurken und Paprikaschoten sollten, wenn sie frisch sind, vorzugsweise roh, als Saft oder als Smoothie verzehrt werden. Mit Kräutern angereichert sind sie außerordentlich erfrischend und bescheren uns einen wahren Schatz an Nährstoffen, vorausgesetzt, sie werden frisch im Mixer zubereitet.

Säfte aus roten Beeren oder Zitrusfrüchten passen ausgezeichnet dazu. Mit zerstoßenem Eis serviert, nach Belieben auch mit Alkohol gemixt, eine gesunde Alternative zum Aperitif. Und wer bei den Klassikern bleiben will, wählt eine Bloody Mary auf der Basis von frischem Tomatensaft.

Der Kauf eines Entsafters oder einer Saftpresse ist für die Herstellung von Gemüsesaft nicht unbedingt erforderlich. Man kann das Gemüse einfach in den Mixer geben und fügt, falls es zu trocken ist, Wasser oder Fruchtsaft hinzu, beispielsweise aus frisch gepressten Zitrusfrüchten. Man kann den Saft filtern, damit er weniger dickflüssig ist, entzieht ihm damit aber die im Fruchtfleisch enthaltenen Nährstoffe.

ABWECHSLUNGSREICHE SUPPEN

Für die Zubereitung von Cremesuppen wird das Gemüse zunächst in Wasser gegart oder gedämpft. Anschließend püriert man es. Man kann mehrere Sorten mischen, um einen weniger charakteristischen Geschmack zu erzielen, oder nur ein Gemüse verwenden, wenn der Geschmack typisch sein soll.

Um kalten Cremesuppen zusätzliche Bindung zu verleihen, können Sahne, Speisequark oder Schmelzkäse mit püriert werden. Heiß servierte Suppen erhalten durch die Zugabe von etwas Fett (Butter, Sahne, aromatisiertes Öl), schnell schmelzendem Käse, Schinken- oder Speckwürfeln noch mehr Geschmack und eine gute Konsistenz. Wer auf tierische Fette verzichten will, kommt auch mit fein zerdrückten gekochten Kartoffeln ans Ziel.

Für die Zubereitung pürierter Suppen ist jedes Gemüse geeignet. Soll das Gemüse dagegen in einer Brühe bissfest gegart werden, wie für eine italienische Minestrone oder für die meisten asiatischen Suppen, bevorzugt man festere Sorten, die nicht zerfallen, wie beispielsweise grüne Bohnen, Zuckerschoten oder Karotten. Damit sie perfekt in Form bleiben, empfiehlt es sich, sie im Wok oder in der Pfanne bei hoher Temperatur kurz anzubraten.

Eine kräftige Fleisch- oder Gemüsebrühe wurde früher kranken und alten Menschen verabreicht – eine gute Angewohnheit, die heute leider etwas in Vergessenheit geraten ist. Dabei enthält so eine Brühe, wenn sie gleich nach ihrer Zubereitung verzehrt wird, alle Nährstoffe, die das Gemüse während des Garens an das Kochwasser abgegeben hat. Mit Kräutern angereichert ist sie heiß oder kalt überaus durststillend und ein ausgezeichneter Energiespender. Wenn man seinen Zuckerkonsum reduzieren möchte, ist Gemüsebrühe ein sehr guter Ersatz für das morgendliche Glas Fruchtsaft.

TATAR UND CARPACCIO: KÖSTLICHE ROHKOST

Wie bereits erwähnt ist rohes oder nur durch Einwirkung einer sauren Flüssigkeit kalt gegartes Gemüse besonders gut für die Gesundheit. Die Grundprodukte dafür sollten absolut frisch und von bester Qualität sein, damit sie alle wertvollen Nährstoffe enthalten.

Unter den Salaten ist der grüne Salat sicher einer der populärsten. Mit Fisch oder Fleisch, Nudeln oder Reis, Käse und Trockenfrüchten angereichert verwandelt er sich in eine vollwertige Hauptspeise. So liegt er derzeit im Trend und scheint den reinen Rohkostteller zunehmend zu verdrängen.

Wer Rohkost auf den Teller bringen will, hat die Qual der Wahl: geraspelt, ein vegetarisches Carpaccio oder vielleicht Tatar? Für ein Tatar wird festfleischiges Gemüse fein gewürfelt (in Brunoise geschnitten) und mariniert – beispielsweise Fenchel, der wunderbar mit Mandarinen harmoniert. Fast jedes Gemüse lässt sich als Rohkost zubereiten, zu den Ausnahmen gehören grüne Bohnen, Kartoffeln und Auberginen, die gegart werden müssen.

Und damit Rohkost nie langweilig wird, ist es wichtig, sie abwechslungsreich anzumachen. Drei Grundzubereitungen bieten nahezu unendliche Variationsmöglichkeiten: ein Dressing auf der Basis von Frischkäse, Vinaigrette oder Mayonnaise und fruchtige Dips wie Guacamole.

PÜREE – NICHT NUR AUS KARTOFFELN

Nicht nur Kartoffeln ergeben ein gutes Püree. Auch das zarte Fleisch mancher Gemüse ist prädestiniert für cremige oder leicht stückige Zubereitungen. Auberginen zum Beispiel, aber auch Knollensellerie und Kürbis, die mit etwas Muskatnuss gewürzt perfekte Begleiter für winterliche Fleischgerichte sind. Gemüse mit intensivem Geschmack kann man mit Kartoffeln mischen, die das kräftige Aroma mildern und harmonisch ergänzen.

Ein gutes Püree zuzubereiten ist nicht ganz so leicht, wie man sich das vielleicht vorstellt. Das Gemüse muss gleichmäßig durchgegart werden, dabei gilt es, die Menge der Garflüssigkeit genau zu dosieren, um die richtige Konsistenz zu erzielen. Auberginen werden nicht in Wasser, sondern längs halbiert im Backofen gegart. Gekochten Kürbis muss man sehr gründlich abtropfen lassen. Entscheidend ist auch die Wahl der Kartoffeln: festkochende Sorten wie Charlotte, Linda oder La Ratte sind perfekt für Pürees geeignet.

FINGERFOOD FÜR UNTERWEGS

Fast-Food-Klassiker wie Pommes frites bekommen Konkurrenz. Auch Gemüse lässt sich nämlich frittieren.

Kartoffeln kommen meist als klassische Pommes frites daher, aber von Strohkartoffeln (dünne Stifte) bis Pont-Neuf-Kartoffeln (dickere Stifte) gibt es viele Varianten. Festfleischiges Gemüse lässt sich zum Frittieren in Stifte schneiden oder in Scheiben hobeln für Chips.

Gleichmäßig geschnittene Stücke werden in erhitztem geschmacksneutralem Öl frittiert und anschließend großzügig mit Salz bestreut. In Nordfrankreich und Belgien verwendet man

PERFEKTES KARTOFFELPÜREE

Püriert man Kartoffeln im Mixer, tritt Stärke aus und es entsteht eine klebrig-zähe Masse. Daher empfiehlt es sich, eine manuelle Kartoffelpresse zu verwenden oder die Kartoffeln mit einem Stampfer oder einer Gabel zu zerdrücken.

DREI REGELN FÜR RICHTIGES FRITTIEREN

1 - Das Frittieröl wechseln, sobald es weniger flüssig erscheint und sich dunkle Ablagerungen gebildet haben.

2 - Ausschließlich Öle mit einem Rauchpunkt über 180 °C verwenden, wie raffiniertes Erdnuss- oder Rapsöl.

3 - Das Gemüse sofort nach dem Herausnehmen aus dem Frittierbad auf Küchenpapier abtropfen lassen.

---

traditionsgemäß Rindertalg als Frittierfett, in Deutschland auch Butter- oder Schweineschmalz.

Zum Frittieren braucht man nicht unbedingt eine Fritteuse – ein gewöhnlicher Topf erfüllt den Zweck fast genauso gut. Die richtige Frittiertemperatur von 180 °C ist erreicht, wenn ein in das Fett gegebenes Stückchen Brot sich sofort goldbraun färbt oder um den eingetauchten Stiel eines Holzlöffels kleine Blasen aufsteigen. Um das Absinken der Temperatur zu vermeiden, ist es wichtig, immer nur kleine Mengen Gemüse oder Kartoffeln in das Frittierbad zu geben. Um gesundheitliche Risiken zu vermeiden, sollte man beim Frittieren einige einfache Regeln beachten (siehe Kasten oben).

Eine besonders feine frittierte Spezialität sind Beignets, kleine Krapfen, insbesondere, wenn der knusprige Teig zum Beispiel zarte Zucchiniblüten umhüllt. Ebenfalls sehr reizvoll ist die Zubereitung von Gemüse auf japanische Art als Tempura.

Dabei weicht die Methode kaum von der Zubereitung klassischer Pommes frites oder Chips ab: Die Gemüsestücke werden in einen glatten, leichten Ausbackteig getaucht und in das heiße Frittierbad gegeben. Dabei bildet der Teig um das weiche Gemüse eine knusprige Hülle.

Pommes frites, Chips und Beignets werden nicht nur bei Tisch als leckere Beilage serviert, sondern auch auf der Straße, bei Picknicks und auf Reisen gern gegessen. Sie sind die Klassiker der Snacks »to go«.

Es gibt aber noch viele andere Möglichkeiten, Gemüse für den Verzehr unterwegs zuzubereiten. Wie wäre es zum Beispiel mit einer Tarte auf der Basis von Mürbeteig, dünn ausgerolltem Blätterteig oder Filoteig? Für eine Tarte Tatin zum Beispiel gibt man das Gemüse mit einem fetthaltigen Produkt (Käse oder Speckwürfel) in die Form, bedeckt es mit Teig und bäckt die Tarte im Ofen.

Auf diese Weise kann man erstaunlich schmackhafte Speisen selbst mit Gemüsen zubereiten, die nicht von vornherein als Gaumenschmaus gelten, wie beispielsweise Chicorée, dessen bittere Note durch das Karamellisieren deutlich gemildert wird.

FORM UND INHALT: FÜLLUNGEN

In Frankreich, genauer gesagt in Versailles, wurde im 18. Jahrhundert damit begonnen, Gemüse auszuhöhlen und mit einer Farce aus dem mit Hackfleisch vermischten Fruchtfleisch zu füllen. Die heute dafür so beliebten Tomaten waren damals allerdings noch nicht bekannt. Man verwendete vorzugsweise große Gemüse wie Kürbisse, die auf der königlichen Tafel zu einem wahren Blickfang wurden. Damit wollte man die großartigen Gewächse aus dem Gemüsegarten schmackhaft zubereiten und optisch aufwerten.

Heute werden reife Gemüse hauptsächlich gefüllt, um ihren Eigengeschmack mit einer Farce zu unterstreichen. Das ausgeschabte Fruchtfleisch wird traditionell mit Hackfleisch oder Reis vermischt, das Gemüse wird damit gefüllt und im Backofen langsam in der eigenen Schale gegart, die die Aromen und Säfte der Farce umschließt.

Gemüse mit mildem, eventuell leicht süßlichem Geschmack wie Tomaten, Auberginen oder Zwiebeln sind für diese Art Zubereitung ideal.

Zum Füllen ausgehöhlter Gemüse bieten sich unzählige Möglichkeiten, beispielsweise kann die Farce mit Getreide, Käse oder anderen Gemüsen angereichert werden.

Kleine gefüllte Gemüse wie Kirschtomaten oder Champignonköpfe eignen sich perfekt als leckere und gesunde Appetithäppchen zum Aperitif.

KNUSPRIG UND KÖSTLICH: GRATINS

Gratins bringen in allen möglichen Varianten Gemüse durch das langsame Garen im Backofen ausgesprochen schmackhaft zur Geltung. Das Gemüse wird quer in nur wenige Millimeter dicke Scheiben geschnitten und in eine ofenfeste Form geschichtet, dachziegelartig für ein herkömmliches Gratin und aufrecht für einen Tian, den provenzalischen Gemüseauflauf. Ein Gratin wird in der Regel mit einer Masse überzogen, die wahlweise aus Sahne, Milch, Käse, gelegentlich auch verquirlten Eiern besteht. Besonders bekannt ist das Gratin Dauphinois aus dünn gehobelten Kartoffelscheiben. Jede Region, jede Familie kennt eigene traditionelle Rezepte. In der Schweiz wird ein Gratin mit Greyerzer Käse bestreut, in den Dombes im Osten Frankreichs wird mehr Sahne verwendet.

Die Oberfläche wird häufig mit Semmelbröseln oder Käse bestreut, um im Backofen eine knusprige Kruste zu bilden, die die Aromen einschließt und außerdem dafür sorgt, dass das Gratin lange heiß bleibt.

Meistens besteht ein Gratin nicht nur aus einem, sondern aus zwei oder drei verschiedenen Gemüsen. Bei der Zusammenstellung ist darauf zu achten, dass die Gemüse die gleiche Garzeit haben.

Die provenzalischen Tians können natürlich auf verschiedene Weise interpretiert werden, aber traditionsgemäß werden die in der südfranzösischen Küche üblichen Fruchtgemüse verwendet wie Tomaten, Auberginen und Zucchini. Die Scheiben werden aufrecht angeordnet, in abwechselnder Reihenfolge und dicht an dicht, damit sie nicht umfallen, wenn sie während des Garens weich werden. Vor dem Einschieben in den Ofen werden einige Scheiben frischer Knoblauch zwischen die Gemüsescheiben gesteckt, alles großzügig mit Kräutern der Provence bestreut und mit Olivenöl beträufelt.

Aufgrund der verwendeten Gemüse und den damit verbundenen Assoziationen gelten Gratins eher als winterlicher, Tians als sommerlicher Gaumenschmaus.

VON DER VORSPEISE BIS ZUM DESSERT

Eine neues Konzept befürwortet die Überschneidung von Koch- und Patisserie-Techniken und bereichert auf diese Weise die Küche mit kulinarischen Traditionen anderer Bereiche. Dieser neue Trend experimentiert mit einer zeitgemäßen Verwendung von Gemüse als Süßspeisen. Dazu werden sie mit Patisserie-Techniken und -Methoden verarbeitet. Im Sommer beispielsweise werden Gemüsegranitas und -sorbets als erfrischende Vorspeise serviert. Wintergemüse wie Zwiebeln konfiert und kompottiert man, um den Geschmack von Wildragouts oder Stopfleberterrinen mit einer leicht süßlichen Note zu unterstreichen. Mit Käse gefüllte Gemüse-Macarons und süß-salzige Crèmes brûlées aus klein geschnittenem Gemüse werden zum Aperitif gereicht, und ein Karottenkuchen ist schon lange ein beliebtes Dessert.

GEMÜSE RICHTIG EINKAUFEN

Unabhängig vom Rezept, das man zubereiten möchte, sollte Gemüse immer sehr sorgfältig ausgewählt werden. Allerdings macht die Vielfalt des Angebots die Wahl nicht immer einfach.

Zunächst ist es wichtig, die jeweiligen Saisonzeiten zu kennen, um bevorzugt Produkte zu kaufen, die im Freiland wachsen und zu einem bestimmten Zeitpunkt erntereif sind. Nur dann können sie ihren ganzen Reichtum an Nährstoffen und Aromen entfalten.

Wer die Möglichkeit hat, sollte zu Produkten aus der Region greifen. Wenn ein Gemüse nicht um den halben Globus reisen musste, um in unserer Küche zu landen, kann man davon ausgehen, dass es saisongerecht geerntet wurden und nicht vorzeitig, um während des Transports in Kühlcontainern »nachzureifen«.

GLÜCKLICHE VERBINDUNGEN

- Die samtige Textur von Avocados harmoniert perfekt mit dunkler Schokolade.

- Das süßliche, orangefarbene Fruchtfleisch von Kürbissen eignet sich wunderbar als Zutat für Konfitüre und Fruchtpasten.

- Geriebene Rote Bete macht Schokoladenfondants besonders saftig.

EINKAUF AUF DEM MARKT

Da jede Gemüsesorte spezifische Merkmale besitzt, kann der Laie nur schwer erkennen, ob und wann der optimale Zustand erreicht ist. Einige Eigenschaften gelten aber für fast alle Gemüse: Die Schale soll glatt sein und einen matten, natürlich wirkenden Glanz aufweisen. Auf Fingerdruck müssen Schale und Fruchtfleisch Widerstand bieten. Gemüse, das zu gleichförmig, zu »perfekt« erscheint, sollte nicht gekauft werden, genauso wenig wie beschädigte Exemplare oder solche mit Beulen oder Druckstellen. Nicht normgerechtes Gemüse dagegen ist ebenso wertvoll wie jedes andere. Allerdings darf es keinerlei Spuren falscher Lagerung oder unerlaubter Behandlung aufweisen.

Lange war es die natürlichste Sache der Welt, Gemüse auf dem Markt einzukaufen. Der Besuch der herrlichen Märkte im Süden oder in bestimmten ländlichen Regionen ist nach wie vor ein Vergnügen. Aber leider kann man den Auslagen heute nicht mehr blind vertrauen, denn viele Stände bieten ausschließlich Produkte an, die bei Großhändlern gekauft wurden, von denen einige auch Supermärkte beliefern.

Um dem Wunsch der Verbraucher zu entsprechen, die Herkunft der Produkte zu erfahren, schließen große Supermärkte zunehmend Verträge mit lokalen Erzeugern ab. Ein Vorteil der großen Handelsketten besteht in der Schnelligkeit, mit der die frischen Produkte geliefert, ausgelegt und verkauft werden. Diese Umschlaggeschwindigkeit verkürzt die Verweildauer der Gemüse in den Regalen, sodass die Frische hier oftmals nichts zu wünschen übrig lässt.

Außer auf Märkten kann man frisches Gemüse auch im Fachhandel kaufen, wo mitunter allerdings höhere Preise verlangt werden. Trotzdem lohnt es sich, sie aufzusuchen, denn es gibt dort außer Beratung oftmals auch seltene oder in Vergessenheit geratene Gemüse, die nicht in großen Mengen verkauft werden und deshalb für Supermärkte unrentabel sind.

Eine gute Quelle für frisches Gemüse sind auch Biomärkte und -läden. Ihre Zahl hat innerhalb der letzten Jahre stark zugenommen, sodass sie fast überall vertreten sind. Hier erhält man Produkte, die nach den Kriterien des biologischen Landbaus angebaut wurden. Die anfänglich hohen Preise sind allmählich gesunken und nähern sich immer mehr dem Niveau der Supermärkte an.

Wenn die Möglichkeit besteht, ist selbstverständlich der Einkauf im Hofladen des Erzeugers die beste Wahl. Allerdings kann man heute auch schon regionale Bioprodukte im Online-Shop bestellen oder eine Gemüsekiste abonnieren, die direkt ins Haus geliefert wird.

GEMÜSE AUS DEM EIGENEN GARTEN

Ein Gemüsegarten ist die mit Abstand beste Versorgungsquelle für frisches Gemüse, das selbst gezogen am besten schmeckt und jede mit Anbau und Pflege verbundene Mühe reich entlohnt. Vor allem kann man Gemüse und Kräuter ziehen, die im Handel nur schwer oder gar nicht zu finden sind, wie Sauerampfer, Portulak oder besondere Kürbissorten. Doch selbst wenn man einen ausreichend großen Garten besitzt, fehlt oft die Zeit, um sich dem Gemüseanbau zu widmen.

Passionierte Hobbygärtner wissen ein Lied davon zu singen: Kommt die Erntezeit, wird oft allzu vieles gleichzeitig reif, sodass man Gemüse verschenken oder eintauschen kann – eine weitere Möglichkeit, die Vielfalt zu vergrößern. Und natürlich lässt sich Gemüse auch problemlos durch Einfrieren konservieren.

DER SIEGESZUG DES GEMÜSES

Heute nimmt Gemüse einen wichtigen Platz in unserer Ernährung ein. Das war nicht immer so. Erst die Revolution der Nouvelle Cuisine in den 1970er-Jahren, mitgetragen von Meisterköchen wie Michel Guérard und Joël Robuchon, hat dazu geführt, dass Gemüse endlich in Szene gesetzt wurde. Erst als breite Kreise der Bevölkerung die

TRADITION MIT ZUKUNFT

Innerhalb der EU gibt es verschiedene Bestrebungen zur Erhaltung der traditionellen bäuerlichen Betriebe. In Deutschland steht dafür unter anderem die Solidarische Landwirtschaft e. V., kurz SoLaWi. Die Mitglieder des Vereins tragen die Kosten eines landwirtschaftlichen Betriebs, wofür sie im Gegenzug dessen Ernteertrag erhalten.

> **GEMÜSE RICHTIG EINFRIEREN**
>
> Das Gemüse blanchieren und rasch abkühlen lassen. Anschließend portionsweise in Gefrierbeutel oder Tiefkühlboxen füllen und beschriften. Dann sofort ins Tiefkühlfach geben, dessen Temperatur unter -10 °C liegen sollte.

Vielfalt der Aromen und die einfachen Möglichkeiten der Zubereitung erkannt hatten, konnte Gemüse auf den Tellern nach und nach den Platz einnehmen, der ihm gebührt. Hinzu kam das steigende Gesundheitsbewusstsein sowie das Bestreben, sich ausgewogen zu ernähren und eine schlanke Linie zu bewahren.

Leider erfreut sich die große Familie der Gemüse immer noch keiner allgemeinen Beliebtheit. Insbesondere Kinder sträuben sich häufig, Grünzeug zu essen, vor allem geschmacklich stark ausgeprägte Sorten wie Kohl, Spinat und Chicorée werden von den lieben Kleinen oft vehement abgelehnt. Neben Kartoffeln finden nur Tomaten und Karotten mit ihren leuchtenden Farben und dem von klein an vertrauten Geschmack Gnade vor ihren Augen.

Man kann Kinder aber schon im Alter von 4–5 Monaten an den Verzehr von Gemüse gewöhnen, indem man nach und nach ein paar Löffel verschiedener mild schmeckender und faserarmer Sorten in ihre Mahlzeiten integriert.

Obwohl Gemüse oft als Beilage zu Fleisch auf den Teller kommt, haftet ihm doch das Image an, sein Gegenpart zu sein. Während Fleisch männlich konnotiert ist, scheint Gemüse eher der weiblichen Welt anzugehören. Es bereichert unsere Speisen mit einer Leichtigkeit und einer Farbenfreude, die aus der zeitgenössischen Kochkunst nicht wegzudenken sind.

Und nicht zu vergessen: Gemüse lässt sich in jede noch so restriktive Ernährungsform integrieren, denn es ist mit allen Religionen und Weltanschauungen in Einklang zu bringen. Selbst die strengsten religiösen Vorschriften verbieten nicht den Verzehr von Gemüse, wie auch immer es zubereitet wird.

Dank seiner Vielfalt, der variantenreichen Zubereitungsmöglichkeiten, der gesunden Inhaltsstoffe und des breiten geschmacklichen Spektrums, das persönliche Vorlieben aller Art bedienen kann, ist Gemüse das vielleicht beste Nahrungsmittel überhaupt. Was Sie daraus machen, liegt ganz bei Ihnen.

→ LAGERUNG UND HALTBARKEIT VON FRISCHEM GEMÜSE

Die Liste nennt die wichtigsten einheimischen Saisongemüse und gibt Empfehlungen für ihre Lagerung.

Durch den Import von Gemüsen aus der ganzen Welt und den Anbau unter Glas und Folie sind heute fast alle Sorten das ganze Jahr über erhältlich. In der Saison bekommt man Freilandgemüse, das in der Regel besser schmeckt und auch preiswerter ist.

GEMÜSE	EMPFOHLENE LAGERUNG	J	F	M	A	M	J	J	A	S	O	N	D
Artischocke	Im Kühlschrank halten sich Artischocken 3–4 Tage, müssen aber am Tag der Zubereitung verzehrt werden.					✗	✗	✗	✗	✗	✗		
Aubergine	Im Gemüsefach des Kühlschranks halten sich Auberginen 5–6 Tage; die Luft darf weder zu kalt noch zu trocken sein.						✗	✗	✗	✗	✗		
Avocado	Noch nicht ganz reife Avocados werden oft schnell überreif. Bei Raumtemperatur lassen sie sich gut in einem Obstkorb aufbewahren.	✗	✗	✗	✗	✗						✗	✗
Blumenkohl	Ganz oder in Röschen zerteilt hält sich Blumenkohl im Gemüsefach 3–4 Tage.	✗	✗	✗	✗					✗	✗	✗	✗
Bohnen, grüne	In ein feuchtes Tuch gewickelt halten sie sich im Kühlschrank 2–3 Tage.							✗	✗	✗			
Brokkoli	In einem fest schließenden Behälter oder in Frischhaltefolie gewickelt hält sich der Kopf im Gemüsefach des Kühlschranks 4–5 Tage.						✗	✗	✗	✗	✗	✗	
Champignons	In einer fest schließenden Dose halten sich Champignons im Gemüsefach 1–2 Tage.	✗	✗	✗	✗	✗	✗	✗	✗	✗	✗	✗	✗
Chicorée	Chicorée nicht bei Raumtemperatur aufbewahren, durch das Licht werden die Blätter grün und noch bitterer. Im Gemüsefach des Kühlschranks hält er sich knapp 1 Woche.	✗	✗	✗							✗	✗	✗
Fenchel	Im Gemüsefach des Kühlschranks hält sich Fenchel knapp 1 Woche. Das Fenchelgrün kann in einer fest schließenden Dose zur Verwendung als Gewürz aufbewahrt werden.	✗	✗	✗	✗								✗
Karotte	Im Gemüsefach des Kühlschranks halten sich ganze Karotten bis zu 2 Wochen.	✗	✗	✗	✗						✗	✗	✗
Kartoffel	An einem trockenen, frostfreien Ort halten sich Kartoffeln mehrere Monate. Die Keime sind nicht schädlich, im Gegensatz zu den grünen Stellen, die sich durch Lichteinwirkung bilden.	✗	✗			✗	✗	✗	✗	✗	✗	✗	
Knoblauch	Frischer Knoblauch hält sich im Kühlschrank nur einige Tage. Getrocknet kann er bei Raumtemperatur an einem trockenen, kühlen und dunklen Ort mehrere Monate gelagert werden.					✗	✗	✗	✗	✗			
Knollensellerie	Im Ganzen und ungeschält hält sich Knollensellerie im Gemüsefach bis zu 2 Wochen.							✗	✗	✗	✗	✗	✗
Kohl (weißer, grüner und roter)	Im Ganzen halten sich Kohlköpfe im Gemüsefach des Kühlschranks 4–5 Tage.	✗	✗	✗	✗						✗	✗	✗

GEMÜSE	EMPFOHLENE LAGERUNG	J	F	M	A	M	J	J	A	S	O	N	D
Kürbis	An einem kühlen, trockenen Ort halten sich ganze Kürbisse den kompletten Winter. In Scheiben geschnitten und in Frischhaltefolie gewickelt kann man sie im Gemüsefach des Kühlschranks 4–5 Tage lagern.	✘								✘	✘	✘	✘
Lauch	Im Gemüsefach halten sich Stangen 4–5 Tage. Roh zerkleinert sind sie in einer fest schließenden Dose im Kühlschrank 2–3 Tage haltbar.	✘	✘	✘	✘					✘	✘	✘	✘
Paprikaschoten	Ganze Schoten halten sich im Kühlschrank 1 Woche, klein geschnitten und in Frischhaltefolie gewickelt 3–4 Tage.	✘	✘	✘	✘	✘	✘	✘			✘	✘	✘
Radieschen	Radieschen sind empfindlich. Mit ihren Blättern halten sie sich im Gemüsefach des Kühlschranks maximal 1–2 Tage.				✘	✘	✘	✘					
Rote Bete	Im Gemüsefach des Kühlschranks halten sich frische Rote Beten knapp 1 Woche.					✘	✘	✘	✘	✘	✘		
Salat	Im Gemüsefach des Kühlschranks halten Salatköpfe oder gewaschene, in ein feuchtes Tuch gewickelte Blätter 4–5 Tage.	✘	✘		✘	✘	✘	✘	✘	✘	✘	✘	
Salatgurke	Salatgurken sind kälteempfindlich. Ist der Kühlschrank zu kalt, halten sie sich bei Raumtemperatur 2–3 Tage.					✘	✘	✘	✘	✘	✘		
Spargel	In ein feuchtes Tuch gewickelt und mit den Spitzen nach oben hält sich ein Bund Spargel im Kühlschrank 1–2 Tage.				✘	✘	✘						
Speiserübe	Im Gemüsefach des Kühlschranks halten sich Speiserüben 1 Woche.	✘	✘	✘	✘	✘					✘	✘	✘
Spinat	In ein feuchtes Tuch gewickelt hält er sich im Kühlschrank maximal 2 Tage.	✘	✘	✘	✘	✘	✘	✘			✘	✘	✘
Staudensellerie	In ein feuchtes Tuch gewickelt hält er sich im Kühlschrank 4–5 Tage.	✘	✘	✘							✘	✘	✘
Tomate	Tomaten sind bei Raumtemperatur 3–4 Tage haltbar, vorausgesetzt, sie waren nie im Kühlschrank.						✘	✘	✘	✘	✘		
Zucchini	Im Ganzen halten sich Zucchini im Gemüsefach des Kühlschranks problemlos 3–4 Tage.						✘	✘	✘				
Zwiebel	Bei Raumtemperatur halten sich Zwiebeln 1 Monat. Zerkleinert können sie in einer fest schließenden Dose im Kühlschrank 3–4 Tage aufbewahrt werden.	✘	✘	✘	✘					✘	✘	✘	✘

Kartoffeln

CHARLOTTE

ROSEVAL

BELLE DE FONTENAY

VITELOTTE

MONALISA

BONNOTE DE NOIRMOUTIER

Karotten
IN SCHEIBEN SCHNEIDEN

SCHWIERIGKEITSGRAD:

UTENSILIEN: Schneidebrett und Kochmesser

TECHNIK 1: Karotten quer in runde Scheiben schneiden.

TECHNIK 2: Karotten schräg in ovale Scheiben schneiden.

Karotten
IN PAYSANNE SCHNEIDEN

SCHWIERIGKEITSGRAD:

UTENSILIEN: Schneidebrett und Kochmesser

1 Die geschälte Karotte der Länge nach halbieren. Jede Hälfte leicht fächerartig in vier Teile schneiden.

2 Die Karottenhälften jeweils mit der glatten Fläche nach unten auf das Brett legen und quer in kleine Dreiecke schneiden.

Gemüse
IN MIREPOIX SCHNEIDEN

SCHWIERIGKEITSGRAD:

UTENSILIEN: Schneidebrett und Kochmesser

1 Die Zwiebel abziehen, der Länge nach halbieren und den Wurzelansatz entfernen.

2 Jede Hälfte in Spalten schneiden.

3 Quer in grobe Würfel schneiden.

FÜR KAROTTEN: Die geschälte Karotte der Länge nach vierteln. Die Viertel quer in grobe, gleichmäßige Würfel schneiden.

Gemüse
IN MACÉDOINE SCHNEIDEN

SCHWIERIGKEITSGRAD:

UTENSILIEN: Mandoline - Schneidebrett und Kochmesser

1 Die Schnittstärke der Mandoline auf 6 mm einstellen und die geschälten Karotten der Länge nach in Scheiben schneiden.

2 Die Scheiben in Rechtecke schneiden.

3 Die Rechtecke in Streifen schneiden.

4 Die Streifen in kleine Würfel schneiden.

Gemüse
IN JULIENNE SCHNEIDEN

SCHWIERIGKEITSGRAD: 👨‍🍳 👨‍🍳

UTENSILIEN: Mandoline - Schneidebrett und Kochmesser

1 Die Schnittstärke der Mandoline auf 1 mm einstellen und die geschälten Karotten der Länge nach in Scheiben schneiden.

2 Die Karottenscheiben aufeinanderlegen und in sehr feine Streifen schneiden.

Gemüse
IN BRUNOISE SCHNEIDEN

SCHWIERIGKEITSGRAD: 👨‍🍳 👨‍🍳

UTENSILIEN: Mandoline - Schneidebrett und Kochmesser

1 Die Schnittstärke der Mandoline auf 3 mm einstellen und das Gemüse in Scheiben schneiden.

2 Die Scheiben in dünne Streifen schneiden. Die Streifen bündeln und quer in sehr feine Würfel schneiden.

Fenchel
IN FEINE STREIFEN SCHNEIDEN

SCHWIERIGKEITSGRAD:

UTENSILIEN: Schneidebrett und Kochmesser

1 Die Fenchelknolle von den grünen Stielansätzen befreien und anschließend der Länge nach halbieren.

2 Mit der Schnittfläche auf das Brett legen und je nach Rezept quer in mehr oder weniger feine Streifen schneiden.

Zucchini
KANNELIEREN UND SCHNEIDEN

SCHWIERIGKEITSGRAD:

UTENSILIEN: Kanneliermesser · Schneidebrett und Kochmesser

1 Von der Zucchini beide Enden abschneiden. Mit dem Kanneliermesser rundherum in gleichmäßigen Abständen Schalenstreifen abziehen.

2 Die Zucchini der Länge nach halbieren und je nach Rezept in mehr oder weniger dünne Halbmonde schneiden.

Salatgurke
IN SCHEIBEN SCHNEIDEN

SCHWIERIGKEITSGRAD:

UTENSILIEN: Schneidebrett und Kochmesser

1 Die Gurke schälen, der Länge nach halbieren und die Kerne mit einem Löffel herausschaben.

2 Die Gurkenhälften mit der Schnittfläche nach unten auf das Brett legen und je nach Rezept in mehr oder weniger dünne Scheiben schneiden.

Salatgurke
KANNELIEREN UND AUSHÖHLEN

SCHWIERIGKEITSGRAD:

UTENSILIEN: Kanneliermesser - Kugelausstecher

1 Die Gurke waschen und trockentupfen. Mit dem Kanneliermesser in regelmäßigen Abständen Schalenstreifen abziehen.

2 Die Gurke in runde Scheiben oder in 4–6 cm lange Stücke schneiden und mithilfe des Kugelausstechers aushöhlen, dabei einen 1 cm dicken Boden stehen lassen.

Lauch
KÜCHENFERTIG VORBEREITEN

SCHWIERIGKEITSGRAD: 🧑‍🍳

UTENSILIEN: Schneidebrett und Kochmesser

Tipp
Auf die Fingerhaltung achten, um Schnittverletzungen zu vermeiden.

Zunächst den Lauch von den dunkelgrünen Blättern (für eine Brühe verwenden) und dem Wurzelansatz befreien. Quer in runde Scheiben schneiden.

Schräg in ovale Scheiben schneiden.

IN PAYSANNE SCHNEIDEN: Die Lauchstange der Länge nach halbieren und beide Hälften bis kurz vor dem unteren Ende in je drei Längsstreifen schneiden. Quer in kleine Quadrate schneiden.

DIE LAUCHSTANGEN BÜNDELN, beispielsweise um sie in Brühe oder Salzwasser zu garen.

Stangensellerie
KÜCHENFERTIG VORBEREITEN

SCHWIERIGKEITSGRAD:

UTENSILIEN: Schneidebrett, Officemesser, Kochmesser

■ Auf die gleiche Weise Mangold- und Kardenstiele vorbereiten ■

1 Die Stangen ablösen und die Blätter entfernen.

2 Die Fäden mithilfe des Officemessers abziehen.

3 Die Selleriestangen mit dem Kochmesser in dünne Scheiben schneiden.

4 Alternativ in größere Abschnitte teilen, dann in dünne Streifen und zum Schluss in feine Würfel schneiden.

Spargel
KÜCHENFERTIG VORBEREITEN

SCHWIERIGKEITSGRAD: 👨‍🍳👨‍🍳

UTENSILIEN: Schneidebrett, Officemesser und Sparschäler

1 Von den grünen Spargelstangen die seitlichen, häufig bereits verwelkten Knospen unterhalb der Köpfe entfernen.

2 Die Stangen bis zur halben Höhe von kleinen Unebenheiten befreien.

3 Die untere Hälfte mit dem Sparschäler vorsichtig schälen.

4 Die Spargelstangen auf gleiche Länge schneiden.

Blumenkohl & Brokkoli
KÜCHENFERTIG VORBEREITEN

SCHWIERIGKEITSGRAD:

UTENSILIEN: Schneidebrett und Officemesser

1 Brokkoli in Röschen teilen. Den Blumenkohl von den Blättern befreien und anschließend in Röschen teilen.

2 Die Röschen mit dem Officemesser weiter zerteilen.

Spinat
KÜCHENFERTIG VORBEREITEN

SCHWIERIGKEITSGRAD:

UTENSILIEN: Schneidebrett und Kochmesser

■ Auf die gleiche Weise wird Sauerampfer vorbereitet. ■

1 Den Spinat verlesen, in reichlich kaltem Wasser waschen, dabei gründlich durchrühren und gegebenenfalls das Wasser zwei- bis dreimal wechseln. Abtropfen lassen. Die Stiele mit der Hand abziehen.

2 Die Blätter übereinander auf das Brett legen und mit dem Messer je nach Rezept quer in mehr oder weniger dünne Streifen schneiden.

Salatblätter
ZU CHIFFONNADE SCHNEIDEN

SCHWIERIGKEITSGRAD:

UTENSILIEN: Schneidebrett und Kochmesser

1 Die Salatblätter waschen, trockenschleudern und von der Mittelrippe befreien.

2 Mehrere Blätter übereinanderlegen, aufrollen und mit dem Messer quer in hauchdünne Streifen schneiden.

Artischockenböden
TOURNIEREN

SCHWIERIGKEITSGRAD:

UTENSILIEN: Schneidebrett, Koch- und Officemesser · Stieltopf

1 Den Stiel am Ansatz herausbrechen. Anschließend die Blätter mit dem Kochmesser dicht oberhalb des Bodens abschneiden.

2 Das Herz mit dem Officemesser rundherum von den restlichen Blättern befreien und in eine gleichmäßig runde Form schneiden.

Tipp

WERDEN DIE ARTISCHOCKENBÖDEN nicht sofort verwendet, in der Kochflüssigkeit liegen lassen, damit sie nicht austrocknen.

3 Die Böden sofort in einen Topf mit kaltem Salzwasser, Zitronensaft und -schale (oder Weißweinessig) geben.

4 Die gegarten Artischockenböden abtropfen und abkühlen lassen. Anschließend mit einem Teelöffel das Heu entfernen.

Kleine Artischocken
TOURNIEREN

SCHWIERIGKEITSGRAD:

UTENSILIEN: Schneidebrett, Koch- und Officemesser

1 Die Artischockenstiele kürzen. Die drei äußeren Blattreihen entfernen, dafür die Blätter nach außen biegen und abbrechen.

2 Mit dem Officemesser die verbliebenen Blätter abschälen.

3 Die Artischockenböden sauber abschälen.

4 Die Blattspitzen über dem Boden abschneiden.

5 Die Böden fertig parieren.

6 Mit einem Löffel das Heu herausschaben und die Artischockenböden in eine Schüssel mit kaltem Zitronenwasser geben.

Schnitttechniken
FÜR CHAMPIGNONS

SCHWIERIGKEITSGRAD:

UTENSILIEN: Schneidebrett und Kochmesser - Officemesser

■ Die Champignons zunächst rasch in Essigwasser waschen und auf Küchenpapier abtropfen lassen. ■

VIERTELN: Die Champignons gerade oder schräg in Viertel schneiden.

JULIENNE: Die Pilze feinblättrig schneiden, einige Scheiben aufeinanderlegen und in feine Streifen schneiden.

DUXELLES: Die Pilze zunächst in Juliennestreifen schneiden und anschließend fein hacken.

TOURNIEREN: Die Klinge des Officemessers in eine Hand nehmen und von der Mitte des Kopfes ausgehend dicht an dicht Riefen einschneiden, dabei den Champignonkopf am Stiel halten und drehen.

Große Champignons
KÜCHENFERTIG VORBEREITEN

SCHWIERIGKEITSGRAD: 👨‍🍳

UTENSILIEN: Schneidebrett und Officemesser

1 Die Haut mit dem Officemesser von den Champignons abziehen.

2 Die Stiele herausdrehen und für eine Duxelles verwenden (s. S. 458).

Tomaten
HÄUTEN UND SCHNEIDEN

SCHWIERIGKEITSGRAD: 👨‍🍳

GARZEIT: 1 MIN.

UTENSILIEN: Schneidebrett, Office- und Kochmesser - Stieltopf

Tipp
FÜR EIN TOMATEN-CONCASSÉ
Tomaten fein würfeln und mit gehackter Zwiebel in etwas Olivenöl anschwitzen. Mit Salz und Pfeffer würzen.

1 Die Tomaten von ihrem Stielansatz befreien und die Haut kreuzweise einritzen.

2 Die Tomaten 1 Minute in einem Topf mit kochendem Wasser blanchieren. Herausnehmen und in Eiswasser abschrecken.

3 Die Haut mithilfe des Officemessers abziehen.

4 Die Tomaten halbieren, die Kerne entfernen und das Fruchtfleisch dem Rezept entsprechend mit dem Kochmesser in Filets oder in Würfel schneiden.

Gemüsekugeln
AUSSTECHEN

SCHWIERIGKEITSGRAD:

UTENSILIEN: Kugelausstecher in verschiedenen Größen

AUS KARTOFFELN große Kugeln ausstechen.

FÜR EINE BUNTE GARNITUR aus Karotten, Zucchini oder anderen farbigen Gemüsen kleine Kugeln ausstechen.

Zwiebeln
IN FEINE WÜRFEL SCHNEIDEN

SCHWIERIGKEITSGRAD:

UTENSILIEN: Schneidebrett und Kochmesser

Tipp
Auf die Fingerhaltung achten, um Schnittverletzungen zu vermeiden.

1 Die Zwiebel abziehen und der Länge nach halbieren.

2 In Längsrichtung bis knapp vor dem Wurzelansatz in regelmäßigen Abständen sieben- bis achtmal einschneiden.

3 Die Zwiebel zweimal horizontal bis kurz vor dem Wurzelansatz einschneiden.

4 Zum Schluss quer in feine Würfel schneiden.

Zwiebeln
IN RINGE SCHNEIDEN

SCHWIERIGKEITSGRAD: 👨‍🍳 👨‍🍳

UTENSILIEN: Schneidebrett und Kochmesser

1 Die Zwiebel abziehen und quer in Scheiben schneiden.

2 Die Zwiebelscheiben in einzelne Ringe zerlegen.

Schalotten
IN FEINE WÜRFEL SCHNEIDEN

SCHWIERIGKEITSGRAD:

UTENSILIEN: Schneidebrett und Kochmesser

Tipp
Auf die Fingerhaltung achten, um Schnittverletzungen zu vermeiden.

1 Die Schalotte abziehen und der Länge nach halbieren.

2 Horizontal bis kurz vor dem Wurzelansatz einschneiden.

3 In regelmäßigen Abständen vier- bis fünfmal der Länge nach einschneiden.

4 Zum Schluss quer in feine Würfel schneiden.

Knoblauch
HACKEN

SCHWIERIGKEITSGRAD:

UTENSILIEN: Schneidebrett und Kochmesser

1 Die Knoblauchzehen abziehen, halbieren und in feine Streifen schneiden.

2 Die Knoblauchstreifen zu kleinen Bündeln zusammenfassen und fein hacken.

Petersilie
HACKEN

SCHWIERIGKEITSGRAD: 🍳

UTENSILIEN: Schneidebrett und Kochmesser

1 Die Petersilie waschen, mit Küchenpapier trockentupfen und die Blätter abzupfen.

2 Mit den Fingern einer Hand die Messerspitze auf dem Brett halten und den mittleren Teil der Klinge in einer Wiegebewegung über die Petersilie führen.

Schnittlauch
IN FEINE RÖLLCHEN SCHNEIDEN

SCHWIERIGKEITSGRAD:

UTENSILIEN: Schneidebrett und Kochmesser

Tipp
Auf die Fingerhaltung achten, um Schnittverletzungen zu vermeiden.

1 Den Schnittlauch unter fließendem Wasser abspülen und mit Küchenpapier trockentupfen.

2 Mit dem Kochmesser in feine Röllchen schneiden.

Kräuter
FEIN HACKEN

SCHWIERIGKEITSGRAD: 👨‍🍳

UTENSILIEN: Schneidebrett und Kochmesser

1 Die Kräuter waschen (hier Basilikum, Kerbel und Estragon), mit Küchenpapier trockentupfen und die Blätter abzupfen.

2 Die Kräuter mit dem Kochmesser fein hacken.

Gemüse garen
IN SALZWASSER

SCHWIERIGKEITSGRAD:

UTENSILIEN: Stieltopf

1 Das Gemüse in einen Topf mit kochendem Salzwasser geben und je nach Geschmack bissfest oder weich garen.

2 Kurz abtropfen lassen und sofort in eine Schüssel mit Eiswasser geben, um das Gemüse möglichst schnell abzukühlen. Erneut abtropfen lassen.

Gemüse garen
IN EINEM MEHLSUD

SCHWIERIGKEITSGRAD:

ZUTATEN
2 EL Mehl - 1 Zitrone - Salz

UTENSILIEN: Stieltopf - kleiner Schneebesen

Tipp

DIESE GARMETHODE eignet sich insbesondere für Gemüse, die oxidieren, wie Artischockenböden, Chicorée, Mangoldstiele und Karden.

1 Das Mehl in einer Schale mit 150 ml kaltem Wasser anrühren. Die Mischung mit dem Schneebesen in 2 l kaltes Wasser einrühren, dem der Saft der Zitrone beigegeben wurde. Salzen.

2 Zum Kochen bringen, das Gemüse dazugeben und je nach Geschmack bissfest oder weich garen. Die Mehlflüssigkeit sorgt dafür, dass es weiß bleibt.

Karotten
GLASIEREN

SCHWIERIGKEITSGRAD: 🎩
ZUBEREITUNG: 5 MIN. - **GARZEIT:** 10 MIN.
UTENSILIEN: Stieltopf

ZUTATEN
500 g Karotten, tourniert (wie Kartoffeln, s. S. 475)
50 g Butter - 1 EL Zucker - Salz

1 Die Karotten, die Butter, den Zucker und etwas Salz in den Topf geben. Mit 100 ml Wasser oder hellem Geflügelfond bedecken.

2 Mit einem passend zurechtgeschnittenen Stück Backpapier mit einem kleinen Loch in der Mitte abdecken.

3 Etwa 10 Minuten sanft garen, bis die Flüssigkeit fast vollständig verdampft ist.

4 Die Karotten sollen wie lackiert glänzen, aber keine Farbe angenommen haben.

Perlzwiebeln
GLASIEREN

SCHWIERIGKEITSGRAD: 👨‍🍳

ZUBEREITUNG: 5 MIN. - **GARZEIT:** 10 MIN.

ZUTATEN
500 g Perlzwiebeln, abgezogen
50 g Butter - 1 EL Zucker - Salz

UTENSILIEN: Stieltopf

1 Die Zwiebeln mit der Butter, dem Zucker, etwas Salz und 100ml Wasser (oder hellem Geflügelfond) in den Topf geben.

2 Mit einem passend zurechtgeschnittenen Stück Backpapier abdecken. Etwa 10 Minuten köcheln lassen.

3 Wenn die Zwiebeln wie lackiert glänzen, aber noch keine Farbe angenommen haben, sind sie hell glasiert.

4 Bei längerem Garen karamellisieren die Zwiebeln, dann spricht man von braun glasiert.

Gemüse
SCHMOREN

SCHWIERIGKEITSGRAD: 👨‍🍳👨‍🍳
ZUBEREITUNG: 5 MIN. - **GARZEIT:** 20 MIN
UTENSILIEN: Stieltopf

ZUTATEN
500 g Gemüse (Fenchel, Sellerieherzen …), der Länge nach geviertelt
50 g Butter - 1 EL Zucker - Salz

1 Die Gemüseviertel rosettenförmig in dem Topf anordnen. Die Butter und den Zucker dazugeben, salzen, dann 50 ml Wasser (oder hellen Geflügelfond) angießen.

2 Sanft garen lassen, je nach Sorte 10–20 Minuten, bis das Wasser verdampft und der Zucker karamellisiert ist, dabei die Gemüsestücke nach der Hälfte der Garzeit vorsichtig wenden.

Erbsen

DÜNSTEN

SCHWIERIGKEITSGRAD: 👨‍🍳
GARZEIT: 5–10 MIN.

ZUTATEN
500 g enthülste Erbsen - 50 g Butter - Salz

UTENSILIEN: Sauteuse

1 Die Erbsen mit der Butter und 150 ml Wasser in die Sauteuse geben. Salzen.

2 Mit passend zurechtgeschnittenem Backpapier abdecken und, je nach Größe und Frische der Erbsen, 5–10 Minuten sanft garen (die Flüssigkeit soll eingekocht, die Erbsen sollen leicht bissfest und noch grün sein).

Kartoffeln TOURNIEREN

SCHWIERIGKEITSGRAD: 👨‍🍳 👨‍🍳

UTENSILIEN: Schneidebrett und Officemesser

1 Von gleichmäßig großen, geschälten Kartoffeln die Enden abschneiden. Gegebenenfalls halbieren oder vierteln.

2 Die Kartoffel rundherum bauchig schneiden, dabei drehen und die Kanten zu den Enden hin spindelförmig abrunden.

3 Je nach Größe der Kartoffel entstehen dabei sechs bis acht Facetten.

4 Je nach Größe werden sie (von links nach rechts) als Dampf-, Schloss- und Olivenkartoffel bezeichnet.

Kartoffeln
MIT DEM GEMÜSEHOBEL SCHNEIDEN

SCHWIERIGKEITSGRAD:

UTENSILIEN: Mandoline

FÜR CHIPS die geschälten Kartoffeln mithilfe der Mandoline – glatte Klinge, Schnittstärke 1 mm – in dünne Scheiben hobeln.

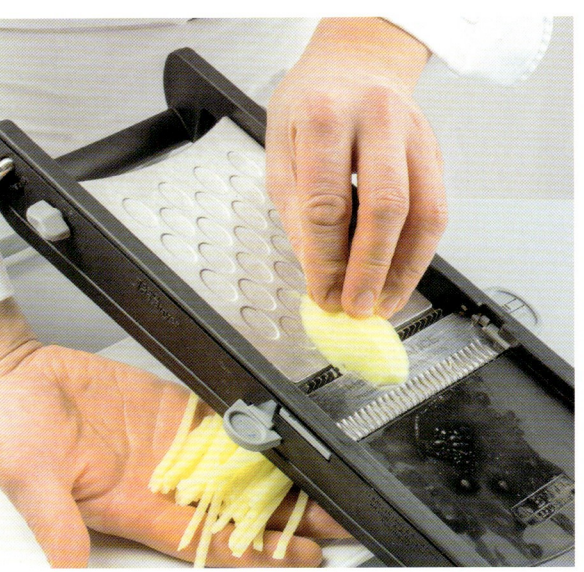

FÜR STROHKARTOFFELN die feine Julienne-Klinge einsetzen.

FÜR WAFFELKARTOFFELN die Wellenklinge einsetzen.

DAS KLASSISCHE WAFFELMUSTER entsteht, indem man die Kartoffel nach jedem Schnitt um 90° dreht.

Kartoffeln
VON HAND SCHNEIDEN

SCHWIERIGKEITSGRAD:

UTENSILIEN: Schneidebrett und Kochmesser

Die Kartoffeln begradigen, sodass rechteckige Blöcke entstehen. In gleichmäßige Scheiben schneiden.

FÜR POMMES FRITES die Scheiben in 8 × 8 mm breite Stäbchen schneiden.

FÜR PONT-NEUF-KARTOFFELN in 15 × 15 mm breite Stäbchen schneiden.

FÜR STREICHHOLZKARTOFFELN in 4 × 4 mm breite Stäbchen schneiden.

Kartoffelscheiben
BRATEN

SCHWIERIGKEITSGRAD: 👨‍🍳
FÜR 4 PERSONEN
ZUBEREITUNG: 5 MIN. - **GARZEIT:** 10 MIN

ZUTATEN
40 g Butter - 2 EL Sonnenblumenöl
500 g Kartoffeln, in Scheiben geschnitten, blanchiert
(s. S. 420) und abgetropft

UTENSILIEN: Sauteuse

1 Die Butter und das Öl in der Sauteuse erhitzen. Die Kartoffeln dazugeben.

2 Die Kartoffelscheiben etwa 10 Minuten goldbraun braten, dabei die Pfanne von Zeit zu Zeit leicht schwenken.

Kartoffeln
NACH ART VON SARLAT

SCHWIERIGKEITSGRAD:

FÜR 4 PERSONEN

ZUBEREITUNG: 5 MIN. - **GARZEIT:** 12 MIN.

ZUTATEN
70 g Entenfett
500 g Kartoffeln, in Scheiben geschnitten
blanchiert (s. S. 420) und abgetropft
2 Knoblauchzehen, gehackt - 2 EL gehackte Petersilie

UTENSILIEN: Sauteuse

1 Vorgehen wie für die gebratenen Kartoffelscheiben (s. S. 478), aber anstelle der Butter-Öl-Mischung Entenfett verwenden und zum Ende der Garzeit Petersilie und Knoblauch dazugeben.

2 Die Kartoffeln weitere 2 Minuten braten.

Kartoffeln
IM GANZEN BRATEN

SCHWIERIGKEITSGRAD: 👨‍🍳
FÜR 4 PERSONEN
ZUBEREITUNG: 10 MIN. - **GARZEIT:** 15–20 MIN.

UTENSILIEN: Stieltopf - Sauteuse
ZUTATEN
500 g Kartoffeln, tourniert (s. S. 475)
40 g Butter - 2 EL Sonnenblumenöl - Salz

1 Die Kartoffeln in kaltem Salzwasser aufsetzen, zum Kochen bringen und 5 Minuten blanchieren.

2 Sorgfältig abtropfen und leicht antrocknen lassen.

3 Die Butter und das Öl in der Pfanne erhitzen, die Kartoffeln dazugeben und bei mittlerer Temperatur braten.

4 Die Pfanne regelmäßig aus dem Handgelenk heraus schwenken und die Kartoffeln 15–20 Minuten garen, bis sie innen weich und außen goldbraun und knusprig sind.

Anna-Kartoffeln

SCHWIERIGKEITSGRAD: ♟♟

FÜR 1 PERSON

ZUBEREITUNG: 10 MIN. - **GARZEIT:** 7 MIN.

UTENSILIEN: Mandoline - kleine Blinipfanne

ZUTATEN

2 Kartoffeln, zylinderförmig tourniert, mit einem Durchmesser von 5–6 cm (s. S. 475)
30 g Butter, geklärt (s. S. 56) - Salz

1 Die Kartoffeln mithilfe der Mandoline in sehr feine Scheiben hobeln.

2 Die Scheiben rosettenförmig in der mit geklärter Butter gefetteten Blinipfanne anordnen. Salzen.

3 Die Oberfläche großzügig mit geklärter Butter bestreichen.

4 Im auf 180 °C vorgeheizten Ofen backen, bis die Oberfläche goldbraun ist.

Kartoffeln
AUF BÄCKERART

SCHWIERIGKEITSGRAD: ♟♟

FÜR 4 PERSONEN

ZUBEREITUNG: 15 MIN. - **GARZEIT:** 20 MIN

UTENSILIEN: Sauteuse - ofenfeste Form

ZUTATEN

50 g Butter - 2 Zwiebeln, in dünne Scheiben geschnitten - 8 Kartoffeln, mit der Mandoline in Scheiben geschnitten (s. s. 476)
1 Kräutersträußchen - 500 ml Fleischbrühe (s. S. 76)
Salz und Pfeffer aus der Mühle

1 Die Butter in der Sauteuse erhitzen und die Zwiebeln darin anschwitzen. Mit Salz und Pfeffer würzen.

2 Die Zwiebeln und die Kartoffeln abwechselnd in die Form schichten. Mit Kartoffelscheiben abschließen.

3 Das Kräutersträußchen in die Mitte legen und die heiße Brühe drei Viertel hoch angießen.

4 Im auf 170 °C vorgeheizten Backofen 20 Minuten garen und anschließend sofort servieren.

Kartoffelpüree
ZUBEREITEN

SCHWIERIGKEITSGRAD: 🎩🎩
FÜR 4 PERSONEN
ZUBEREITUNG: 15 MIN. - **GARZEIT:** 20 MIN.

ZUTATEN
8 Kartoffeln - Butter
kochend heiße Milch (oder Milch und flüssige Sahne zu gleichen Teilen)

UTENSILIEN: 2 Stieltöpfe - Passiergerät (oder Kartoffelpresse oder -stampfer)

1 Die Kartoffeln in Salzwasser garen (s. S. 469) und abtropfen lassen.

2 Durch das Passiergerät treiben (oder durch die Presse drücken oder von Hand zerstampfen).

3 Nach Belieben Butter einarbeiten.

4 Die kochend heiße Milch (oder die Milch-Sahne-Mischung) nach und nach unterrühren, bis die gewünschte Konsistenz erreicht ist.

Pommes frites
IN ZWEI DURCHGÄNGEN

SCHWIERIGKEITSGRAD:

ZUBEREITUNG: 10 MIN. - GARZEIT: 10 MIN.

UTENSILIEN: Fritteuse

1 Die in Stäbchen (Pommes frites oder Pont-Neuf, s. S. 477) geschnittenen Kartoffeln waschen, auf ein Tuch legen und gründlich trockentupfen.

2 Das Frittierbad auf 160 °C erhitzen. Die Kartoffelstäbchen in das heiße Fett tauchen und 4–5 Minuten garen, ohne dass sie Farbe annehmen.

3 Abtropfen lassen und beiseitestellen (sie können im Voraus vorgegart werden). Kurz vor dem Servieren das Öl auf 180 °C erhitzen.

4 Die Pommes frites erneut in das heiße Öl geben, bis sie goldbraun sind. Auf Küchenpapier abtropfen lassen, salzen und sofort servieren.

Kartoffelchips
FRITTIEREN

SCHWIERIGKEITSGRAD: 👨‍🍳👨‍🍳

ZUBEREITUNG: 5 MIN. - **GARZEIT:** 3–4 MIN.

UTENSILIEN: Fritteuse

1 Die in hauchdünne Scheiben gehobelten Kartoffeln (s. S. 476) waschen und sorgfältig trockentupfen. In das auf 170 °C erhitzte Frittierbad tauchen.

2 Die Chips frittieren, bis sie goldbraun sind.

3 Auf Küchenpapier abtropfen lassen und leicht salzen.

4 Stroh-, Waffel- und Streichholzkartoffeln auf die gleiche Weise frittieren.

Herzoginkartoffeln

SCHWIERIGKEITSGRAD: 👨‍🍳👨‍🍳
FÜR 4 PERSONEN
ZUBEREITUNG: 10 MIN. - **GARZEIT:** 8 MIN.
UTENSILIEN: Spritzbeutel mit großer Sterntülle

ZUTATEN
50 g Butter - 1 Ei
500 g Kartoffeln, gekocht, ausgedampft
und durchpassiert (s. S. 483)

1 Die Butter und das Ei unter das heiße Kartoffelpüree rühren.

2 Die Masse in den mit der Tülle versehenen Spritzbeutel füllen.

3 Auf ein mit Backpapier ausgelegtes Backblech Rosetten dressieren. Im auf 170 °C vorgeheizten Ofen goldbraun backen.

4 Die Herzoginkartoffeln nach dem Herausnehmen sofort servieren.

Kartoffelkroketten

SCHWIERIGKEITSGRAD: 👨‍🍳👨‍🍳

FÜRR 4 PERSONEN
ZUBEREITUNG: 15 MIN. - GARZEIT: 5 MIN.

UTENSILIEN: Fritteuse

ZUTATEN
50 g Butter - 3 Eier
500 g Kartoffeln, gekocht, ausgedampft und
durchpassiert (s. S. 483)
100 g Mehl - 150 g feine Semmelbrösel
Frittieröl

1 Die Butter und 1 Ei unter das heiße Kartoffelpüree rühren. Die Masse zwischen den bemehlten Händen zu Kugeln formen und in dem Mehl wenden.

2 In den beiden restlichen verquirlten Eiern, dann in den Semmelbröseln wenden.

3 In das heiße Frittierbad tauchen.

4 Die Kroketten goldbraun frittieren und anschließend auf Küchenpapier abtropfen lassen.

Dauphine-Kartoffeln

SCHWIERIGKEITSGRAD: ♟♟♟

Tipp

DAMIT DIE ZUBEREITUNG GELINGT, muss die Kartoffelmasse schön trocken sein. Die Kartoffeln vorzugsweise mit der Schale kochen und vor dem Pellen und Pürieren gründlich ausdampfen lassen.

1 Für den Brandteig die Milch mit 100 ml Wasser, Butter, Salz und Muskatnuss zum Kochen bringen. Das Mehl auf einmal unter Rühren dazugeben.

2 Bei niedriger Temperatur unter ständigem Rühren abbrennen, bis sich der Teig als glatter Kloß von der Sauteuse löst.

3 Vom Herd nehmen, etwas abkühlen lassen und ein Ei mit einem Spatel unterrühren.

4 Die weiteren Eier nach und nach einzeln einarbeiten und kräftig rühren, bis eine glatte Masse entstanden ist, die bandartig vom Spatel fließt.

FÜR 8 PERSONEN

ZUBEREITUNG: 25 MIN. - GARZEIT: 5 MIN.

UTENSILIEN: Sauteuse - Fritteuse

ZUTATEN

100 ml Milch - 65 g Butter - 1 TL Salz
1 Prise Muskat
100 g Mehl - 3 Eier - 500 g Kartoffeln, gekocht,
ausgedampft und durchpassiert (s. S. 483)
Öl zum Frittieren

5 Das Kartoffelpüree mit einem weichen Spatel unter den Brandteig ziehen.

6 Sorgfältig vermischen.

7 Mithilfe von zwei Teelöffeln Kugeln formen und portionsweise in das heiße Frittierbad geben.

8 Die Kartoffelbällchen etwa 5 Minuten frittieren, bis sie goldbraun sind. Auf Küchenpapier abtropfen lassen und sofort servieren.

TRANCHIEREN *und* SERVIEREN

Inhalt

EINE GEBRATENE ENTE TRANCHIEREN	**492**
LAMMKARREE TRANCHIEREN	**494**
LAMMKEULE TRANCHIEREN	**496**
RINDERKOTELETT TRANCHIEREN	**498**
RÄUCHERLACHS DÜNN AUFSCHNEIDEN	**499**
WOLFSBARSCH IM TEIGMANTEL ZERLEGEN, MIT CHORON-SAUCE SERVIEREN	**500**
SEEZUNGE MÜLLERINART FILETIEREN	**502**
STEINBUTT FILETIEREN	**504**
RINDERFILET IN PFEFFERSAUCE, MIT COGNAC FLAMBIERT	**506**
DORADE MIT PERNOD FLAMBIEREN	**508**
RINDERTATAR SERVIEREN	**510**
EIN HUHN IN DER SCHWEINSBLASE TRANCHIEREN	**512**

Eine gebratene Ente
TRANCHIEREN

Tipp

DIE KEULEN haben eine längere Garzeit als die Bruststücke, daher empfiehlt es sich, sie nach dem Tranchieren zurück in den Backofen zu geben und nach der Brust zu servieren.

1 Die gebratene Ente auf einer Servierplatte präsentieren. Ein geschärftes Tranchiermesser bereithalten.

2 Die Ente mithilfe einer Gabel und eines Löffels aufrecht über die Platte halten, damit der Saft herauslaufen kann.

3 Die Ente auf einem Tranchierbrett mit Saftrinne auf die Seite legen, mit der Brust nach vorn und dem Kopf nach rechts.

4 Mit der Gabel (mit dem Rücken nach unten) zwischen Unterschenkelknochen und Oberkeule einstechen.

5 Die Haut um die Keule herum mit dem Messer einschneiden.

6 Die Messerklinge unter den Flügel schieben, um die Ente in Position zu halten, und die Keule mit der Gabel nach außen drehen, um sie vom Körper zu lösen.

7 Die abgetrennte Keule auf das Brett legen und im Gelenk teilen, um die Handhabung zu erleichtern.

8 Die Ente auf den Rücken legen. In Höhe der Rippen einstechen, um sie in Position zu halten, und die Haut rechts und links vom Rückgrat einschneiden.

9 Die Ente mit der Gabel in Position halten und vom Flügel bis zum Brustbein etwa 2 mm dünne Scheiben abschneiden, dabei der Körperform folgen.

10 Auf der warm gehaltenen Servierplatte anrichten.

Lammkarree
TRANCHIEREN

1 Einen Löffel und eine Gabel sowie ein Tranchierbrett mit Saftrinne bereitlegen. Das Lammkarree mit Löffel und Gabel halten, ohne hineinzustechen, und mit der fleischigen Seite in Richtung der Gäste auf das Brett legen.

2 Ein Tranchiermesser bereithalten. Um das Karree in Position zu halten, die Gabel entlang der zweiten Rippe von links einstechen.

3 Das Karree am rechten Ende anschneiden, um die Garstufe des Fleisches sichtbar zu machen.

4 Zum Tranchieren jeweils entlang der folgenden Rippe schneiden, damit die Koteletts gleich dick sind und jeweils einen Knochen haben.

5 Mithilfe von Löffel und Gabelrücken auf jedem Teller zwei Koteletts anrichten (ohne in das Fleisch zu stechen).

6 Die Knochenenden nach Belieben mit einem Halter versehen, um die Handhabung zu erleichtern.

Lammkeule
TRANCHIEREN

Tipp
IN ERMANGELUNG EINES KEULENHALTERS den Knochen während des Tranchierens mit einer sauberen Serviette umwickeln und festhalten.

1 Die Keule auf einer Platte präsentieren. Eine Gabel und ein Messer mit dünner, flexibler Klinge bereithalten und einen Keulenhalter am Knochen befestigen.

2 Die Keule auf ein Tranchierbrett geben. Den Knochen als Griff verwenden, die Keule mit der Nuss (gewölbte Seite) nach vorn anheben und mit dem Messer von der Stelze trennen.

3 Von der Nuss parallel zum Knochen und von unten nach oben dünne Scheiben abschneiden und auf das Brett legen.

4 Wenn der Knochen erreicht ist, die Keule umdrehen, von der Unterschale ebenfalls dünne Scheiben abschneiden und auf das Brett legen.

5 Das Stelzenfleisch vom Knochen lösen und in Streifen schneiden.

6 Auf jedem Teller je eine Scheibe aus Nuss und Unterschale sowie einen Stelzenstreifen anrichten.

Rinderkotelett
TRANCHIEREN

1 Das Kotelett mit dem Knochen nach vorn und der Fleischseite in Richtung Gast auf das Tranchierbrett legen.

2 Das Kotelett mit dem Gabelrücken in Position halten, ohne hineinzustechen, und überschüssiges Fett am Rand mit dem Tranchiermesser entfernen.

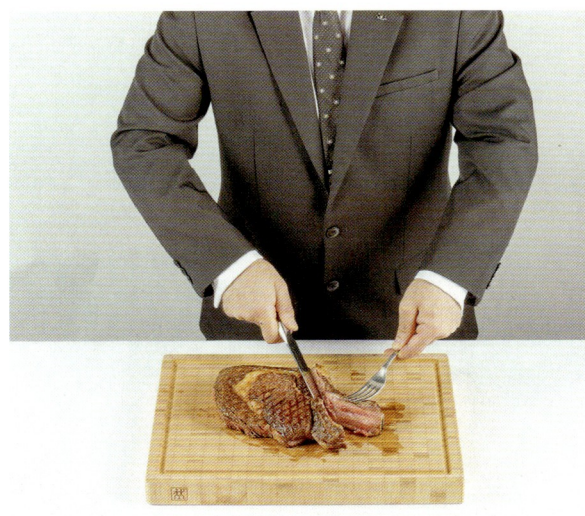

3 Dicht am Knochen entlangschneiden, um ihn vom Fleisch zu trennen.

4 Das Kotelett quer zum Knochenverlauf in 1,5–2 cm dicke Scheiben schneiden, um die rosige Mitte und durchgebratenen Rand gleichmäßig zu verteilen.

Räucherlachs
DÜNN AUFSCHNEIDEN

1 Ein geräuchertes Lachsfilet mit der Kopfseite nach rechts auf ein Lachsbrett legen. Eine Gabel und ein Filetiermesser mit flexibler Klinge bereitlegen.

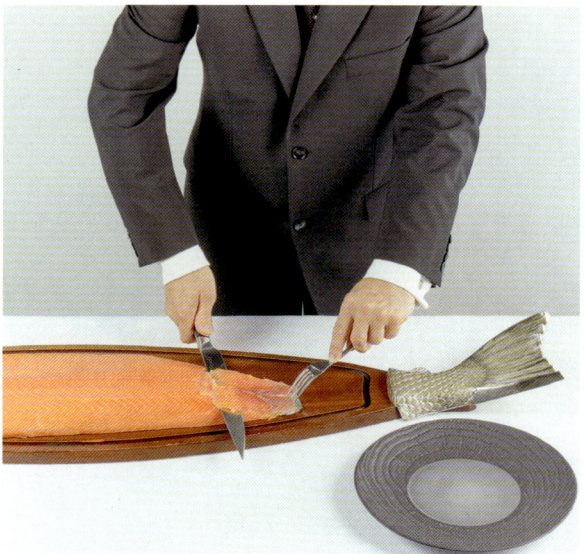

2 Die Gabel in die linke Hand nehmen und in den Schwanzansatz stechen. Das Messer schräg ansetzen und mit sägenden Bewegungen in Richtung Schwanz 1–2 mm dünne Scheiben abschneiden.

3 Mit einem Zinken der Gabel unter die Scheibe fahren und drehen, um sie locker um die Gabel zu wickeln.

4 Die Lachsscheibe auf dem Servierteller ablegen und behutsam von der Gabel rollen.

Wolfsbarsch
IM TEIGMANTEL ZERLEGEN, MIT CHORON-SAUCE SERVIEREN

Tipp

DIE SERVIERTELLER im Backofen vorwärmen, damit die angerichteten Portionen möglichst lange warm bleiben.

1 Den Wolfsbarsch im Teigmantel mit dem Kopf nach links auf eine Fischplatte legen. Die Choron-Sauce in eine Sauciere gießen.

2 Den Teigmantel mit einem Officemesser entlang der Fischkonturen einschneiden. Den Teig vorsichtig mit einer Fischgabel anheben.

3 Den Teigmantel entfernen und zur späteren Verwendung auf einem Servierteller beiseitestellen.

4 Den Fisch am Kiemendeckel in Position halten. Am Rücken und auf der Seite bis zur Mittelgräte einschneiden, dabei vom Kopf in Richtung Schwanz arbeiten.

5 Das Rücken- und das Bauchfilet entlang der Seitenlinie auslösen und auf zwei Servierteller verteilen.

6 Die Mittelgräte mit der Gabel hinter dem Kopf festhalten. Mit der Messerklinge zweimal über die Gräte fahren, damit sie vibriert und sich leichter von den Filets lösen lässt.

7 Die Gräte mit dem Messer anheben, bis sie am Kopfansatz bricht. Mitsamt der Schwanzflosse entfernen.

8 Mit einem Löffel eine Nocke von der Farce abstechen.

9 Die Nocke zu dem Filet auf den Teller legen und beide mit einem Löffel Choron-Sauce überziehen.

10 Mit einem Streifen Blätterteig servieren.

Seezunge Müllerinart
FILETIEREN

Tipp

DIE BUTTER bei niedriger Temperatur warm halten und unmittelbar vor dem Servieren über die Filets gießen.

1 Die Seezunge mit dem Kopf nach links und dem Bauch nach vorn auf die Servierplatte legen. Den Fisch am Kopf in Position halten und entlang der Mittelgräte von den Kiemen bis zum Schwanz einschneiden.

2 Zwischen Filets und Flossensaum entlang der Körperkontur einschneiden, dabei am Rücken beginnen.

3 Die Gabel unterhalb der Filets am Schwanzansatz einstechen und den Schwanz mit dem Löffel umbiegen, bis er abbricht.

4 Den Löffel mit der Wölbung nach unten zwischen Rückenfilet und Mittelgräte vom Kopf in Richtung Schwanz führen, um das Fleisch zu lösen. Das Filet mit Gabel und Löffel abheben.

5 Das Bauchfilet auf die gleiche Weise auslösen und auf die Servierplatte gleiten lassen.

6 Mit dem Löffel (Wölbung nach unten) unter der Mittelgräte in Richtung Kopf fahren, um sie von den unteren Filets zu lösen, dabei den Fisch mit dem Gabelrücken in Position halten.

7 Die Gräte abheben und am Kopf mit der Gabel nach oben biegen, ohne sie zu brechen. Den Kopf mit dem Löffel abtrennen und mit der Gräte auf einen Abfallteller legen.

8 Den oberen Flossensaum vom Kopf in Richtung Schwanz in einem Zug mit dem Löffel abziehen und in entgegengesetzter Richtung aufnehmen. Den Flossensaum der Bauchseite auf die gleiche Weise entfernen.

9 Die beiden Filets mit dem Löffel voneinander trennen.

10 Auf den beiden Serviertellern entgegengesetzt anrichten: einmal das Rückenfilet oben und das Bauchfilet unten, einmal das Rückenfilet unten und das Bauchfilet oben.

Steinbutt

FILETIEREN

1 Den Steinbutt mit der dunklen Hautseite nach unten auf eine Platte legen, der Kopf zeigt nach rechts, der Schwanz nach links. Einen Löffel sowie Fischmesser, -gabel und -wender bereithalten.

2 Die Haut mithilfe der Gabel vom Kopf zum Schwanz hin abziehen, dabei durch gleichmäßiges Drehen um die Gabel wickeln.

3 Zum Lösen des oberen Filets den Löffel zwischen Filet und Mittelgräte vom Kopf in Richtung Schwanz führen.

4 Das Filet mithilfe von Fischwender und Löffel von der Gräte abheben.

Tipp

DIE SERVIERPLATTE, auf der der Fisch tranchiert wird, mit einer Serviette auslegen und den Steinbutt mit der dunklen Hautseite darauflegen. Die Haut bleibt daran haften.

5 Den oberen und den unteren Flossensaum mit Messer und Löffel vorsichtig abtrennen.

6 Mit dem Löffel mehrmals vom Schwanz zum Kopf hin über die Mittelgräte fahren, damit sie vibriert und sich leichter herauslösen lässt. Vorsichtig abheben und auf einen Abfallteller legen.

7 Die beiden restlichen Filets mithilfe des Löffels auslösen. Die dunkle Haut des Steinbutts bleibt an der Serviette haften.

8 Die Fischbäckchen mithilfe des Löffels auslösen.

Rinderfilet
IN PFEFFERSAUCE, MIT COGNAC FLAMBIERT

1 In Sichtweite der Gäste einen Arbeitsplatz mit einem kleinen Gaskocher herrichten und die erforderlichen Zutaten bereitstellen.

2 Etwas Butter in die Pfanne geben, erhitzen und die Filets bis zur gewünschten Garstufe braten.

3 Die Schalotten dazugeben und anschwitzen. Mit Pfeffer würzen.

4 Von der Kochstelle nehmen, den Cognac angießen, zurückstellen und aufkochen, dabei die Pfanne schräg halten, damit sich der verdunstende Alkohol entzündet.

ZUTATEN ZUM FLAMBIEREN
Butter - Schalottenwürfel -
Cognac - Weißwein - Kalbsfond - Sahne
Pfefferkörner, grob zerstoßen - Salz aus der Mühle

5 Das Fleisch aus der Pfanne nehmen, den Bratensatz mit dem Weißwein ablöschen und reduzieren. Den Kalbsfond dazugießen und erneut einkochen lassen.

6 Die Sahne hinzufügen und mit der Flüssigkeit zu einer cremigen Sauce verrühren.

7 Abschmecken und falls nötig nachwürzen.

8 Die Rinderfilets zurück in die Pfanne geben, mit der Sauce überziehen und auf Serviertellern anrichten.

Dorade
MIT PERNOD FLAMBIEREN

1 In Sichtweite des Gastes einen Arbeitsplatz mit einem kleinen Gaskocher, einer Pfanne und einem Glas Anisschnaps herrichten. Die Dorade in der Pfanne präsentieren. Den Gaskocher anzünden und die Pfanne erhitzen, dabei im rechten Winkel anheben.

2 Vom Kocher nehmen und den Fisch vom Kopf bis zum Schwanz behutsam mit der Spirituose übergießen.

Tipp

DIE MIT PERNOD flambierte Dorade harmoniert wunderbar mit geschmortem Fenchel.

3 Die Pfanne erneut schräg über den Kocher halten, damit sich der verdunstende Alkohol entzündet.

4 Sobald er entzündet ist, die Pfanne zurück auf den Gaskocher stellen und die Flamme sofort ausschalten. Die Dorade filetieren und servieren.

Rindertatar
SERVIEREN

ZUTATEN

250–300 g Rindfleisch, mit dem Messer gehackt - 1 Eigelb - 80 ml Olivenöl
1 TL Senf - 1 TL Ketchup - 1 Schalotte, fein gewürfelt - 2 TL gehackte Petersilie
1 TL gehackte Kapern - 1 TL gehackte Cornichons - 2 TL gehackter Schnittlauch
Salz - Pfeffer - Tabasco - Worcestersauce

1 Sämtliche Zutaten, einen tiefen Teller, einen Esslöffel und eine Gabel bereitstellen.

2 Das Eigelb in den tiefen Teller geben, den Senf hinzufügen und mit der Gabel verrühren. Das Olivenöl in dünnem Strahl zugießen, dabei ständig weiterrühren, bis eine cremige Konsistenz erreicht ist.

3 Alle angegebenen Zutaten dazugeben, dabei Ketchup, Tabasco und Worcestersauce in die Mitte geben. Nach Belieben mit Salz und Pfeffer würzen.

4 Alles gründlich mit der Gabel vermischen, dabei die Zutaten von außen nach innen rühren und mit dem Löffel zerdrücken, um alle Aromen bestmöglich freizusetzen.

5 Die Sauce mit dem Löffel zu dem Hackfleisch geben und mit der Gabel homogen untermischen.

6 Mit Salz und Pfeffer abschmecken und nachwürzen, falls nötig. Auf Tellern anrichten und mit Petersilie und Kapern garnieren.

Ein Huhn
IN DER SCHWEINSBLASE TRANCHIEREN

Tipp

DAMIT DIE SCHWEINSBLASE prall aufgebläht den Tisch erreicht, unmittelbar vor der Freigabe zum Servieren mit heißer Brühe übergießen und in eine tiefe Servierplatte geben.

1 Die Servierplatte auf ein Rechaud stellen. Das Huhn in der Schweinsblase parallel zur Tischkante zurechtlegen.

2 Die Blase mit der nach oben gerichteten Messerklinge anstechen und von rechts nach links über die gesamte Länge aufschneiden.

3 Das Huhn aufrecht über die Schweinsblase halten und abtropfen lassen. Mit dem Hals nach rechts auf ein Tranchierbrett legen.

4 Die Messerklinge in die Halsöffnung stecken, das Huhn oberhalb des Bürzels mit der Gabel halten und auf die Seite drehen.

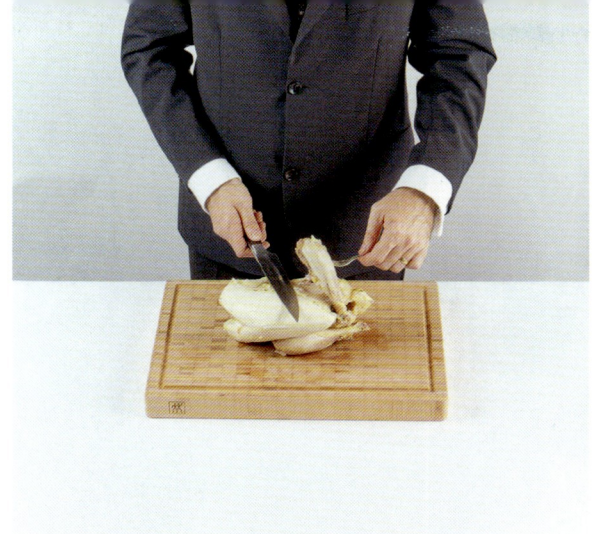

5 Die Gabel zwischen Ober- und Unterschenkel einstechen. Die Messerklinge waagerecht unter der Keule entlangführen, die Keule mit der Gabel nach außen biegen und im Gelenk abtrennen.

6 Die ausgelöste Keule auf das Brett legen und das Gelenk zwischen Ober- und Unterschenkel durchtrennen, um den Verzehr zu erleichtern.

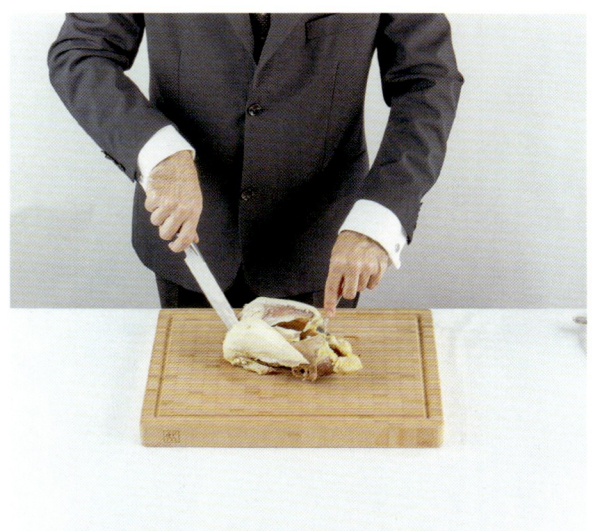

7 Das Huhn auf den Rücken drehen und diagonal ausrichten. Die Gabel unterhalb der Brustfilets einstechen, die Haut entlang des Brustbeins einschneiden.

8 Das Messer auf beiden Seiten dicht an der Karkasse entlangführen und die Brustfilets ablösen. Das Flügelgelenk durchtrennen.

9 Mithilfe des Löffels die Haut vom Rücken der Karkasse entfernen, um die Pfaffenschnittchen auszulösen. Die Karkasse auf einen Abfallteller geben.

10 Zwei Teller mit je einem Unterschenkel und einer Brustfilethälfte und zwei Teller mit je einem Oberschenkel und einer Brustfilethälfte anrichten.

Die REZEPTE der LEHRER

Inhalt

AMUSE-BOUCHE	516
KALTE VORSPEISEN	522
WARME VORSPEISEN	564
RIND	582
KALB	584
LAMM	586
SCHWEIN	592
GEFLÜGEL	594
INNEREIEN	608
FISCH	610
MEERESFRÜCHTE	634
VEGETARISCH	638
WELTKÜCHE	650

Schwierigkeitsgrad 2
Amuse-Bouche

Thunfisch-Tataki
MIT MOHN UND KRÄUTERN, ERDBEEREN UND BALSAMICO

FÜR 8 PERSONEN

ZUBEREITUNG: 1 STD. - MARINIEREN: 6 STD. - GARZEIT: 10 MIN.

Für das Tataki
500 g Thunfischfilet
20 g Butter, geklärt (s. S. 56)
Fleur de sel
Pfeffer aus der Mühle

Für eingelegte Zwiebel und Fenchel
1 kleine rote Zwiebel
150 g Fenchel
150 ml Aceto balsamico
50 ml Walderdbeer-Coulis
10 g Ingwer, gehackt
einige Blättchen Koriandergrün, gehackt

Für die Pickles
32 Mini-Karotten (Marinade: 100 ml Reisessig, Schale von 1 unbehandelten Limette und 1 Thymianzweig)
24 Blumenkohlröschen (Marinade: 1 Vanilleschote, aufgeschlitzt, 100 ml Olivenöl und 1 TL Puderzucker)
8 Erdbeeren (Marinade: 100 ml Olivenöl, einige Basilikumblätter und einige Tropfen Orangensaft)

Für die Wassermelone
1 kg Wassermelone
100 ml Reisessig
1 EL Honig

Für den Mango-Essig
¼ Mango
50 ml Reisessig
1 EL Honig

Für den Überzug der Tataki
50 g Mohnsamen
½ Bund Koriandergrün und Petersilie, sehr fein gehackt

Zum Garnieren
kleine essbare Blüten

Das Thunfisch-Tataki zubereiten: Den Backofen auf 140 °C vorheizen. Aus dem Thunfischfilet acht rechteckige Streifen von 2 × 6 cm schneiden. Mit der Butter bestreichen, würzen und in Alufolie wickeln. Für 2 Minuten in den Backofen legen, anschließend auf einem Gitterrost abkühlen lassen.

Zwiebel und Fenchel einlegen: Die Zwiebel abziehen, den Fenchel putzen und beides in dünne Scheiben schneiden. In eine Marinade aus Balsamico, Walderdbeer-Coulis, Ingwer und sehr fein gehacktem Koriandergrün einlegen.

Die Pickles zubereiten: Die Karotten schälen, zurechtschneiden und 6 Stunden marinieren. Die Blumenkohlröschen zerteilen und 6 Stunden marinieren. Die Erdbeeren vierteln und 30 Minuten marinieren.

Die Wassermelone vakuumieren: Die Wassermelone schälen und in Stücke schneiden, anschließend mit dem Reisessig und dem Honig vakuumieren. Den Vakuumiervorgang fünf Mal wiederholen. Auf diese Art gewinnt das Fruchtfleisch besondere Konsistenz, Farbe und Geschmack. Anschließend mit einem Ausstecher mit 2,5 cm Durchmesser aus der Melone 5 mm dicke Taler ausstechen.

Den Mango-Essig zubereiten: Die Mango schälen, das Fruchtfleisch würfeln und mit dem Reisessig und dem Honig im Mixer pürieren.

Die Tataki überziehen: Die Mohnsamen mit den Kräutern mischen. Die Thunfischstreifen darin wälzen, bis sie gleichmäßig überzogen sind. Anschließend in 2 × 2 cm große Stücke schneiden.

Anrichten: Auf jeden Teller in einer Linie drei Wassermelonentaler setzen, auf jeden Taler ein Thunfisch-Tataki legen. Darauf je einen dünnen Streifen von der roten Zwiebel und vom Fenchel anrichten. Rundherum die Pickles verteilen und den Teller zum Schluss mit einigen Tupfen Mango-Essig und den Blüten garnieren.

Schwierigkeitsgrad 3

Amuse-Bouche

Geräucherter Lachs,
BLATTSPINAT, DILLCREME

FÜR 10 PERSONEN

ZUBEREITUNG: 1 STD. - RÄUCHERN: 20 MIN. - GARZEIT: 12 MIN.

Für den geräucherten Lachs
1 kg Lachsfilet
10 große Spinatblätter

Für die Dillcreme
¼ Bund Dill
1 Schalotte
250 ml flüssige Sahne
2 Blatt Gelatine
Saft von 1 Zitrone

Zum Anrichten
6 Blätter Filoteig
100 g Butter, geklärt (s. S. 56)
Puderzucker
¼ Bund Radieschen
Olivenöl
Senf
Fleur de sel

Den Lachs vorbereiten: Den Lachs enthäuten (s. S. 315) und entgräten. 20 Minuten räuchern, anschließend zehn Stücke à 60 g abschneiden und beiseitestellen. Die Spinatblätter von Stielen befreien, dann kurz blanchieren. Abtropfen lassen und auf einem Küchentuch ausbreiten.

Die Dillcreme zubereiten: Für die Dillcreme den Dill von den Stielen zupfen. Einige Dillspitzen zum Anrichten aufheben, den restlichen Dill mit der Schere fein schneiden. Die Schalotte abziehen und fein würfeln. Beides in der Sahne erhitzen, dann mit dem Stabmixer pürieren. Die eingeweichte und ausgedrückte Gelatine in der heißen Sahne auflösen, dann den Zitronensaft unterrühren. Eine 30 × 10 cm große Form mit Frischhaltefolie auslegen und die Creme hineingießen. Im Gefrierfach fest werden lassen.

Die Garnitur vorbereiten: Inzwischen den Backofen auf 180 °C vorheizen. Ein Blatt Filoteig auf die Arbeitsfläche legen, mit Butter einpinseln und mit Puderzucker bestauben (**1, 2**). Ein weiteres Blatt darauflegen und den Vorgang wiederholen, sodass die Lage aus drei Blättern besteht. Mit den restlichen drei Blättern ebenso verfahren, sodass zwei solcher Blätterteigstücke vorliegen. Aus dem Teig insgesamt 50 Rechtecke schneiden (**3, 4**) und diese mit runden Ausstechern unterschiedlicher Größe lochen (**5**). Auf einer mit Alufolie geschützten Rolle verteilen (**6**) und 8 Minuten backen.

Den Lachs zubereiten: Die Lachsstücke würzen. Ein Stück Frischhaltefolie auf die Arbeitsfläche legen, ein Spinatblatt auf die Folie und ein Stück Lachs auf den Spinat legen, dann fest aufrollen (**7, 8**). In Frischhaltefolie (oder Gaze) wickeln und bei 70 °C im Dampfgarer 4 Minuten garen, anschließend in den Kühlschrank stellen.

Die Garnitur fertigstellen: Die Radieschen in sehr dünne Scheiben schneiden, in einer mit Eiswürfeln gefüllten Salatschüssel beiseitestellen.

Die Dillcreme auf ein Blatt Pergamentpapier stürzen und 50 Scheiben mit 3,5 cm Durchmesser ausstechen. Die Lachs-Spinat-Rollen glatt schneiden, dann jede Rolle in fünf Scheiben schneiden. Die Scheiben außen mit Olivenöl einpinseln.

Anrichten: Auf jedem Teller fünf Dillcreme-Scheiben verteilen und jeweils eine Lachsscheibe daraufsetzen. Mit Rechtecken aus Filoteig, Radieschen, winzigen Senftupfen und Dill garnieren. Zum Schluss mit Fleur de sel bestreuen.

1

2

3

4

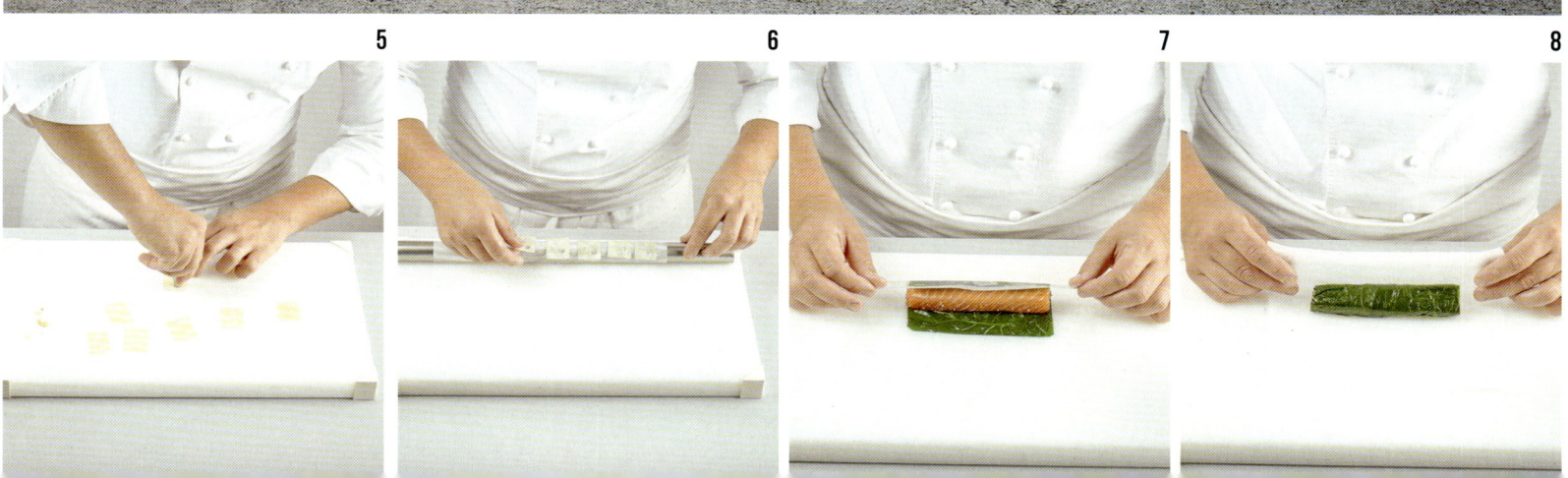

| 5 | 6 | 7 | 8 |

Schwierigkeitsgrad 3
Amuse-Bouche

Perfektes Ei,
RUCOLA-WASABI-SAUCE, PARMESANGEBÄCK

FÜR 10 PERSONEN

ZUBEREITUNG: 1 STD. - GARZEIT: 1 STD. 30 MIN.

Für die Eier
10 extra frische Eier

Für das Parmesangebäck
120 g Parmesan
250 g Mehl
200 g Butter
3 Päckchen Sepiatinte

Für die Rucola-Wasabi-Sauce
300 g Rucola
200 ml Milch
1 l flüssige Sahne
40 g Wasabi-Senf
Salz und Pfeffer aus der Mühle

Zum Anrichten
200 g längliche Kirschtomaten
300 g Tomaten-Concassé (s. S. 460)
blanchierte Zesten von einer unbehandelten Zitrone (s. S. 632)
Wasabi-Senf

Die Eier zubereiten: Die Eier einzeln aufschlagen, in Frischhaltefolie verpacken und etwa 1 Stunde 30 Minuten bei 63,2 °C im Dampfgarer oder im Wasserbad garen.

Das Parmesangebäck zubereiten: Den Backofen auf 140 °C vorheizen. Den Parmesan fein reiben und mit Mehl und Butter zu einem Mürbeteig verarbeiten. In zwei Hälften teilen. Zu einer Teighälfte die Sepiatinte geben und unterkneten, bis die Farbe gleichmäßig verteilt ist. Hellen und dunklen Teig getrennt zwischen zwei Lagen Backpapier 3 mm dick ausrollen (**1, 3**). Anschließend jeweils in 5 mm breite Streifen schneiden (**2, 4**). Auf ein Blatt Backpapier abwechselnd Streifen aus hellem und dunklem Teig legen (**5**). Mit einem weiteren Blatt Backpapier abdecken und erneut ausrollen, damit sich dunkle und helle Streifen verbinden (**6**). Die Teigplatte anschließend quer in Stücke schneiden. Auf einer Silikon-Backmatte verteilen (**7, 8**). Im Ofen 20 Minuten backen.

Die Rucola-Wasabi-Sauce zubereiten: Einige kleine Rucolablätter zum Anrichten zurückbehalten, die restlichen Blätter mit der Milch im Mixer pürieren. Die Sahne zugießen und weitermixen, bis die Flüssigkeit gleichmäßig grün ist. Die Sauce durch ein Sieb gießen. Den Wasabi-Senf unterrühren, salzen und pfeffern.

Anrichten: Die Kirschtomaten häuten und 30 Filets vorbereiten (s. S. 460). Jeweils in ein Martiniglas 30 g Tomaten-Concassé und ein Ei geben. Die Rucola-Wasabi-Sauce mit dem Stabmixer emulgieren und auf die Gläser verteilen. Zum Schluss jeweils einen Gebäckstreifen quer über das Glas legen, belegt mit drei Tomatenfilets, drei Rucolablättern und drei Zitronenzesten. An den Rand einen kleinen Tupfer Wasabi-Senf setzen.

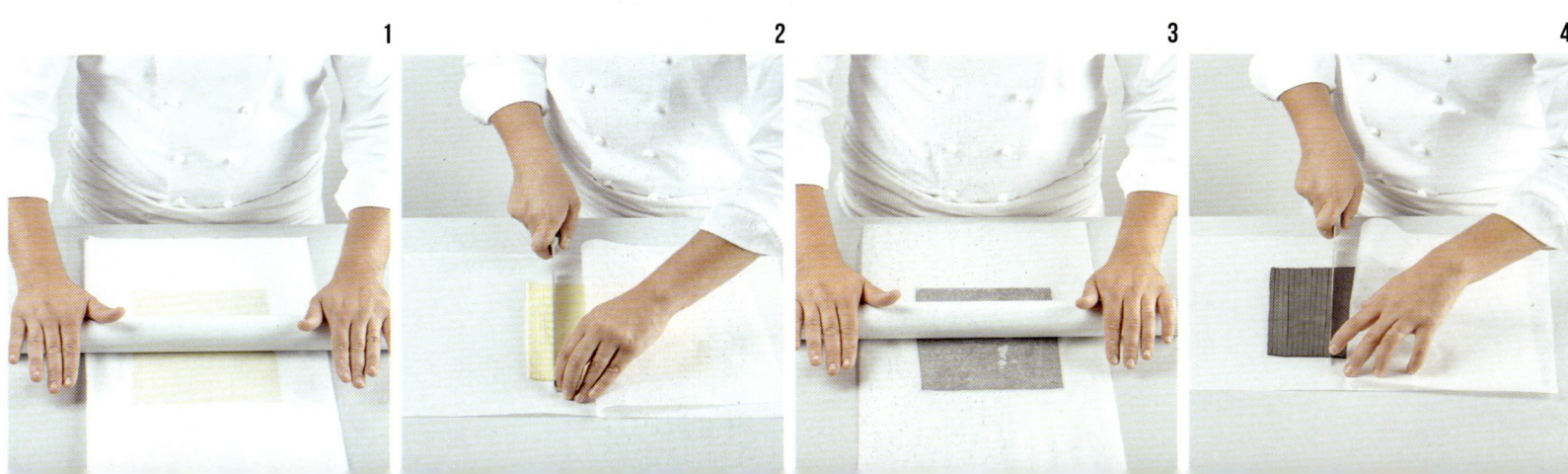

| 5 | 6 | 7 | 8 |

Schwierigkeitsgrad 1
Kalte Vorspeise

Rotbarben-Tarte,
SALAT VON MARINIERTEM FENCHEL MIT KRÄUTERN

FÜR 8 PERSONEN

ZUBEREITUNG: 40 MIN. - MARINIEREN: 20 MIN. - GARZEIT: 1 STD. 30 MIN.

Für das Auberginenpüree
1 kg Auberginen
4 EL Olivenöl
1 gelbe Zwiebel, fein gewürfelt
Fleur de sel
Pfeffer aus der Mühle

Für den Fenchelsalat
8 Mini-Fenchelknollen
Saft von 1 Zitrone
Olivenöl
Salz und Pfeffer aus der Mühle

Für die Rotbarben-Tartes
½ Rezeptmenge Blätterteig (s. S. 102)
8 Rotbarbenfilets à 150 g
2 EL Olivenöl

Zum Anrichten
8 Kirschtomaten
kleine Salatblätter
Dill, Thymian, Petersilie, Estragon
½ Bund Radieschen
Fleur de sel
1 Msp. Piment d'Espelette
Crema di balsamico

Das Auberginenpüree zubereiten: Den Backofen auf 170 °C vorheizen. Die Auberginen der Länge nach halbieren und das Fleisch mit einer Messerspitze einritzen. Mit der Hälfte des Olivenöls beträufeln, mit Fleur de sel und Pfeffer würzen, dann für 30–40 Minuten in den Backofen schieben. Mit einem Löffel das Fleisch vorsichtig aus der Haut herauslösen. Die Zwiebel in dem restlichen Öl anschwitzen, dann das Auberginenfleisch dazugeben. Bei niedriger Temperatur 20–30 Minuten die Flüssigkeit verdampfen lassen. Falls nötig, nachwürzen.

Den Fenchselsalat zubereiten: Die Fenchelknollen in sehr dünne Scheiben schneiden, salzen, pfeffern und mit Zitronensaft und Olivenöl beträufeln. 20 Minuten im Kühlschrank marinieren.

Die Rotbarben-Tartes zubereiten: Den Blätterteig ausrollen und acht Rechtecke von 10 × 4 cm zuschneiden. Auf einem mit Backpapier ausgelegten Blech verteilen, mit Backpapier abdecken und mit einem zweiten Blech beschwert 20 Minuten backen.

Währenddessen die Rotbarbenfilets in einer beschichteten Pfanne in Öl von jeder Seite 2 Minuten braten, zuerst auf der Hautseite.

Anrichten: Die Blätterteigstücke begradigen und auf die Teller verteilen. Auf jedem Teigstück zuerst kuppelartig das Auberginenpüree anrichten, das in Stücke geteilte Rotbarbenfilet daraufgeben, dann eine halb gehäutete Kirschtomate. Daneben den marinierten Fenchel und einige kleine Salatblätter arrangieren, alles mit Kräutern und Radieschenscheiben dekorieren. Mit Fleur de sel und Piment d'Espelette würzen. Zum Schluss kleine Tupfen Balsamico-Creme auf die Teller setzen.

Schwierigkeitsgrad 1
Kalte Vorspeise

Kalter Lachs,
BIRNE UND GELBE PAPRIKA, MAYONNAISE

FÜR 8 PERSONEN

ZUBEREITUNG: 1 STD. - PÖKELN: 20 MIN. - KÜHLZEIT: 1 STD. - GARZEIT: 10 MIN.

Für den Lachs
1,2 kg Lachsfilet
200 g Salz
1 kg Butter, geklärt (s. S. 56)
Pfeffer aus der Mühle

Für die Mayonnaise
1 Eigelb
60 g Senf
1 TL Weinessig
3 g Salz
1 g Pfeffer
250 ml Rapsöl

Für die Fertigstellung der Mayonnaisen
150 g Rote Bete
½ Bund Petersilie
50 ml flüssige Sahne
1 Msp. Safranpulver

Für die Paprika-Birnen-Würfel
200 g Conference-Birne
200 g gelbe Paprikaschoten
1 Zitrone

Für die Brotchips
1 Baguettebrötchen

Zum Anrichten
35 g Shiso-Kresse oder Eisperlensalat
24 kleine Würfel Wassermelone

Den Lachs zubereiten: Das Lachsfilet häuten (s. S. 315), entgräten und der Länge nach halbieren. Das Salz in 2 l Wasser auflösen und den Lachs für 20 Minuten in die Salzlake legen. Herausnehmen, sorgfältig trockentupfen und pfeffern. Jedes Lachsstück fest in Frischhaltefolie wickeln und zu einer Rolle formen, dann für 1 Stunde in den Kühlschrank stellen. Anschließend die Folie mit einer Nadel rundherum mehrmals einstechen und den Lachs 10 Minuten in der auf 70 °C erhitzten Butter pochieren. In acht schöne Stücke schneiden und die Frischhaltefolie entfernen.

Die Mayonnaise zubereiten: Das Eigelb mit Senf, Essig, Salz und Pfeffer gut verrühren. Unter stetigem Rühren nach und nach das Öl zugießen, bis eine feste Konsistenz erreicht ist (s. S. 31). Die Mayonnaise in drei Portionen teilen.

Mayonnaise mit Roter Bete: Das Rote-Bete-Fruchtfleisch im Mixer pürieren, in einem Passiertuch auspressen und den Saft auffangen. Mit dem Saft ein Drittel der Mayonnaise einfärben. In einer Pipette beiseitestellen.

Mayonnaise mit Petersilie: Die Petersilie im Mixer pürieren, in einem Passiertuch auspressen und den Saft auffangen. Mit dem Saft ebenfalls eine Portion Mayonnaise einfärben. In einer Pipette beiseitestellen.

Mayonnaise mit Safran: Die Sahne mit dem Safran steif schlagen. Mit der restlichen Mayonnaise vermischen. In einer Pipette beiseitestellen.

Die Paprika-Birnen-Würfel zubereiten: Birne und Paprika schälen und entkernen, dann fein würfeln und mit dem Zitronensaft abschmecken. Die Mischung in den Kühlschrank stellen.

Die Brotchips zubereiten: Das Baguettebrötchen mit der Aufschnittmaschine der Länge nach in hauchdünne Scheiben schneiden und im Backofen bei 90 °C etwa 25 Minuten trocknen lassen.

Anrichten: Auf jeden Teller ein Stück Lachs legen. Die Paprika-Birnen-Mischung darauf verteilen. Die Teller mit vielen Tupfen der drei Mayonnaisen, mit Shisoblättern und Wassermelonenwürfeln dekorieren. Jeweils einen Brotchip quer über den Fisch legen.

Schwierigkeitsgrad 1

Kalte Vorspeise

Saiblingsfilets
AUF BARIGOULE-SAUCE

FÜR 8 PERSONEN

ZUBEREITUNG: 45 MIN. - PÖKELN: 20 MIN.

Für den Saibling
8 Saiblingsfilets mit Haut
grobes graues Salz
einige Stängel Estragon
1 l Court-Bouillon (s. S. 86)

Für die Barigoule-Sauce
100 g rote Paprikaschote
80 g Fenchel
80 g Karotte
80 g Zwiebel
1 Knoblauchzehe
100 ml natives Olivenöl extra
½ Sternanis
10 Koriandersamen
Salz
1 Msp. Piment d'Espelette
15 g Tomatenmark
50 ml Weißweinessig
100 ml Weißwein

Zum Anrichten
2 Radieschen
2 Frühlingszwiebeln
1 Mini-Fenchel
8 gegarte, geschälte Garnelen
8 Kapernfrüchte
kleine Salat- und Kräuterblätter
Olivenöl
Saft von 1 Zitrone

Den Saibling zubereiten: Die Saiblingsfilets entgräten, die Haut nicht entfernen. Die Filets mit dem groben grauen Salz bedecken und 20 Minuten ruhen lassen, anschließend unter kaltem Wasser abspülen. Ein Saiblingsfilet mit der Haut nach unten auf Frischhaltefolie legen, einige Estragonstängel darauflegen und ein weiteres Filet entgegengesetzt mit der Haut nach oben darüberlegen. Das Ganze mithilfe der Folie fest aufrollen und die Enden zubinden, anschließend mit einer Nadel rundherum kleine Löcher hineinstechen. Auf diese Weise zwei Rouladen vorbereiten. Die restlichen Saiblingsfilets enthäuten und rautenförmig zuschneiden. Die Court-Bouillon aufkochen, über die Rouladen gießen, sodass diese bedeckt sind, und abkühlen lassen. Die restliche Court-Bouillon auf 75 °C abkühlen lassen, dann über die rautenförmig zugeschnittenen Saiblingsstücke gießen. In den Kühlschrank stellen.

Die Barigoule-Sauce zubereiten: Paprikaschote und Fenchel putzen, Karotte schälen, Zwiebel abziehen, alles fein würfeln. In der Hälfte des Olivenöls anschwitzen. Sternanis und Koriandersamen in einem Gazesäckchen (um sie leichter wieder herausnehmen zu können) dazugeben. Garen, bis das Gemüse zerfällt, mit Salz und Piment d'Espelette abschmecken. Tomatenmark, Weißweinessig, Weißwein und 1 Glas Wasser zugeben. Weitere 20 Minuten köcheln lassen, dann das Gazesäckchen herausnehmen. Die Sauce pürieren, mit dem restlichen Olivenöl aufmixen und abkühlen lassen.

Anrichten: Radieschen, Frühlingszwiebeln und Mini-Fenchel mit einem Gemüsehobel in feine Scheiben schneiden. Jede Roulade in vier Stücke à 2,5 cm schneiden. Die Barigoule-Sauce auf den Tellern verteilen, auf jedem Teller zwei Fischrauten und ein Stück Roulade verteilen, eine Garnele und eine halbierte Kapernfrucht dazugeben. Zum Schluss mit Gemüsespänen und dem mit Zitronenvinaigrette angemachten Salat- und Kräuterblättern garnieren.

Schwierigkeitsgrad 1

Kalte Vorspeise

Weißer Teller

FÜR 8 PERSONEN

Für die Jakobsmuscheln
Saft von 5 Limetten
400 ml Kokosmilch
20 g Fleur de sel
20 g Ingwer, gehackt
1 kg ausgelöste Jakobsmuscheln

Für die Garnitur
100 g Blumenkohlröschen
1 Bund Radieschen
200 g schwarzer Rettich
100 g Weißes vom Lauch
200 g Bohnensprossen

Für die Kokosmilchemulsion
400 ml Kokosmilch

Für die Zitronenkaviar-Creme
1 Fingerlimette (Zitronenkaviar)
200 ml flüssige Sahne
10 g Fleur de sel
2 g weißer Pfeffer

Zum Anrichten
300 g Parmesan
150 g Kokos-Chips
24 Bärlauchblüten

ZUBEREITUNG: 1 STD. - MARINIEREN: 45 MIN.

Die Jakobsmuscheln zubereiten: Den Limettensaft mit Kokosmilch, Fleur de sel und Ingwer verrühren. Die Jakobsmuscheln waagerecht in dünne Scheiben schneiden und für etwa 45 Minuten in die Marinade legen.

Die Garnitur zubereiten: Die Blumenkohlröschen zerteilen. Die Radieschen schälen und in dünne Stifte schneiden. Den Rettich feinblättrig schneiden, das Weiße vom Lauch in feine Streifen schneiden. Die Bohnensprossen putzen und die Enden entfernen. Alles in eine mit Eiswasser gefüllte Schüssel legen.

Die Kokosmilchemulsion zubereiten: In einer Schüssel die Kokosmilch schaumig aufschlagen.

Die Zitronenkaviar-Creme zubereiten: Die Fingerlimette halbieren, die Fruchtfleischkügelchen herauslösen. Einige davon zum Anrichten zurückbehalten, die übrigen mit der Sahne, Fleur de sel und Pfeffer pürieren, durch ein Sieb passieren.

Anrichten: Den Parmesan fein reiben und auf jedem Teller damit ein Rechteck von etwa 10 × 3 cm anrichten. Die abgetropften Jakobsmuscheln darauf verteilen, anschließend die Kokos-Chips und die abgetropfte und trockengetupfte Garnitur. Jeden Teller mit Tupfen von Zitronenkaviar-Creme, einigen Kügelchen vom Zitronenkaviar, Rettichwürfeln und Bärlauchblüten verzieren. Zum Schluss die Kokosmilchemulsion dazugeben.

Schwierigkeitsgrad 1
Kalte Vorspeise

Jakobsmuschel-Carpaccio
OLIVENÖL, JUNGER SPINAT UND KRÄUTER

FÜR 8 PERSONEN

24 ausgelöste Jakobsmuscheln

Für die Marinade
2 unbehandelte Zitronen
4 Stängel Dill
4 Stängel Petersilie
4 Stängel Kerbel
2 Stängel Thymian
2 Lorbeerblätter
100 ml Olivenöl

Zum Anrichten
40 g junger Blattspinat
Fleur de sel
1 Msp. Piment d'Espelette
4 Kapernfrüchte
24 Kirschtomaten, filetiert (s. S. 460)
8 EL flüssige Sahne

ZUBEREITUNG: 20 MIN.

Die Marinade zubereiten: Von einer Zitrone die Schale dünn abziehen, in feine Streifen schneiden und die Zesten blanchieren. Diese Zitrone anschließend bis zum Fruchtfleisch schälen, die Filets herauslösen und würfeln. Die Kräuter grob hacken, zuvor einige Blättchen Dill und Thymian zum Anrichten beiseitelegen. Die Zutaten für die Marinade mit dem Saft der zweiten Zitrone und dem Olivenöl verrühren.

Anrichten: Die Jakobsmuscheln waagerecht in dünne Scheiben schneiden. Abwechselnd Jakobsmuschelscheiben und Spinatblätter fächerförmig auf Tellern anrichten. Mit der Marinade beträufeln, mit einigen Körnchen Fleur de sel würzen und mit Piment d'Espelette und den zurückbehaltenen Kräutern bestreuen.

Die halbierten Kapern auf dem Jakobsmuschelfächer verteilen, anschließend Tomatenfilets und Sahnetupfen auf die Außen- und Innenseite des Fächers setzen.

Schwierigkeitsgrad 1

Kalte Vorspeise

Austern,
KIWI UND KAKAO-RUM

FÜR 10 PERSONEN

10 Kiwis
30 Austern Nr. 3
(vorzugsweise Gillardeau)

Für den Kakao-Rum
25 g reines Kakaopulver
100 ml Zacapa-Rum

Für die Erdbeer-Ingwer-Coulis
4 Erdbeeren
10 g Ingwer, gerieben
einige Blätter Koriandergrün,
in dünne Streifen geschnitten

Für die eingelegte Zwiebel
1 rote Zwiebel
100 ml Reisessig

Für das Rucolapesto
100 g Rucola
50 g Pinienkerne
200 ml Olivenöl
Salz

Für die saure Sahne
100 ml Sahne
1 Zitrone
Schale von 1 unbehandelten Kaffirlimette
Salz

Zum Anrichten
50 Blätter Limon Cress
1 Bund Shiso-Purple-Kresse
24 essbare Blüten
10 Krabbenchips

ZUBEREITUNG: 30 MIN. - MARINIEREN: 15 MIN.

Die Kiwis zubereiten: Die Kiwis schälen und jeweils in drei 5 mm dicke Scheiben schneiden. Aus jeder Scheibe einen Taler mit 2,5 cm Durchmesser ausstechen. In den Kühlschrank stellen.

Den Kakao-Rum zubereiten: Das Kakaopulver ohne Fettzugabe bei niedriger Temperatur rösten, ohne es anbrennen zu lassen, anschließend mit dem Rum ablöschen und emulgieren.

Die Erdbeer-Ingwer-Coulis zubereiten: Die Erdbeeren mit dem Ingwer und dem Koriandergrün 15 Minuten marinieren, anschließend alles fein pürieren.

Die Zwiebel einlegen: Die Zwiebel abziehen, in dünne Scheiben schneiden und in dem Reisessig, gemischt mit der Erdbeer-Ingwer-Coulis, 15 Minuten marinieren.

Das Rucolapesto zubereiten: Den Rucola mit den Pinienkernen, dem Olivenöl und dem Salz im Mixer pürieren. In eine Pipette füllen.

Die saure Sahne zubereiten: Die Sahne schlagen. Einen Hauch Zitronensaft, die abgeriebene Schale der Kaffirlimette und eine Prise Salz zugeben. In einen Spritzbeutel mit Sterntülle füllen.

Die Austern vorbereiten: Die Austern öffnen (s. S. 368), aus der Schale lösen und abtropfen lassen und parieren.

Anrichten: Mithilfe einer Einwegspritze etwas Kakao-Rum auf die Teller spritzen. Drei Kiwischeiben auf jedem Teller verteilen. Auf jeder Scheibe eine Auster, zwei Zwiebelstreifen und ein Blättchen Limon Cress anrichten. Einen großen Tupfen saure Sahne daneben spritzen und mit Pesto garnieren. Den Teller mit Shiso-Blättchen, Blüten und Tupfen von der Erdbeer-Ingwer-Coulis verzieren. Zum Schluss je einen Krabbenchip dazugeben.

Schwierigkeitsgrad 1
Kalte Vorspeise

Spargel-Pannacotta
PATA-NEGRA-SCHINKEN UND PARMESANSPÄNE

FÜR 8 PERSONEN

ZUBEREITUNG: 1 STD. 20 MIN. - GARZEIT: 25 MIN.

Für die Spargel-Pannacotta
700 g grüner Spargel
1 l flüssige Sahne
6 Blatt Gelatine
Salz und Pfeffer aus der Mühle

Für die Garnitur
300 g Pata-Negra-Schinken, in Scheiben geschnitten
200 g Parmesan

Für das Basilikumöl
1 Bund Basilikum
200 ml Olivenöl

Zum Anrichten
Mizuna-Blätter
Shiso-Kresse

Die Spargel-Pannacotta zubereiten: Den Spargel schälen (s. S. 450) und 5 cm lange Köpfe abschneiden. Einige beiseitelegen, um sie später für die Garnitur mit dem Gemüsehobel in sehr dünne Streifen zu schneiden.

Die restlichen Spargelköpfe und die Spargelenden 10 Minuten dämpfen, dann die Köpfe herausnehmen und beiseitestellen.

Die Spargelenden weitere 10 Minuten in der Sahne garen, anschließend im Mixer pürieren und würzen.

Die Gelatine in einer Schüssel mit kaltem Wasser einweichen. Ausdrücken und in der heißen Spargelsahne auflösen. Die Mischung durch ein Sieb passieren, den Boden tiefer Teller damit ausgießen und diese in den Kühlschrank stellen.

Die Garnitur zubereiten: Inzwischen den Backofen auf 170 °C vorheizen. Acht sehr dünne Pata-Negra-Scheiben auf einem mit Backpapier ausgelegten Blech verteilen, mit einer zweiten Lage Backpapier abgedeckt und einem weiteren Blech beschwert 15 Minuten im Ofen trocknen. In hübsche dreieckige Stücke schneiden. Die rohen Schinkenscheiben je nach Größe halbieren oder vierteln.

Den Parmesan mit einem Sparschäler in Späne hobeln und beiseitestellen.

Das Basilikumöl zubereiten: Die Basilikumblätter mit dem Olivenöl im Mixer pürieren.

Anrichten: Die Teller mit der Pannacotta aus dem Kühlschrank nehmen und alle übrigen Elemente darauf anrichten. Mit Tropfen von Basilikumöl dekorieren und mit den Kräutern bestreuen.

Blütenkomposition

Schwierigkeitsgrad 1
Kalte Vorspeise

FÜR 10 PERSONEN

ZUBEREITUNG: 1 STD. - MARINIEREN: 20 MIN. - GARZEIT: 25 MIN.

Für die Blütenkomposition
- 250 g Brokkoli
- 250 g Blumenkohl
- 250 g lila Blumenkohl
- 1 roter Chicorée
- ½ Bund grüner Spargel
- 250 g Mini-Patissons
- 250 g Mini-Rüben
- 250 g Mini-Fenchel
- 250 g Mini-Karotten
- 1 Bund Radieschen
- 150 g Mini-Rote-Bete
- 150 g rote Zwiebel
- 150 g Mini-Lauch
- 5 kleine Zucchini mit Blüten
- 20 g Butter
- 100 g Rosenkohl
- 1 Baguettebrötchen
- 150 g Mini-Champignons
- 20 g Butter
- Saft von 1 Zitrone
- 125 g Kirschtomaten
- Olivenöl
- 3 Orangen
- 50 g Trüffel
- 150 g Parmesan
- 100 g Haselnüsse
- 100 ml Haselnussöl
- 20 essbare Blüten
- einige Stängel Dill, Rote-Bete-Blätter und Shiso-Kresse
- einige Blätter Frisée- und Eisperlensalat
- Salz und Pfeffer aus der Mühle

Für die Streusel mit Sepiatinte
- 200 g Butter
- 300 g Mehl
- 20 g Sepiatinte

Für das Karottengelee
- 500 g Karotten
- 12 g Agar-Agar
- 1 Msp. Kreuzkümmel
- Fleur de sel

Das Gemüse zubereiten: Brokkoli, weißen und lila Blumenkohl in kleine Röschen teilen und die roten Chicoréeblätter in Form von Federn zuschneiden. Spargel, Mini-Patissons, Mini-Rüben, Mini-Fenchel, Mini-Karotten, Radieschen, Mini-Rote-Bete und rote Zwiebel mit dem Gemüsehobel in feine Scheiben schneiden, anschließend in eine Schüssel mit Eiswasser geben, die Zucchini hinzufügen und beiseitestellen. Den Mini-Lauch schräg in Scheiben schneiden und in kochendem Salzwasser garen, anschließend abtropfen lassen, dann in Butter schwenken. Den Rosenkohl ebenso garen und beide Gemüse abkühlen lassen.

Den Backofen auf 90 °C vorheizen. Mit der Aufschnittmaschine das Baguettebrötchen in hauchdünne Scheiben schneiden. 25 Minuten im Ofen trocknen lassen.

Die Champignons in Butter mit ein paar Tropfen Wasser und Zitronensaft garen, damit sie schön glänzen. Anschließend die Kirschtomaten häuten und 20 Minuten mit etwas Olivenöl, Salz und Pfeffer marinieren.

Die Orangen filetieren.

Trüffel und Parmesan fein hobeln und einige Minuten mit den gehackten Haselnüssen im Haselnussöl marinieren.

Die Streusel zubereiten: Die Backofentemperatur auf 160 °C erhöhen. Die Butter cremig rühren, das Mehl dazugeben und zu einem homogenen Teig verarbeiten. Nun die Sepiatinte dazugeben und unterkneten, bis der Teig gleichmäßig gefärbt ist. Den Teig 5 mm dick ausrollen und auf einem mit Backpapier ausgelegten Blech 15 Minuten backen. Abkühlen lassen, dann fein zerkrümeln.

Das Karottengelee zubereiten: Die Karotten im Entsafter entsaften. Den Saft aufkochen und das Agar-Agar dazugeben. Mit Kreuzkümmel und Fleur de sel abschmecken, dann etwa 3 mm hoch in ein mit Frischhaltefolie ausgelegtes Backblech gießen. In den Kühlschrank stellen, bis das Gelee fest geworden ist. Nun mit einem Ausstecher Scheiben von 8 cm Durchmesser ausschneiden.

Anrichten: Zum Anrichten auf jeden Teller eine Scheibe Karottengelee legen und mit einer gleichmäßigen, 3 mm dicken Schicht Brösel bedecken. Auf diesem »Beet« alle Gemüse und Blüten harmonisch und ansprechend »pflanzen« und die Brotchips, marinierten Trüffel- und Parmesanspäne, Salat- und Kräuterblätter sowie die Haselnüsse verteilen und mit einigen Tropfen Haselnussöl vollenden.

Schwierigkeitsgrad 2

Kalte Vorspeise

Schneckenkaviar
UND SCHNECKENTATAR IN DER WAFFEL

FÜR 8 PERSONEN

ZUBEREITUNG: 1 STD. 20 MIN. - GARZEIT: 15 MIN.

Für das Schneckentatar
20 gegarte Weinbergschnecken
1 Knoblauchzehe
einige Stängel Petersilie
20 g Butter
einige Tropfen Pastis
20 g gemahlene Mandeln
80 ml flüssige Sahne
Salz und Pfeffer aus der Mühle

Für die knusprige Waffel
150 g Filoteig
15 g Butter, geklärt (s. S. 56)

Für das Popcorn
Pflanzenöl
100 g frische Maiskörner

Für die Schneckenbutter
20 g Butter, geklärt (s. S. 56)
100 g gesalzene Butter
einige Stängel Petersilie
einige Tropfen Pastis
1 Knoblauchzehe

Für die Brotchips
1 Baguette

Zum Anrichten
100 g weiche Butter
10 g Fleur de sel
4 g Piment d'Espelette
30 g Pinienkerne, geröstet und zerkleinert
100 g Schneckenkaviar
8 EL Knoblauchsahne (s. S. 578)
einige Kräuterblättchen
24 essbare Blüten

Das Schneckentatar zubereiten: Die Schnecken grob hacken. Knoblauch und Petersilie ebenfalls hacken, dann in der Butter anschwitzen und die Schnecken dazugeben. Alles kurz braten, mit dem Pastis flambieren und die Mandeln unterrühren. Die Sahne angießen und einkochen lassen, salzen, pfeffern und beiseitestellen.

Die knusprige Waffel zubereiten: Den Backofen auf 180 °C vorheizen. Aus dem Filoteig 5 × 3 cm große Rechtecke schneiden. Den Teig mit geklärter Butter bestreichen und auf einem mit Backpapier bedeckten Blech verteilen. Mit einem weiteren Bogen Backpapier abgedeckt und einem Backblech beschwert 4 Minuten backen, dann beiseitestellen.

Das Popcorn zubereiten: Etwas Öl in eine Sauteuse geben, dann die Maiskörner hinzufügen. Zugedeckt erhitzen, bis alle Körner geplatzt sind.

Die Schneckenbutter zubereiten: Alle Zutaten mischen, das Popcorn in der Schneckenbutter schwenken und beiseitestellen.

Die Brotchips zubereiten: Mit der Aufschnittmaschine 24 dünne Brotscheiben abschneiden und bei 90 °C etwa 25 Minuten im Backofen trocknen lassen.

Anrichten: Mit der Butter eine Spur auf dem Teller ziehen und daneben kleine Häufchen von Fleur de sel, Piment d'Espelette und Pinienkernen setzen. Drei mit Schneckenkaviar garnierte Brotchips und das Popcorn in einem Halbkreis auf dem Teller verteilen. Mit einer Spritze eine Spirale aus Knoblauchsahne auf jeden Teller spritzen. Das Schneckentatar zwischen jeweils zwei Filoteig-Rechtecke streichen und diese Waffel in der Mitte aufstellen. Mit Kräuterblättchen und Blüten dekorieren.

Schwierigkeitsgrad 2
Kalte Vorspeise

Entenrillette, HAUSGEMACHT

FÜR 8 PERSONEN

4 Entenkeulen (in Frankreich nimmt man die Keulen von gestopften Enten)
grobes Salz
1 EL Crème fraîche
80 g Pinienkerne
300 g Zwiebel, Karotte und Sellerie, in Mirepoix geschnitten (s. S. 440)
10 Knoblauchzehen
100 ml trockener Weißwein
500 ml heller Geflügelfond (s. S. 66)
je 1 Stängel Thymian, Lorbeer, Rosmarin, Petersilie
1 Msp. gemahlener Ingwer
1 Sternanis

Zum Anrichten
8 Scheiben Landbrot
200 g Cornichons
200 g eingelegte Silberzwiebeln
Petersilien- und Kerbelblätter
einige Tropfen Haselnussöl
einige Tropfen gereifter Aceto balsamico
Fleur de sel
grob gemahlener Pfeffer

ZUBEREITUNG: 45 MIN. - KÜHLZEIT: MINDESTENS 12 STD. -
PÖKELN: 18–20 STD. (NACH BELIEBEN) - GARZEIT: 8 STD.

Am Vorabend von den Entenkeulen das überflüssige Fett entfernen und beiseitestellen. Die Keulen mit grobem Salz einreiben und für 18–20 Stunden kalt stellen.

Am nächsten Tag das Fett klein würfeln und in einem Schmortopf anbräunen, um knusprige Grieben zu erhalten. Auf Küchenpapier abtropfen lassen und salzen.

Die Rillette zubereiten: Den Backofen auf 125 °C vorheizen. Die Entenkeulen abspülen und trockentupfen. In dem Topf mit dem Griebenfett zuerst die Entenkeulen, dann Gemüse und den Knoblauch anbräunen, mit Weißwein ablöschen und würzen. Den Wein reduzieren, dann den Geflügelfond angießen, sodass alles bedeckt ist. Die Kräuter und Gewürze dazugeben und den Schmortopf zugedeckt für 8 Stunden in den Ofen stellen.

Den Schmortopf aus dem Ofen nehmen. Die Keulen herausnehmen und warm stellen. Den Bratensaft durch ein Sieb passieren, entfetten (das Fett aufbewahren) und reduzieren.

Die Entenkeulen häuten, entfetten, entbeinen und das Fleisch zerteilen. Einen Teil des reduzierten Bratensafts, des zurückbehaltenen Fetts, die Crème fraîche, den größten Teil der Grieben und Pinienkerne (nur ein paar zum Anrichten zurückbehalten) zugeben, abschmecken.

Die Rillette in kleine Terrinen füllen, zusammendrücken und mit einer 3 mm dicken Schicht Entenfett bedecken. Für mindestens 12 Stunden in den Kühlschrank stellen.

Anrichten: Am nächsten Tag das Brot mit Schmalz bestreichen und rösten. Die Cornichons und Silberzwiebeln in kleine Schalen füllen, mit Petersilien- und Kerbelblättchen dekorieren. Eine Ecke des Tellers mit Grieben und Pinienkernen bestreuen, mit Haselnussöl und Balsamico beträufeln. Die Terrine auf den Teller setzen, einen Teil der Fettschicht von der Rillette entfernen. Fleur de sel und grob gemahlenen Pfeffer separat reichen.

Schwierigkeitsgrad 2

Kalte Vorspeise

Foie gras
MIT ROTWEIN UND GEWÜRZEN GEGART

FÜR 8 PERSONEN

1 Stopfleber (500–600 g)
2 l Rotwein
½ Zimtstange
2 frische Feigen
100 g getrocknete Feigen
1 Knoblauchzehe
50 g Zucker
10 g Koriandersamen
1 Gewürznelke
100 g Rosinen
Zesten von 3 unbehandelten Orangen
7 g Salz
1 g Pfeffer aus der Mühle

Zum Anrichten
Fleur de sel
zerstoßener Pfeffer

ZUBEREITUNG: 30 MIN. - RUHEZEIT: 4–5 TAGE - GARZEIT: 40 MIN.

Die Stopfleber bei Zimmertemperatur etwa 30 Minuten ruhen lassen, so wird sie weicher und lässt sich besser würzen.

Inzwischen den Wein mit den übrigen Zutaten (außer Salz und Pfeffer) in einem großen Topf zum Kochen bringen und auf drei Viertel reduzieren. So werden Gewürz- und Fruchtaromen konzentriert.

Die Stopfleber salzen und pfeffern.

Die Leber 10–15 Minuten bei etwa 85 °C in dem Wein pochieren. Anschließend in eine Terrine legen und vorsichtig mit der Kochflüssigkeit übergießen, bis die Leber gerade bedeckt ist. In der Flüssigkeit abkühlen lassen, dabei mit einem Gewicht beschweren, damit die Leber nicht nach oben steigt, und kühl stellen. Die Foie gras mindestens 4–5 Tage in dem Wein durchziehen lassen.

Anrichten: Die Foie gras abtropfen lassen und trockentupfen, dann im Ganzen auf einem Holzbrett servieren, dazu Fleur de sel und zerstoßenen Pfeffer reichen.

Schwierigkeitsgrad 2
Kalte Vorspeise

Roter Thunfisch,
GEBRANNT, AVOCADOCREME, ZITRUS-VINAIGRETTE

FÜR 10 PERSONEN

1,2 kg roter Thunfisch

Für die Marinade
100 ml Reisessig
100 ml Sojasauce
20 Koriandersamen
¼ Bund Koriandergrün, gehackt
100 ml Sesamöl
Fleur de sel
Pfeffer aus der Mühle

Für die Avocadocreme
6 Avocados
500 ml Milch
500 ml flüssige Sahne
Saft von 1–2 Zitronen
1 Msp. Piment d'Espelette
Salz

Für die Zitrusvinaigrette
½ Grapefruit
½ Limette
½ Zitrone
½ Saftorange
½ Mango
7 Koriandersamen
1 Rosmarin- und 1 Basilikumblatt, fein gehackt
200 ml natives Olivenöl extra

Zum Anrichten
2 Avocados
2 rote Chicorée
1 Rote Bete
4 Radieschen
2 Mini-Karotten
Sprossen und kleine Salatblätter
Sesamöl
Fleur de sel
Pfeffer aus der Mühle

ZUBEREITUNG: 40 MIN. - MARINIEREN: 2 STD. - GARZEIT: 5 MIN.

Den Thunfisch zubereiten: Die Haut und alle dunklen Partien entfernen, deren Konsistenz und Geschmack nicht sehr angenehm sind. Den Thunfisch in acht gleich große Blöcke schneiden, auf eine Fleischgabel spießen und rundherum mit einem Flambierbrenner gut bräunen. Anschließend zum Abkühlen in eine Schüssel mit Eiswasser tauchen.

Die Marinade zubereiten: Den Reisessig und die Sojasauce erhitzen. Vom Herd nehmen, die Koriandersamen und das Koriandergrün zugeben. Abkühlen lassen, dann durch ein Sieb gießen. Die Thunfischstücke 2 Stunden darin marinieren, dabei von Zeit zu Zeit wenden.

Die Avocadocreme zubereiten: Die Avocados halbieren und vom Kern befreien. Mit einem Löffel das Fruchtfleisch herauslösen, dann in grobe Stücke schneiden. Die Milch, die Sahne und 500 ml Salzwasser in einem Topf aufkochen und die Avocadostücke 5 Minuten darin garen. Dadurch wird das Chlorophyll gebunden und die Avocado wird noch cremiger. Das Fruchtfleisch abtropfen lassen und mit wenig Kochflüssigkeit im Mixer pürieren, um eine cremige Konsistenz zu erzielen. Ein Stück Frischhaltefolie auf die Oberfläche drücken und die Creme abkühlen lassen.

Die Zitrusvinaigrette zubereiten: Die Zitrusfrüchte filetieren, dabei den Saft auffangen. Die Filets in gleichmäßige kleine Würfel schneiden. Eine Hälfte der Mango ebenfalls in Würfelchen schneiden. Die andere Hälfte in gröbere Stücke teilen, diese zusammen mit den Koriandersamen, Rosmarin und Basilikum in den Mixer geben, dann den Zitrussaft zugießen. Pürieren und mit dem Olivenöl cremig aufschlagen. Durch ein Sieb streichen, die Mango- und Zitruswürfelchen zugeben. Abschmecken.

Anrichten: Die Avocadocreme mit Zitronensaft und Piment d'Espelette abschmecken. Die Avocados in Würfelchen schneiden. Chicorée, Rote Bete, Radieschen und Mini-Karotten in schmale Streifen schneiden und in eine Schüssel mit Eiswasser legen. Die Thunfischblöcke der Länge nach halbieren, die Enden gerade schneiden. Den Thunfisch mit Sesamöl, Fleur de sel und Pfeffer würzen. Auf den Tellern anrichten, die Avocadocreme danebensetzen, darauf das knackige Gemüse, die Avocadowürfelchen, Sprossen und Blätter verteilen. Die Teller zum Schluss mit Tupfen von der Zitrusvinaigrette dekorieren.

Schwierigkeitsgrad 2
Kalte Vorspeise

Kaisergranat
MIT JUNGEM GEMÜSE, MARINIERT IN ZITRUSVINAIGRETTE

FÜR 8 PERSONEN

ZUBEREITUNG: 45 MIN. - RUHEZEIT: 1 STD. - MARINIEREN: 5 MIN. - GARZEIT: 5 MIN.

24 große Kaisergranate
30 g weiche Butter
30 g Mehl
1 EL Olivenöl
Fleur de sel
Piment d'Espelette

Für die Zitrusvinaigrette
1 EL Limettensaft
1 EL Grapefruitsaft
1 EL Orangensaft
100–120 ml Olivenöl
1 Msp. Piment d'Espelette
Salz und Pfeffer aus der Mühle

Für die exotische Vinaigrette
40 ml Mango-Coulis
8 Passionsfrüchte
100 ml Olivenöl
Saft von 1 Zitrone

Für das junge Gemüse
8 Stangen weißer Spargel
8 Stangen grüner Spargel
2 Msp. Ascorbinsäure
16 Mini-Karotten
8 Mini-Fenchel
4 Stangen Sellerie mit Blättern
16 lange Radieschen
4 Poivrade-Artischocken
8 Frühlingszwiebeln
32 Kirschtomaten
8 Dicke-Bohnen-Schoten

Für den Obstsalat
2 rosa Grapefruits
4 Zitronen
4 Limetten
2 Orangen
½ Mango

Zum Anrichten
1 Lollo-rosso-Salat
Olivenöl
Piment d'Espelette
Koriandersamen und Koriandergrün
16 Basilikumblätter
Mandarinen- oder Zitronenöl
40 g kleine Rote-Bete-Blätter
24 Borretsch- und Kapuzinerkresseblüten
8 Zucchiniblüten, getrocknet (s. S. 620)
Fleur de sel und Pfeffer aus der Mühle

Die Zitrusvinaigrette zubereiten: Limetten-, Grapefruit- und Orangensaft mit dem Olivenöl verrühren, mit Piment d'Espelette, Salz und Pfeffer würzen.

Die exotische Vinaigrette zubereiten: Die Mango-Coulis mit Saft und Fruchtmark der Passionsfrüchte, Olivenöl und Zitronensaft verrühren.

Das junge Gemüse zubereiten: Den weißen und grünen Spargel schälen, die Spitzen schräg abschneiden und 1 Stunde in Eiswasser legen, dem Ascorbinsäure zugesetzt ist. Abtropfen lassen und trockentupfen. Anschließend getrennt in kochendem Salzwasser garen, bis die Spitze eines Messers leicht eindringt. Die Spargelspitzen in einer Schüssel mit Eiswasser abschrecken. Abtropfen lassen, trockentupfen und beiseitestellen.

Mini-Karotten, Mini-Fenchel und Selleriestangen putzen. Karotten, Fenchel und Radieschen halbieren, die Hälften fächerförmig aufschneiden. Die Artischockenböden in dünne Scheiben schneiden, die Frühlingszwiebeln schräg in Scheiben schneiden, dann alle Gemüse 1 Stunde in eine Schüssel mit Eiswasser legen, dem etwas Ascorbinsäure zugesetzt ist. Abtropfen lassen und trockentupfen.

24 Kirschtomaten zum Anrichten zurückbehalten, die restlichen häuten, vierteln, entkernen und filetieren (s. S. 460).

Die Bohnenkerne auslösen, blanchieren und häuten.

Den Obstsalat zubereiten: Alle Zitrusfrüchte bis zum Fruchtfleisch schälen und filetieren. Die Mango schälen, eine Hälfte in Stücke in der Größe der Zitrusfrüchtefilets schneiden. Restliche Mango im Mixer pürieren und beiseitestellen.

Anrichten: Etwa 5 Minuten vor dem Servieren das junge Gemüse abtropfen lassen, trockentupfen und in etwas Zitrus-Vinaigrette marinieren. Anschließend anrichten. Lollo-rosso-Blätter in die Mitte des Tellers geben, das Gemüse, die Tomatenfilets und die Bohnenkerne darauf arrangieren. Mit Olivenöl beträufeln und mit Fleur de sel, Piment d'Espelette und Pfeffer anmachen. Mit Zitrusfilets und Mangostücken außen einrahmen, Koriander und Basilikum dazugeben.

Den Kaisergranat zubereiten: Kaisergranat schälen (s. S. 352), die Schwanzflosse und das letzte Glied bleiben erhalten. Der Länge nach einen Zahnstocher hindurchstechen. Jeden Kaisergranat mit Butter bestreichen und leicht mit Mehl bestauben. In einer Pfanne mit Olivenöl von einer Seite anbraten und falls nötig im Backofen fertiggaren. Mit Fleur de sel und Piment d'Espelette würzen und die Zahnstocher herausnehmen.

Den Kaisergranat zusammen mit den Tomatenfilets auf dem Salat arrangieren. Mit Zitrusvinaigrette und exotischer Vinaigrette beträufeln. Mit Mandarinen- oder Zitronenöl beträufeln.

Die Teller zum Schluss mit Sprossen, Blüten und den ganzen Kirschtomaten dekorieren.

Schwierigkeitsgrad 2
Kalte Vorspeise

Kleine Artischocken
UND MEDAILLONS VOM HUMMER

FÜR 8 PERSONEN

ZUBEREITUNG: 30 MIN. - GARZEIT: 24 MIN.

Für den Hummer
3 l Court-Bouillon (s. S. 86)
4 Hummer à 600 g

Für die Artischocken
16 kleine Poivrade-Artischocken
Saft von 2 Zitronen
8 EL Olivenöl
50 g Schalotten, fein gewürfelt
1 Stängel Thymian
4 Knoblauchzehen, zerdrückt
20 schwarze Pfefferkörner
20 Koriandersamen
6 EL Weißwein
200 ml heller Geflügelfond (s. S. 66)
4 Tomaten
Salz und Pfeffer aus der Mühle

Für das Basilikumöl und das frittierte Basilikum
½ Bund Basilikum
6 EL Olivenöl
Pflanzenöl zum Frittieren

Zum Anrichten
Crema di balsamico
4 Stängel Dill

Den Hummer zubereiten: Die Hummer nacheinander jeweils 6 Minuten in der kochenden Court-Bouillon garen. Die Köpfe abtrennen, halbieren und beiseitelegen. Die Scheren vorsichtig aufbrechen und das Fleisch möglichst in einem Stück herauslösen, das Knorpelblatt entfernen. Das Fleisch aus den Beinen fein zerkleinern. Die Hummerschwänze schälen und in Medaillons schneiden. Alles in den Kühlschrank stellen.

Die Artischocken zubereiten: Die Stiele einkürzen. Die Artischocken putzen und der Länge nach vierteln (s. S. 456). Mit Zitronensaft beträufeln, damit sie sich nicht verfärben. In einem Topf das Olivenöl erhitzen und die Schalotten darin anschwitzen. Die Artischocken, Thymian, Knoblauch, Pfefferkörner und Koriandersamen zugeben. Mit Weißwein und Geflügelfond aufgießen und die Artischocken zugedeckt etwa 5 Minuten garen, bis sie weich sind. Die Tomaten häuten und entkernen, das Fruchtfleisch in 5 cm große Würfel schneiden und 5 Minuten mitgaren.

Die Artischocken abtropfen lassen, die Garflüssigkeit auffangen und reduzieren. Das fein zerkleinerte Fleisch aus den Hummerbeinen, Salz, Pfeffer und einen Schuss Zitronensaft zugeben, um der reduzierten Sauce ein leicht säuerliches Aroma zu verleihen.

Das Basilikumöl zubereiten: Einige Basilikumblätter mit dem Olivenöl im Mixer pürieren und beiseitestellen.

Das frittierte Basilikum zubereiten: Pflanzenöl in einem Topf erhitzen, 16 schöne Basilikumblätter darin frittieren. Abtropfen lassen.

Anrichten: Auf jedem Teller Artischockenviertel, Hummermedaillons und eine Hummerschere anrichten. Etwas Artischocken-Hummer-Sauce darüber verteilen, mit Balsamico-Creme und Basilikumöl, frittierten Basilikumblättern, einem halben Hummerkopf und Dill garnieren.

Schwierigkeitsgrad 2

Kalte Vorspeise

Rohkost
NACH ART EINES OBSTSALATS, EAU AROMATISÉE

FÜR 10 PERSONEN

Für die Rohkost
1 roter Chicorée
200 g Mini-Patissons
150 g Radieschen
250 g Mini-Fenchel
300 g Mini-Karotten mit Grün
250 g Mini-Zucchini
50 g Knopfchampignons
50 g rote Zwiebel

Für das Eau aromatisée
500 ml stilles Mineralwasser
100 g Parmesan
7 g Fleur de sel
15 g Ingwer, gehackt
50 g Fenchel
weißer Pfeffer

Für die Dubarry-Kugeln
100 g Weißes vom Lauch
80 g Zwiebel,
in dünne Scheiben geschnitten
25 g Butter
50 g Mehl
500 g Blumenkohl
1 l heller Geflügelfond (s. S. 66)
100 ml flüssige Sahne
10 g Alginat (auf 1 l Cremesuppe)
20 g Kalziumchlorid (auf 1 l Wasser)

Zum Anrichten
¼ Bund Kerbel
einige Stängel Dill
¼ Bund Estragon
1 Bund Sauerampfer oder Rucola
8 Blatt Eisperlensalat oder Baby-Spinat
30 essbare Blüten
Trüffelscheiben (nach Belieben)
8 Kugeln Trockeneis

ZUBEREITUNG: 1 STD. - ZIEHZEIT: 1 STD. 30 MIN. - GARZEIT: 35 MIN.

Die Rohkost zubereiten: Die Chicoréeblätter zu kleinen Federn schneiden. Die Mini-Patissons, Radieschen und Mini-Fenchel in dünne Scheiben schneiden und in eine Schüssel mit Eiswasser legen. Die Mini-Karotten der Länge nach halbieren. Die Mini-Zucchini in kleine Stücke schneiden. Die Champignons putzen. Die rote Zwiebel abziehen und in feine Streifen schneiden.

Das Eau aromatisée: In dem lauwarmen Wasser Parmesanspäne, Fleur de sel, Ingwer, Fenchelstreifen und weißen Pfeffer mindestens 1 Stunde und 30 Minuten ziehen lassen. Anschließend durch ein Sieb gießen, mit Frischhaltefolie abdecken und in den Kühlschrank stellen.

Die Dubarry-Kugeln zubereiten: Das Weiße vom Lauch und die Zwiebel in der Butter anschwitzen, leicht mit Mehl bestauben, die Blumenkohlröschen zugeben und mit dem Fond aufgießen. Bei niedriger Temperatur 30 Minuten kochen lassen, dann die Sahne zugießen. Erneut reduzieren, mit dem Stabmixer pürieren und schließlich durch ein Sieb streichen. Pro Liter dieser Masse 10 g Alginat gründlich unterrühren. In Halbkugelformen aus Silikon füllen und ins Gefrierfach stellen, bis die Masse fest ist. Die gefrorenen Halbkugeln aus der Form drücken und für etwa 5 Minuten in das Kalziumbad legen. Anschließend zweimal in frischem Wasser spülen und beiseitestellen.

Anrichten: In einem tiefen Teller die Rohkost mit Kräutern und Blüten schön anrichten, nach Belieben Trüffelscheiben dazugeben. Anschließend die Dubarry-Kugeln verteilen. Das Eau aromatisée wird in einer Teekanne gereicht und dient dazu, diesen kleinen Gemüsegarten zu »begießen«. Wird eine Kugel Trockeneis damit beträufelt, bildet sich ein feiner Nebel. (Das Trockeneis ist nicht zum Verzehr geeignet.)

Schwierigkeitsgrad 3

Kalte Vorspeise

Foie gras von der Ente, lackiert mit Sangria-Gelee und Gewürzen

FÜR 6–10 PERSONEN

ZUBEREITUNG: 1 STD. 45 MIN. - RUHEZEIT: 5–7 TAGE - GARZEIT: 18 + 15 MIN.

Für die Foie gras
500 ml Milch
1 Entenstopfleber (600 g)
8,4 g Salz
1,2 g weißer Pfeffer aus der Mühle
1 Prise Zucker
1 Prise Quatre épices (nach Belieben)

Für das Sangria-Gelee
1 l tanninreicher Rotwein
300 ml roter Portwein
1 unbehandelte Orange, in Scheiben geschnitten
1 unbehandelte Zitrone, in Scheiben geschnitten
2 Vanilleschoten
1 Zimtstange
1 Sternanis
3–4 Stangen langer Pfeffer
2–3 Wacholderbeeren
150–200 g Roh-Rohrzucker
150 ml Orangensaft, frisch gepresst
4 Blatt Gelatine
je 1 TL Anis, rosa Pfeffer, Szechuanpfeffer und schwarzer Pfeffer, gemischt und grob zerkleinert

Für die Kartoffeln
1 kg Kartoffeln (Sorte BF 15)
200 g Entenschmalz
5 Knoblauchzehen, zerdrückt
Thymian, Lorbeer und Rosmarin
Fleur de sel
gemahlener Kardamom
grob gemahlener schwarzer Pfeffer

Für den Salat und die Vinaigrette
80 ml Olivenöl
1 EL Sherryessig
1 EL Zitronensaft
Salz und Pfeffer
100 g kleine gemischte Salatblätter
¼ Lollo-rosso-Salat
Kräuter und essbare Blüten

Für das Röstbrot
6–10 Scheiben Landbrot
Entenschmalz

Die Foie gras zubereiten: Am Vorabend die Milch mit 500 ml Wasser auf 40 °C erwärmen, dann die Leber zum Degorgieren hineinlegen. Anschließend die Leber säubern (s. S. 252), mit Salz, Pfeffer, Zucker und falls gewünscht Quatre épices würzen. Die Leber vakuumieren und über Nacht in den Kühlschrank legen. Am nächsten Tag den Dampfgarer auf 85 °C vorheizen und die Leber darin 18 Minuten garen. Anschließend 5–7 Tage kühl reifen lassen.

Das Sangria-Gelee zubereiten: Wein und Portwein um ein Viertel reduzieren, bis die Flüssigkeit schön glänzt. Die Orangen- und Zitronenscheiben dazugeben, anschließend das Vanillemark, die Gewürze und den Zucker. Auf die Hälfte reduzieren, dann den Orangensaft dazugießen. Die zuvor in kaltem Wasser eingeweichte und ausgedrückte Gelatine in der heißen Flüssigkeit auflösen. Alles durch ein Sieb gießen und etwas abkühlen lassen.

Die Leber mehrmals mit dem Sangria-Gelee überziehen, bis die Schicht 2–3 mm dick ist. Mit der Gewürzmischung bestreuen und in den Kühlschrank stellen.

Die Kartoffeln zubereiten: Die Kartoffeln schälen und würzen, dann mit dem Entenschmalz, dem Knoblauch und den Kräutern vakuumieren. Im Dampfgarer bei 100 °C einige Minuten garen, anschließend in Eiswasser abschrecken. Kurz vor dem Servieren in 1 cm dicke schräge Scheiben schneiden. In einer Pfanne von beiden Seiten im Entenschmalz anbräunen. Mit Fleur de sel, gemahlenem Kardamom und grob gemahlenem schwarzem Pfeffer abschmecken.

Die Vinaigrette zubereiten: Öl, Essig und Zitronensaft mit etwas Salz und Pfeffer verrühren und den Salat direkt vor dem Servieren damit anmachen.

Das Röstbrot zubereiten: Die Brotscheiben von beiden Seiten mit dem Entenschmalz bestreichen und einige Minuten rösten.

Anrichten: Auf jedem Teller ein Stück von der lackierten Foie gras, eine Scheibe geröstetes Brot, Salat und Kartoffelscheiben anrichten und mit einer Pipette etwas Sangria-Gelee aufträufeln.

Schwierigkeitsgrad 3

Kalte Vorspeise

Foie-gras-Kugeln,
SAUERKIRSCH-CHUTNEY UND HASELNUSSGEBÄCK

FÜR 10 PERSONEN

Für die Foie-gras-Kugeln
600 g Stopfleber
2 Blatt Gelatine
50 ml heller Geflügelfond (s. S. 66)
20 ml weißer Portwein
100 ml geschlagene Sahne
Salz und Pfeffer aus der Mühle

Für das Sauerkirsch-Chutney
50 ml Sherryessig
150 ml Rotwein
100 g Honig
400 g tiefgekühlte Sauerkirschen
2 g schwarzer Pfeffer
20 g Ingwer, gehackt
30 g Haselnüsse, grob gehackt
3 Blatt Gelatine
Salz

Für den Guss
9 g Kappa-Carrageen-Pulver
1 l Sauerkirschpüree
100 g Zucker

Für das Haselnussgebäck
150 g weiche Butter
9 g feines Salz
20 g Puderzucker
40 g gemahlene Haselnüsse
1 Ei
250 g Mehl

Zum Anrichten
1 Bogen Blattgold
kleine Rote-Bete-Blätter

ZUBEREITUNG: 1 STD. 30 MIN. – RUHEZEIT DER FOIE GRAS: 24 STD. - GARZEIT: 1 STD.

Die Stopfleber vorbereiten und in einer Terrine garen (s. S. 252).

Das Sauerkirsch-Chutney zubereiten: In einem Topf Essig, Wein und Honig aufkochen. Die Sauerkirschen, Salz, Pfeffer und Ingwer zugeben und erneut aufkochen. Bei niedriger Temperatur 35–40 Minuten unter häufigem Rühren kochen lassen. 150 g entnehmen, im Mixer pürieren und in einer Pipette kühl stellen. Die Nüsse und die zuvor 10 Minuten in kaltem Wasser eingeweichte und ausgedrückte Gelatine zu dem restlichen Chutney in den Topf geben. Umrühren und 5-10 Minuten kochen lassen, bis die Mischung die Konsistenz eines Kompotts annimmt. In 20 kleine Halbkugelformen aus Silikon gießen und ins Gefrierfach stellen.

Die Foie-gras-Kugeln zubereiten: Die Gelatineblätter 10 Minuten in einer Schüssel mit kaltem Wasser einweichen. In einem Topf den Fond und den Portwein bei niedriger Temperatur erwärmen, anschließend die ausgedrückte Gelatine darin auflösen. Von der Stopfleberterrine 150 g zum Anrichten beiseitestellen, den Rest in Würfel schneiden, mit dem lauwarmen Fond im Mixer pürieren und würzen, dann kalt stellen. Anschließend vorsichtig die geschlagene Sahne unter die gut abgekühlte Masse ziehen. Diese Masse in 20 etwas größere Halbkugelformen aus Silikon füllen (**1**) und auf jede Halbkugel ein Stück gefrorenes Chutney legen (**2**). Glatt streichen (**3**) und im Gefrierfach fest werden lassen. Die Halbkugeln aus der Form lösen und jeweils zwei mit der übrigen Masse zu gleichmäßigen Kugeln zusammensetzen. In jede Kugel einen Zahnstocher stecken.

Für den Guss: 250 ml Wasser bereitstellen. Ein wenig davon abnehmen und das Carrageen-Pulver darin auflösen. Das Sauerkirschpüree, den Zucker und das restliche Wasser unterrühren, dann die Kugeln vorsichtig in diese Mischung tauchen (**4**). Anschließend im Kühlschrank auftauen lassen.

Das Haselnussgebäck zubereiten: Den Backofen auf 140 °C vorheizen. Alle Zutaten in die Schüssel der Küchenmaschine geben und 5 Minuten auf niedriger Stufe mit dem Rührblatt bearbeiten. Den Teig zwischen zwei Bögen Backpapier 3 mm dick ausrollen. Im Gefrierfach fest werden lassen, anschließend 10 Rauten ausschneiden. Auf einer Silikon-Backmatte 15 Minuten backen.

Anrichten: Die zurückgelegte Stopfleberterrine in Stäbchen schneiden. Auf jeden Teller eine Teigraute legen, darauf eine Foie-gras-Kugel mit etwas Blattgold. Mit Tupfen vom Sauerkirsch-Chutney, Rote-Bete-Blätter und Foie-gras-Stäbchen dekorieren, dazu Fleur de sel und groben Pfeffer.

1

2

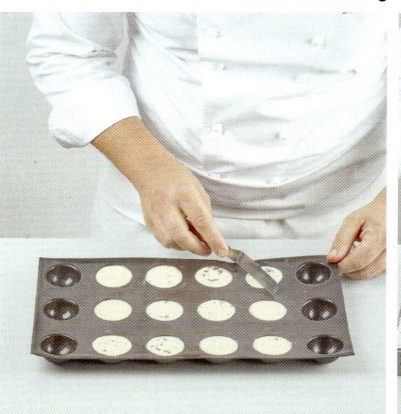
3

4

Schwierigkeitsgrad 3

Kalte Vorspeise

Lachsforelle
UND ROTE BETE

FÜR 10 PERSONEN

ZUBEREITUNG: 1 STD. - RÄUCHERN: 6 MIN. - GARZEIT: 2 STD.

3 Lachsforellen à 800 g
Salz und Pfeffer aus der Mühle
Räucherchips aus Kirschbaumholz

Für die Mini-Rüben
3 gelbe Mini-Rüben
3 rote Mini-Rüben
3 weiße Mini-Rüben
Saft von 3 Zitronen
100 ml Olivenöl
Salz und Pfeffer aus der Mühle

Für den Rote-Bete-Karamell
1 Rote Bete
1 EL Honig
1 TL Sherryessig
Salz und Pfeffer

Für die Rote-Bete-Röllchen
3 gekochte Rote Beten
1 l Mineralwasser
25 g Agar-Agar
1 TL Sherryessig
Salz und Pfeffer aus der Mühle

Für das Rote-Bete-Püree
2 Zwiebeln, fein gewürfelt
1 Stückchen Butter

Zum Anrichten
Olivenöl
800 g Edamame, blanchiert
kleine Rote-Bete-Blätter
Senf

Die Mini-Rüben zubereiten: Die Mini-Rüben schälen, salzen und pfeffern und mit Zitronensaft und Olivenöl beträufeln. Die Rüben vakuumieren und bei 83 °C im Dampfgarer 1 Stunde und 30 Minuten garen. Abkühlen lassen, dann in Scheiben oder Spalten schneiden.

Die Lachsforelle zubereiten: Die Forellen ausnehmen, filetieren und die Gräten entfernen (s. S. 336, 342). Würzen, dann die Forellenfilets 6 Minuten über Kirschbaumholz räuchern. Anschließend in Backpapier wickeln und im Dampfgarer bei 70 °C 6 Minuten garen. In den Kühlschrank stellen.

Den Rote-Bete-Karamell zubereiten: Die Rote Bete waschen und in den Entsafter geben. Den ausgepressten Saft zusammen mit dem Honig in einen kleinen Topf geben und reduzieren, bis er die Konsistenz von Sirup hat. Mit dem Sherryessig ablöschen und würzen.

Die Rote-Bete-Röllchen zubereiten: Die Roten Beten mit dem Mineralwasser im Mixer pürieren, um den Saft zu extrahieren. Durch ein Sieb streichen, das Fruchtfleisch für die Zubereitung des Rote-Bete-Pürees beiseitestellen. Den ausgepressten Saft mit dem Agar-Agar in einen Topf geben und 2 Minuten sieden lassen. Den Sherryessig zugießen, salzen und pfeffern. Die Masse 1 mm dick in einen mit Backpapier ausgelegten Rechteckrahmen gießen (**1**). Im Kühlschrank fest werden lassen, während das Rote-Bete-Püree zubereitet wird.

Das Rote-Bete-Püree zubereiten: Die Zwiebeln in der Butter anschwitzen, das zurückbehaltene Rote-Bete-Fruchtfleisch zugeben und einige Minuten bei niedriger Temperatur unter regelmäßigem Rühren erhitzen. Anschließend im Mixer 2 Minuten auf höchster Stufe glatt pürieren. Würzen, dann in einen Spritzbeutel füllen und im Kühlschrank abkühlen lassen.

Anrichten: Von dem Rote-Bete-Gelee 20 Streifen von 6 × 4 cm schneiden, mit Rote-Bete-Püree garnieren und eng aufrollen (**2, 3**). Die Röllchen in den Kühlschrank stellen. Die Forellenfilets enthäuten und quer in Streifen schneiden. Mit Öl bepinseln und mit etwas Fleur de sel bestreuen. Auf jedem Teller drei Forellenstücke, zwei Rote-Bete-Röllchen, Edamame, Mini-Rüben und Rote-Bete-Blättchen anrichten. Mit Tupfen von Rote-Bete-Karamell und Senf garnieren.

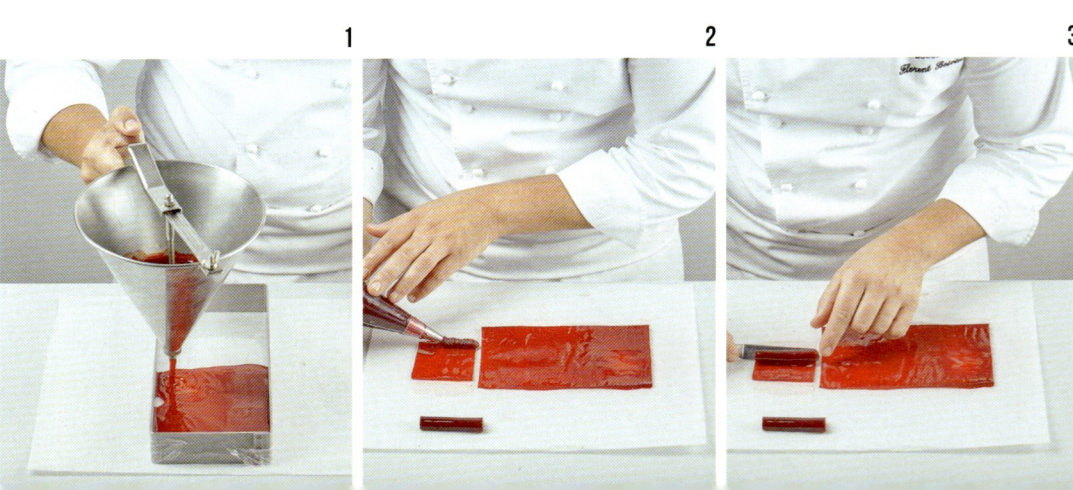

Schwierigkeitsgrad 3

Kalte Vorspeise

Tropfen
MIT THUNFISCH UND SCHOKOLADE

FÜR 8 PERSONEN

ZUBEREITUNG: 1 STD. 15 MIN. - MARINIEREN: 1 STD. - ZIEHZEIT: 15 MIN. - TIEFKÜHLEN: 5 STD.

Für die gefrorenen Deko-Wassertropfen
8 Luftballons

Für den Thunfisch
300 g Filet vom roten Thunfisch
50 ml Sesamöl
Fleur de sel
1 Msp. Piment d'Espelette
Wasabi-Senf

Für die Blütenblätter aus weißer Schokolade
50 g weiße Schokolade

Für die Mini-Frühlingsrollen
½ Bund Minze
2 Bund Schnittlauch
6 Blätter Reispapier
1 Romanasalatherz
25 ml Haselnussöl
Fleur de sel

Zum Anrichten
Crushed Ice
600 g Gemüsespäne (1 Karotte, 2 kleine Navetten, 1 Stange Mini-Lauch, 2 kleine Rote Beten, 1 Stange Sellerie)
24 essbare Blüten (Kapuzinerkresse, Gänseblümchen)
frische Kräuter
(Dill, Rote-Bete-Blätter)
250 g Trockeneis
Salz und Pfeffer aus der Mühle

Für die Ingwerbouillon
30 g frischer Ingwer
1 l Geflügelbrühe (s. S. 74)

Die Wassertropfen für die Dekoration vorbereiten: Die Ballons jeweils mit 1 l Wasser füllen. Mit einem Bindfaden zuknoten und 5 Stunden in den Gefrierschrank hängen.

Den Thunfisch marinieren: Das Thunfischfilet putzen, in 24 Würfel mit 2 cm Kantenlänge schneiden und 1 Stunde in Sesamöl, Fleur de sel und Piment d'Espelette marinieren.

Die Blütenblätter aus weißer Schokolade zubereiten: Die Schokolade im Wasserbad schmelzen. Mit einem kleinen Löffel auf eine Silikonunterlage 24 Kreise von etwa 3 cm Durchmesser streichen. Im Kühlschrank fest werden lassen.

Die Mini-Frühlingsrollen zubereiten: Minze und Schnittlauch verlesen, die Minzeblätter abzupfen. Die Reispapierblätter kurz in lauwarmes Wasser legen, bis sie weich sind. Die Blätter flach auslegen und vierteln. Auf jedes Stück ein kleines Salatblatt und ein Bündel aus Schnittlauch und Minze legen. Aufrollen und in den Kühlschrank stellen. Kurz vor dem Servieren die Enden glatt schneiden, die Rollen mit einem Spritzer Haselnussöl beträufeln und mit etwas Fleur de sel bestreuen.

Die Wassertropfen für die Dekoration fertigstellen: Die Luftballons aus dem Gefrierschrank nehmen. Vorsichtig aufschneiden und entfernen. Die Eistropfen an der Seite mit einer sehr heißen Nadel einstechen, das noch nicht gefrorene Wasser aus dem Inneren abgießen und die Öffnung mit einem Flambierbrenner vergrößern. Bis zum Anrichten wieder in den Gefrierschrank stellen.

Den Thunfisch zusammensetzen: Auf jeden Thunfischwürfel ein Blatt aus weißer Schokolade legen und mit einem Tupfer Wasabi-Senf dekorieren.

Die Ingwerbouillon zubereiten: Den Ingwer 15 Minuten in der kochenden Geflügelbrühe ziehen lassen und warm halten.

Anrichten: Jeden Eistropfen zur Stabilisierung auf eine Schicht Crushed Ice setzen. Innen in den Tropfen ein Nest aus gewürzten Gemüsespänen anrichten, anschließend drei Mini-Frühlingsrollen und drei Thunfischwürfel darauf verteilen und mit Blüten und frischen Kräutern dekorieren. Einige Würfel Trockeneis auf dem Crushed Ice verteilen und diese mit etwas warmer Ingwerbouillon beträufeln, damit sich ein Nebel bildet.

Schwierigkeitsgrad 3
Kalte Vorspeise

Taschenkrebs
HALB VERBORGEN

FÜR 10 PERSONEN

ZUBEREITUNG: 1 STD. 15 MIN. · KÜHLZEIT: 2 STD. 20 MIN. · RÄUCHERN: 1 STD. · GARZEIT: 6 MIN.

Für die Taschenkrebs-Farce
10 gegarte Taschenkrebsscheren
250 g Mayonnaise (s. S. 31)
5 g Taggiasca-Oliven
5 g Kapern
1 EL Sherryessig
Salz und Pfeffer aus der Mühle

Für die Avocadocreme
2 Hass-Avocados
Saft von ½ Zitrone
1 Msp. Ascorbinsäure
1 Msp. Piment d'Espelette
4 EL Olivenöl
Salz

Für das Tomatengelee
3 Blatt Gelatine
1 kg Tomaten
1 Msp. Safranpulver

Für die Lochscheiben
10 Blätter Brickteig
geklärte Butter (s. S. 56)
Puderzucker

Für die Tapenade
100 g schwarze Oliven
1 EL Olivenöl
4 Sardellenfilets

Für den geräucherten Quark
50 g Speisequark

Die Taschenkrebs-Farce zubereiten: Aus den Scheren das Fleisch herauslösen. Die Mayonnaise zubereiten. Die Oliven und die abgetropften Kapern fein hacken. Mit dem Taschenkrebsfleisch vermischen, nach und nach die Mayonnaise unterziehen. Den Sherryessig zugeben und würzen. Beiseitestellen.

Die Avocadocreme zubereiten: Das Avocado-Fruchtfleisch mit Zitronensaft, Ascorbinsäure, Piment d'Espelette und etwas Salz im Mixer pürieren, dabei nach und nach das Olivenöl zugeben. Die Masse auf dem Boden von zehn tiefen Tellern verteilen (etwa 30 g pro Teller) und die Teller für 20 Minuten in den Kühlschrank stellen. Dann jeweils 50 g Taschenkrebs-Farce auf der Avocadocreme verstreichen und die Teller zurück in den Kühlschrank stellen.

Das Tomatengelee zubereiten: Die Gelatine in kaltem Wasser einweichen. Inzwischen die Tomaten auspressen. Nur das Wasser auffangen und durch ein feines Sieb gießen. Anschließend den Safran zugeben. Etwa die Hälfte des Tomatenwassers erhitzen und die ausgedrückte Gelatine darin auflösen, anschließend mit dem restlichen Tomatenwasser mischen. Für ein paar Minuten in den Kühlschrank stellen, dann in jeden Teller 5 mm hoch Tomatengelee gießen. 2 Stunden im Kühlschrank fest werden lassen.

Die Lochscheiben zubereiten: Den Backofen auf 170 °C vorheizen. Die Brickteigblätter in der Mitte durchschneiden, mit geklärter Butter einpinseln, mit Puderzucker bestreuen (**1, 2**) zusammenklappen und noch einmal mit Butter bestreichen und mit Puderzucker bestreuen. Aus dem Teig Scheiben im Durchmesser der Servierteller ausschneiden (**3**). Mit einem Ausstecher unterschiedlich große Löcher aus den Blättern stechen. Zwischen zwei Lagen Backpapier und mit einem Blech beschwert 6 Minuten backen.

Die Tapenade zubereiten: Die Oliven mit dem Öl und den Sardellen im Mixer glatt pürieren, dann in eine Pipette füllen.

Den geräucherten Quark zubereiten: Den Quark 1 Stunde räuchern, würzen und in eine Pipette füllen.

Anrichten: Das Tomatengelee mithilfe einer Pipette mit kleinen Tupfen von Quark und Tapenade verzieren. Eine Scheibe Brickteig darüberlegen und ebenfalls mit Quark- und Tapenadetupfen verzieren.

Schwierigkeitsgrad 3
Kalte Vorspeise

Tintenfisch
NACH ART EINER SÉTOISE

FÜR 10 PERSONEN

Für die Tintenfischpaste
500 g Tintenfischfilet
250 ml flüssige Sahne
Erdnussöl

Für die Sétoise-Füllung
500 g Tintenfischfilet
200 g Schalotten
200 g Selleriestangen
20 g Butter
50 ml Cognac
200 ml Weißwein
1 l Tomaten-Concassé (s. S. 460)
Cayennepfeffer
50 ml Sherryessig
6 Blatt Gelatine

Zum Anrichten
100 g Rouille
100 g schwarz gefärbtes Toastbrot
100 g Kirschtomaten
1 unbehandelte Orange
Estragon
100 g blanchierte Edamame
Kapern

ZUBEREITUNG: 1 STD. 15 MIN. - GARZEIT: 20 MIN.

Die Tintenfischpaste zubereiten: Die Tintenfischfilets abspülen, mit der Sahne im Mixer fein pürieren und durch ein Sieb passieren. Zwischen zwei Lagen leicht eingeölter Folie 2 mm dick ausrollen (**1**). Im Dampfgarer bei 90 °C 4 Minuten garen, anschließend in den Kühlschrank stellen.

Die Sétoise-Füllung zubereiten: Die Tintenfischfilets in Streifen schneiden. Die Schalotten abziehen, den Sellerie putzen, beides fein würfeln. In einer Pfanne in der Butter anschwitzen und den Tintenfisch zugeben. Das Ganze mit dem Cognac flambieren, mit Weißwein ablöschen, dann das Tomaten-Concassé und den Cayennepfeffer unterrühren. 5 Minuten kochen lassen, dann vom Herd nehmen. 100 ml der Masse entnehmen, pürieren, den Essig zugeben und in eine Pipette aufziehen. Die Gelatineblätter 10 Minuten in einer Schüssel mit kaltem Wasser einweichen, ausdrücken und in der restliche Sétoise-Masse auflösen. Die Masse abschmecken, in zehn Portionen teilen und in Frischhaltefolie zu dünnen Rollen formen (**2**). Im Gefrierfach fest werden lassen.

Inzwischen aus der Tintenfischpaste Rechtecke von 7 × 12 cm schneiden. Auf jedes Rechteck eine Sétoise-Rolle legen und aufrollen (**3**).

Die Elemente zum Anrichten zubereiten: Die Rouille in eine Pipette aufziehen. Den Backofen auf 180 °C vorheizen. Aus dem schwarzen Brot 2,5 cm große Scheiben schneiden, in der Mitte ein 1 cm großes Loch ausstechen. Die Brotscheiben auf einem mit Backpapier ausgelegten Blech verteilen, mit Backpapier abdecken und mit einem weiteren Backblech beschwert 6 Minuten backen, anschließend beiseitestellen.

Die Kirschtomaten häuten und filetieren (s. S. 460). In den Kühlschrank stellen.

Von der Orange Zesten abziehen, in feine Streifen schneiden und dreimal blanchieren. Die Frucht anschließend bis zum Fruchtfleisch schälen, die Filets auslösen und jeweils in drei Teile schneiden. Beiseitestellen.

Anrichten: Jede Tintenfischrolle mit Rouille aus der Pipette dekorieren. Auf jedem Teller eine Tintenfischrolle mit ein paar schwarzen Croûtons, Kirschtomatenfilets, Orangenstückchen, Edamame und Kapern anrichten. Mit Rouille-Tupfen und Tupfen von der Sétoise-Sauce aus der Pipette dekorieren. Auf die Tomatenfilets einen Streifen Orangenzeste geben, auf die Orangenstücke die Estragonblätter.

Schwierigkeitsgrad 1
Warme Vorspeise

Rührei mit Trüffel,
BLÄTTERTEIGSTANGEN MIT PIMENT D'ESPELETTE UND COMTÉ

FÜR 8 PERSONEN

ZUBEREITUNG: 35 MIN. - GARZEIT: 45 MIN.

Für die Zwiebelsahne
1 Zwiebel, fein gewürfelt
100 g Butter
100 ml flüssige Sahne

Für die Blätterteigstangen
½ Rezeptmenge Blätterteig (s. S. 102)
1 Ei, verquirlt
1 Msp. Piment d'Espelette
60 g Comté, gerieben

Für die Rühreier
250 g frische Trüffel
24 Eier
20 ml Erdnussöl
100 ml flüssige Sahne
Fleur de sel
Pfeffer aus der Mühle

Zum Anrichten
1 Bund Kerbel

Die Zwiebelsahne zubereiten: Den Backofen auf 160 °C vorheizen. Die Zwiebel in 30 g Butter in einem kleinen Topf leicht anschwitzen. Die Hälfte der Sahne zugießen, salzen, pfeffern und zugedeckt für 30 Minuten in den Backofen stellen. Anschließend beiseitestellen.

Die Blätterteigstangen zubereiten: Die Backofentemperatur auf 180 °C erhöhen. Den Blätterteig mit dem verquirlten Ei bestreichen, damit er beim Backen goldgelb wird, mit Piment d'Espelette und dem Käse bestreuen. Aus dem Teig Streifen schneiden und diese in sich verdrehen. Die Stangen 8 Minuten backen.

Die Rühreier zubereiten: Die Hälfte der Trüffel in kleine Würfel schneiden, die andere Hälfte in Stifte.

Die Eier aufschlagen, mit einem Schneebesen verquirlen, salzen und pfeffern. In einem Topf das Öl leicht erwärmen, die Eier hineingießen und unter ständigem Rühren 3–4 Minuten garen, bis sie eine cremige Konsistenz haben. Um den Garvorgang zu beenden, die Eier in eine Schüssel umfüllen. 70 g Butterflöckchen, die restliche flüssige Sahne und die Trüffelwürfel zugeben. Abschmecken.

Anrichten: Einen Esslöffel Zwiebelsahne auf jedem Teller verteilen, darauf das Trüffelrührei anrichten. Mit Trüffelstiften und Kerbelblättchen garnieren. Eine Blätterteigstange auf den Tellerrand legen.

Schwierigkeitsgrad 1
Warme Vorspeise

Warme Pastetchen
MIT KALBSBRIES, DAZU PORTWEINSAUCE

FÜR 8 PERSONEN

ZUBEREITUNG: 50 MIN. - WÄSSERN: 12 STD. - GARZEIT: 1 STD. 15 MIN.

Für die Farce
300 g Kalbsbries
Salz
1 Schalotte, geviertelt
1 Kräutersträußchen
50 g Butter
250 g Geflügelfleisch
250 g Schweinenacken
250 g Rückenspeck
2 Eier
100 ml Weißwein
30 ml Cognac
1 Schalotte, fein gehackt
50 ml Pfeffersauce (s. S. 64)

Für den Teig
1 Rezeptmenge Blätterteig (s. S. 102)
1 Ei, verquirlt

Für die Portweinsauce
500 ml Portwein
1 Schalotte, fein gewürfelt
100 ml Pfeffersauce (s. S. 64)
30 g Butter

Zum Anrichten
150 g kleine Morcheln
1 Bund Schnittlauch

Das Bries vorbereiten: Am Vortag das Kalbsbries in reichlich Eiswasser legen. Am Tag selbst das Kalbsbries blanchieren, um es von allen Unreinheiten zu befreien: In einen Topf mit kaltem Wasser legen und aufkochen. Abschäumen, abtropfen lassen und mit kaltem Wasser abspülen. Anschließend in einen Topf legen und mit Salzwasser aufgießen, bis es bedeckt ist. Die geviertelte Schalotte und das Kräutersträußchen zugeben und alles 8 Minuten köcheln lassen. Danach das Bries abtropfen lassen. Die Hälfte in 1 cm große Stücke schneiden und in einer Pfanne in Butter anbraten.

Die Farce zubereiten: Geflügelfleisch, Schweinenacken und Speck durch den Fleischwolf drehen. Vorsichtig mit den Eiern, dem Weißwein, dem Cognac, der gehackten Schalotte und den angebratenen Kalbsbrieswürfeln mischen. 50 ml Pfeffersauce dazugießen. Zum Schluss aus jeweils etwa 120 g dieser Farce Halbkugeln formen.

Die Pasteten zusammensetzen: Den Blätterteig ausrollen und mit runden Ausstechern acht Scheiben mit 12 cm Durchmesser für den Pastetenboden ausschneiden und acht Scheiben mit 15 cm Durchmesser für die Oberseite. Die Ränder dieser Scheiben mit dem verquirlten Ei bestreichen, dann in die Mitte jedes Pastetenbodens eine Portion der Farce setzen. Mit einer größeren Scheibe abdecken, die Ränder zusammendrücken und wieder mit verquirltem Ei bestreichen. Oben in die Mitte ein kleines Loch bohren. Nach Wunsch mit einem spitzen Werkzeug Muster in den Teig ritzen. Die Pasteten für 15–20 Minuten in den Kühlschrank stellen. Den Backofen auf 180 °C vorheizen.

Die Portweinsauce zubereiten: Den Portwein mit der Schalotte reduzieren, bis eine sirupartige Konsistenz erreicht ist, die Pfeffersauce zugießen, mit der Butter aufschlagen und zum Schluss durch ein Sieb passieren. Die Sauce warm halten.

Die Pasteten aus dem Kühlschrank nehmen und erneut mit verquirltem Ei bestreichen. 25 Minuten backen.

Inzwischen das übrige Kalbsbries anbräunen, anschließend die Morcheln in Butter anbraten.

Anrichten: Sobald die Pasteten fertig gebacken sind, jeweils eine Pastete in die Mitte eines Tellers setzen und dekorativ umranden, abwechselnd mit Tupfen der Portweinsauce, Morcheln und gebratenen Kalbsbrieswürfeln. Mit Schnittlauch garnieren.

Schwierigkeitsgrad 1
Warme Vorspeise

Kleine Tintenfische,
GEFÜLLT MIT MINI-RATATOUILLE UND CHORIZO, JUS MIT OLIVENÖL

FÜR 8 PERSONEN

16 Tintenfische à 12 cm
Olivenöl

Für die Ratatouille
200 g Auberginen
200 g Zucchini
200 g rote und grüne Paprikaschoten
100 g Zwiebeln
50 ml Olivenöl
150 g Tomaten-Concassé (s. S. 460)
1 Kräutersträußchen
20 g Knoblauch, gehackt
100 g Chorizo
1 Msp. Piment d'Espelette
Salz und Pfeffer aus der Mühle

Für die Schinkenchips
2 große Scheiben luftgetrockneter Schinken

Zum Anrichten
Crema di balsamico
½ Bund Basilikum
essbare Blüten

ZUBEREITUNG: 1 STD. 15 MIN. - GARZEIT: 30–35 MIN.

Den Tintenfisch vorbereiten (s. S. 362). Die Tentakel beiseitestellen, die Flossen in 3 mm große Würfel schneiden.

Die Ratatouille zubereiten: Auberginen und Zucchini putzen, Paprika schälen, Zwiebeln abziehen, alles in 3 mm große Würfel schneiden. In Olivenöl anbraten, salzen und pfeffern, dann abtropfen lassen. Mit dem Tomaten-Concassé, einem Kräutersträußchen und dem gehackten Knoblauch 20 Minuten köcheln lassen. Zum Abtropfen in ein Sieb geben, die Jus auffangen.

Die Chorizo in 3 mm große Würfel schneiden, in einer Pfanne sehr kurz anbraten, dann zur Ratatouille geben. Die Tintenfischflossen einige Sekunden in etwas Olivenöl anbraten und ebenfalls zur Ratatouille geben.

Die Schinkenchips zubereiten: Den Backofen auf 90 °C vorheizen. Die Schinkenscheiben auf ein mit Backpapier bedecktes Blech legen, mit Backpapier abgedeckt und einem weiteren Blech beschwert 10 Minuten im Ofen trocknen. Eine Scheibe in kleine Dreiecke schneiden, den restlichen Schinken fein zerbröseln.

Den Tintenfisch zubereiten: Den Backofen auf 140 °C vorheizen. Die Tintenfische mit der Hälfte der Ratatouille füllen und in einer Pfanne in Olivenöl vorsichtig einige Minuten fest werden lassen, anschließend für 8 Minuten in den Backofen schieben. Die Tentakel in der Pfanne einige Sekunden anbraten.

Anrichten: Die Ratatouille-Jus mit etwas Piment d'Espelette würzen und mit etwas Olivenöl aufschlagen.

Tintenfisch, Ratatouille und die angebratenen Tentakel auf den Tellern anrichten. Schinkendreiecke auf den Tintenfischen verteilen und mit den Schinkenbröseln eine Linie ziehen.

Mit einigen Tupfen Ratatouille-Jus, Crema di balsamico sowie kleinen Basilikumblättern und essbaren Blüten garnieren.

Schwierigkeitsgrad 1
Warme Vorspeise

Brunnenkressesuppe
POCHIERTES EI, BROTSTÄBCHEN UND LACHSWÜRFEL

FÜR 8 PERSONEN

Für die Suppe
2 Bund Brunnenkresse
1 gelbe Zwiebel
50 g Butter
40 g Mehl
1 l heller Geflügelfond (s. S. 66)
500 ml flüssige Sahne
Pfeffer aus der Mühle
Fleur de sel

Für die pochierten Eier
1 EL Branntweinessig
8 Eier

Für die Brotstäbchen
6 Scheiben Toastbrot
50 g Butter

Zum Anrichten
200 g Räucherlachs, gewürfelt
Parmesanspäne
1 Bund Brunnenkresse

ZUBEREITUNG: 45 MIN. - GARZEIT: 30 MIN.

Die Suppe zubereiten: Die Brunnenkresse waschen, dicke Stiele entfernen. Die Zwiebel abziehen und fein würfeln, 3–4 Minuten in der Butter anschwitzen. Die Brunnenkresse dazugeben und alles weitere 5 Minuten anschwitzen. Mit Mehl bestauben und mit dem Geflügelfond aufgießen. Zum Kochen bringen und die Sahne dazugießen. 10 Minuten bei niedriger Temperatur köcheln lassen, dann fein pürieren und durch ein Sieb passieren. Abschmecken.

Die pochierten Eier zubereiten: In einen Topf mit siedendem Salzwasser den Branntweinessig gießen, gut umrühren und nach und nach die Eier hineingeben. 3 Minuten pochieren (s. S. 132), vorsichtig abtropfen lassen und in Eiswasser geben, um den Garvorgang zu beenden.

Die Brotstäbchen zubereiten: Das Brot entrinden, in Streifen schneiden und in einer Pfanne in der Butter leicht anbräunen.

Anrichten: Die heiße Suppe in tiefe Teller schöpfen. Jeweils ein zuvor aufgewärmtes pochiertes Ei hineinlegen und mit Fleur de sel bestreuen. Räucherlachswürfel und Parmesanspäne darauf anrichten und mit Brunnenkresseblättern garnieren. Auf den Tellerrand Brotstäbchen legen.

Schwierigkeitsgrad 2
Warme Vorspeise

Flüssige Quiche Lorraine

FÜR 8 PERSONEN

ZUBEREITUNG: 1 STD. - ZIEHZEIT: 30 MIN. - GARZEIT: 20 MIN.

Für den Parmesan-Mürbeteig
150 g Parmesan, gerieben
240 g weiche Butter
300 g Mehl

Für das Sabayon
100 g Räucherspeck, gewürfelt
8 Eigelb
300 ml flüssige lauwarme Sahne
100 g Emmentaler, gerieben

Für die Schweinebauch-Chips
1 dicke Scheibe gepökelter Schweinebauch

Zum Anrichten
Emmentaler
1 Bund Thymian

Den Parmesan-Mürbeteig zubereiten: Den Backofen auf 140 °C vorheizen. Den Parmesan mit der Butter verrühren, dann das Mehl untermischen. Den Teig zwischen zwei Bögen Backpapier 2 mm dick ausrollen. Für 10 Minuten ins Gefrierfach stellen. Aus diesem gekühlten Teig acht Scheiben in dem Durchmesser ausschneiden, den die Mulde der tiefen Servierteller hat. In der Mitte jeder Scheibe mit einem Ausstecher ein rundes Loch ausstechen. Die Scheiben auf eine Silikonbackmatte legen und auftauen lassen. Anschließend 16 Minuten backen.

Das Sabayon zubereiten: Die Speckwürfel ohne Fettzugabe in einer beschichteten Pfanne auslassen und auf Küchenpapier abtropfen lassen. Das Eigelb mit 60 ml Wasser in einer Schüssel auf einem heißen Wasserbad schaumig aufschlagen. Die Schüssel vom Wasserbad nehmen, die Sahne hineingießen, dann die Speckwürfel und den Käse dazugeben. Mit Frischhaltefolie abdecken und in einem Wasserbad bei 65 °C 30 Minuten ziehen lassen. Durch ein Sieb gießen und in einem Wasserbad warm halten.

Die Schweinebauch-Chips zubereiten: Den Schweinebauch mit der Aufschnittmaschine in 40 dünne Scheibchen schneiden. Auf einem mit Backpapier ausgelegten Blech verteilen, mit Backpapier abdecken und mit einem weiteren Blech beschweren. Im Ofen 10 Minuten bei 90 °C backen.

Anrichten: Eine Mürbeteigscheibe auf jeden tiefen Teller legen. Anschließend Schweinebauch-Chips, fünf Emmentaler-Dreiecke und die Thymianspitzen auf dem Tellerrand dekorativ anrichten. Bei Tisch das Sabayon duch die Öffnung in der Mitte des Mürbeteigs gießen. Um die Vorspeise zu genießen, die Teigscheibe zerbrechen und die Garnitur vom Rand in den Teller schieben.

Schwierigkeitsgrad 2
Warme Vorspeise

Gebratene Foie gras
UND TOPINAMBURPÜREE

FÜR 8 PERSONEN

ZUBEREITUNG: 45 MIN. - GARZEIT: 3 STD. 30 MIN.

Für das Topinamburpüree und die Chips
1 kg Topinambur
50 g Butter, geklärt (s. S. 56)
100 ml heller Geflügelfond (s. S. 66)
7 g Salz
100 ml flüssige Sahne
50 g Butter
Salz und Pfeffer aus der Mühle

Für das Püree aus gegrillten Kartoffeln
1 kg Kartoffeln (Sorte Bintje)
150 g geklärte Butter (s. S. 56)
7 g Salz
200 ml lauwarme Milch

Für die Haselnuss-Streusel
70 g geröstete Haselnüsse
300 g Butter
200 g Mehl
Salz

Für die Foie gras
400 g rohe Gänsestopfleber
50 g Puderzucker

Für das geröstete Mehl
50 g Mehl

Zum Anrichten
100 g kleine gebratene Pfifferlinge
Roter Mangold, Rucola, Estragon, Babyspinat

Das Topinamburpüree zubereiten: Den Dampfgarer auf 90 °C vorheizen. Die Topinambur ungeschält im Ganzen zusammen mit der Butter, dem Fond und dem Salz vakuumieren. Für 2 Stunden und 30 Minuten in den Dampfgarer geben. Herausnehmen, die Topinambur halbieren, das Fruchtfleisch auslösen, die Schalen beiseitestellen. Die Sahne erhitzen, mit dem Fruchtfleisch mischen, zum Schluss die Butter unterrühren.

Die Topinamburchips zubereiten: Den Backofen auf 90 °C vorheizen. Die Topinamburschalen flach auf ein mit Backpapier ausgelegtes Backblech legen, mit einem zweiten Bogen Backpapier abdecken und mit einem weiteren Blech beschwert für etwa 1 Stunde in den Ofen schieben. Am Ende der Garzeit würzen.

Das Püree aus gegrillten Kartoffeln zubereiten: Die Kartoffeln schälen und in 1 cm dicke Streifen schneiden. Auf dem Grill von jeder Seite ein Rautenmuster einbrennen, dann die Kartoffelscheiben zusammen mit der Butter und dem Salz vakuumieren. Für 2 Stunden und 30 Minuten in den auf 90 °C vorgeheizten Dampfgarer geben. Nach dem Herausnehmen 10 Minuten ruhen lassen, anschließend den Beutel öffnen und den Inhalt gut mischen, die Milch zugießen und alles zu einem glatten Püree verarbeiten.

Die Haselnuss-Streusel zubereiten: Die Backofentemperatur auf 180 °C erhöhen. Die Haselnüsse hacken, mit Butter, Mehl und Salz mischen. Die Masse 1 cm dick ausrollen und auf einem mit Backpapier ausgelegten Blech 12 Minuten backen. Nach dem Abkühlen zerbröseln.

Die Foie gras zubereiten: Die Gänsestopfleber in kleine Würfel schneiden. Diese in Puderzucker wälzen, in einer heißen Pfanne braten und salzen. Beim Braten mehrmals wenden und mit dem Bratfett begießen.

Das Mehl rösten: Das Mehl auf ein mit Backpapier ausgelegtes Backblech streuen und bei 180 °C im Ofen 20 Minuten hell anrösten.

Anrichten: Alle Elemente wenige Zentimeter vom Tellerrand entfernt in einem Kreis anrichten. Das Topinamburpüree in kleinen Tupfen, das Kartoffelpüree in kleinen Klößchen dazwischensetzen. Den Teller mit dem gerösteten Mehl bestauben.

Schwierigkeitsgrad 3
Warme Vorspeise

Ei-Illusion

FÜR 8 PERSONEN

ZUBEREITUNG: 1 STD. - ZIEHZEIT: 15 MIN. - GARZEIT: 20 MIN.

Für die panierten Eierschalen
600 g Schneckenbutter (s. S. 538)
50 g Mehl
2 Eier
100 g Semmelbrösel
Pflanzenöl zum Frittieren

Für das grüne Parmesanpulver
100 g Spinat
200 g Parmesan

Für die Eiweiß-Cannelloni
1 Knoblauchzehe
1 Bund Petersilie
8 Eiweiß
20 g Butter, geklärt (s. S. 56)
Salz und Pfeffer aus der Mühle

Für das pochierte Eigelb
8 Eigelb
1 TL Trüffelöl
15 ml Essig

Für die Savonnette-Kartoffeln
8 Kartoffeln (Sorte Charlotte)
20 g geklärte Butter (s. S. 56)
150 ml heller Fond (s. S. 66)

Für die Pfifferlinge
300 g kleine Pfifferlinge
100 g Schneckenbutter (s. S. 538)

Für den Pfefferschaum
250 ml Milch
Salz
2 g weißer Malabar-Pfeffer

Zum Anrichten
Kerbelblättchen
16 essbare Blüten (Gänseblümchen)

Die Eierschalen zubereiten: Die Schneckenbutter in acht Portionen à etwa 70 g teilen und zu Eiern formen. Zweimal panieren (s. S. 328) und bei 175 °C frittieren. Auf Küchenpapier abtropfen lassen. Mit einem sehr scharfen kleinen Messer in jedes Ei eine kleine runde Öffnung schneiden und das Ei aushöhlen, sodass nur eine 5 mm dicke Schale zurückbleibt.

Das grüne Parmesanpulver zubereiten: Den Spinat in Salzwasser garen (s. S. 469), dann abkühlen lassen. Die Blätter ausdrücken und durch ein feines Sieb passieren, und nur das Chlorophyll (den grünen Saft) auffangen. Den Parmesan auf einer Microplane®-Reibe reiben und mit dem Chlorophyll zu einer grünen Paste verarbeiten. Mit Hilfe von Frischhaltefolie zu einer kleinen Rolle formen und ins Gefrierfach legen, damit sie schnell fest wird. Vor dem Servieren erneut auf der Microplane®-Reibe zu einem sehr feinen Pulver verarbeiten. Kalt stellen.

Die Eiweiß-Cannelloni zubereiten: Die Knoblauchzehe abziehen und in feine Scheiben schneiden, die Petersilie fein hacken. Das Eiweiß mixen und würzen. In geklärter Butter mit dem Knoblauch und der Petersilie zu einem sehr dünnen Omelett braten. Das fertige Omelett so aufrollen, dass die weiße Seite sichtbar ist, die Enden gerade schneiden.

Das pochierte Eigelb zubereiten: Jedes Eigelb 2 Minuten vorsichtig in mit Trüffelöl aromatisiertem Essigwasser pochieren.

Die Savonnette-Kartoffeln zubereiten: Die Kartoffeln schälen und zu abgeflachten Kugeln zurechtschneiden. In einem Schmortopf die geklärte Butter erhitzen. Die Kartoffeln darin 2 Minuten auf jeder Seite anbraten. Den Fond angießen, mit Salz und Pfeffer würzen und die Kartoffeln im Ofen bei 180 °C 20 Minuten garen. Der Fond dickt dabei ein und überzieht die Kartoffeln.

Die Pfifferlinge zubereiten: Die Pfifferlinge putzen und in der Schneckenbutter 6–8 Minuten braten, bis sie knackig und glänzend sind.

Den Pfefferschaum zubereiten: Die Milch leicht erwärmen, anschließend mit einer Prise Salz und dem Pfeffer 15 Minuten ziehen lassen. Mit einem Stabmixer kurz vor dem Servieren schaumig aufmixen.

Anrichten: Die Savonnette-Kartoffeln mit einem Kugelausstecher leicht aushöhlen und auf die Teller verteilen, die ausgehöhlte Seite nach oben. Jeweils eine Eierschale mit Pfifferlingen und Kerbel garnieren und hineinsetzen. Ein Eiweiß-Cannelloni, ein pochiertes Eigelb und grünes Parmesanpulver nach Belieben anrichten und die Teller zum Schluss mit den restlichen Pfifferlingen, Pfefferschaum und Blüten garnieren.

Froschschenkel
IM GRÜNEN MIT KNOBLAUCH UND PETERSILIE

Schwierigkeitsgrad 3
Warme Vorspeise

FÜR 10 PERSONEN

ZUBEREITUNG: 1 STD. 30 MIN. · TIEFKÜHLEN: 2 STD.
GARZEIT: 2 STD. 15 MIN.

Für die Froschschenkel
30 große Frosch-Hinterhälften
2 EL Butter + 300 g weiche Butter
2 Knoblauchzehen
45 g Petersilienblätter
Saft von 1 Zitrone
½ Sternanis
Salz und Pfeffer aus der Mühle

Für die Panade
200 g Toastbrot
1 Bund glatte Petersilie
Mehl
3 Eier
3 l Erdnussöl

Für die Spinat-Coulis
100 g Spinat
25 g glatte Petersilie
100 ml heller Geflügelfond (s. S. 66)
50 g Nussbutter (s. S. 57)

Für die Knoblauchsahne
2 Knoblauchknollen
200 ml Milch
100 ml flüssige Sahne

Für die Gemüsewürfelchen
je 200 g Karotten, Knollensellerie und Zucchini
50 g Butter
1 Sternanis

Für die Garnitur
300 g Spinat
60 ml Olivenöl
3 g Salz
1 Knoblauchzehe, zerdrückt
50 g Butter

Die Froschschenkel vorbereiten: Die Froschschenkel von der Wirbelsäule abtrennen, die Unterschenkel abschneiden und auslösen (**1–4**). Die Oberschenkel beiseitestellen. 1 EL Butter mit einer zerdrücken Knoblauchzehe in einer Pfanne aufschäumen und die Unterschenkel darin anbraten, sie sollen aber keine Farbe annehmen. Die ausgelösten angebratenen Unterschenkel in den Kühlschrank stellen. Die zweite Knoblauchzehe und die Petersilie fein hacken. In der Küchenmaschine Petersilie und Knoblauch mit dem Zitronensaft pürieren (**5**) und nach und nach die weiche Butter dazugeben. Wenn die Masse homogen ist, mit geriebenem Sternanis, Salz und Pfeffer würzen.

Mit der Petersilienbutter 20 Halbkugelformen aus Silikon mit 3 cm Durchmesser ausstreichen, mit den Unterschenkeln garnieren und mit der restlichen Petersilienbutter auffüllen (**6, 7**). Im Gefrierfach etwa 2 Stunden fest werden lassen.

Die Garnitur vorbereiten: Den Spinat von den Stielen befreien, mit Olivenöl, Knoblauch und Salz vakuumieren. Er dient später als Garnitur.

Die Gemüsewürfelchen zubereiten: Karotten und Knollensellerie schälen, dann alle Gemüse in kleine Würfelchen schneiden und getrennt 2 Minuten blanchieren. In Eiswasser abschrecken, abtropfen lassen, dann in Butter mit Sternanis, Salz und Pfeffer schwenken.

Die Spinat-Coulis zubereiten: Spinat und Petersilie von den Stielen befreien und blanchieren. Mit dem Geflügelfond im Mixer pürieren, dabei nach und nach die Nussbutter dazugeben. Würzen und beiseitestellen.

Die Knoblauchsahne zubereiten: Den Knoblauch abziehen und drei Mal blanchieren. In einem Topf in der Milch bei niedriger Temperatur 20 Minuten garen. Abtropfen lassen und mit der Sahne im Mixer pürieren, bis die Konsistenz glatt und glänzend ist. Würzen.

Die Froschschenkel-Kugeln zusammensetzen: Die Silikonformen aus dem Gefrierfach nehmen und die Halbkugeln aus der Form lösen. Jeweils zwei Halbkugeln mit etwas Butter zu zehn gleichmäßig runden Kugeln zusammensetzen (**8**). Zurück ins Gefrierfach stellen.

Die Panade zubereiten: Den Backofen auf 80 °C vorheizen. Das Toastbrot entrinden, das Brot in Würfel schneiden und 2 Stunden im Ofen trocknen lassen. Das Brot im Mixer fein zerkleinern, die Petersilienblättchen dazugeben. Alles durch ein Sieb passieren.

Die Froschschenkel zubereiten: Die Kugeln in Mehl wälzen und drei Mal panieren (s. S. 328). Die Frosch-Oberschenkel mehlieren, in etwas Erdnussöl anbräunen und zum Schluss 1 EL Butter zugeben. Würzen. Das Erdnussöl auf 170 °C erhitzen und die Froschschenkel-Kugeln darin 4 Minuten frittieren.

Die Garnitur fertigstellen: In einem Topf bei niedriger Temperatur die Gemüsewürfel mit Butter erhitzen, mit Salz, Pfeffer und Sternanis abschmecken. In einer Pfanne den mit der zerdrückten Knoblauchzehe und Öl vakuumierten Spinat erwärmen.

Anrichten: Auf jedem Teller das Gemüse in einer Linie anrichten, eine Froschschenkel-Kugel auf ein Spinatbett setzen und sechs Frosch-Oberschenkel in gleichmäßigen Abständen dazugeben. Den restlichen Teller mit Spinat-Coulis und Knoblauchsahne dekorieren.

1  2  3  4

Schwierigkeitsgrad 3

Warme Vorspeise

Ravioli
MIT OCHSENSCHWANZ- UND HUMMERFÜLLUNG

FÜR 10 PERSONEN

500 g Nudelteig (s. S. 386)

Für die Hummerfüllung

1 kg Hummer
Olivenöl
200 ml reduzierte Krustentier-Bisque (Fertigprodukt)
200 ml flüssige Sahne
2 Blatt Gelatine

Für die Ochsenschwanzfüllung

200 g Zwiebeln
200 g Stangensellerie
200 g Karotten
300 g Lauch
einige Gewürznelken und Koriandersamen
2 Sternanis
schwarze Pfefferkörner
1 kg Ochsenschwanz
Olivenöl
1 Kräutersträußchen
150 g Schalotten
1 l Rotwein
150 ml Glace (s. S. 70)
300 g Butter
grobes graues Meersalz

Zum Klären der Brühe

je 100 g Karotten und Stangensellerie
200 g Tomaten
1 Eiweiß

Für die Garnitur

15 Mini-Karotten mit Grün
40 grüne Spargelköpfe
100 g Parmesan
Olivenöl

Zum Anrichten

10 konfierte Kirschtomaten

ZUBEREITUNG: 1 STD. - GARZEIT: 3 STD. 15 MIN.

Den Hummer garen: Die Schwänze der Hummer mit Küchengarn zusammenbinden, damit sie sich nicht krümmen, anschließend 1 Minute in kochendem Wasser pochieren. Die Hummer aus dem Wasser nehmen, die Köpfe abtrennen (für die Bisque verwenden), ebenso die Scheren. Die Scheren für weitere 4 Minuten ins kochende Wasser geben. Das Hummerfleisch auslösen.

Die ausgelösten Schwänze mit einem Schuss Olivenöl vakuumieren. Etwa 15 Minuten bei 56 °C garen, bis eine Kerntemperatur von 50 °C erreicht ist. Zum Beenden des Garvorgangs in kaltes Wasser tauchen, beiseitestellen.

Die Ochsenschwanzfüllung zubereiten: Die Zwiebeln ungeschält quer halbieren. Auf dem Plancha-Grill rösten. Den Stangensellerie, die Karotten und den Lauch ebenfalls halbieren.

Gewürznelken, Koriandersamen, Sternanis und Pfefferkörner in ein Gewürzsäckchen binden.

Den Ochsenschwanz würzen und in einer Pfanne in etwas Öl anbräunen. Anschließend in einen großen Topf geben und mit kaltem Wasser bedecken. Bei hoher Temperatur aufkochen, den Schaum abschöpfen. Zwiebeln, Sellerie, Karotten, Lauch, das Kräutersträußchen und das Gewürzsäckchen zugeben sowie etwas grobes graues Meersalz. Etwa 3 Stunden ohne Deckel sieden lassen, um eine klare, bernsteinfarbene Brühe zu erhalten. Mit einer Messerspitze den Garzustand des Fleisches prüfen: Es muss weich sein.

Die Schalotten abziehen, in dünne Scheiben schneiden und mit einem Spritzer Öl anschwitzen. Mit Rotwein ablöschen und reduzieren. Durch ein Sieb gießen, die Glace zugeben, reduzieren und nach und nach die Butter unterschlagen.

Die Ochsenschwanzbrühe durch ein Sieb gießen. Das Fleisch auslösen, zerkleinern und in die Schalottensauce geben. In Halbkugelformen aus Silikon füllen (3 cm Durchmesser) und in den Kühlschrank stellen.

Die Ochsenschwanzbrühe klären: Karotten, Stangensellerie und Tomaten fein hacken. Die Ochsenschwanzbrühe mit dem Gemüse und dem Eiweiß klären (s. s. 78). Dann reduzieren, bis eine klare, intensive Consommé entstanden ist.

Die Hummerfüllung zubereiten: Die Sahne und die zuvor in kaltem Wasser eingeweichte und ausgedrückte Gelatine unter die heiße Bisque rühren. Etwas abkühlen lassen, dann in einen Spritzbeutel füllen und in den Kühlschrank stellen.

Die Garnitur zubereiten: Für die Garnitur die Karotten schälen, das grüne Stielende dranlassen. Die Spargelköpfe zusammen mit den Karotten in Salzwasser garen. Vom Parmesan Späne abhobeln.

Die Ravioli zubereiten: Die Hälfte der Ravioli mit Ochsenschwanzfüllung (**1–3**) und die andere Hälfte mit Hummerfüllung und einem Stück Schere zurechtmachen (**4–9**). Beiseitestellen.

Anrichten: Die Hummerschwänze, Karotten und den Spargel in Olivenöl in einer Sauteuse erwärmen. Die Ravioli in kochendem Salzwasser 4 Minuten garen und alles auf Tellern anrichten. Die Consommé gesondert reichen.

1  **2**  **3**  **4**

581 - DIE REZEPTE DER LEHRER

Tournedos mit Rindermark und Rotweinsauce, Kräuterkartoffeln

Schwierigkeitsgrad 1
Fleisch - Rind

FÜR 8 PERSONEN

ZUBEREITUNG: 1 STD. - WÄSSERN: 12 STD. - GARZEIT: 1 STD. 40 MIN.

Für die Tournedos mit Rindermark
500 g Rindermark
1,6 kg Rinderfilet
2 EL Erdnussöl

Für die Rotweinsauce
1 Stange Sellerie
1 Karotte
1 gelbe Zwiebel
1 Schalotte
100 g Speckwürfel
1 Knoblauchzehe
1 l kräftiger Rotwein
500 ml dunkler Kalbsfond (s. S. 68)
1 Kräutersträußchen

Für die Kräuterkartoffeln
1,4 kg Kartoffeln
300 g weiche Butter
½ Bund glatte Petersilie, gehackt
1 Bund Schnittlauch, gehackt
Salz

Zum Anrichten
Kerbel
Fleur de sel und Pfeffer aus der Mühle

Am Vortag das Rindermark in eine Schüssel mit Eiswasser legen und das Wasser zwei- bis dreimal wechseln.

Die Rotweinsauce zubereiten: Den Sellerie putzen, die Karotte schälen, Zwiebel und Schalotte abziehen, alles in Würfel schneiden (Mirepoix, s. S. 440). In einem Schmortopf mit den Speckwürfeln und der Knoblauchzehe anschwitzen, mit Rotwein ablöschen. Um ein Viertel reduzieren, dann den Kalbsfond und das Kräutersträußchen zugeben. 30–45 Minuten ohne Deckel leicht köcheln lassen, dann die Sauce durch ein Sieb gießen und warm halten.

Die Kräuterkartoffeln zubereiten: Die Kartoffeln schälen und in Stücke schneiden. In kaltem Salzwasser aufkochen, 25 Minuten garen. Die Kartoffeln abtropfen lassen, dann mit einer Gabel zerdrücken und nach und nach Butter, Petersilie und Schnittlauch zugeben und vorsichtig unterrühren. Zugedeckt warm halten.

Die Tournedos mit Rindermark zubereiten: Das Rindermark abtropfen lassen, in einem Topf mit siedendem Salzwasser 12 Minuten garen. Auf Küchenpapier abtropfen lassen, dann in gleichmäßige, 1 cm dicke Scheiben schneiden.

Das Filet parieren und acht Tournedos à 150 g zuschneiden. Mit Küchengarn binden.

Die Tournedos in einer heißen Pfanne in einigen Tropfen Erdnussöl anbraten, dann von jeder Seite gut anbräunen.

Anrichten: Auf dem Teller die Kräuterkartoffeln in Klößchenform anrichten, daneben ein Tournedo und Rindermarkscheiben legen. Zum Schluss etwas Rotweinsauce angießen. Mit Kerbel, Fleur de sel und Pfeffer aus der Mühle bestreuen.

Schwierigkeitsgrad 1

Fleisch - Kalb

Kalbsmedaillons
IN MORCHELSAHNE

FÜR 8 PERSONEN

ZUBEREITUNG: 30 MIN. - EVTL. EINWEICHEN: 24 STD. - GARZEIT: 20 MIN.

Für die Morchelsahne
100 g getrocknete oder
800 g frische Morcheln
80 g Schalotten
100 ml Weißwein
150 ml dunkler Kalbsfond (s. S. 68)
300 ml flüssige Sahne

Für die Kalbsmedaillons
1,25 kg Kalbsfilet aus dem Mittelstück
20 ml Pflanzenöl
100 g Butter

Zum Anrichten
½ Bund Kerbel
24 Kirschtomaten an der Rispe, im Ofen gegart (s. S. 616)
Fleur de sel
Pfeffer aus der Mühle

Vorbereitung: Bei Verwendung getrockneter Morcheln diese über Nacht in Wasser bei Zimmertemperatur einweichen, dann abtropfen lassen. Drei Mal blanchieren, um Verunreinigungen zu entfernen, und wieder abtropfen lassen. Sie sind nun gebrauchsfertig.

Von frischen Morcheln das Stielende abschneiden, die Pilze mehrmals in reichlich Wasser waschen, dann abtropfen lassen.

Das Kalbsfilet parieren und aus dem Mittelstück acht Medaillons à 120 g schneiden. In den Kühlschrank stellen.

Die Morchelsahne zubereiten: Die Schalotten abziehen, fein würfeln und anschwitzen, ohne dass sie Farbe annehmen. Die Morcheln zugeben und 4–5 Minuten mit anschwitzen. Mit Weißwein ablöschen, die Hälfte der Flüssigkeit entnehmen, damit die Säure nicht zu intensiv wird, und den Kalbsfond zugießen. Aufkochen, die Sahne einrühren, salzen, pfeffern und leicht weiterköcheln lassen, bis eine cremige Konsistenz erreicht ist.

Die Kalbsmedaillons zubereiten: In einer Pfanne das Öl und die Butter erhitzen. Die Kalbsmedaillons darin von jeder Seite 4 Minuten braten, dabei immer wieder mit dem Bratfett begießen, damit das Fleisch nicht trocken wird.

Anrichten: Auf jedem Teller ein Kalbsmedaillon und eine Portion Morcheln anrichten. Jeweils eine besonders schöne Morchel auf jedes Medaillon legen und mit der heißen Sauce begießen, mit Kerbel garnieren. Die Kirschtomaten dazugeben und zum Schluss mit Fleur de sel und Pfeffer würzen.

Schwierigkeitsgrad 1
Fleisch - Lamm

Lammstelzen, NACH ART EINES NAVARINS GESCHMORT

FÜR 8 PERSONEN

ZUBEREITUNG: 35 MIN. - GARZEIT: 2 STD. 30 MIN.

Für die Lammstelzen
8 Lammstelzen
80 g Mehl
2 EL Erdnussöl
2 Schalotten
1 gelbe Zwiebel
1 Karotte
1 Kräutersträußchen
150 ml Weißwein
1,5 l dunkler Kalbs-
oder Lammfond (s. S. 68)
Fleur de sel
Pfeffer aus der Mühle

Für das glasierte Gemüse
1 Bund Mini-Karotten
1 Bund junge Zwiebeln
1 Bund kleine Rübchen
80 g Butter
50 g Zucker
160 g ausgelöste Dicke Bohnen
Salz

Zum Anrichten
½ Bund Kerbel

Die Lammstelzen zubereiten: Den Backofen auf 160 °C vorheizen. Die Lammstelzen salzen, pfeffern und mehlieren. In einer Pfanne in Erdnussöl gleichmäßig anbräunen, dann herausnehmen.

Schalotten und Zwiebel abziehen, die Karotte schälen. Alles in Würfel schneiden (Mirepoix, s. S. 440) und in der Pfanne anschwitzen. Das Röstgemüse und die Lammstelzen anschließend zusammen mit dem Kräutersträußchen in einen Schmortopf geben und mit Weißwein ablöschen. Auf die Hälfte reduzieren, dann den Kalbsfond zugießen. Aufkochen, zudecken und für 2 bis 2,5 Stunden in den Backofen stellen.

Den Garzustand des Fleischs prüfen. Wenn die Lammstelzen zart sind, herausnehmen und die Sauce durch ein Sieb passieren. Das Fleisch wieder in die Sauce legen, damit es nicht trocken wird.

Das glasierte Gemüse zubereiten: Das Gemüse putzen und getrennt glasieren (s. S. 471): Mit etwas Butter, Zucker und Salz in einen Topf geben. Knapp mit Wasser bedecken und mit einem passend zurechtgeschnittenen Stück Backpapier abdecken. Bei mittlerer Temperatur garen, bis das Wasser verdampft ist und das Gemüse schön glänzt. Die Dicken Bohnen blanchieren und enthäuten.

Anrichten: Falls nötig, die Sauce reduzieren, damit sie eindickt. Auf jedem Teller eine Lammstelze und glasiertes Gemüse anrichten. Das Fleisch mit Sauce überziehen und mit Kerbel garnieren.

Lammfilet und Köfte

Schwierigkeitsgrad 3
Fleisch - Lamm

FÜR 8 PERSONEN

ZUBEREITUNG: 1 STD. 15 MIN. - MARINIEREN: 12 STD. - GARZEIT: 40 MIN.

Für die Kichererbsen
100 g gegarte Kichererbsen
50 g Honig
25 ml Sherryessig
25 ml heller Geflügelfond (s. S. 66)

Für das Lammfilet
2 Lammsättel à 1,2 kg
¼ Bund Koriandergrün
20 ml Zitronensaft
20 ml Olivenöl
200 g Schweinenetz
100 g Butter
3 Knoblauchzehen, zerdrückt

Für die Köfte
100 g Zwiebeln, fein gewürfelt
1 El Olivenöl
½ Bund Koriandergrün
1 Msp. Ras el-Hanout
50 g Mehl
2 Eier, verquirlt
100 g Semmelbrösel
Öl zum Frittieren
Salz und frisch gemahlener Pfeffer

Für die Piperade
je 3 gelbe und rote Paprikaschoten
Olivenöl
1 Zwiebel, fein gewürfelt
2 Knoblauchzehen, zerdrückt
1 Bund Thymian
50 g luftgetrockneter Schinken
200 g Tomaten-Concassé (s. S. 460)
geräuchertes Paprikapulver, Salz

Zum Anrichten
200 ml geräucherte Piquillo-Coulis
500 ml Lammjus (s. S. 72)
Fleur de sel

Am Vortag die Kichererbsen zubereiten: Die Haut von den Kichererbsen abstreifen. Den Honig erhitzen, mit Essig und Geflügelfond ablöschen. Die Kichererbsen mindestens über Nacht in der Marinade ziehen lassen.

Das Lammfleisch auslösen: Die Lammsättel entbeinen (s. S. 190), zunächst die kleinen Filets heraustrennen, dann die großen Rückenfilets auslösen und die Fettschicht sorgfältig entfernen (**1**). Das Koriandergrün mit dem Zitronensaft und dem Olivenöl im Mixer pürieren. Die großen Rückenfilets mit diesem Pesto einpinseln, anschließend in das Schweinenetz wickeln und mit Küchengarn binden (**2**). Kühl stellen.

Die Köfte zubereiten: Die Zwiebeln in Olivenöl anschwitzen und anschließend abkühlen lassen. Die Korianderblätter hacken. Die ausgelösten kleinen Lammfilets durch die feine Scheibe des Fleischwolfs drehen. Die Zwiebeln, Koriander und Ras el-Hanout zugeben, alles mischen und würzen. Aus der Masse Bällchen formen und für mindestens 30 Minuten in den Kühlschrank stellen. Die Bällchen in Mehl, Ei und Semmelbröseln panieren (s. S. 172), den Paniervorgang wiederholen.

Die Piperade zubereiten: Paprika häuten, mit etwas Olivenöl und Salz vakuumieren und bei 85 °C im Dampfgarer 20 Minuten garen. Kleine Formen oder Rahmen mit Frischhaltefolie auslegen. Die Paprika in 1 cm große Quadrate schneiden und den Boden der Förmchen damit auslegen, immer im Wechsel rot und gelb (**3**,**4**). Die Zwiebel mit dem Knoblauch, dem Olivenöl, dem Thymian, dem gewürfelten Schinken, den Paprikaabschnitten, dem Tomaten-Concassé und dem geräucherten Paprikapulver mischen. Vorsichtig zu Kompott kochen. Die Förmchen mit diesem Kompott auffüllen und für 10 Minuten in den auf 80 °C eingestellten Dampfgarer geben.

Die Lammfilets und die Köfte garen: In einer Sauteuse die Lammfilets in aufgeschäumter Butter mit den Knoblauchzehen 3 Minuten von jeder Seite rosa braten, dabei immer wieder mit dem Bratfett begießen. Die Köfte bei 170 °C im heißen Öl 5 Minuten frittieren.

Anrichten: Das Lammfleisch aufschneiden und alle Elemente sehr geometrisch auf den Tellern anrichten, mit Fleur de sel bestreuen. Mit einer Pipette mit der Piquillo-Coulis zwei Linien ziehen. Die erhitzte Lammjus separat reichen.

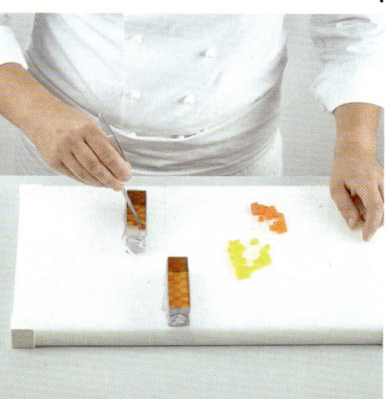

Schwierigkeitsgrad 3

Fleisch - Lamm

Lammkarree
MIT CURRY UND AUBERGINE

FÜR 10 PERSONEN

ZUBEREITUNG: 1 STD. - GARZEIT: 1 STD. 20 MIN.

Für das Lammkarree
3 Lammkarrees mit 8 Rippen
20 ml Olivenöl
40 g Butter
Salz und Pfeffer aus der Mühle

Für das Gebäck
125 g Toastbrot
175 g Butter
Saft von 2 Orangen
60 g gelbe Currypaste

Für die marinierten Mini-Auberginen
10 Mini-Auberginen
4 Knoblauchzehen, zerdrückt
300 g Honig
40 g Ingwer, gerieben
40 Kreuzkümmelsamen
1 Msp. Paprikapulver
150 ml Sherryssig

Für die Farce der Auberginenrollen
2 Auberginen
50 ml Olivenöl
2 Knoblauchzehen
einige Thymianstängel
10 konfierte Tomaten (s. S. 632)

Für die Auberginenrollen
2 Auberginen (Sorte Graffiti)
Saft von 1 Zitrone
100 ml Olivenöl

Zum Anrichten
250 ml Lammjus (s. S. 72)
10 konfierte junge Knoblauchzehen
Petersilienöl

Das Lammkarree zubereiten: Die Lammkarrees bratfertig vorbereiten (s. S. 186), die Knochen abdecken. In dem Öl anbräunen, dann abkühlen lassen und würzen. Vakuumieren und im Dampfgarer bei 59 °C garen, bis das Fleisch eine Kerntemperatur von 57 °C erreicht hat. Bei Zimmertemperatur ruhen lassen, dann in Eiswasser abkühlen, nicht auspacken.

Das Gebäck zubereiten: Das Toastbrot entrinden und im Mixer fein zerkleinern. Mit der Butter, dem auf die Hälfte reduzierten Orangensaft und der Currypaste mischen. Die Bröselmasse zwischen zwei Lagen Backpapier ausrollen und bis zum Anrichten ins Gefrierfach stellen.

Die marinierten Mini-Auberginen zubereiten: Die Auberginen der Länge nach halbieren und auf dem Grill ein Rautenmuster einbrennen. Vakuumieren und 1 Stunde bei 90 °C im Dampfgarer garen. Inzwischen in einem Topf den Knoblauch mit Honig, Ingwer, Kreuzkümmelsamen und Paprikapulver anschwitzen. Mit 150 ml Wasser und dem Essig ablöschen. Die Auberginen einige Minuten in der Marinade ziehen lassen.

Die Farce für die Auberginenrollen zubereiten: Den Backofen auf 160 °C vorheizen. Die Auberginen halbieren, das Fleisch mehrfach einschneiden, mit Olivenöl beträufeln, würzen und zusammen mit dem geschälten Knoblauch und dem Thymian in Alufolie wickeln. 20 Minuten im Ofen garen. Anschließend mit einem Löffel das Fruchtfleisch herauskratzen, mit dem gegarten Knoblauch und den konfierten Tomaten pürieren und nach und nach das Olivenöl unterschlagen. Alles durch ein Sieb passieren, würzen und in einem Spritzbeutel beiseitestellen.

Die Graffiti-Auberginen der Länge nach mit einem Gemüsehobel in 2 mm dicke Scheiben schneiden (**1**). Mit Zitronensaft und Olivenöl einpinseln. Vakuumieren und bei 90 °C im Dampfgarer 20 Minuten garen. Die Lammkarrees bei 57 °C aufwärmen, dann in aufgeschäumter Butter in der Pfanne 4 Minuten braten. Die Bröselmasse in Streifen schneiden, auf das Fleisch legen und das Ganze für 2 Minuten unter den Salamander stellen. Die Auberginenscheiben mit der Auberginen-Tomaten-Farce füllen, dann vorsichtig aufrollen (**2–4**). Das Gebäck von den Lammkarrees herunternehmen. Die Karrees in Stielkoteletts zerteilen. Die Lammjus erwärmen.

Anrichten: Auf jedem Teller zwei Lammkoteletts, zwei Auberginenhälften, eine gefüllte Auberginenrolle, einen Gebäckstreifen, eine konfierte Knoblauchzehe und Tupfen von Petersilienöl anrichten. Die Jus separat reichen.

1 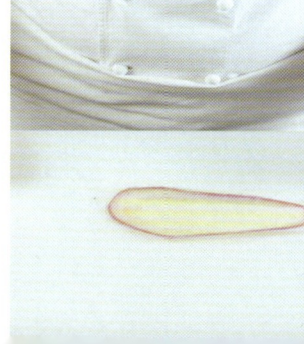 **2**  **3** 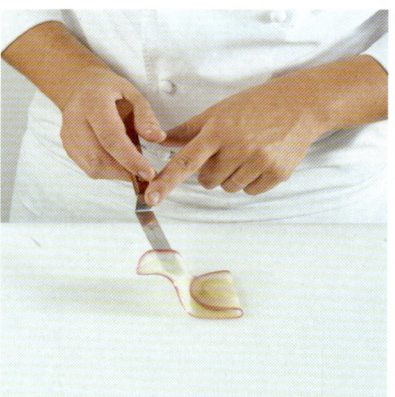 **4**

Schwierigkeitsgrad 2
Fleisch - Schwein

Gepökeltes Eisbein,
SCHWEINERIPPCHEN UND ÖHRCHEN MIT PUY-LINSEN

FÜR 8 PERSONEN

2 gepökelte Eisbeine mit Knochen, gekocht
2 gekochte Schweineohren
1,2 kg gepökelte Schweinerippchen, gekocht
30 g kalte Butter
1 EL Olivenöl
4 EL fein gehackte glatte Petersilie

Für die geschmorten Linsen

100 g Bauchspeck
30 g Schweineschmalz
150 g Zwiebeln
3 Karotten
1 Stange Sellerie
480 g Puy-Linsen
1 Kräutersträußchen
Gewürznelke und Pfefferkörner
1 l heller Geflügelfond (s. S. 66)

Für die Garnitur

12 Mini-Karotten mit Grün
8 Mini-Selleriestangen
200 ml heller Geflügelfond (s. S. 66)
30 g Butter
8 junge Zwiebeln
30 g Nussbutter (s. S. 57)
Zucker
Salz und weißer Pfeffer

Zum Anrichten

einige Stängel glatte Petersilie, fein gehackt
8 Scheiben Bauchspeck, knusprig gebraten
Karottengrün
glatte Petersilie

ZUBEREITUNG: 45 MIN. - GARZEIT: 4 STD.

Das Fleisch vorbereiten: Von den Eisbeinen die Schwarte entfernen und falls nötig die Knochen frei schaben. Die Schwarte fein würfeln, die Schweineohren in 4–5 mm lange, schmale Streifen schneiden.

Die geschmorten Linsen zubereiten: Den Backofen auf 130 °C vorheizen. Den Speck würfeln und in einem Schmortopf in dem Schweineschmalz anbräunen. Abtropfen lassen und beiseitestellen. Die Schwartenwürfel in demselben Schmalz anschwitzen. Die Zwiebeln abziehen, Karotten schälen, Sellerie putzen, alles halbieren, dazugeben und anschwitzen. Die Linsen einrühren und das Kräutersträußchen und die Gewürznelken-Pfeffer-Mischung in einem Mullsäckchen zugeben. Mit dem Geflügelfond auffüllen, sodass alles bedeckt ist. Die Eisbeine und die Rippchen zugeben und den Topf verschließen. Für 3 Stunden in den Backofen stellen.

Die Garnitur zubereiten: Karotten, Sellerie und Zwiebeln in Salzwasser blanchieren, anschließend in Eiswasser abschrecken, abtropfen lassen und trockentupfen.

Kurz vor dem Servieren die Karotten und den Sellerie mit dem Geflügelfond, der Hälfte der Butter und einer Prise Zucker glasieren (s. S.471). Mit Salz und weißem Pfeffer würzen. Die Zwiebeln halbieren, von beiden Seiten in der Nussbutter anbraten und würzen.

Wenn die Linsen gar, aber noch etwas knackig sind, Zwiebeln, Karotten, Sellerie, Kräutersträußchen und Gewürznelken-Pfeffermischung herausnehmen. Die Rippchen herausnehmen und in 1,5 cm dicke Stücke schneiden, falls nötig, die Knochen abschaben. Die Schweineohren zu den Linsen geben, nach und nach die Butter unterziehen, abschmecken, mit etwas Olivenöl beträufeln und die Petersilie hinzufügen.

Eisbeine und Rippchen auf den Linsen verteilen. Zugedeckt im Schmortopf vorsichtig aufwärmen.

Anrichten: Wenn das Fleisch warm ist, die glasierten Mini-Gemüse und die halbierten Zwiebeln dazwischen anrichten. Mit gehackter Petersilie bestreuen. Mit den knusprigen Bauchspeckscheiben, Karottengrün und glatter Petersilie garnieren.

Schwierigkeitsgrad 1
Geflügel

Blankett
VOM BRESSE-HUHN, GLASIERTES JUNGES GEMÜSE

FÜR 8 PERSONEN

ZUBEREITUNG: 30 MIN. - GARZEIT: 1 STD. 20 MIN. - 1 STD. 40 MIN.

Für das Blankett
2 Bresse-Hühner
1 Karotte
1 Stange Lauch
1 gelbe Zwiebel
2 Gewürznelken
1 Schalotte
1 Kräutersträußchen
35 g Butter
35 g Mehl
2 Eigelb
200 ml flüssige Sahne
grobes Salz
grob gemahlener Pfeffer

Für das Gemüse
250 g junge Zwiebeln
2 Bund Mini-Karotten mit Grün
250 g Knopfchampignons
2 Schalen Mini-Lauch
100 g Butter
Zucker, Salz
1 Bund Kerbel

Das Blankett zubereiten: Die Hühner absengen und ausnehmen, waschen und in acht Teile zerlegen (s. S. 220). Karotte und Lauch in Würfel schneiden (Mirepoix, s. S. 440), die Zwiebel abziehen, halbieren und mit den Gewürznelken spicken, die Schalotte abziehen und fein würfeln. In einem Schmortopf die Hühnchenteile mit kaltem Wasser bedecken, das Gemüse, Zwiebel, Schalotte, das Kräutersträußchen, Salz und Pfeffer zugeben. Zum Kochen bringen, dann zugedeckt 60–80 Minuten köcheln lassen.

Die Fleischstücke auf eine Platte legen, die Brühe durch ein Sieb passieren. Das Fleisch mit der Hälfte der Brühe übergießen, damit es nicht austrocknet, die restliche Brühe beiseitestellen. Aus Butter und Mehl eine helle Mehlschwitze herstellen (s. S. 38), die Brühe zugießen und aufkochen. Eigelb und Sahne in einer Schüssel verquirlen und die Sauce damit binden. Abschmecken und warm halten.

Das Gemüse zubereiten: Die Zwiebeln abziehen, die Karotten leicht schälen, die Champignons und den Lauch putzen. Alle Gemüse getrennt mit etwas Butter, Zucker und Wasser hell glasieren (s. S. 471). Würzen.

Die Fleischstücke abtropfen lassen und ein paar Minuten in der Sauce erwärmen.

Anrichten: Auf jedem Teller ein Stück Brust und ein Stück Keule anrichten und mit etwas Sauce überziehen, daneben das Gemüse. Mit der Sauce Tupfen auf den Teller setzen, mit Kerbel garnieren.

Schwierigkeitsgrad 1

Geflügel

Filet von der Jungente
mit Gewürzen und gebratenen Pfirsichen

FÜR 8 PERSONEN

ZUBEREITUNG: 40 MIN. - GARZEIT: 15 MIN.

Für die Gewürzreduktion
10 g rosa Pfeffer
10 g Fenchelsamen
1 Msp. Piment d'Espelette
10 Korianderkörner
5 g Szechuan-Pfeffer
5 g weiße Pfefferkörner
100 ml Weinessig
100 g Honig
100 ml Weißwein

Für die Pfirsiche
8 weiße Pfirsiche
20 g Butter
30 g Zucker

Für die Sauce
1 Schalotte, fein gewürfelt
20 g Butter
50 ml Weißwein
250 ml dunkler Entenfond (s. S. 68)

Für die Entenbrust
8 Brustfilets von der Jungente
Salz und Pfeffer

Zum Anrichten
24 Kirschtomaten an der Rispe, im Ofen gegart (s. S. 616)
16 glasierte Mini-Rüben (s. S. 471)
24 glasierte Perlzwiebeln (s. S. 471)

Die Gewürzreduktion zubereiten: Alle Gewürze grob zerkleinern, damit sie ihre Aromen freisetzen. In einem Topf zusammen mit dem Essig, dem Honig und dem Weißwein aufkochen. Bei niedriger Temperatur reduzieren, bis die Flüssigkeit eindickt. Durch ein Sieb passieren und die Reduktion warm halten.

Die Pfirsiche zubereiten: Die Pfirsiche in kochendes Wasser tauchen und sofort in einer Schüssel mit Eiswasser abschrecken, dann häuten. Halbieren, den Kern entfernen und das Fruchtfleisch vierteln. Butter, Zucker und die Pfirsichviertel in eine beschichtete Pfanne geben. Die Pfirsiche von jeder Seite kurz anbräunen, dann vorsichtig herausnehmen.

Die Sauce zubereiten: Die Schalotte in der Hälfte der Butter anschwitzen und mit Weißwein ablöschen. Den Entenfond und 1 EL von der Gewürzreduktion zugeben. Aufkochen, durch ein Sieb passieren und mit der restlichen Butter verrühren.

Die Entenbrust zubereiten: Die Filets parieren und alles überschüssige Fett entfernen. In die Haut ein Rautenmuster ritzen, damit das Fett während des Bratens ausschmelzen kann. Die Silberhaut und die Sehne auf der Fleischseite entfernen. Die Filets salzen und pfeffern, dann auf der Hautseite bei mittlerer Temperatur in einer Pfanne 4 Minuten anbraten. Überschüssiges Fett abgießen. Wenn alles Fett ausgeschmolzen ist, die Filets wenden und weitere 2 Minuten braten.

Anrichten: Die Hautseite der Entenbrüste mit der Gewürzreduktion einpinseln, anschließend in Scheiben schneiden. Etwas Sauce auf jeden Teller geben und die Filetscheiben darauflegen. Die Pfirsichviertel, die Tomaten und die glasierten Mini-Rüben und Perlzwiebeln daneben anrichten.

Rosa Entenbrust
MIT HONIG LACKIERT, SANGRIA-SAUCE

Schwierigkeitsgrad 1
Geflügel

FÜR 8 PERSONEN

ZUBEREITUNG: 1 STD. 15 MIN. - EINSALZEN: 10 STD. - GARZEIT: 2 STD. 30 MIN.

Für die Entenbrust
- 4 Entenbrüste
- 1,5 kg grobes Salz
- 40 g Butter

Für die Sangria-Sauce
- 1 l Rotwein (Côtes-du-Rhône)
- ½ Zimtstange
- 2 kg Entenkarkassen
- 30 g Butter
- 35 g Tomatenmark
- 500 ml dunkler Kalbsfond (s. S. 68)
- 100 g Äpfel (Sorte Pink Lady), gewürfelt
- 30 g Erdbeeren
- 30 g Himbeeren
- 30 g Schwarze Johannisbeeren
- 30 g Brombeeren
- 30 g Heidelbeeren
- 1 Gewürznelke
- 40 g Zucker
- Speisestärke (nach Belieben)

Für das Apfel-Ingwer-Püree
- 500 g Äpfel (Sorte Pink Lady)
- 50 g Butter
- 40 g kandierter rosa Ingwer
- 1 Vanilleschote

Für die Garnitur
- 400 ml Orangensaft
- 4 Mini-Chicorée
- 50 g Butter
- 200 ml heller Geflügelfond (s. s. 66)
- 4 Plattpfirsiche
- 1 l leichter Sirup

Zum Anrichten
- Honig
- Koriandersamen
- Kardamom
- Schale von 1 unbehandelten Orange
- Pfeffer aus der Mühle
- Fleur de sel

Am Vortag die Entenbrust vorbereiten: Die Brüste enthäuten, dabei eine dünne Fettschicht stehen lassen und rautenförmig einritzen. Die Entenbrüste für mindestens 10 Stunden in das grobe Salz legen. Durch dieses Verfahren werden die Entenbrüste gewürzt und dem Fett wird jede Feuchtigkeit entzogen.

Am Vortag die Sangria-Sauce zubereiten: Den Rotwein mit dem Zimt aufkochen, flambieren und um ein Drittel reduzieren. Die Entenkarkassen in der Hälfte der Butter anbräunen. Das Tomatenmark, den reduzierten Rotwein und den Kalbsfond zugeben und 1 Stunde kochen lassen. Die Apfelwürfel in der restlichen Butter anbräunen und mit allen anderen Früchten, der Gewürznelke und dem Zucker in die Sauce geben.

Noch 1 Stunde und 30 Minuten unbedeckt kochen lassen, dabei häufig den Schaum abschöpfen. Die Karkassen herausnehmen. Die Sauce durch ein Sieb passieren und abkühlen lassen, dann entfetten und reduzieren. Bei Bedarf kann die Sauce mit etwas in Wasser angerührter Speisestärke gebunden werden.

Das Apfel-Ingwer-Püree zubereiten: Die Äpfel schälen und vierteln, dann in der Hälfte der Butter anschwitzen und zugedeckt 20 Minuten mit dem Ingwer und der Vanille garen, bis sie zu Kompott zerfallen sind. Alles mit der restlichen Butter zu einem glatten Püree mixen.

Die Garnitur vorbereiten: Den Orangensaft in einem Topf auf die Hälfte reduzieren. Halbierten Chicorée, die Hälfte der Butter und den Fond dazugeben. Mit Pergamentpapier abgedeckt 20 Minuten köcheln lassen.

Die Pfirsiche in kochendem Wasser blanchieren, dann 15 Minuten in dem Sirup garen. Anschließend häuten, vierteln und vom Kern befreien. In etwas Butter ein paar Minuten erwärmen, sie sollen jedoch nicht bräunen, sondern ihre natürliche Farbe behalten.

Den Chicorée abtropfen lassen, dann die Schnittseiten in der restlichen Butter in einer Pfanne anbräunen, damit sie eine schöne Farbe bekommen.

Die Entenbrüste zubereiten: Das grobe Salz von den Entenbrüsten abwischen, dann die Entenbrüste bei niedriger Temperatur in der restlichen Butter anbräunen und fertiggaren (s. S. 240).

Anrichten: Die Entenbrüste mit Honig einpinseln und mit Koriander, Kardamom, Orangenschale und Pfeffer bestreuen. Für 2 Minuten unter den Salamander stellen. Auf jedem Teller etwas Apfel-Ingwer-Püree anrichten, dazu eine halbe Entenbrust (der Länge nach halbiert), mit einigen Körnchen Fleur de sel, darauf eine Chicoréehälfte. Die Sauce dazugeben, ebenso die Pfirsichspalten, die zum Schluss ebenfalls mit den Gewürzen und etwas Orangenschale bestreut werden.

Schwierigkeitsgrad 3
Geflügel

Bresse-Huhn
MIT FLUSSKREBSEN, MAKKARONIGRATIN

FÜR 8 PERSONEN

ZUBEREITUNG: 1 STD. 50 MIN. - GARZEIT: 1 STD. 20 MIN.

Für die Bresse-Hühner
2 Bresse-Hühner à 1,8 kg
40 g Mehl
40 g Butter
5 Knoblauchzehen
1 Msp. Piment d'Espelette
Salz und Pfeffer aus der Mühle

Für die Krebssauce
300 g Karotten, Zwiebeln, Schalotten und Sellerie, gewürfelt (s. S. 440)
2 Knoblauchzehen
Thymian, Lorbeer, Rosmarin, Petersilie
100 ml + 1 Schuss Cognac
160 ml trockener Weißwein
1 l Krebsfond (s. S. 90)
400 ml Crème fraîche
helle Mehlschwitze (s. S. 38)
90 g Krebsbutter (s. S. 96)
1 Bund Estragon
Saft von 1 Zitrone

Für die Garnitur
48 Flusskrebse
1 l Court-Bouillon (s. S. 86)
40 g Krebsbutter (s. S. 90)
2 Romanasalatherzen
20 g Nussbutter (s. S. 57)
1 Knoblauchzehe
Fleur de sel
Pfeffer aus der Mühle
24 Tomatenfilets (s. S. 460)
Petersilie, Dill, Estragon, Schnittlauch
gegarter Hummerrogen (nach Belieben)

Für das Makkaronigratin
500 g Makkaroni (oder Zita Nr. 18)
750 ml Milch
2 Knoblauchzehen
750 ml flüssige Sahne
40 g Butter, zerlassen
250 g Parmesan, gerieben
Thymian
Salz

Die Krebse zubereiten: Die Flusskrebse in kochendem Wasser töten, den Darm entfernen (s. S. 354). Acht Krebse zum Anrichten auswählen. Damit sie eine schöne Form annehmen, die Scheren mit dem Schwanz zusammenbinden, dann die Krebse 1 Minute in der kochenden Court-Bouillon garen. Von den übrigen Krebsen den Kopf abtrennen. Die Köpfe zerkleinern und für die Zubereitung der Sauce aufheben. Die Schwänze in der Court-Bouillon nach dem Aufwallen 1 Minute garen, abschrecken und das Fleisch auslösen, dabei die Schwanzflosse intakt lassen. Würzen.

Die Hühner vorbereiten: Das Geflügel küchenfertig machen und in vier Teile zerlegen (s. S. 416). Die Knochen der Flügel und der Keulen frei schaben. Leber und Herz beiseitestellen. Die Geflügelteile, die Karkasse und die Innereien in Mehl wenden, dann in aufgeschäumter Butter mit den Knoblauchzehen anbräunen. Mit Salz, Pfeffer und Piment d'Espelette würzen. Herausnehmen und beiseitestellen.

Die Sauce und die Garnitur zubereiten: Das gewürfelte Gemüse zusammen mit dem Knoblauch im Geflügelbratfett anschwitzen, dann die zerkleinerten Krebsköpfe zugeben und 5 Minuten mit anschwitzen. Nun die Kräuter, die Geflügelteile und die Karkassen zugeben. Mit Cognac flambieren, mit dem Weißwein ablöschen und völlig einkochen lassen. Mit dem Krebsfond auffüllen, sodass alles bedeckt ist. 20 Minuten bei niedriger Temperatur zugedeckt köcheln lassen, dann die Hühnerbrüste herausnehmen und die Keulen weitere 15 Minuten köcheln lassen. Die Sauce auf drei Viertel reduzieren, die Sahne zugießen und die Sauce noch einmal aufkochen. Die Sauce durch ein Sieb passieren, mit einer Mehlschwitze binden, dann die Krebsbutter unterrühren. Den Estragon 2 Minuten in der Sauce ziehen lassen, die Sauce anschließend erneut durch ein Sieb passieren. Mit einigen Tropfen Zitronensaft und einem Schuss Cognac, Salz, weißem Pfeffer und Piment d'Espelette abschmecken und die Geflügelstücke mit der Sauce übergießen.

Die Salatblätter mit dem Knoblauch in der Nussbutter anbraten. Mit Fleur de sel und Pfeffer abschmecken.

Das Makkaronigratin zubereiten: Die Milch mit 250 ml Wasser zum Kochen bringen. Die Makkaroni darin 5 Minuten garen, die Knoblauchzehe dazugeben und salzen. Wenn die Nudeln halb gar sind, die Flüssigkeit abgießen, Knoblauch entfernen. Die Sahne in den Topf geben und die Nudeln fertiggaren. Mit zwei Dritteln des geriebenen Parmesans mischen, diese Mischung in eine gebutterte Auflaufform füllen. Mit dem restlichen Parmesan und dem Thymian bestreuen, mit der restlichen Butter beträufeln. Unter dem Backofengrill goldgelb überbacken.

Anrichten: Direkt vor dem Servieren die Krebsschwänze in der Krebsbutter kurz erwärmen. Die ganzen Krebse bei 100 °C im Dampfgarer oder in heißem Wasser wieder erwärmen und mit Olivenöl einpinseln, damit sie glänzen. Das Geflügel zugedeckt bei niedriger Temperatur aufwärmen, dann mit den ganzen Krebsen, den geschälten Krebsschwänzen, den Salatblättern und Tomatenfilets in einem Schmortopf anrichten. Zuletzt mit Kräutern garnieren, nach Belieben etwas Hummerrogen dazugeben. Dazu das Makkaronigratin servieren.

Schwierigkeitsgrad 3
Geflügel

Boudin blanc,
PILZPFANNE, TRÜFFELSCHAUMSAUCE

FÜR 8 PERSONEN

ZUBEREITUNG: 1 STD. 30 MIN.- EINWEICHEN: 12 STD. - GARZEIT: 40 MIN.

Für die aromatisierte Milch
475 ml Milch
100 g Karotten, gewürfelt
100 g Zwiebeln, gewürfelt
Schale von 1 unbehandelten Orange
einige Lorbeerblätter
einige Thymianblätter

Für die Wurstfarce
150 g weiße Zwiebeln, fein gewürfelt
30 g Butter
375 g Geflügelbrust
75 g Rückenspeck
30 g Schweineschmalz
100 ml flüssige Sahne
45 g Kartoffelstärke
4 Eiweiß
etwas Trüffelbruch mit Jus aus dem Glas

Für die Zubereitung der Würstchen
2 m feiner Lammdarm
1 l Milch
Schale von 1 unbehandelten Orange
einige Stängel Thymian
einige Lorbeerblätter

Für die Waldpilzpfanne
70 g getrocknete Morcheln
60 g gemischte Waldpilze (Steinpilze, Pfifferlinge, Totentrompeten, Semmelstoppelpilze)
50 g Butter
50 g Schalotten, fein gewürfelt
4 Knoblauchzehen, gehackt
3 EL Petersilie und Estragon

Für die Trüffelschaumsauce
300 ml reduzierte Hühnerbrühe (s. S. 74)
30 ml flüssige Sahne
20 g Butter
etwas Trüffelbruch mit Jus aus dem Glas
Saft von 1 Zitrone

Zum Anrichten
1 EL Trüffelöl
20 g Schnittlauch
einige Kerbel- und Estragonblätter
24 dünne Trüffelscheiben (nach Belieben)
abgeriebene Schale von 1 unbehandelten Orange
4 TL Steinpilzpulver

Am Vortag die Morcheln in eine Schüssel mit Wasser legen.

Die aromatisierte Milch herstellen: Am nächsten Tag die Milch mit allen Geschmackszutaten aufkochen und 30 Minuten ziehen lassen.

Die Wurstfarce zubereiten: Die Zwiebeln in der Butter anschwitzen, dann mit den Zutaten für die Farce mixen, außer Trüffelbruch und Jus. Nun die heiße aromatisierte Milch durch ein Sieb dazugießen, zum Schluss Trüffelbruch und Jus unterrühren. Die Farce würzen.

Die weißen Würstchen herstellen: Die Farce in den Naturdarm füllen und 24 kleine Würste von jeweils 4 cm Länge abdrehen. In einem Topf die Milch mit 1 l Wasser erhitzen und die Würste darin 20 Minuten pochieren, dann in Eiswasser abschrecken.

Die Waldpilzpfanne zubereiten: Die eingeweichten Morcheln ausdrücken und das Wasser aufheben. Die Pilze nach Sorten getrennt in etwas Butter anbraten und die Garflüssigkeit in der Pfanne jeweils aufheben. Die Schalotten und den Knoblauch in der restlichen Butter anschwitzen, dann die gebratenen Pilze und die Kräuter dazugeben.

Die Trüffelschaumsauce zubereiten: Die reduzierte Hühnerbrühe und die Garflüssigkeit der Pilze in einen Topf geben, Sahne, Butter, Trüffelbruch mit Jus und einen Spritzer Zitronensaft zugeben, würzen und mit dem Pürierstab aufschäumen.

Anrichten: Die weißen Würstchen in einem tiefen Teller anrichten, die gebratenen Pilze mit den Kräutern in der Mitte platzieren. Mit der Schaumsauce und etwas Trüffelöl übergießen. Mit Schnittlauch, Kerbel, Estragon und den Trüffelscheiben garnieren. Die Teller mit der abgeriebenen Orangenschale und dem Steinpilzpulver dekorieren.

Lauwarme Taube,
SALAT, KLEINE INNEREIEN, STREIFEN VON FOIE GRAS

Schwierigkeitsgrad 3
Geflügel

FÜR 8 PERSONEN

ZUBEREITUNG: 45 MIN. - PÖKELN: 3 STD. - GARZEIT: 1 STD.

Für die Tauben
2 Tauben
1 kg grobes Salz
einige Stängel Thymian
Pfeffer
3 Knoblauchzehen
300 g Entenschmalz

Für die Foie-gras-Streifen
250 g rohe Stopfleber

Für die kleinen Innereien
50 g rohe Stopfleber, gewürfelt
60 g Schalotten, fein gewürfelt
50 ml Cognac
50 g rosa gegarte Stopfleber
(nach Belieben)
2 Baguettebrötchen
1 Knoblauchzehe

Für die Garnitur und zum Anrichten
3 Köpfe Friséesalat
100 ml Essig
8 Wachteleier
2 Bund kleine junge Zwiebeln
30 g Butter
20 g Senfsprossen
20 g kleine Rote-Bete-Blätter
20 g Mizuna-Salat
Olivenöl
Saft von 1 Zitrone
8 TL gereifter Aceto balsamico
50 ml fruchtig-grünes Olivenöl
¼ Bund glatte Petersilie
Parmesanspäne
8 konfierte Knoblauchzehen (s. S. 622)
8 mittelgroße Kapernfrüchte
Zucker, Salz

Die Tauben zubereiten: Die Tauben ausnehmen, Herz und Leber beiseitelegen. Die Keulen abtrennen und für 3 Stunden mit Thymian, Pfeffer und 1 Knoblauchzehe in das Salz legen.

Den Backofen auf 180 °C vorheizen. Die Taubenkeulen aus dem Salz nehmen, abwischen und 1 Stunde bei niedriger Temperatur im Entenschmalz konfieren (s. S. 236). Den Rest der Tauben in einem Schmortopf mit etwas Entenschmalz, zwei ungeschälten Knoblauchzehen und Thymian mit der Haut nach unten anbräunen. Für etwa 10 Minuten in den Backofen stellen. Die Tauben herausnehmen und ruhen lassen. Dann die Brüste auslösen und aus den Flügelspitzen und den Karkassen eine Jus herstellen (s. S. 72).

Die kleinen Innereien zubereiten: Die rohen Stopfleberwürfel in der Pfanne anbräunen, herausnehmen. In dem Bratfett die Schalotten anschwitzen. Die Taubeninnereien dazugeben und rasch anbräunen, aber weitgehend roh lassen, dann die zuvor angebräunte Foie gras wieder in die Pfanne geben. Mit Cognac ablöschen, flambieren und herausnehmen. Abkühlen lassen, würzen, mit einem Messer hacken und die rosa gegarten Foie-gras-Stücke untermischen. Die Baguettes schräg aufschneiden, um lange Scheiben zu erhalten. Die Scheiben toasten und leicht mit Knoblauch einreiben. Mit einem Spatel gleichmäßig mit der Innereienmasse bestreichen.

Die Garnitur zubereiten: Vom Friséesalat nur die gelben und hellgrünen Teile verwenden. In eine Schüssel mit kaltem Wasser, Eiswürfeln und Essig legen.

Die Wachteleier in kochendem Salzwasser in 2 Minuten und 20 Sekunden weich kochen, pellen und in eine Schüssel mit kaltem Wasser legen.

Die jungen Zwiebeln mit der Butter, etwas Wasser, Zucker und Salz hell glasieren (s. S. 471), dann halbieren.

Die rohe Stopfleber in 24 Streifen schneiden und braten (s. S. 256, Schritt 3 und 4).

Den Friseesalat abtropfen lassen, mit den Sprossen und dem Mizuna-Salat mischen. Mit Olivenöl und Zitronensaft anmachen.

Anrichten: Auf jedem Teller in der Mitte ein Nest aus Salat anrichten, darauf ein halbiertes Ei, glasierte Zwiebeln und Foie-gras-Streifen verteilen.

Die Taubenbrüste erwärmen, die Haut entfernen und das Fleisch in dünne Scheiben schneiden. Auf den Brotscheiben anrichten und mit Fleur de sel und frisch gemahlenem Pfeffer würzen.

Die Taubenjus mit dem Balsamico, Olivenöl und fein gehackter Petersilie verrühren und alles damit beträufeln. Zum Schluss mit Parmesanspänen, konfiertem Knoblauch und Kapernfrüchten garnieren.

Schwierigkeitsgrad 3
Geflügel

Lackierte Taube
PANISSES MIT OLIVEN

FÜR 10 PERSONEN

ZUBEREITUNG: 1 STD. - KÜHLEN: 45 MIN. - GARZEIT: 3 STD.

Für die Tauben
5 Bluttauben à 500–600 g
30 g Haselnüsse
Schale von 1 unbehandelten Orange
Schweinenetz (nach Belieben)
1 Knoblauchzehe
Olivenöl und Butter
100 ml Crème fraîche
Salz und Pfeffer aus der Mühle

Für die Panisses
10 g Salz
Olivenöl
500 g Kichererbsenmehl
100 g Parmesan, gerieben
100 g schwarze Oliven, in feine Streifen geschnitten
1 l Erdnussöl
10 Holzspieße

Für die Sauce
2 weiße Zwiebeln, fein gewürfelt
60 g Butter
50 g Zucker
300 ml Taubenjus (s. S. 72)
50 ml Schweineblut
50 ml Sherryessig
20 Taggiasca-Oliven
Salz und Pfeffer aus der Mühle

Für die Garnitur
2 Stangen Sellerie
100 ml heller Geflügelfond (s. S. 66)
Olivenöl
1 EL Butter
1 Prise Salz

Zum Anrichten
20 g Rucola

Die Tauben vorbereiten: Die Tauben mit dem Flambierbrenner absengen. Leber und Herz entnehmen und in den Kühlschrank stellen. Die Keulen auslösen und entbeinen (**1**). Mit Haselnüssen und Orangenschale füllen (**2**). Nach Belieben jede Keule mit Schweinenetz umhüllen (**3**). Anschließend in Frischhaltefolie wickeln (**4**) und vakuumieren. Bei 75 °C im Wasserbad oder im Dampfgarer 3 Stunden garen.

Die Taubenbrüste auslösen, kalt abspülen und beiseitestellen.

Die Panisses zubereiten: 1 l Wasser mit dem Salz und etwas Olivenöl aufkochen. In einem zweiten Topf das Kichererbsenmehl mit 1 l kaltem Wasser verrühren. Das kochende Wasser dazugießen und alles unter kräftigem Rühren 20 Minuten erhitzen. Am Ende der Kochzeit den Parmesan und die Olivenstreifen unterrühren. Diese Masse 1 cm hoch in eine zuvor mit Frischhaltefolie ausgelegte Form gießen, mit Frischhaltefolie abdecken und mit einem Gewicht beschweren. Im Kühlschrank fest werden lassen.

Die Sauce zubereiten: Die Zwiebeln in einer Pfanne mit der Hälfte der Butter und dem Zucker braten, bis ein karamellisiertes Zwiebelkompott entstanden ist. Weitergaren, bis die Masse eine gleichmäßig hell-goldene Farbe angenommen hat. Das Zwiebelkompott mit der Hälfte der Taubenjus, den beiseitegestellten gehackten Herzen und Lebern sowie dem Schweineblut in einen Topf geben und 10 Minuten bei niedriger Temperatur erhitzen, dann mit dem Stabmixer pürieren und durch ein Sieb passieren. Mit Sherryessig, Salz und Pfeffer abschmecken.

Die Garnitur zubereiten: Die Selleriestangen putzen, dabei die gelben Blätter zum Anrichten aufheben. Die Stangen der Länge nach halbieren, mit dem Geflügelfond, Olivenöl, Butter und Salz vakuumieren. Im Dampfgarer 1 Stunde bei 90 °C garen. In einer Schüssel mit Eiswasser abschrecken.

Den Backofen auf 180 °C vorheizen. Die Taubenbrüste in einer Sauteuse mit aufgeschäumter Butter und zerdrücktem Knoblauch anbraten. Für 6 Minuten in den Backofen stellen, dann außerhalb des Ofens 10 Minuten ruhen lassen.

Die restliche Taubenjus auf die Hälfte reduzieren, mit der restlichen Butter und den Olivenstreifen aufschlagen und in eine Saucière füllen.

Die Selleriestangen in ihrer Garflüssigkeit mit einem Stückchen Butter und etwas Olivenöl glasieren.

Aus der Panisses-Masse 30 Taler von 3 cm Durchmesser ausstechen. Das Erdnussöl auf 170 °C erhitzen und die Panisses darin 3 Minuten frittieren.

Die Taubenkeulen auf der Hautseite in etwas Öl anbräunen. Die Taubenbrüste von der Haut befreien und mit der mit Schweineblut gebundenen Sauce überziehen. Mit einem Faden aus Crème fraîche verzieren.

Anrichten: Auf jedem Teller ein Selleriebett auslegen. Die Taubenbrust daraufsetzen. Eine Keule daneben anrichten, auf der anderen Seite drei auf einen Holzspieß gesteckte Panisses. Mit Sellerieblättern und Rucola garnieren. Die Olivensauce separat reichen.

Schwierigkeitsgrad 2

Innereien

Kalbsbries
MIT GLASIERTEM GEMÜSE, CHILI-VANILLE-JUS

FÜR 8 PERSONEN

ZUBEREITUNG: 45 MIN. - KÜHLZEIT: 12 STD. - GARZEIT: 15 MIN.

Für das Kalbsbries
1,2 kg Kalbsbries
50 g Mehl
40 g Butter
150 ml Olivenöl
4 Knoblauchzehen
1 Msp. Piment d'Espelette
Salz und Pfeffer aus der Mühle

Für die Chili-Vanille-Jus
50 g Zwiebeln
20 g Schalotten
50 g Karotten
20 g Stangensellerie
3 Knoblauchzehen
40 ml Olivenöl
2 Tomaten, gehackt
2 EL Tomatenmark
2 Vogelaugen-Chilischoten
1 Vanilleschote
100 ml trockener Weißwein
200 ml heller Geflügelfond (s. S. 66)
einige Stängel Thymian, Lorbeer, Basilikum, Estragon
150 ml Glace (s. S. 70)

Für die Garnitur
24 Mini-Karotten mit Grün
24 Mini-Rüben mit Grün
16 Stangen Mini-Lauch
120 g Zuckererbsen
¼ Brokkoli
180 g Dicke Bohnen
8 Kirschtomaten
24 Tomatenfilets, halb konfiert (s. S. 632)
50 ml reduzierter heller Geflügelfond (s. S. 66)
30 g Butter
Saft von 1 Orange

Zum Anrichten
Schnittlauch
frittierte und frische Basilikumblätter
frittierte und frische Dillspitzen
Kerbelblätter
Karottengrün
Borretschblüten

Das Kalbsbries vorbereiten: Blanchieren, dann putzen und über Nacht beschwert in den Kühlschrank stellen (s. S. 276).

Die Chili-Vanille-Jus zubereiten: Zwiebeln, Schalotten und Knoblauch abziehen, die Karotte schälen, den Sellerie putzen, alles würfeln und in dem Olivenöl anschwitzen. Dann die Tomaten, das Tomatenmark, die Chilischoten, die aufgeschlitzte Vanilleschote und das ausgeschabte Mark zugeben. Mit dem Weißwein ablöschen und sirupartig einkochen lassen. Mit dem Geflügelfond auffüllen und die Kräuter dazugeben. Zugedeckt bei niedriger Temperatur köcheln lassen, bis das Gemüse zerfällt, dann durch ein Sieb passieren. Die Glace unterrühren und abschmecken. Noch einmal durchpassieren und beiseitestellen.

Die Garnitur zubereiten: Karotten, Rüben, Lauch, Zuckererbsen und Brokkoli putzen, die Bohnen auslösen. Alles in Salzwasser garen, dann in Eiswasser abschrecken. Die Bohnenkerne häuten. Kurz vor dem Servieren das Gemüse und die Tomaten mit dem Fond, Butter und Orangensaft glasieren.

Das Kalbsbries garen: Das Bries in Mehl wenden. In einer Pfanne die Butter mit dem Öl aufschäumen. Das Bries zusammen mit den Knoblauchzehen von jeder Seite 5 Minuten anbraten, mit Salz, Pfeffer und Piment d'Espelette würzen.

Anrichten: Das Kalbsbries sofort auf den Tellern anrichten, gefolgt von Gemüse, Kirschtomaten und den Tomatenfilets. Mit der Chili-Vanille-Jus beträufeln. Mit den frischen und frittierten Kräuterblättern und den Blüten dekorieren.

Schwierigkeitsgrad 1

Fisch

Gegrillte Seezunge
MIT BÉARNER SAUCE

FÜR 8 PERSONEN

ZUBEREITUNG: 1 STD. - KÜHLEN: 20 MIN - GARZEIT: 40 MIN.

Für die Seezungen
8 Seezungen à 350 g
20 ml Erdnussöl
Salz und Pfeffer aus der Mühle

Für die Béarner Sauce
150 ml Weißweinessig
150 ml Weißwein
60 g Schalotten, fein gewürfelt
5 g grob gemahlener Pfeffer
½ Bund Estragon
6 Eigelb
400 g geklärte Butter (s. S. 56)
½ Bund Kerbel
½ Bund glatte Petersilie
Salz und Pfeffer aus Mühle

Zum Anrichten
1 Chicorée
8 Stängel Estragon
4 Zitronen (nach Belieben)

Die Seezungen zubereiten: Die dunkle Haut von den Seezungen abziehen, den Schwanz einkürzen, den Flossensaum abschneiden. Die Fische ausnehmen, dann die weiße Haut schuppen (s. S. 320). Unter kaltem Wasser abspülen, mit Küchenpapier trockentupfen und für 20 Minuten in den Kühlschrank stellen.

Die Béarner Sauce zubereiten: Zunächst eine Schalottenreduktion herstellen: In einem Topf den Essig und den Weißwein mit den Schalotten, dem Pfeffer und einigen Stängeln Estragon auf drei Viertel reduzieren. Diese Reduktion durch ein Sieb passieren und beiseitestellen.

In einem Topf das Eigelb mit 2 EL Wasser kräftig aufschlagen, um das Sabayon zu entwickeln, dabei vorsichtig erwärmen, ohne eine Temperatur von 60–62 °C zu übersteigen. Ist diese Temperatur erreicht und beim Schlagen der Topfboden zu sehen, den Topf vom Herd nehmen und nach und nach geklärte Butter unterziehen, bis eine schöne cremige Konsistenz erreicht ist.

Nun die Schalottenreduktion dazugeben, salzen und pfeffern. Die Kräuter hacken und unterrühren, die Sauce abschmecken.

Die Seezungen garen: Den Backofen auf 170 °C vorheizen. Die Seezungen salzen, pfeffern, mit Öl bestreichen und – mit der weißen Hautseite nach unten – auf den Grill legen. Eine Vierteldrehung ausführen, um ein Rautenmuster zu erhalten. Anschließend auf der anderen Seite wiederholen. Die Seezungen 4–6 Minuten im Backofen fertiggaren.

Anrichten: Auf jedem Teller eine Seezunge anrichten, dazu Béarner Sauce servieren, dekoriert mit einem Chicoréeblatt, einem Estragonstängel und nach Belieben einer verzierten Zitronenhälfte.

Schwierigkeitsgrad 1

Fisch

Bauch und Rücken
VON DER DORADE, QUINOA-PILAW, GRÄTEN-JUS

FÜR 8 PERSONEN

ZUBEREITUNG: 1 STD. 20 MIN. - GARZEIT: 45 MIN.

Für die Doraden
4 Doraden à 500 g
2 EL Olivenöl

Für die Gräten-Jus
80 g Schalotten
100 g Champignons
2 EL Olivenöl
3 Knoblauchzehen
1 Stängel Thymian
1 Lorbeerblatt
7 EL Noilly Prat®
400 ml Geflügeljus (s. S. 72)

Für den Quinoa-Pilaw
1 rote Paprikaschote
1 grüne Paprikaschote
50 g Zwiebel
50 g Butter
200 g weiße und rote Quinoa
1 Kräutersträußchen
300 ml heller Geflügelfond (s. S. 66)
¼ in Salz eingelegte Zitrone, gehackt
225 g Zucchini
2 EL Olivenöl
8 grüne Spargelköpfe
16 Kirschtomaten

Zum Anrichten
Olivenöl
80 g Queller

Die Doraden vorbereiten: Die Fische filetieren (s. S. 312) und die Karkassen für die Jus beiseitestellen. Die Filets entgräten und schräg halbieren.

Die Gräten-Jus zubereiten: Die Karkassen gründlich waschen. Schalotten und Champignons in feine Scheiben schneiden. Die Gräten in einer Pfanne in Olivenöl anbräunen, den ungeschälten Knoblauch, Thymian, Lorbeer, Schalotten und Champignons zugeben. 5 Minuten anschwitzen, den Noilly Prat® zugießen und reduzieren. Anschließend mit Geflügeljus auffüllen und 20 Minuten bei niedriger Temperatur köcheln lassen. Die Jus durch ein Sieb passieren. Falls die Konsistenz noch zu flüssig ist, erneut reduzieren oder, wenn die Jus zu dick ist, mit etwas Wasser verdünnen. Es werden etwa 150 ml benötigt.

Den Quinoa-Pilaw zubereiten: Die Paprikaschoten häuten und in kleine Würfel schneiden. Die Zwiebel abziehen und fein würfeln. Alles in der Hälfte der Butter anschwitzen, dann die Quinoa und das Kräutersträußchen zugeben. Mit dem Geflügelfond auffüllen. 20 Minuten zugedeckt köcheln lassen, dann die gehackte eingelegte Zitrone unterrühren.

Die Zucchini in dünne Scheiben schneiden und in 2 EL Olivenöl braten, würzen. Den Spargel in Salzwasser garen, dann abtropfen lassen. Vor dem Servieren mit der restlichen Butter, 30 ml Wasser und Salz glasieren.

Die Tomaten häuten und in Olivenöl garen.

Den Queller zum Entsalzen zwei Mal mit kaltem Wasser spülen und gut trocknen. In Olivenöl anbraten.

Die Doraden zubereiten: Die Doradenfilets in Olivenöl in einer Pfanne 3 Minuten auf der Hautseite braten, dann einige Sekunden auf der anderen Seite fertiggaren und herausnehmen.

Anrichten: Auf jedem Teller etwas Queller verteilen und mit der Gräten-Jus einen Kreis ziehen. Zwei Stücke Dorade darauf anrichten. Daneben den Pilaw als Rechteck arrangieren, mit einem Belag aus Tomaten, Zucchini und Spargel.

Schwierigkeitsgrad 1
Fisch

Felchenfilet, Muscheln und glasiertes Gemüse

FÜR 8 PERSONEN

ZUBEREITUNG: 30 MIN. - GARZEIT: 15 MIN.

Für das glasierte Gemüse
1 Bund Mini-Karotten
1 Bund Mini-Rübchen
1 Schale Mini-Fenchel
1 Schale Mini-Lauch
40 g Butter
1 Prise Zucker
Fleur de sel
schwarzer Pfeffer aus der Mühle

Für die Muscheln in Weißwein
300 g Herzmuscheln
300 g Miesmuscheln
2 Schalotten, fein gewürfelt
50 g Butter
200 ml Weißwein
1 Kräutersträußchen
130 g Butter

Für die Felchenfilets
4 Felchenfilets à 200–250 g
30 g Butter
Fleur de sel
schwarzer Pfeffer aus der Mühle

Zum Anrichten
1 Bund Schnittlauch

Das glasierte Gemüse zubereiten: Die Karotten und die Rübchen leicht schaben und waschen. Strunk und Stiele vom Fenchel abschneiden. Die äußere Schicht vom Mini-Lauch entfernen und den Lauch waschen.

Das Gemüse nach Sorten getrennt mit etwas Wasser, Butter, Zucker, Salz und Pfeffer hell glasieren (s. S. 471).

Die Muscheln in Weißwein zubereiten: Alle Muscheln säubern (s. S. 364) und gut abtropfen lassen.

Die Schalotten in der Butter anschwitzen. Den Weißwein, das Kräutersträußchen und die Muscheln dazugeben. Bei hoher Temperatur zugedeckt 2–3 Minuten garen.

Die Hälfte der Garflüssigkeit durch ein Sieb passieren, dann in einen Topf füllen und auf die Hälfte reduzieren, anschließend die restliche Butter unterziehen.

Die Felchenfilets zubereiten: Die Felchenfilets parieren und entgräten, dann halbieren. Die Haut einschneiden, salzen und pfeffern. In einer Pfanne in der Butter auf der Hautseite 3 Minuten vorsichtig braten.

Anrichten: Auf jeden Teller mit der Jus einen Spiegel gießen. Die Muscheln in einer Reihe anrichten, immer abwechselnd, daneben glasiertes Gemüse und das Felchenfilet. Zum Schluss Schnittlauchstreifen dazugeben.

Schwierigkeitsgrad 1

Fisch

Kabeljaufilet
MIT CHORIZO GESPICKT, BOHNENMOUSSELINE

FÜR 8 PERSONEN

ZUBEREITUNG: 30 MIN. - GARZEIT: 50 MIN.

Für die Bohnenmousseline
2 kg Bohnen der Sorte Coco de Paimpol, in der Schote
1 Kräutersträußchen
1 l dunkle Hühnerbrühe (s. S. 74)
150 g weiche Butter
200 ml flüssige Sahne

Für den mit Chorizo gespickten Kabeljau
1 kg Kabeljaufilet
300 g Chorizo, in Stifte geschnitten
200 ml Olivenöl
30 g Butter
1 Bund Schnittlauch
Fleur de sel
schwarzer Pfeffer aus der Mühle

Zum Anrichten
150 g Kirschtomaten
Olivenöl
2 Knoblauchzehen, zerdrückt
½ Bund Thymian
2 Schalotten, gewürfelt
1 Msp. Piment d'Espelette

Die Bohnenmousseline zubereiten: Die Bohnen enthülsen und mit dem Kräutersträußchen in der Geflügelbrühe aufkochen, Schaum abschöpfen. Die Bohnen 30–40 Minuten garen. Dann abtropfen lassen, die Kochflüssigkeit und ein paar Bohnen zum Anrichten zurückbehalten, die übrigen Bohnen durch ein Passiergerät treiben. Butter, Sahne und etwas Kochflüssigkeit unterrühren. Diese Mousseline durch ein Sieb passieren und warm halten.

Den Kabeljau spicken: Den Kabeljau in acht Portionen schneiden, jedes Stück einschneiden und in die Schnitte Chorizostifte drücken.

Die restlichen Chorizostifte bei niedriger Temperatur in Olivenöl ziehen lassen. Das Öl durch ein Sieb gießen.

Die Garnitur zubereiten: Den Backofen auf 170 °C vorheizen. Die Kirschtomaten in eine ofenfeste Form legen. Salzen, pfeffern, ein paar Tropfen Olivenöl, den Knoblauch, Thymian, die Schalotten und Piment d'Espelette zugeben und für 4 Minuten in den Ofen stellen.

Den Kabeljau braten: Die Kabeljaufilets salzen und pfeffern, dann in einer Pfanne mit Olivenöl und Butter auf der Hautseite vorsichtig braten, dabei immer wieder mit dem Bratfett begießen. Nach 3–4 Minuten wenden und 3 Minuten fertigbraten. Die Pfanne vom Herd nehmen.

Anrichten: Auf jedem Teller zwei Klößchen Bohnenmousseline, Kirschtomaten, ein Kabeljaufilet und ein paar ganze Bohnen anrichten. Mit einigen Tupfen Chorizoöl, Chorizostiften und Schnittlauch garnieren.

Schwierigkeitsgrad 2
Fisch

Rotbarbenfilets
À LA NIÇOISE, RÖSTBROT MIT DEN AROMEN DES SÜDENS

FÜR 8 PERSONEN

ZUBEREITUNG: 1 STD. - MARINIEREN: 2 STD. - GARZEIT: 1 STD.

Für die Rotbarbenfilets
8 kleine Rotbarben à 80–100 g
2 EL Olivenöl
5 Knoblauchzehen, fein geschnitten
einige Stängel Basilikum, Thymian, Rosmarin und Majoran
Salz und Pfeffer aus der Mühle
1 Msp. Piment d'Espelette

Für das Auberginenpüree
600 g Auberginen
Olivenöl
einige Stängel Rosmarin, Thymian, Basilikum und Lorbeer
1 Knoblauchknolle
etwas Roh-Rohrzucker
150 g weiße Zwiebeln, fein gewürfelt
Saft von 1–2 Zitronen
2 EL fein gehacktes Koriandergrün
Salz und Pfeffer aus der Mühle

Für das Tomaten-Concassé
8 EL Tomaten-Concassé (s. S. 460)
1 EL Olivenöl
2 EL fein gehacktes Basilikum
1 EL Pinienkerne, geröstet

Für die Tapenade
200 g Taggiasca-Oliven, entsteint
8–10 Sardellenfilets
1 Knoblauchzehe, gehackt
3 EL Olivenöl
Pfeffer aus der Mühle

Für das geröstete Landbrot
1 Landbrot
Olivenöl
1 Knoblauchzehe

Zum Anrichten
24 konfierte Tomatenfilets (s. S. 632)
Kräuterblätter
24 Kapernfrüchte
4 getrocknete Zucchiniblüten (s. S. 620)
1 TL fein gehackte Schale von in Salz eingelegten Zitronen
1 EL gereifter Aceto balsamico
1 EL Pistou
Olivenöl
32 essbare Blüten

Die Rotbarbenfilets zubereiten: Die Rotbarben filetieren (s. S. 312), die Filets entgräten. Die Fischfilets mit dem Öl, dem Knoblauch und den Kräutern marinieren. Kurz vor dem Servieren in einer Pfanne in dem Öl der Marinade auf einer Seite braten, dann ein paar Sekunden auf der Hautseite anbräunen. Mit Fleur de sel, Pfeffer und Piment d'Espelette würzen.

Das Auberginenpüree zubereiten: Den Backofen auf 170 °C vorheizen. Die Auberginen halbieren, das Fruchtfleisch rautenförmig einschneiden, mit etwas Olivenöl beträufeln und mit Kräutern bestreuen. In einer ofenfesten Form verteilen, die halbierte Knoblauchknolle darauflegen, die Form mit Alufolie abdecken und für etwa 30 Minuten in den Ofen schieben, bis die Auberginen butterweich sind.

Die Auberginen herausnehmen, Knoblauch und Kräuter entfernen und beiseitestellen. Die Auberginen erneut mit Öl einpinseln, mit etwas Rohrzucker bestreuen und die Ofentemperatur auf 220 °C erhöhen. Die Auberginen einige Minuten karamellisieren lassen, dabei darauf achten, dass sie nicht verbrennen. Das Fruchtfleisch mit einem Löffel herausholen und in einem Passiertuch auspressen, um überschüssiges Öl zu entfernen. Den Knoblauch häuten und alles beiseitestellen.

In einer Pfanne die Zwiebeln in etwas Öl anschwitzen, bis sie weich sind, dann das Auberginenfleisch, Knoblauch und Kräuter untermischen. 20 Minuten zugedeckt köcheln lassen, bis ein Püree entstanden ist. Nach dem Abkühlen etwas Olivenöl mit Zitronensaft vermischen und unterrühren, das gehackte Koriandergrün dazugeben und abschmecken.

Das Tomaten-Concassé fertigstellen: Das Tomaten-Concassé mit Olivenöl aufschlagen, das fein gehackte Basilikum und die Pinienkerne unterrühren und abschmecken.

Die Tapenade zubereiten: Die Oliven mit den Sardellen, dem Knoblauch und dem Öl fein pürieren. Abschmecken.

Das geröstete Landbrot zubereiten: Pro Person 3 Scheiben von 1,5 cm Dicke schneiden. Mit Olivenöl einpinseln, von beiden Seiten rösten, dann mit der halbierten Knoblauchzehe abreiben.

Anrichten: Auf jedem Teller eine Scheibe geröstetes Brot mit Tapenade, eine mit Auberginenpüree und eine mit Tomaten-Concassé anrichten. Jede geröstete Brotscheibe mit einer kleinen Portion Meerbarbenfilet belegen.

Die Brote mit Tomatenfilets und Kräutern dekorieren. Mit Kapern, halbierten Zucchiniblüten und Zitronenschale garnieren. Zum Schluss etwas Aceto balsamico und einige Tupfen Pistou auf den Tellern verteilen. Den Fisch mit Olivenöl beträufeln. Mit Blüten dekorieren.

Seeteufel aus dem Ofen
IN EINEM BETT AUS JUNGEM GEMÜSE

Schwierigkeitsgrad 2
Fisch

FÜR 8 PERSONEN

ZUBEREITUNG: 1 STD. - GARZEIT: 15 MIN.

Für den Seeteufel
- 1,6 kg Seeteufelschwanz
- 100 g Tapenade (s. S. 618)
- 20 Tomatenfilets (s. S. 460)
- 20 Basilikumblätter, blanchiert
- 20 Scheiben Bauchspeck
- 200 g Schweinenetz
- 1 EL natives Olivenöl extra
- 30 g Butter
- 5 Knoblauchzehen
- Fleur de sel
- 1 Msp. Piment d'Espelette
- getrocknete Zitronenschale

Für das Gemüsebett
- 80 g Bauchspeck
- 1 TL Olivenöl
- 3 Knoblauchzehen
- 12 kleine junge Zwiebeln
- 16 Stangen grüner oder weißer Spargel
- 1 Fenchelknolle
- 2 junge Selleriestangen
- 8 Mini-Karotten
- 12 Mini-Rübchen
- 400 ml Fischfond (s. S. 88)
- 1 Kräutersträußchen (Rosmarin, Dill, Thymian, Lorbeer, Basilikum)
- 2 EL Dicke Bohnen, enthäutet
- 2 EL enthülste Erbsen
- 40 g Zuckerschoten
- 40 g extra dünne grüne Bohnen
- 4 Mini-Zucchini
- 30 g leicht gesalzene Butter
- 12 Kirschtomaten
- 12 konfierte Tomatenfilets (s. S. 632)
- 1 EL Pistou
- Zitronensaft oder Zitronenessig
- Olivenöl
- 2 EL gehacktes Basilikum
- Salz und Pfeffer

Zum Anrichten
- 4 Scheiben Jabugo-Schinken
- 160 g Parmesan
- 4 Zucchiniblüten
- Basilikum, Rucola, Dill, Schnittlauch
- essbare Blüten
- geröstete Pinienkerne
- Olivenöl

Die Garnitur vorbereiten: Den Backofen auf 80 °C vorheizen. Den Schinken aufrollen und halbieren. Den Parmesan reiben und kleine Häufchen davon in einer beschichteten Pfanne schmelzen lassen. Die Zucchiniblüten blanchieren, dann im Backofen auf einer Silikonunterlage trocknen lassen.

Den Seeteufel zubereiten: Den Backofen auf 180 °C vorheizen. Den Seeteufel parieren und entgräten, die Mitte beider Filets einschneiden und mit einem Spritzbeutel mit Tapenade füllen. Jedes Seeteufelfilet mit einer Reihe Tomatenfilets belegen, darauf blanchierte Basilikumblätter und dünne Speckscheiben legen. Den Seeteufel in das Schweinenetz wickeln und mit Küchengarn binden. Anschließend den Fisch in Olivenöl und aufgeschäumter Butter mit den ungeschälten Knoblauchzehen anbraten. Für 12 Minuten in den Backofen stellen, in dieser Zeit immer wieder mit dem Bratfett begießen, damit der Fisch nicht austrocknet. Die Kerntemperatur soll 56–58 °C betragen. Den Seeteufel aus dem Ofen nehmen und 5 Minuten auf einem Gitter ruhen lassen, dann pro Person 1–2 Portionen zuschneiden. Mit Fleur de sel, Piment d'Espelette und zerstoßener Zitronenschale bestreuen.

Das Gemüsebett zubereiten: Den Speck würfeln und in einer Pfanne in Olivenöl anbräunen. Beiseitestellen.

Den Knoblauch und die jungen Zwiebeln abziehen, den Spargel schälen, Fenchel und Sellerie putzen, die Karotten und Rübchen schaben, den Stielansatz stehen lassen. Alles in die Pfanne geben und so viel konzentrierten Fischfond zugießen, dass alles bedeckt ist. Das Kräutersträußchen dazugeben und das Gemüse zugedeckt bei niedriger Temperatur köcheln lassen, bis es gar ist. Inzwischen Dicke Bohnen, Erbsen, Zuckerschoten, grüne Bohnen und Mini-Zucchini in Salzwasser garen.

Das gegarte Gemüse aus dem Fischfond heben. Den Fond mit Butter aufschlagen. In die Pfanne die Speckwürfel, Kirschtomaten, Tomatenfilets und alle gegarten Gemüsesorten geben. Mit Pistou binden. Mit etwas Zitronensaft oder Zitronenessig würzen, mit einem Schuss Olivenöl cremig rühren, das Basilikum zugeben und abschmecken.

Anrichten: Die Gemüsemischung in tiefen Tellern anrichten und mit dem mit Butter aufgeschlagenen Fond begießen. Die Fischportionen in der Mitte anrichten und mit halbierten Zucchiniblüten, Kräutern, Parmesanplatten und Schinkenröllchen garnieren. Mit gerösteten Pinienkernen bestreuen und mit Olivenöl beträufeln.

Schwierigkeitsgrad 2
Fisch

Gebratener Steinbutt
KARTOFFELN, PFIFFERLINGE, TINTENFISCH, GEMÜSE, OLIVENÖL

FÜR 8 PERSONEN

Für Steinbutt und Tintenfische
4 Steinbutte aus Wildfang à 1,2–1,3 kg
einige getrocknete Fenchelsamen
2 Knoblauchzehen
einige Stängel Thymian
300 g Tintenfischfilet
Olivenöl
grobes Salz
200 g leicht gesalzene Butter

Für den konfierten Knoblauch
8 junge Knoblauchzehen
Olivenöl

Für die Garnitur
600 g Pfifferlinge
einige getrocknete Fenchelsamen
einige Stängel Thymian
2 Knoblauchzehen
100 ml Olivenöl
Salz
500 g kleine Kartoffeln
100 ml Weißwein

Für die Sauce vierge mit Gemüse
30 g gelbe Zucchini
30 g Trompeten-Zucchini
20 g Gurke, ungeschält, entkernt
20 g Stangensellerie
50 g Tomate
20 g rote Zwiebel
40 g Pinienkerne, geröstet
40 g schwarze Oliven
350 ml fruchtig-grünes Olivenöl
3 EL Aceto balsamcico
25 ml Barolo-Essig
¼ Bund Zwergbasilikum
Salz
1 Msp. Piment d'Espelette

Zum Anrichten
1 Bund junge rote Zwiebeln
4 Piquillo-Paprikaschoten
8 Kapernfrüchte
rotes und grünes Zwergbasilikum

ZUBEREITUNG: 1 STD. - GARZEIT: 45 MIN.

Steinbutt und Tintenfisch vorbereiten: Den Steinbutt küchenfertig vorbereiten (s. S. 331). Den Fisch mit Fenchelsamen, dem ungeschälten Knoblauch und dem Thymian füllen, dann kalt stellen und erst 20 Minuten vor dem Garen aus dem Kühlschrank nehmen. Den Tintenfisch putzen, auf jeder Seite mit einem Messer fein einschneiden und in den Kühlschrank stellen.

Den Knoblauch konfieren: Die Knoblauchzehen in einem kleinen Topf mit Olivenöl bedecken und bei 85 °C etwa 45 Minuten garen.

Die Garnitur vorbereiten: Den Backofen auf 170 °C vorheizen. Die Pfifferlinge mehrmals in jeweils frischem kaltem Wasser waschen und abtropfen lassen. Zusammen mit Fenchel, Thymian, einer Knoblauchzehe und Salz 2 Minuten in Olivenöl anbraten, abtropfen lassen und beiseitestellen. Die Kartoffeln halbieren und mit der restlichen Knoblauchzehe und dem Thymian in einen Schmortopf geben. Mit Weißwein ablöschen und im Ofen 30 Minuten zugedeckt garen.

Die Sauce vierge mit Gemüse zubereiten: Zucchini, Gurke, Stangensellerie und Tomate in kleine Würfel schneiden. Die rote Zwiebel fein hacken, die gerösteten Pinienkerne und die Olivenstreifen zugeben. Mit Olivenöl, Aceto balsamico, Barolo-Essig, Zwergbasilikum, Salz und Piment d'Espelette abschmecken.

Den Backofen auf 180 °C vorheizen. Den Steinbutt mit Olivenöl und grobem Salz würzen. Auf einen Gitterrost mit Auffangschale mit der späteren Servierseite nach oben legen, mit der leicht gesalzenen zerlassenen Butter begießen und für 10–12 Minuten in den Ofen schieben, während dieser Zeit hin und wieder begießen, dann außerhalb des Ofens auf Alufolie ruhen lassen.

Die Garnitur fertigstellen: Inzwischen die Pfifferlinge im Fischbratfett anbraten, die in dünne Scheiben geschnittenen Zwiebeln und die in Streifen geschnittenen Piquillos untermischen.

Den Tintenfisch in Streifen schneiden und bei hoher Temperatur rasch anbraten.

Anrichten: Den Steinbutt 3 Minuten im Ofen erwärmen, die dunkle Haut entfernen und alle Zutaten in einer Linie entlang der Mittelgräte anrichten. Die Sauce vierge mit Gemüse gesondert reichen.

Schwierigkeitsgrad 2
Fisch

Hechtklöße
MIT KREBSEN UND HUMMERSAUCE

FÜR 8 PERSONEN

ZUBEREITUNG: 50 MIN. - GARZEIT: 45 MIN.

Für die Hummersauce
300 g Karotten, Sellerie, Zwiebeln und Schalotten, gewürfelt (s. S. 440)
2 Knoblauchzehen, gehackt
330 g Butter
5 Tomaten, enthäutet, entkernt und gehackt (s. S. 460)
4 EL Tomatenmark
80 ml Cognac
200 ml trockener Weißwein
1,5–2 l Fischfond (s. S. 88)
1 l Hummer-Bisque
1 Kräutersträußchen
50 g Mehl
300 ml Crème fraîche
200 ml flüssige Sahne
50 g Hummerbutter (s. S. 96)
1 Bund Estragon
Saft von 1 Zitrone
Salz und Pfeffer aus der Mühle

Für die Hecht-Mousseline
350 g Hechtfilet (oder Zander)
1 Ei
450 ml flüssige Sahne
80 g weiche Hummerbutter
1 Msp. Piment d'Espelette
Salz und Pfeffer aus der Mühle

Zum Einpinseln der Klößchen
30 g Butter, geklärt (s. S. 56)
oder Hummerbutter (s. S. 96)

Zum Anrichten
56 Flusskrebse, gekocht und geschält
50 g Hummerbutter
8 Krebse, zusammengebunden und gegart (s. S. 600)
8 TL gegarter Hummerrogen
Kerbel, Petersilie, Estragon, Schnittlauch

Die Hummersauce zubereiten: Das Gemüse, die Zwiebeln und den Knoblauch in 30 g Butter anschwitzen. Tomaten und Tomatenmark unterrühren und mit dem Cognac ablöschen. Mit dem Weißwein auffüllen und auf die Hälfte reduzieren. Anschließend den Fischfond zugießen, die Hummer-Bisque und das Kräutersträußchen zugeben und 20–30 Minuten köcheln lassen. Durch ein Sieb passieren und 250 g Butter unterrühren. Aus 50 g Butter und 50 g Mehl eine helle Mehlschwitze herstellen (s. S. 38) und die Sauce damit binden. Crème fraîche und Sahne zugeben und um ein Drittel reduzieren, dann mit der Hummerbutter aufschlagen. Den Estragon 5-10 Minuten in der Sauce ziehen lassen. Die Sauce durch ein Sieb passieren, abschmecken und die Säure mit etwas Zitronensaft regulieren. Die Sauce in eine große Gratinform oder acht Portionsförmchen füllen und warm halten.

Die Hecht-Mousseline zubereiten: Das gut gekühlte Hecht- oder Zanderfleisch mit etwas Salz im Mixer fein zerkleinern. Das Ei und 200 ml Sahne untermixen. Die Masse durch ein Sieb passieren, in eine Schüssel füllen und in eine zweite, mit Eiswürfeln gefüllte Schüssel setzen. Die restliche Sahne mit einem Spatel einarbeiten, anschließend die Hummerbutter mit einem Schneebesen unterschlagen. Mit Salz, Pfeffer und Piment d'Espelette abschmecken. Die Mousseline im Eiswasserbad lassen, bis sie etwas fester geworden ist. Wenn die Mousseline fest genug ist, mit einem Löffel Klößchen abstechen oder die Masse in Frischhaltefolie zu einer Rolle formen. 20 Minuten in leicht siedendem Wasser (es darf nicht kochen) pochieren.

Die Klöße garen: Den Backofen auf 180 °C vorheizen. Die Frischhaltefolie entfernen, die Klöße auf die warme Sauce legen und mit geklärter Butter oder Hummerbutter bestreichen. Für 8–12 Minuten in den Ofen schieben, bis sie ihr Volumen verdoppelt haben

Anrichten: Direkt vor dem Servieren auf jedem Teller sieben Krebsschwänze anrichten, die in Hummerbutter erwärmt wurden, ohne zu bräunen. Mit einem ungeschälten zusammengebundenen Krebs, 1 TL Hummerrogen und den Kräutern garnieren.

Schwierigkeitsgrad 3

Fisch

Seezunge
NACH ART EINER GRENOBLOISE

FÜR 10 PERSONEN

ZUBEREITUNG: 1 STD. 30 MIN. - GARZEIT: 30 MIN.

Für die Seezunge
5 Seezungen à 600–800 g aus Leinenfang
400 g Nussbutter (s. S. 57)
Schale von 1 unbehandelten Zitrone
Salz und Pfeffer aus der Mühle

Für das Gebäck
500 g Toastbrot
3 Bund Petersilie
200 g kalte Butter

Für die Garnitur
1,5 kg Kartoffeln
grobes graues Meersalz
100 ml Olivenöl
100 g kalte Butter
Salz

Für die Balsamico-Sauce
40 ml Aceto balsamico
100 g kalte Butter
Saft von ½ Zitrone
Salz und weißer Pfeffer aus der Mühle

Zum Anrichten
30 schwarze Oliven, entsteint
1 Zitrone
30 konfierte Kirschtomaten
½ Bund Basilikum
30 Kapernfrüchte
250 g Pistou

Die Seezunge küchenfertig vorbereiten, die dunkle Haut entfernen und die weiße Haut schuppen, die Filets auslösen (s. S. 322). Die Nussbutter in Frischhaltefolie zu zehn langen, dünnen Rollen formen. Die Seezungenfilets mit der Hautseite nach unten auf die Arbeitsfläche legen, würzen, ein Stück Nussbutter und etwas abgeriebene Zitronenschale dazugeben, ein zweites Filet mit der Hautseite nach oben entgegengesetzt darauflegen (**1**). Fest in Frischhaltefolie wickeln (**2**). Vakuumieren und beiseitestellen.

Das Gebäck zubereiten: Zuerst das weiße und grüne Paniermehl herstellen: Das Toastbrot entrinden und in Würfel schneiden. Die Hälfte im Backofen bei 100 °C trocknen, dann im Mixer zu feinen Bröseln verarbeiten. Die andere Hälfte bei 160 °C im Ofen trocknen, dann im Mixer mit der entstielten Petersilie fein zerkleinern. Die Butter cremig rühren, würzen und jeweils die Hälfte unter die hellen und die grünen Brösel mischen. Beide Zubereitungen getrennt zwischen zwei Bögen Backpapier ausrollen und ins Gefrierfach legen, bis sie fest sind. Die beiden Platten in schmale Streifen schneiden (**3, 4**) und immer abwechselnd einen weißen und einen grünen Streifen zusammenfügen. Zwischen zwei Lagen Backpapier nochmals ausrollen, damit sich die Streifen verbinden (**5**), und im Gefrierfach wieder fest werden lassen. Danach in lange, schmale Stücke schneiden (**6**).

Den Backofen auf 180 °C vorheizen. Die Kartoffeln in der Schale auf einem Bett aus grauem Salz im Backofen etwa 40 Minuten garen, bis eine Messerspitze ohne Widerstand eindringt.

Inzwischen für das Anrichten die entsteinten schwarzen Oliven abtropfen lassen und in schmale Streifen schneiden. Von der Zitrone Zesten abziehen, drei Mal blanchieren, abtropfen lassen und in schmale Streifen schneiden. Die Zitrone filetieren und die Filets jeweils dritteln. Alle anderen Elemente für das Anrichten vorbereiten.

Die Kartoffeln schälen und mit einer Gabel in einer Schüssel im Wasserbad zerdrücken. Dieses Püree mit Olivenöl und Butter aufschlagen, mit Salz abschmecken, mit Frischhaltefolie abdecken und im Wasserbad warm halten.

Die Balsamico-Sauce zubereiten: Den Essig um die Hälfte reduzieren, mit der Butter aufschlagen und mit ein paar Tropfen Zitronensaft, Salz und Pfeffer abschmecken.

Die Seezunge 8 Minuten bei 70 °C Sous-vide garen, warm halten. Direkt vor dem Servieren noch für 2 Minuten bei 70 °C in den Dampfgarer geben. Den Beutel öffnen, die Filets aus der Folie wickeln und die Ränder glatt schneiden. Einen Gebäckstreifen auf jedes Filet legen und alles für 2 Minuten unter den Salamander stellen, bis der Fisch heiß ist und das Gebäck etwas Farbe angenommen hat.

Anrichten: Auf jedem Teller mit der Balsamico-Sauce zwei Linien ziehen und Tropfen von Pistou danebensetzen. Tomaten, Zitronenstücke, kleine Basilikumblätter, die Kapern und die Oliven mit Zitronenzesten in einer Linie anrichten, daneben die Seezunge. Ein Schälchen Pistou und das Püree gesondert reichen.

1 2

627 - DIE REZEPTE DER LEHRER

Schwierigkeitsgrad 3

Fisch

Wittling, Basilikum und Gnocchi

FÜR 10 PERSONEN

ZUBEREITUNG: 1 STD. - PÖKELN: 5 MIN. - GARZEIT: 50 MIN.

Für den Wittling
5 Wittlinge à 400 g aus Leinenfang
Salz

Für die Basilikumbutter
175 g Butter
Saft von ½ Zitrone
150 g Béchamelsauce (s. S. 38)
1 Knoblauchzehe, gehackt
1 Msp. Senf
5 g Spinatpüree
2 Bund Basilikum

Für die Garnitur
100 g Babyspinat
5 Poivrade-Artischocken
Saft von 1 Zitrone
etwas Olivenöl
1 unbehandelte Orange
40 konfierte Kirschtomaten

Für die Gnocchi
30 Gnocchi (s. S. 398)
200 ml geschlagene Sahne
1 Eigelb
100 g Basilikumpesto
80 g Parmesan, gerieben

Zum Anrichten
Spinatpüree
Kapernfrüchte
schwarze Oliven
Quark
40 konfierte Kirschtomaten

Den Wittling vorbereiten: Die Fische küchenfertig vorbereiten und filetieren (s. S. 342). Die Filets entgräten und 5 Minuten in eine fünfprozentige Salzlake legen (50 g Salz auf 1 l kaltes Wasser). Abtropfen lassen, aus jedem Filet einen gleichmäßigen Streifen schneiden und würzen. Einzeln in Frischhaltefolie wickeln und in den Kühlschrank stellen.

Die Garnitur vorbereiten: Den Babyspinat waschen und entstielen. Kurz blanchieren, abkühlen lassen, dann auf leicht geöltes Backpapier legen. Die Artischocken tournieren (s. S. 456), dann der Länge nach dritteln. Mit Salz, Zitronensaft und Olivenöl würzen. Vakuumieren und bei 90 °C im Dampfgarer 40 Minuten garen. Von der Orange dünne Zesten abziehen, dreimal blanchieren, dann abtropfen lassen. Die Orangenfilets auslösen.

Die Gnocchi zubereiten: Die Gnocchi garen und abkühlen lassen. Dann auf 10 Porzellanschiffchen verteilen und mit Frischhaltefolie abdecken. Die geschlagene Sahne mit Eigelb, Pesto und geriebenem Parmesan verrühren. Die Frischhaltefolie abnehmen, die Gnocchi-Schiffchen mit der Sahnemischung garnieren und unter dem Salamander gratinieren.

Die Basilikumbutter zubereiten: Zunächst aus 160 g Butter und 40 ml Wasser eine Beurre monté herstellen: Das Wasser mit einer Prise Salz zum Kochen bringen. Mit einem Schneebesen die in kleine Stücke geschnittene Butter unterziehen. Mit Zitronensaft abschmecken. Die Béchamelsauce mit der restlichen Butter, dem Knoblauch, Senf und Spinatpüree in den Mixer geben, zum Schluss das Basilikum dazugeben und pürieren. Kurz vor dem Servieren beide Zubereitungen im Wasserbad mit 1 EL kaltem Wasser cremig aufschlagen.

Den Wittling zubereiten: Den Fisch mit Öl einpinseln, dann in angefeuchtetes Küchenpapier (oder Gaze) wickeln. Im Dampfgarer bei 70 °C 8 Minuten garen. Den Wittling aus dem Papier nehmen, trockentupfen und auf einem Gitterrost über einer Auffangschale großzügig mit Basilikumbutter überziehen (**1, 2**). Zum Schluss den Quark in einen Spritzbeutel füllen und den Merlan mit einem Fadenmuster verzieren (**3**).

Anrichten: Den Babyspinat, die Artischocken und die Kirschtomaten erwärmen. Die Orangenfilets in Stücke schneiden. Mit dem Spinatpüree auf jedem Teller eine Linie ziehen und alles harmonisch anrichten.

1

2

3

Schwierigkeitsgrad 3

Fisch

Wolfsbarsch
MIT MAIS UND MORCHELN

FÜR 10 PERSONEN

ZUBEREITUNG: 1 STD. - KÜHLZEIT: 12 STD. - PÖKELN: 15 MIN. - GARZEIT: 40 MIN.

Für den Wolfsbarsch
2,5 kg Wolfsbarsch aus Leinenfang
Salz
50 g Butter
½ Bund Schnittlauch

Für die Maisbeignets
300 g Maiskörner aus der Dose
2 Eier
125 ml Milch
150 g Mehl
5 g frische Hefe
5 g Salz
½ junge Zwiebel,
in dünne Scheiben geschnitten
Öl zum Frittieren

Für das Maispüree und das Popcorn
300 g Maiskolben
1 l Milch
80 g Zwiebel, fein gewürfelt
30 g Butter
150 ml heller Geflügelfond (s. S. 66)
2 EL Trüffelöl

Für den Babymais
250 g frischer Babymais
50 g Honig
3 EL Weißweinessig
200 ml Weißwein
5 g Salz
5 schwarze Pfefferkörner
2 Sternanis
20 Koriandersamen

Für die knusprigen Maisplatten
30 g feines Maismehl
60 g Olivenöl

Für den Morchelschaum
30 g getrocknete Morcheln
3 Eier + 1 Eigelb
2 EL Sherryessig
5 g Salz
250 g Butter, zerlassen

Zum Anrichten
Daikon-Sprossen
rotes Basilikum

Vorbereitungen am Vortag: Für die Maisbeignets den Mais abtropfen lassen. Die Eier mit der Milch verquirlen. Das Mehl, die Hefe und das Salz untermischen. Die Zwiebelscheiben und den Mais dazugeben und die Masse über Nacht in den Kühlschrank stellen.

Den Wolfsbarsch vorbereiten: Den Fisch küchenfertig vorbereiten und filetieren (s. S. 342). Die Filets in zehn Portionen teilen und für 15 Minuten in eine fünfprozentige Salzlake legen (50 g Salz auf 1 l kaltes Wasser).

Die Morcheln vorbereiten: Für den Morchelschaum die getrockneten Morcheln 20 Minuten in kaltem Wasser einweichen.

Das Maispüree zubereiten: Die Maiskolben entblättern. Die Hälfte der Körner für das Popcorn aufheben, die andere Hälfte in einer Mischung aus 1 l Wasser und der Milch bei niedriger Temperatur 30 Minuten köcheln lassen. Den Topf vom Herd nehmen, die Kolben abtropfen lassen und acht Streifen in der Breite von zwei Körnerreihen schneiden und beiseitestellen. Die restlichen Körner für das Püree vom Kolben lösen. In einem Schmortopf die Zwiebel in etwas Butter anschwitzen, die Maiskörner und den Geflügelfond zugeben und 30 Minuten bei niedriger Temperatur garen. Abtropfen lassen und mit der restlichen Butter und 1 EL Trüffelöl im Mixer pürieren. Würzen und warm stellen.

Das Popcorn zubereiten: In einem verschlossenen Topf die Maiskörner erhitzen, bis sie platzen. Mit 1 EL Trüffelöl und Salz aromatisieren.

Den Babymais zubereiten: Den Babymais in Salzwasser 3 Minuten bissfest garen. Inzwischen in einer Schüssel Honig, Essig, Weißwein und Gewürze mischen. Aufkochen, den Babymais unterrühren und 10 Minuten köcheln lassen.

Die knusprigen Maisplatten zubereiten: Alle Zutaten mit 250 ml Wasser verrühren. Eine beschichtete Pfanne erhitzen und eine dünne Schicht Teig hineingießen. Bei mittlerer Temperatur backen, bis die Platte knusprig ist und ein Lochmuster bildet. Acht solche Platten backen.

Den Morchelschaum zubereiten: Die Morcheln abtropfen lassen, von der Flüssigkeit 50 ml abnehmen und in einem Topf bei niedriger Temperatur auf die Hälfte reduzieren. Nach und nach unter ständigem Schlagen die Eier, das Eigelb, das Salz und die Butter dazugeben. Sobald die Mischung homogen ist, in einen Siphon mit zwei Patronen umfüllen und im Wasserbad bei 65 °C warm halten.

Fertigstellen: Die Fischfilets in Butter braten. Aus dem Beignetteig mit einem Kaffeelöffel kleine Kugeln formen. Das Frittieröl auf 170 °C erhitzen und die Beignets darin 3 Minuten frittieren. Auf Küchenpapier abtropfen lassen, salzen. Die Maisstreifen in einer Pfanne in Butter erwärmen, die Morcheln in aufgeschäumter Butter anbraten, würzen.

Anrichten: Auf jeden Teller einen Löffel Maispüree geben. Daneben ein Stück Wolfsbarsch mit einer Maisplatte anrichten, oberhalb einen gerösteten Maisstreifen. Babymais, Popcorn und Morcheln in einer Linie anordnen, darauf die Kräuter. Morchelschaum und Beignets gesondert reichen.

Wolfsbarsch, Schuppen aus konfierter Tomate und Zucchini

Schwierigkeitsgrad 3
Fisch

FÜR 8 PERSONEN

ZUBEREITUNG: 1 STUNDE - GARZEIT: 1 STUNDE 15 MINUTEN

Für den Wolfsbarsch
2 Wolfsbarsche à 1 kg
Olivenöl
100 g Schalotten, fein gewürfelt
100 ml Weißwein
200 ml Fischfond (s. S. 88)
400 ml flüssige Sahne
200 g Butter
Salz und Pfeffer aus der Mühle

Für die konfierten Tomaten
2 kg Rispentomaten
1 Prise Zucker
1 Knoblauchzehe
100 ml Olivenöl
4 Zweige Thymian
4 Lorbeerblätter
Salz und Pfeffer aus der Mühle

Für die Zucchini-Schuppen
400 g Zucchini
Salz

Für die Garnitur
175 g Tomaten
125 g Zucchini
2 Zweige Thymian
2 EL Olivenöl
½ unbehandelte Zitrone

Zum Anrichten
16 Zweige Thymian
Crema di balsamico

Den Wolfsbarsch vorbereiten: Die Fische schuppen, ausnehmen und filetieren (s. S. 342). Die Filets in acht viereckige Stücke schneiden. In den Kühlschrank stellen.

Die konfierten Tomaten zubereiten: Den Backofen auf 110 °C vorheizen. Die Tomaten häuten, vierteln und filetieren (s. S. 460). Die Filets auf ein mit Backpapier ausgelegtes Backblech legen. Mit Salz, Pfeffer und Zucker würzen. Die Knoblauchzehe in sehr dünne Scheiben schneiden und auf jedes Tomatenfilet eine Scheibe Knoblauch legen. Die Tomaten mit Olivenöl beträufeln, mit Thymian bestreuen und die Lorbeerblätter zwischen die Tomaten stecken. Die Tomaten für 1 Stunde in den Ofen schieben.

Die Zucchini-Schuppen zubereiten: Die Zucchini in 2 mm dicke Scheiben schneiden und einige Sekunden in kochendem Salzwasser blanchieren. In einer Schüssel mit Eiswasser abschrecken. Sie sollen knackig bleiben. Abtropfen lassen, trockentupfen und beiseitestellen.

Den Wolfsbarsch zubereiten: Die Backofentemperatur auf 150 °C erhöhen. Die Fischstücke auf der Hautseite in Olivenöl etwa 1 Minute anbraten. Die Haut vorsichtig abziehen, ohne dass sie zerreißt, und im Backofen zwischen zwei Lagen Backpapier und zwei Backblechen trocknen lassen, bis sie knusprig ist. In Rauten schneiden und beiseitestellen.

Die Tomatenfilets und die Zucchinischeiben mit einem Ausstecher rund ausstechen.

Die Backofentemperatur auf 170 °C erhöhen. Die Tomaten- und Zucchinischeiben schuppenförmig auf den Fischstücken anrichten. Die Fischstücke in eine gebutterte ofenfeste Form legen, die Schalotten, etwas Weißwein und den Fischfond dazugeben. Die Form mit Alufolie verschließen und für 15 Minuten in den Ofen stellen. Den Fisch anschließend warm halten, die Garflüssigkeit in eine Pfanne gießen und auf 200 ml reduzieren. Die Sahne zugießen und die Sauce mit der Butter aufschlagen. Durch ein Sieb passieren, abschmecken und warm halten.

Die Garnitur zubereiten: Für die Garnitur die Tomaten häuten und entkernen. Tomaten und Zucchini mit Thymianblättern fein hacken, mit dem Öl verrühren und abschmecken. Von der Zitrone dünne Zesten abziehen und drei Mal in kochendem Wasser blanchieren.

Anrichten: Auf jeden Teller ein Stück Wolfsbarsch legen, zwei Rauten der knusprigen Fischhaut und zwei Thymianstängel hübsch darauf anrichten. Die Sauce daneben aufstreichen, die Gemüsewürfelchen zu einer langen Linie ausziehen. Mit Zitronenzesten garnieren und einige Tupfen Crema di balsamico dazusetzen.

Schwierigkeitsgrad 1
Meeresfrüchte

Kaisergranat,
RISOTTO MIT WALDPILZEN

FÜR 8 PERSONEN

ZUBEREITUNG: 30 MIN. - GARZEIT: 25 MIN

Für den Kaisergranat
2 kg große Kaisergranate (Sortierung 7/9)
40 g Butter

Für die Waldpilze
150 g kleine Steinpilze
150 g kleine Pfifferlinge
30 g Butter
Salz und Pfeffer aus der Mühle

Für den Risotto
1 gelbe Zwiebel, fein gewürfelt
2 EL Olivenöl
250 g Risottoreis
2 EL Weißwein
1 l Hühnerbrühe (s. S. 74)
100 g Parmesan
100 g Butter
1 Bund Schnittlauch
½ Bund Kerbel

Zum Anrichten
Crema di balsamico

Den Kaisergranat vorbereiten: Kopf abtrennen, den Schwanz schälen, dabei die letzten beiden Segmente intakt lassen, Darm entfernen (s. S. 352). Kaisergranat in den Kühlschrank stellen.

Die Pilze zubereiten: Die schönsten Pilze ganz lassen, die übrigen würfeln. In einer Pfanne die Butter zerlassen, zuerst die gewürfelten und die ganzen Pilze separat anbräunen, salzen und pfeffern.

Den Risotto zubereiten: Die Zwiebel in etwas Öl in einem Schmortopf anschwitzen, ohne dass sie Farbe annimmt. Den Reis zugeben und anschwitzen, mit Weißwein ablöschen, dann nach und nach unter regelmäßigem Rühren die heiße Hühnerbrühe angießen. Die Garzeit beträgt 16–18 Minuten. Den Parmesan und die Butter in kleinen Stückchen unterrühren. Die gewürfelten Pilze sowie fein gehackten Schnittlauch und Kerbel dazugeben. Der Risotto soll cremig sein. Zugedeckt warm halten.

Den Kaisergranat zubereiten: Die Kaisergranatschwänze in einer beschichteten Pfanne in der Butter 3–4 Minuten braten. Die Garzeit soll kurz sein, damit sie nicht austrocknen.

Anrichten: Auf jedem Teller eine Portion Risotto, Pilze und zwei Kaisergranatschwänze anrichten und mit Crema di balsamico dekorieren.

Schwierigkeitsgrad 1

Meeresfrüchte

Meeresfrüchte-Gratin, GEDÄMPFTES JULIENNEGEMÜSE

FÜR 8 PERSONEN

ZUBEREITUNG: 50 MIN. - GARZEIT: 40 MIN.

Für das Juliennegemüse
300 g Knollensellerie
500 g Karotten
500 g Weißes vom Lauch
50 g Butter
1 Prise Zucker
Fleur de sel
Pfeffer aus der Mühle
1 TL Currypulver

Für die Meeresfrüchte
300 g Miesmuscheln
300 g Herzmuscheln
300 g Venusmuscheln
300 g Raue Venusmuscheln
2 Schalotten, fein gewürfelt
200 ml Weißwein

Für die Samtsauce
30 g Butter
30 g Mehl
300 ml Milch
300 ml flüssige Sahne
1 Msp. Piment d'Espelette
1 Msp. geriebene Muskatnuss

Zum Anrichten
500 g ausgelöste Jakobsmuscheln
2 EL Olivenöl
1 Bund Schnittlauch

Das Juliennegemüse zubereiten: Sellerie und Karotten schälen, dann in feine Streifen schneiden (s. S. 442). Den Lauch ebenfalls in feine Streifen schneiden, in kaltes Wasser tauchen und abtropfen lassen. Alle Juliennestreifen mit einem Stück Butter und dem Zucker in einen Topf mit Deckel geben. Salzen, pfeffern, 2 EL Wasser und das Currypulver zugeben. Zugedeckt bei niedriger Temperatur 20 Minuten köcheln lassen.

Die Meeresfrüchte zubereiten: Die Muscheln säubern (s. S. 364). Nach Sorten getrennt mit den Schalotten und dem Weißwein garen, bis sie sich öffnen. Die Garflüssigkeit durch ein Sieb gießen. Den größten Teil der Muscheln aus den Schalen lösen, ungeöffnete Muscheln aussortieren. Die Muscheln in der Schale warm halten.

Die Samtsauce zubereiten: Aus Butter und Mehl eine helle Mehlschwitze zubereiten (s. S. 38, Schritt 1), 150 ml Garflüssigkeit der Muscheln, die Milch und die Hälfte der Sahne zugießen. Mit Piment d'Espelette und Muskatnuss abschmecken, die restliche Sahne schlagen und vorsichtig unterheben.

Anrichten: Den Backofen auf 170 °C vorheizen. Die Jakobsmuscheln in Olivenöl von jeder Seite 2 Minuten anbräunen. Die Gemüsejulienne, die ausgelösten Muscheln, die Jakobsmuscheln und etwas Schnittlauch in eine Auflaufform geben. Die Samtsauce dazugießen und alles im Ofen 15–18 Minuten gratinieren. Mit den Muscheln in der Schale und Schnittlauchhalmen dekorieren.

Schwierigkeitsgrad 1
Vegetarisch

Dinkelrisotto
ROHER UND GEKOCHTER GRÜNER SPARGEL

FÜR 8 PERSONEN

28 Stangen grüner Spargel
80 g Parmesan

Für den Dinkelrisotto
300 g Dinkel
4 EL Olivenöl
140 g Zwiebel, fein gewürfelt
3 EL trockener Weißwein
Gemüsebrühe (s. S. 79)
2 EL gereifter Weinessig
8 Basilikumblätter
Salz und Pfeffer aus der Mühle

ZUBEREITUNG: 1 STD. - GARZEIT: 30 MIN.

Den Spargel zubereiten: Den Spargel putzen und schälen (s. S. 450). Die Spitzen von 24 Spargelstangen auf dieselbe Länge schneiden (etwa 7 cm). Die Hälfte der Spargelstangen in Salzwasser garen, abkühlen lassen, dann im Mixer pürieren und beiseitestellen. Die restlichen Spargelstangen fein würfeln (Brunoise, s. S. 443) und ebenfalls für die Zubereitung des Risottos beiseitestellen. Die 24 Spargelspitzen in Salzwasser garen. Sobald sie al dente sind, in eine Schüssel mit Eiswasser tauchen und sofort abtropfen lassen.

Die vier letzten Spargelstangen mit dem Gemüsehobel in dünne Streifen schneiden. Auf einen Teller legen und mit Frischhaltefolie abdecken.

Die Hälfte des Parmesans mit einem Sparschäler in dünne Späne schneiden, die andere Hälfte reiben. Beiseitestellen.

Den Dinkelrisotto zubereiten: Den Dinkel in einen Topf geben und das dreifache Volumen an kaltem Wasser zugießen. Aufkochen und nach Packungsanweisung bei niedriger Temperatur garen. Vom Herd nehmen und leicht würzen. Falls nötig, abtropfen lassen.

In einer Sauteuse 1 EL Olivenöl erhitzen und die Zwiebelwürfel darin anschwitzen. Die Spargelwürfel zugeben und 1 Minute mitgaren. Mit Weißwein ablöschen und die Flüssigkeit völlig einkochen lassen. Gemüsebrühe zugießen und 2 Minuten bei hoher Temperatur kochen lassen. Den Dinkel und den pürierten Spargel hinzugeben. Noch 1 Minute erhitzen, dann vom Herd nehmen. Den geriebenen Parmesan und den Essig unterrühren. Abschmecken.

Anrichten: Die Spargelspitzen in 3 EL Gemüsebrühe und 1 EL Olivenöl aufwärmen, salzen. Den Risotto auf einem flachen Teller anrichten. Spargelspitzen, rohe Spargelstreifen und Parmesanspäne mit dem restlichen Öl, Salz und Pfeffer anmachen und auf dem Risotto anrichten, zum Schluss mit Basilikumblättern garnieren.

Schwierigkeitsgrad 1
Vegetarisch

Bulgur
mit Trockenfrüchten und Karotten-Kreuzkümmel-Gelee

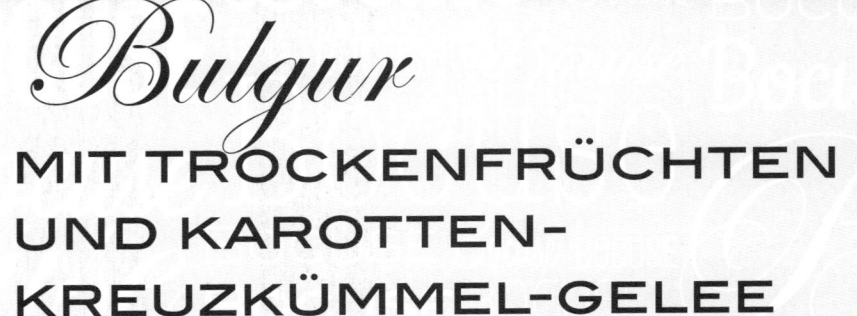

FÜR 8 PERSONEN

ZUBEREITUNG: 45 MIN. - RUHEZEIT: 15 MIN. - GARZEIT: 20 MIN.

Für den Bulgur
400 g grober Bulgur
3 EL Olivenöl
700 ml Gemüsebrühe (s. S. 79)
Salz und Pfeffer aus der Mühle

Für die Garnitur
150 g konfierte Tomaten (s. S. 632)
60 g getrocknete Aprikosen
60 g schwarze Oliven
60 g in Salz eingelegte Zitronen
60 g Sultaninen
60 g Mandeln
60 g Haselnüsse

Für das Karotten-Kreuzkümmel-Gelee
200 ml Karottensaft
2 g Kreuzkümmel
300 ml Gemüsebrühe (s. S. 79)
25 g Sosa (pflanzliches Geliermittel)
Salz

Zum Anrichten
50 g Koriander-Coulis
50 g Joghurt
50 g Sprossen und kleine Kräuterblätter

Den Bulgur zubereiten: Den Bulgur in Olivenöl anschwitzen, die Gemüsebrühe zugießen. Würzen und zugedeckt 20 Minuten köcheln lassen. Danach noch 15 Minuten ruhen lassen, mit einer Gabel auflockern und beiseitestellen.

Die Garnitur zubereiten: Die konfierten Tomaten, getrockneten Aprikosen, Oliven und eingelegten Zitronen in Würfel oder Streifen schneiden. Die Sultaninen in lauwarmem Wasser einweichen. Mandeln und Nüsse in einer Pfanne rösten, dann gleichmäßig hacken.

Das Karotten-Kreuzkümmel-Gelee zubereiten: Den Karottensaft mit dem Kreuzkümmel und 1 Prise Salz in die Gemüsebrühe gießen. Durch ein Sieb oder Passiertuch gießen, das Geliermittel zugeben und aufkochen. Die Zubereitung rasch 2 mm dick in einen mit Backpapier ausgelegten Rahmen gießen.

Die Zutaten der Garnitur harmonisch darauf verteilen und das Gelee völlig erkalten lassen.

Anrichten: Mithilfe eines rechteckigen Rahmens den Bulgur 1 cm dick auf den Tellern anrichten. Aus dem Gelee Rechtecke von derselben Größe ausschneiden und den Bulgur damit abdecken. Mit Tupfen von Koriandercoulis und dem glatt gerührten Joghurt, Sprossen und Kräuterblättern dekorieren.

Schwierigkeitsgrad 2
Vegetarisch

Belugalinsen
MIT RAUCHIGEM ESPUMA

FÜR 8 PERSONEN

ZUBEREITUNG: 1 STD. - RUHEZEIT: 15 MIN. - GARZEIT: 50 MIN.

Für die Linsen
1 Karotte
1 große Zwiebel
2 Gewürznelken
600 g Beluga-Linsen
1 Kräutersträußchen
grobes graues Meersalz

Für die Garnitur
400 g junge Zwiebeln
400 g gelbe Karotten
Salz

Für den rauchigen Espuma
400 ml Milch
40 g Räuchermehl oder -späne
250 ml Gemüsebrühe (s. S. 79)
5,25 g Sojalecithin-Pulver
1 EL Mandelöl
Salz und Pfeffer aus der Mühle

Zum Anrichten
Gemüsebrühe

Die Linsen zubereiten: Die Karotte schälen, die Zwiebel abziehen und halbieren. Die Zwiebel mit den Gewürznelken spicken. Die Linsen in einen Kochtopf geben und mit reichlich kaltem Wasser bedecken. Aufkochen, Schaum abschöpfen, dann die Zwiebel, die Karotte und das Kräutersträußchen zugeben. 20 Minuten leicht köcheln lassen. Falls nötig, Schaum abschöpfen. Am Ende der Kochzeit mit grobem Salz würzen und die Linsen noch 15 Minuten im Kochwasser ruhen lassen. Zum Abtropfen beiseitestellen, Zwiebel und Karotte entfernen.

Die Garnitur zubereiten: Die Zwiebeln abziehen, die gelben Karotten schälen. Die Karotten in 2,5 cm große Würfel schneiden und 10 Minuten in kochendem Salzwasser garen, anschließend in Eiswasser abschrecken. Abtropfen lassen. Die Zwiebeln ebenso garen, anschließend halbieren. Die Zwiebelhälften in einer Pfanne ohne Fettzugabe bei hoher Temperatur anrösten, sodass sie eine schöne Farbe annehmen. Die Hälften anschließend erneut halbieren.

Den rauchigen Espuma zubereiten: Die Milch 30 Minuten räuchern. Die geräucherte Milch mit den übrigen Zutaten in einen Topf gießen und auf 58 °C erwärmen. Salzen und pfeffern, vor dem Servieren mit einem Stabmixer aufschäumen.

Anrichten: Linsen, gelbe Karotten und junge Zwiebeln in etwas Gemüsebrühe aufwärmen, die Linsen auf den Tellern kreisförmig anrichten, die Karottenwürfel und Zwiebelviertel rundherum anrichten. Einen großzügigen Löffel Räucherschaum auf die Linsen geben und sofort servieren.

Schwierigkeitsgrad 2
Vegetarisch

Junges Gemüse
AM SPIESS, TOFU-EIERSTICH, ALGENBOUILLON

FÜR 8 PERSONEN

ZUBEREITUNG: 1 STD. 30 MIN. - ZIEHZEIT: 15 MIN. - GARZEIT: 30 MIN.

Für den Tofu-Eierstich
300 g Tofu
250 ml Sojamilch
2 ganze Eier + 1 Eigelb
Salz und Pfeffer aus der Mühle

Für die Gemüsespieße
3 Poivrade-Artischocken
Saft von 1 Zitrone
20 ml Olivenöl
250 g Mini-Karotten mit Grün
3 Bund junge Zwiebeln
250 g Stangensellerie
250 g Goldball-Rüben
2 kleine Rote Beten
200 g Radieschen
Salz

Für die knusprigen Reisblätter
1 Bund Koriandergrün
150 g Langkornreis
Eiweiß

Für die Algenbouillon
1 l Gemüsebrühe (s. S. 79)
10 g Ingwer
1 EL Sojasauce
40 g getrocknete Kombu-Algen
Salz und Pfeffer aus der Mühle

Den Tofu-Eierstich zubereiten: 50 g Tofu in 1,5 cm große Würfel schneiden und kalt stellen. Den restlichen Tofu mit der Sojamilch, den Eiern und dem Eigelb zu einer glatten Creme pürieren. Abschmecken und durch ein Sieb passieren. Die Creme auf die Servierteller verteilen. Mit Frischhaltefolie abdecken und für 18 Minuten in den auf 83 °C vorgeheizten Dampfgarer stellen.

Die Gemüsespieße zubereiten: Die Artischocken tournieren (s. S. 454) und mit Zitronensaft beträufeln. Vierteln und mit Olivenöl, einem halben Glas Wasser und einer Prise Salz in einen Topf geben. Zugedeckt 10 Minuten garen. Die übrigen Gemüse putzen, schälen und waschen. Getrennt in kochendem Salzwasser garen. In einer Schüssel mit Eiswasser abschrecken und abtropfen lassen. Den Stangensellerie schräg in Stücke schneiden, die beiden Rübensorten in kleine Viertel. Das Gemüse abwechselnd auf Spieße stecken.

Die knusprigen Reisblätter zubereiten: Den Backofen auf 90 °C vorheizen. Um das Koriander-Chlorophyll zu gewinnen, das Koriandergrün mit 100 ml Wasser bei hoher Geschwindigkeit im Mixer pürieren. In einem Passiertuch ausdrücken und den grünen Saft auffangen. Den Reis in Wasser sehr weich kochen, mit dem Koriander-Chlorophyll mischen. Alles mit Eiweiß zu einer glatten Masse pürieren. Mit einem Kaffeelöffel kleine Häufchen von der Masse auf eine Silikon-Backmatte geben und mit einem Edelstahlspatel glatt streichen. Im Ofen etwa 8 Minuten backen, bis das Gebäck knusprig ist.

Die Algenbouillon zubereiten: Die Gemüsebrühe mit dem in dünne Scheiben geschnittenen Ingwer, der Sojasauce und den Algen (acht Streifen zum Anrichten beiseitelegen) aufkochen. Zugedeckt 15 Minuten ziehen lassen. Abschmecken und durch ein Sieb passieren. Die zurückbehaltenen Algen bei 90 °C im Ofen zu knusprigen Chips trocknen.

Anrichten: Zum Anrichten den Tofu-Eierstich und die Gemüsespieße bei 75 °C im Dampfgarer 7 Minuten erwärmen. Die sehr heiße Bouillon auf die Teller verteilen, die Gemüsespieße, Tofuwürfel, Reisblätter und getrockneten Algen anrichten.

Schwierigkeitsgrad 3

Vegetarisch

Tomate
IN JEGLICHER FORM

FÜR 8 PERSONEN

ZUBEREITUNG: 1 STD. 20 MIN. - RUHEZEIT: 14 STD. - GARZEIT: 35 MIN

Für das Sorbet
50 g Zucker
10 g Glukose
500 ml Tomatensaft
40 ml Zitronensaft
6 Körner Jamaika-Pfeffer
einige Basilikumblätter
eine Prise Fleur de sel

Für das Gelee
2 kg sehr reife Tomaten
einige Tropfen Aceto balsamico
½ Bund Basilikum
10 g Blattgelatine auf 1 l Flüssigkeit

Für den Eierstich
400 g grob gehackte Tomaten
400 ml Milch
4 ganze Eier

Für die Chips
3–4 Roma-Tomaten
Salz
2 EL Olivenöl
10 g Zucker

Für das Tatar
3–4 Roma-Tomaten
50 g Schalotten, fein gewürfelt
2 Cornichons, fein gehackt
1 EL sehr reifes Olivenöl
Fleur de sel
Pfeffer aus der Mühle
1 Msp. Piment d'Espelette

Für die Garnitur
50 g Parmesan
1 EL Kapernfrüchte
3 Tomaten (alte Sorten wie Schwarze von der Krim, Ananastomate …)
1 EL weißer Aceto balsamico
rotes und grünes Basilikum

Das Sorbet zubereiten: 140 ml Wasser mit dem Zucker und der Glukose aufkochen, dann abkühlen lassen. Tomatensaft, Zitronensaft, Pfefferkörner, Basilikumblätter und Salz zugeben. Eine Nacht im Kühlschrank durchziehen lassen, dann durch ein Passiertuch gießen und abschmecken. In der Eismaschine entsprechend der Bedienungsanleitung zu Sorbet verarbeiten.

Das Gelee vorbereiten: Die Tomaten mit dem Aceto balsamico im Mixer pürieren, die Basilikumblätter dazugeben. In einer mit einem Passiertuch ausgelegten Schüssel über Nacht im Kühlschrank abtropfen lassen.

Den Eierstich zubereiten: Alle Zutaten mischen, durch ein Passiertuch gießen und 2 Stunden im Kühlschrank ruhen lassen. Anschließend vorsichtig in Gläser füllen, jedes Glas einzeln mit Frischhaltefolie abdecken und den Eierstich bei 85 °C im Dampfgarer 18 Minuten garen. In den Kühlschrank stellen.

Das Gelee fertigstellen: Am nächsten Tag das Tomatenwasser aus dem Kühlschrank nehmen, abmessen, salzen (10 g/Liter) und erhitzen. Die Gelatine im Verhältnis 10 g pro Liter Flüssigkeit in kaltem Wasser einweichen, dann ausdrücken und in dem heißen Tomatenwaser auflösen. Auf Zimmertemperatur abkühlen lassen, damit das Gelee anfängt, fest zu werden, dann auf den Tomaten-Eierstich gießen und die Gläser wieder in den Kühlschrank stellen.

Die Chips zubereiten: Den Backofen auf 85 °C vorheizen. Die Tomaten in dünne, gleichmäßige Scheiben schneiden. Mit Salz und Olivenöl leicht würzen und mit Zucker bestreuen. Im Ofen 30 Minuten trocknen, beiseitestellen.

Das Tatar zubereiten: Die Tomaten häuten, entkernen, dann in kleine Würfel schneiden (s. S. 460). Mit den restlichen Zutaten für das Tatar mischen und gleichmäßig auf dem Tomatengelee in den Gläsern verteilen.

Die Garnitur zubereiten: Den Parmesan in feine Spänen hobeln, die Kapern halbieren. Die Tomaten in schöne Viertel oder Achtel schneiden und 15 Minuten in dem Aceto balsamico marinieren.

Anrichten: Über dem Eierstich, dem Gelee und dem Tatar die marinierten Tomaten, das Sorbet, die Parmesanspäne, Kapern, Basilikumblättchen und Tomatenchips anrichten.

Avocado-Variation

Schwierigkeitsgrad 3
Vegetarisch

FÜR 8 PERSONEN

Für das Püree
4 Avocados
Saft von 2 Zitronen
5 EL Olivenöl
1 Prise Salz
1 Msp. Piment d'Espelette

Für die Kroketten
30 g Mehl
1 Ei
60 g Semmelbrösel
500 ml Öl zum Frittieren

Für die Chips
2 Avocados
1 TL Olivenöl

Für das Tatar
2 Avocados
40 g milde rote Chilischoten, gehackt
35 g Schalotten, fein gewürfelt
5 g Koriandergrün, gehackt
1 EL Zitronensaft
1 EL Olivenöl
2 Blätter Reispapier

Für die Yuzu-Emulsion
200 ml Gemüsebrühe (s. S. 79)
3 EL Yuzu-Saft
150 ml Kokosmilch
2 g Sojalecithin-Pulver

Für die Garnitur
1 TL Avocadoöl
75 g rosa Grapefruitfilets
8 g blanchierte Zitronenzesten
2 milde rote Chilischoten, gewürfelt
2 g Paprikapulver

ZUBEREITUNG: 1 STD. 30 MIN. - GARZEIT: 6 STD.

Das Püree zubereiten: Das Avocadofleisch mit Zitronensaft, Olivenöl, Salz und Piment d'Espelette zu einem weichen und glatten Püree verarbeiten. Abschmecken und das Püree halbieren. Beide Schüsseln mit Frischhaltefolie abdecken, um eine Oxidation zu vermeiden, und in den Kühlschrank stellen.

Die Kroketten zubereiten: Eine Hälfte des Pürees in kleine Halbkugelformen aus Silikon füllen und im Gefrierfach fest werden lassen. Wenn sie fest genug sind, jeweils zwei Halbkugeln mit dem restlichen Püree zusammensetzen. Auf diese Weise insgesamt 24 Kugeln herstellen und mit Mehl, verquirltem Ei und Semmelbröseln zweimal panieren (s. S. 172). Bis zum Servieren kalt stellen.

Die Chips zubereiten: Den Backofen auf 90 °C vorheizen. Die Avocados entsteinen, aber nicht schälen. Der Länge nach in dünne Scheiben schneiden und mit etwas Öl bestreichen. Auf einem mit Backpapier ausgelegten Blech verteilen, mit Backpapier abdecken und mit einem weiteren Blech beschwert im Ofen 6 Stunden trocknen lassen, bis knusprige Chips entstanden sind.

Das Tatar zubereiten: Das Avocadofleisch in kleine gleichmäßige Würfel schneiden. Mit der Chilischote, der Schalotte, dem Koriandergrün, Zitronensaft und Olivenöl würzen.

Die Reispapierblätter anfeuchten. Das Tatar mit einem Löffel in der Mitte verteilen und mit dem Reispapier aufrollen. Jede Rolle in 5 cm lange Stücke schneiden und kalt stellen.

Die Yuzu-Emulsion zubereiten: Die Gemüsebrühe mit dem Yuzu-Saft und der Kokosmilch verrühren und durch ein Sieb passieren. Das Sojalecithin mit einem Schneebesen unterschlagen. Die Mischung in einen Siphon mit einer Patrone füllen.

Anrichten: Das Frittieröl auf 170 °C erhitzen. Die Kroketten darin frittieren. Auf Küchenpapier abtropfen lassen. Auf jeden Teller einen Löffel Püree setzen, eine Mulde hineindrücken und etwas Avocadoöl hineinfüllen, zwei Stücke von der Tatarrolle und drei Kroketten daneben anrichten. Mit Grapefruitfilets, Zitronenzesten, Yuzu-Emulsion, Chiliwürfelchen und Paprikapulver ergänzen.

Schwierigkeitsgrad 1
Weltküche - Korea

Bibimbap
KOREANISCHER REIS

FÜR 8 PERSONEN

ZUBEREITUNG: 50 MIN. - MARINIERZEIT: 30 MIN. - GARZEIT: 40 MIN.

Für das Fleisch und die Marinade
- 300 g Roastbeef
- 2 EL Sojasauce
- 2 EL Sesamöl
- ½ TL Zucker
- ½ TL gehackter Knoblauch
- 2 EL Erdnussöl

Für das Gemüse und die Beilagen
- 400 g Babyspinat
- 2 TL Sesamöl
- 2 TL Sesamsamen
- 1 Knoblauchzehe, gehackt
- 1 Prise Salz
- 500 g Bohnensprossen
- 250 g Shiitakepilze
- 3 EL Pflanzenöl
- 250 g Karotten
- 8 Eier
- 1 Nori-Blatt
- Salz

Für die Bibimbap-Sauce
- 4 EL Gochujang (koreanische Chilipaste)
- 3 EL Sesamöl
- 1 EL Zucker
- 2 EL Sesamsamen
- 1 EL Apfelessig
- 1 EL gehackter Knoblauch

Zum Anrichten
- 8 Portionen gegarter Reis (s. S. 404)

Das Fleisch und die Marinade zubereiten: Das Fleisch parieren und in feine Streifen schneiden. Mit allen Zutaten mischen und 30 Minuten marinieren. Das Fleisch in 2 EL Öl im Wok etwa 4 Minuten anbraten. Beiseitestellen.

Das Gemüse und die Beilagen zubereiten: Den Babyspinat 30 Sekunden in Salzwasser blanchieren, dann abtropfen und abkühlen lassen. Den Spinat gut ausdrücken und mit einem Messer grob hacken. Mit etwas Sesamöl, Sesamsamen, gehacktem Knoblauch und Salz mischen, beiseitestellen. Die Bohnensprossen 30 Sekunden blanchieren, dann abtropfen lassen. Genauso würzen wie den Spinat und ebenfalls beiseitestellen. Die Shiitakepilze in Scheiben schneiden und mit 1 EL Pflanzenöl im Wok anbraten. Beiseitestellen. Die Karotten in etwas breitere Streifen schneiden, mit 1 EL Öl im Wok anbraten und beiseitestellen.

Die Eier trennen, Eiweiß und Eigelb leicht verquirlen. In einer beschichteten Pfanne getrennt in dem restlichen Öl stocken lassen, bis die Masse fest, aber nicht gebräunt ist. Abkühlen lassen und beides in gleichmäßige Streifen schneiden.

Das Nori-Blatt in feine Streifen schneiden.

Die Bibimbap-Sauce zubereiten: Die Gochujang-Paste mit den übrigen Zutaten und 3 EL Wasser verrühren.

Anrichten: Den Reis auf die Servierschüsseln verteilen. Wenn alle Zutaten abgekühlt sind, das Fleisch und die Garnitur harmonisch auf dem Reis anrichten. Die Schüsseln zum Aufwärmen und um den Reis zu karamellisieren etwa 5 Minuten auf einen Gasbrenner stellen. Mit der Bibimbap-Sauce servieren.

Schwierigkeitsgrad 1

Weltküche - China

Hähnchen
AUS DEM WOK MIT CASHEWKERNEN UND KORIANDER

FÜR 8 PERSONEN

ZUBEREITUNG: 30 MIN. - MARINIEREN: 30 MIN. - GARZEIT: 10 MIN.

Für das Hähnchenfleisch
600 g Hähnchenbrustfilet (s. S. 218)
1 TL Speisenatron
1 EL Kartoffelstärke
1 EL Reiswein
5 EL Erdnussöl

Für die Garnitur
100 g weiße Zwiebel
30 g Ingwer
200 g Stangensellerie
300 g grüne Paprikaschoten
150 g Cashewkerne

Für die Sauce
1 EL Austernsauce
4 EL Sojasauce
1 TL Zucker
2 EL Reiswein
1 EL Sesamöl

Zum Anrichten
¼ Bund Koriandergrün
Sellerieblätter
8 Portionen gegarter Reis (s. S. 404)

Das Hähnchenfleisch marinieren: Die Hähnchenbrüste in etwa 1,5 cm große Würfel schneiden und 15 Minuten in Natron marinieren. Die Fleischwürfel abspülen, trockentupfen und erneut 15 Minuten marinieren, dieses Mal in Kartoffelstärke und Reiswein.

Die Garnitur zubereiten: Zwiebel abziehen, Ingwer schälen, Stangensellerie und Paprika putzen. Zwiebel, Sellerie und Paprika würfeln, den Ingwer in feine Streifen schneiden. Die Cashewkerne rösten. Alles beiseitestellen.

Die Sauce zubereiten: Sämtliche Zutaten mit 4 EL Wasser verrühren und beiseitestellen.

Im Wok garen: Den Wok erhitzen und 3 EL Öl hineingeben. Sobald das Öl zu rauchen beginnt, die marinierten Fleischstücke darin 3 Minuten unter Rühren anbraten, dann in ein Sieb geben. Das restliche Öl in den Wok geben und Zwiebel, Ingwer, Sellerie und Paprika 2 Minuten bei hoher Temperatur pfannenrühren. Das Fleisch wieder dazugeben und noch 2 Minuten mitbraten, dabei alle Zutaten gut mit der Bratflüssigkeit überziehen.

Anrichten: Die Mischung auf tiefe Teller oder Schalen verteilen. Mit den Cashewkernen, dem Koriandergrün und Sellerieblättern dekorieren. Warm mit dem Reis servieren.

Schwierigkeitsgrad 1
Weltküche - Thaïland

Tom yam goong
SCHARFE SUPPE MIT GARNELEN

FÜR 8 PERSONEN

ZUBEREITUNG: 30 MIN. - GARZEIT: 12 MIN.

2 Stängel Zitronengras
30 g Thai-Ingwer
oder gewöhnlicher Ingwer
2 l Geflügelbrühe (s. S. 74)
½ TL Cayennepfeffer
150 g Schalotten
250 g Tomaten
250 g Pilze (Champignons, Shiitakes)
450 g Garnelen (Sortierung 26/30, ohne Kopf, geschält)
3 Limetten
6 EL Nam Pla (thailändische Fischsauce)
40 g Thai-Basilikum
40 g Koriandergrün
Salz und Pfeffer aus der Mühle

Den unteren Teil vom Zitronengras und den Ingwer in dünne Scheiben schneiden. In die Geflügelbrühe geben, den Cayennepfeffer hinzufügen und die Brühe aufkochen.

Die Schalotte abziehen und fein würfeln. Die Tomaten häuten und entkernen, die Pilze putzen und beides in Viertel schneiden. Nachdem die Brühe 10 Minuten gekocht hat, Schalotten, Tomaten, Pilze und die Garnelen zugeben. Alles 2 Minuten mitgaren.

Die Suppe vom Herd nehmen und mit Limettensaft und Nam Pla würzen.

Abschmecken und bei Bedarf nachwürzen. Die Suppe in Schalen füllen. Mit dem Thai-Basilikum und Koriandergrün dekorieren.

Schwierigkeitsgrad 2
Weltküche - Bali, Indonesien

Bebek betutu
MARINIERTE JUNGENTE, IN BANANENBLÄTTERN GEGART

FÜR 8 PERSONEN

2 Jungenten à 1,3 kg
4 Bananenblätter oder Alufolie

Für die Marinade
7 Knoblauchzehen
6 Schalotten
5 Stängel Zitronengras
80 g Ingwer
40 g frische Kurkumawurzel
60 g Thai-Ingwer
½ TL grob zerstoßener schwarzer Pfeffer
8 Vogelaugen-Chilischoten
½ TL Koriandersamen
1 TL Salz
Saft von 3 Limetten
8 Kaffirlimettenblätter

Zum Anrichten
8 Portionen gegarter Reis (s. S. 404)
Krabbenchips

ZUBEREITUNG: 30 MIN - MARINIERZEIT: 12 STD. - GARZEIT: 2 STD. 30 MIN.

Die Enten marinieren: Am Vortag die Enten küchenfertig vorbereiten (s. S. 208). Alle Zutaten für die Marinade mit Ausnahme der Kaffirlimettenblätter im Mörser fein zerkleinern, die Blätter kommen erst später dazu. Die Enten mithilfe von Handschuhen außen und innen mit der Marinade bestreichen. Über Nacht marinieren.

Die Enten garen: Am nächsten Tag die Bananenblätter 1 Minute auf einem Plancha-Grill oder einer Kochplatte erwärmen, damit sie weicher und geschmeidiger werden. Die Kaffirlimettenblätter auf die Enten legen und diese in mehrere Schichten Bananenblätter hüllen. Die Hülle mit Zahnstochern fixieren.

Die Enten 2 Stunden und 30 Minuten bei 100 °C im Dampfgarer oder in einem Couscoussier garen. Die Hülle öffnen und die Enten bei 150 °C noch weitere 30 Minuten garen.

Anrichten: Die Enten am Tisch tranchieren und mit Reis und Krabbenchips servieren.

Schwierigkeitsgrad 2

Weltküche - Marokko

Tauben-Pastilla

FÜR 8 PERSONEN

ZUBEREITUNG: 45 MIN. - GARZEIT: 30 MIN.

Für die Taubenfüllung
- 4 Tauben
- 500 g Zwiebeln
- 40 g Ingwer
- 9 Knoblauchzehen
- 3 Zimtstangen
- ½ Bund Koriandergrün
- ½ Bund glatte Petersilie
- 5 g Safran
- 4 g Ras el-Hanout
- 4 EL Olivenöl
- 1 Prise Salz
- 3 Eier

Für die karamellisierten Mandeln
- 100 g Zucker
- 300 g blanchierte Mandeln
- Olivenöl

Zum Zusammensetzen
- 16 Blätter Filo- oder Brickteig
- Olivenöl oder geklärte Butter
- 30 g gemahlener Zimt
- 30 g Puderzucker

Die Taubenfüllung zubereiten: Die Tauben ausnehmen und küchenfertig vorbereiten (s. S. 208). Zwiebeln und Knoblauch abziehen, Ingwer schälen und alles in dünne Scheiben schneiden. Zusammen mit den Zimtstangen, dem Koriander und der Petersilie in einen großen Topf geben. Mit Wasser bedecken, Safran, Ras el-Hanout und Olivenöl zugeben. Sehr leicht salzen, aufkochen und bei niedriger Temperatur etwa 15 Minuten köcheln lassen, bis sich die Haut leicht von den Tauben löst. Die Tauben herausnehmen und den Kochsaft mit der Garnitur fast vollständig reduzieren. Vom Herd nehmen, durch ein Sieb gießen und die verquirlten Eier unterrühren. Wieder auf den Herd stellen, die Temperatur etwas höher schalten und erhitzen, bis die Creme eindickt. Abkühlen lassen und beiseitestellen.

Die Tauben entbeinen und dabei die Haut entfernen. Die Brustfilets beiseitestellen.

Die karamellisierten Mandeln zubereiten: In einer Pfanne ohne Fettzugabe den Zucker bei niedriger Temperatur erhitzen und karamellisieren lassen, die Mandeln dazugeben. Den Karamell auf eine geölte Fläche gießen und aushärten lassen. Anschließend mit einem Messer grob zerkleinern und beiseitestellen.

Die Pastilla zusammensetzen: Den Backofen auf 180 °C vorheizen. Pro Person ein Blatt Filoteig auf die Arbeitsfläche legen. Mit einem Backpinsel mit Olivenöl oder geklärter Butter bestreichen. Mit einem weiteren Blatt Filoteig abdecken. In die Mitte nacheinander schichtweise karamellisierte zerkleinerte Mandeln, Creme, etwas von dem in feine Streifen zerteilten Keulenfleisch, eine leicht flach gedrückte Taubenbrust und erneut etwas Creme verteilen. Den Teigrand darüberschlagen, um alles zu verschließen. Die Pastilla umdrehen und erneut mit Olivenöl oder geklärter Butter einpinseln. 15 Minuten im Ofen backen.

Anrichten: Vor dem Servieren ein Gittermuster aus gemahlenem Zimt und Puderzucker auftragen.

Schwierigkeitsgrad 2

Weltküche - Japan

Sushi
UND MISO-SUPPE

FÜR 8 PERSONEN

ZUBEREITUNG: 2 STD. - GARZEIT: 1 STD.

Für den Reis
400 g Sushireis

Für den Essigsirup
60 g Reisessig
60 g Zucker
10 g Salz

Für die Sushi
1,2 kg Lachs
1 kg Dorade
1 kg Wolfsbarsch
500 g Thunfischfilet
1 kg Steinbuttfilet
8 Garnelen
Teriyaki-Sauce
100 g Lachskaviar
30 g Wasabi
4 Nori-Blätter

Für die Sauce der Lachs-Sushi
1 weiße Zwiebel
1 Apfel
100 ml Yuzu-Saft

Für die Miso-Suppe
9 g Bonitoflocken
1 getrocknete Kombu-Alge (10 × 10 cm)
80 g Miso

Zum Anrichten
50 ml Sojasauce
40 g Wasabi
80 g eingelegter Ingwer
16 essbare Blüten

Den Reis einweichen: Den Reis waschen, bis das Wasser klar bleibt, dann abtropfen lassen. Einige Minuten ruhen lassen, damit der Reis Feuchtigkeit aufnimmt. So bekommt er eine bessere Konsistenz.

Den Essigsirup zubereiten: In einem Topf den Essig mit dem Zucker und dem Salz erwärmen, bis sich der Zucker vollständig aufgelöst hat, dabei aber nicht kochen lassen. Zum Abkühlen beiseitestellen.

Den Reis zubereiten: Den Reis in einen Topf geben und 480 ml Wasser dazugießen. Zum Kochen bringen, dann 10 Minuten bei hoher Temperatur kochen lassen, anschließend 15 Minuten bei mittlerer Temperatur. Bei niedriger Temperatur weitere 5–10 Minuten das restliche Wasser verdampfen lassen.

Den Reis in ein nicht metallisches Gefäß umfüllen (vorzugsweise in einen hölzernen Hangiri). Mit einem hölzernen Spatel vorsichtig 70–80 ml Essigsirup unter den Reis mischen, die Körner dabei nicht zerdrücken. Während dieses Arbeitsgangs den Reis mit einem Fächer kühlen, damit er sich nicht in einen Brei verwandelt, aber auch, damit er Glanz erhält. Es wird etwa 10 Minuten dauern, bis der Reis gut gemischt ist und Zimmertemperatur angenommen hat.

Den Fisch vorbereiten: Lachs, Dorade und Wolfsbarsch vorbereiten und filetieren (s. S. 316). Die Filets vorsichtig enthäuten, parieren und entgräten (s. S. 312), dann in 3 mm dicke Streifen schneiden. Für die Maki-Sushi lange Lachsstreifen zurechtschneiden. Das Thunfischfilet häuten und ebenfalls in Streifen von 3 mm schneiden.

Die Sauce für die Lachs-Sushi zubereiten: Die Zwiebel abziehen und fein würfeln, den Apfel schälen und reiben. Beides mit dem Yuzu-Saft verrühren. Einen Tupfen dieser Mischung auf die Lachs-Sushi setzen.

Die Sushi zusammensetzen: Die Hände mit Wasser befeuchten. Eine Portion Reis (7–8 g) zu einem Bällchen rollen. Auf jeder Scheibe Fisch (11–12 g) etwas Wasabi verteilen. Den Fisch mit der Wasabi-Seite auf das Reisbällchen drücken. Den vorbereiteten Fisch mit Ausnahme des Steinbutts auf diese Weise verarbeiten.

Die Steinbutt-Sushi zubereiten: Den Fleischstreifen, der aus dem Flossenansatz des Fisches gewonnen wurde, mit dem Flambierbrenner rasch versteifen und leicht bräunen. Auf die Reisbällchen legen und mit Teriyaki-Sauce nappieren.

Die Maki-Sushi zubereiten: Das Nori-Blatt (die lange Seite zu Ihnen) auf eine Bambusmatte legen. Die Finger befeuchten und auf dem Blatt eine dünne Reisschicht ausbreiten, dabei am Ende 1–2 cm frei lassen.

Ein Lachsstäbchen in die Mitte des Blattes legen und das Blatt aufrollen. Den Nori-Streifen, der nicht von Reis bedeckt ist, anfeuchten und die Rolle verschließen. In acht Stücke schneiden. Auf diese Art noch zwei weitere Rollen herstellen, sodass 24 Portionen entstehen.

Die Sushi mit Lachskaviar zubereiten: Mit jeweils 5 g Reis kleine Kugeln formen und flach drücken, sie bilden die Grundlage. Mit einem passend zurechtgeschnittenen Nori-Streifen einfassen und mit 1 TL Lachskaviar garnieren.

Die Miso-Suppe zubereiten: In einem Topf 1 l Wasser mit den Bonitoflocken und der Kombu-Alge aufkochen. Wenn das Wasser kocht, den Herd ausschalten und die Suppe 10 Minuten ziehen lassen. Die Brühe durch ein Sieb passieren und die Miso-Paste einrühren. Aufkochen und den Herd abschalten.

Zum Anrichten: Die Sushi auf einem Teller anrichten, mit Blüten dekorieren und mit der Sojasauce, dem Wasabi, dem eingelegten Ingwer und der Miso-Suppe servieren.

SPEISEN & WEIN *aufeinander* ABSTIMMEN

Inhalt

Harmonien erzeugen	**664**
Der perfekte Weinkeller	**667**
EINE WEINFLASCHE ÖFFNEN	**670**
EIN GLAS WEIN AUS DER FLASCHE EINSCHENKEN	**672**
EINEN WEIN KARAFFIEREN	**673**
EINE WEINFLASCHE IM DEKANTIERKORB ÖFFNEN	**674**
EINEN WEIN ÜBER EINER KERZE DEKANTIEREN	**676**
SCHAUMWEIN ÖFFNEN	**678**

Wein und Speisen aufeinander abstimmen
HARMONIEN ERZEUGEN

Was wäre ein gutes Essen ohne ein gutes Glas Wein? Wein spielt in unserer Kultur eine wichtige Rolle, und das zeigt sich nicht zuletzt in der Rolle, die wir ihm bei Tisch einräumen und in der Art, wie wir Feste begehen und besondere Anlässe feiern … Für ein besonderes Essen die passenden Weine auszuwählen, kann mitunter schwierig sein, denn nicht immer ist es möglich, sie zuvor zu verkosten. Bei der Auswahl gilt es verschiedene Überlegungen zu berücksichtigen: Selbstverständlich soll der servierte Wein zu den Gerichten passen, aber das ist längst nicht alles. Wichtig ist auch, den Gesamtzusammenhang im Blick zu behalten, also den Anlass zu berücksichtigen, der die Gäste zusammenführt, die Jahreszeit, die Atmosphäre …

Genau wie die Auswahl der Speisen sich immer an der Saisonalität der Produkte orientieren sollte, um größtmöglichen Genuss zu bereiten, ist es angebracht, auch bei den Weinen die Jahreszeit zu berücksichtigen. Während der Winter mit seinen gemütlichen Tischrunden ohnehin untrennbar mit Wein verbunden ist, scheint der Sommer eher Fruchtsäfte oder leichte und erfrischende Getränke zu fordern. Doch auch für Sommertage gibt es perfekte Weine, insbesondere weiße.

WEISS IST DOCH EINE FARBE

Weißweine können trocken oder feinherb sein, süß oder edelsüß und natürlich moussierend. Sie repräsentieren eine beeindruckende Vielfalt. Ein großer Klassiker ist Weißwein zu Meeresfrüchten – und das nicht ohne Grund, denken wir nur an frische Austern mit einem Glas Muscadet. Das hat jedoch zur Folge, dass dieser Weintyp eher im Winter getrunken wird. Aber es gibt auch Weißweine aus aromatischen, ausdrucksstarken Rebsorten, die besonders gut zu sommerlichen Gerichten passen.

Das gilt beispielsweise für den trockenen Muscat aus dem Elsass. Er schmeichelt Gaumen und Nase und eignet sich auch perfekt als Aperitif. Sein Aromareichtum wird nie durch zu viel Süße beschwert, die immer unauffällig im Hintergrund bleibt. Beim Essen bildet ein Muscat d'Alsace die optimale Begleitung zu gegrilltem Fisch, insbesondere Süßwasserfisch wie Forelle. Wer also den Aperitif mit Bedacht auswählt, kann sich allzu viele Wechsel sparen.

Seine geschmackliche Vielschichtigkeit verdankt ein Wein aber nicht nur natürlichen Faktoren wie Rebsorte und Terroir, sondern auch dem Ausbau im Keller. Es lohnt sich, neugierig zu sein und vieles zu probieren. Burgunderweine beispielsweise gewinnen durch Hefelagerung im Eichenfass eine breite Aromenpalette, die sie vielfältig einsetzbar macht.

Die Komplexität der Weißweine aus dem Burgund und dem Rhônetal bringt beispielsweise den subtilen Geschmack von hellem Fleisch – Kalb und Geflügel –, aber auch von Krustentieren mit kräftigem

DREIKLANG

Bei der Abstimmung von Wein und Speisen kann man ins Detail gehen, indem man versucht, alle Aspekte eines Gerichts zu berücksichtigen: die Zubereitung, die Würzung und auch die Beilagen. So ergibt sich eine Vielzahl von möglichen Verbindungen. »Fehler« können natürlich immer passieren, aber sie werden auf jeden Fall lehrreich sein.

AUF DER FEINHEFE AUSGEBAUT

Feinhefen sind die Ablagerungen am Boden eines Fasses. Während des Ausbaus werden diese Hefen mit einem Stock aufgerührt (Bâtonnage). Durch diesen Vorgang gewinnt der Wein an Geschmack.

Geschmack wie Hummer und Languste, hervorragend zur Geltung. Einfachere Zubereitungen verlangen eher nach neutraleren Weinen, in denen Rebsorte, Frucht und Terroir deutlich zur Geltung kommen.

ROSÉWEINE: FRISCHE UND LEICHTIGKEIT

Roséweine – weniger komplex und meist fruchtig – lassen sofort an Sommerabende denken. Diese Weine sind unkompliziert und werden in der Regel jung getrunken. Gut gekühlt, passen sie perfekt zu allen leichten, sommerlichen Genüssen. Trotz seines eingängigen und geradlinigen Charakters muss ein Rosé aber kein gewöhnlicher Wein sein – es gibt im Gegenteil ausgezeichnete Rosés. Von ihrem Aufschwung in jüngster Zeit haben in erster Linie die provenzalischen Roséweine profitiert. Jedoch verdienen auch unbekanntere Erzeugnisse wie der Rosé aus Bandol oder aus Tavel Interesse. Tavel ist übrigens eine französische Appellation ausschließlich für Roséwein.

Auch im Beaujolais wird Rosé erzeugt. Die für die Region typische Gamay-Traube verleiht ihm ein charakteristisches Profil mit viel Frische und Frucht.

Unter den Roséweinen sind auch moussierende Vertreter zu entdecken, wie die der Appellation Cerdon. Der Cerdon wird nach traditioneller Methode hergestellt und ist ein perfekter Trinkwein zum Aperitif oder Dessert. Durch die besondere Vinifikation verschmelzen Frucht und Frische. Die Perlage ist fein, der Alkoholgehalt niedrig, der Wein hat eine sehr zurückhaltende Süße ohne jegliche Schwere oder Dichte.

Der Cerdon wird bevorzugt mit einer Temperatur von lediglich 7–8 °C serviert, wobei die empfohlene Trinktemperatur je nach Produkt und Jahrgang variiert. Als Faustregel gilt: Je jünger ein Wein, desto besser kommt er mit niedrigeren Temperaturen zurecht.

TRINKWEIN

Durchaus kein abwertender Begriff. Damit wird ein Wein bezeichnet, der sich durch eine angenehme Frische auszeichnet, gepaart mit weichen Tanninen und schöner Frucht.

ROTWEIN – KOMPLEX UND SUBTIL

Die große Vielfalt der Rotweine gestattet unzählige Kombinationsmöglichkeiten. Junge Weine weisen einen vergleichsweise einfachen Charakter auf. Manche sollten bald getrunken werden, das heißt, etwa innerhalb von drei Jahren nach der Abfüllung. Andere brauchen länger, um sich zu entfalten, sie werden mit zunehmendem Alter komplexer. Erreicht ein Lagerwein ein Alter von zehn oder fünfzehn Jahren, liegen seine Noten nicht mehr im Primärbereich, sondern es entstehen die tertiären Aromen – sie erschließen sich weniger leicht und ihre Entwicklung verläuft komplexer. Beispielsweise ist die Frucht weniger direkt, sondern entwickelt sich in Richtung Trockenobst, Branntwein oder Konfitüre. Die Struktur der Tannine löst sich auf. Sie sind noch vorhanden und nachweisbar, aber mit der Zeit erhalten sie eine Art Patina. Wenn man einen Wein, der diese Noten erreicht hat, gut belüftet, kann man sich bei der Verkostung auf eine regelrechte Schnitzeljagd begeben. Man betritt eine neue Weinwelt, die Neugier weckt, zum Genuss anregt und dazu einlädt, mit Feinsinnigkeit neue Sinneseindrücke wahrzunehmen.

Die Fähigkeit eines Rotweins (gut) zu altern, hängt einerseits von natürlichen Faktoren ab, wird aber auch durch den Ausbau beeinflusst. Über den Ausbau entscheidet der Winzer, der auf diese Weise den Charakter seiner Weine definiert. Beispielsweise werden bei einer kurzen Mazerationsdauer weniger Stoffe aus den Trauben extrahiert. Damit produziert man Weine, die vorzugsweise jung getrunken werden. Entscheidende natürliche Faktoren sind Terroir und Rebsorte, die sehr unterschiedliche Ergebnisse hervorbringen können. So ergibt die Rebsorte Gamay

REIFE TANNINE

Die in der Traubenschale enthaltenen Tannine machen sich im Rotwein zu Anfang stark bemerkbar. Je älter der Wein wird, desto besser sind die Tannine eingebunden. Sie strukturieren ihn und verleihen ihm Ausgewogenheit. Dies bestimmt die Fluidität des Weins, seine »taktile« Seite.

Wird ein Wein im Eichenfass ausgebaut, nimmt er zusätzlich Tannine aus dem Holz auf. Im Lauf der Alterung polymerisieren die Tannine aus der Frucht und dem Holz, wodurch ein seidiges Mundgefühl entsteht.

Ein weiterer Vorzug: Tannine sind Antioxidantien, die unsere Zellalterung verlangsamen und den Organismus länger jung halten.

VOLLENDUNG

In seiner Entwicklung kann ein Wein unterschiedliche Stufen von Vollkommenheit erreichen, nicht nur im Hinblick auf den Geschmack, auch Nase und Optik spielen dabei eine entscheidende Rolle. Vollendung steht für die größtmögliche Harmonie aller Parameter.

im Süden des Beaujolais auf Ton-Kalkstein-Böden eher weiche und fruchtige Weine, die jung zu trinken sind, während weiter im Norden dichtere und komplexere Weine entstehen, die für eine mittlere bis längere Lagerdauer geeignet sind. Zu verdanken ist dies dem Einfluss eines vielfältigeren Bodens, der von Kalkstein bis zu altem Vulkangestein reicht. Weitere Faktoren sind Klima und Wetter (Temperaturen, Niederschläge). Auch sie nehmen Einfluss auf die Qualität eines Jahrgangs. So entstehen in einem heißen und trockenen Sommer konzentriertere Weine.

Auch Rotweine können eine sommerliche Mahlzeit aufs angenehmste begleiten, sofern jüngere, frischere Erzeugnisse gewählt werden. Empfehlenswert sind in dieser Hinsicht Rotweine aus dem Rhône-Tal wie Côtes-du-Rhône Villages und Beaujolais, aber auch die meisten Rotweine von der Loire.

Optisch dunkle, erdigere Gerichte verlangen schwerere Weine. Bei den glücklichsten Verbindungen spielt die farbliche Ähnlichkeit tatsächlich eine Rolle.

Nehmen wir beispielsweise einen Rotwein, der uns in seiner Jugend mit Frucht, Gewürznoten, einer schönen tanninreichen Struktur und einem recht präsenten adstringierenden Abgang erfreut. In seiner jungen Phase wird er beispielsweise perfekt mit einem gegrillten T-Bone-Steak und La-Ratte-Kartoffeln harmonieren. Da dieser Wein viel Biss hat, entspricht er dem kräftigen Biss des gegrillten Fleischs. Sein Reichtum an frischer Frucht korrespondiert mit dem rohen Aussehen des kurz gebratenen Fleischs. Weit weniger interessant wäre er hingegen zu einem Gericht, das mit einer reduzierten Bratenjus zubereitet ist.

Ein zehn oder 15 Jahre alter Wein hingegen harmoniert wunderbar mit geschmortem Fleisch. Diese Zubereitungsart löst die Fleischstruktur auf und nimmt dem Fleisch seinen Biss, indem sie es butterweich macht. Diese Art von Fleisch passt hinsichtlich seiner Struktur perfekt zu einem Wein, der ähnlich strukturiert ist und in dem olfaktorische und geschmackliche Merkmale miteinander verschmelzen. Eine perfekte Verbindung entsteht, wenn es der Wein an Komplexität mit den servierten Speisen aufnehmen kann.

DER PERFEKTE WEINKELLER

Es gibt den perfekten Weinkeller ... und das ist Ihrer. Der perfekte Weinkeller ist der, den man liebt, den man sich anlegt, von dem man geträumt hat und den man mit Geduld Wirklichkeit werden lässt. Er muss jedoch einigen Prinzipien und Erfordernissen genügen. Geschickt verbinden sich in ihm strenge Regeln und mehr oder weniger subjektive Einschätzungen.

DER GESCHMACK DER ERINNERUNG

Direkt auf dem Weingut gekaufte Weine sind Zeugen des Vergnügens der Begegnung mit einem Winzer. Die Erinnerung an diesen Augenblick taucht jedes Mal auf, wenn man eine dort erworbene Flasche öffnet. In einer Tischrunde verbinden sich das kognitive und das sensorische Vergnügen mit der Freude am Teilen, am Austausch und an der Verbundenheit. Natürlich wird man Weine, an denen Emotionen und eine Begegnung hängen, mit Menschen teilen wollen, die sie genauso wertschätzen.

GROSSE NAMEN BIETEN SICHERHEIT

Ein schöner Weinkeller baut nicht zuletzt auf »Erfolgsgaranten«, bei deren Kauf man den Empfehlungen vertrauenswürdiger Ratgeber oder Weinhändler folgt. Gekauft werden Flaschen der großen geschützten Appellationen und bekannter Winzer. Sie sind teuer, für den Neuling jedoch beinahe unumgänglich, denn sie bilden seine ersten Lernetappen, wenn er die Freuden der Verkostung entdeckt und sich das entsprechende Vokabular erarbeitet.

ALLES ZU SEINER ZEIT

Bei der Zusammenstellung des eigenen Weinkellers empfiehlt es sich, Weine auszuwählen, die zu unterschiedlichen Zeiten trinkreif sind: So mischt man Weine, die jung zu genießen sind, mit solchen, bei denen man sich etwas Zeit lassen kann, und mit Lagerweinen.

Weine, die bald zu trinken sind, strukturieren den Kalender. Es sind die Alltagsweine wie der Beaujolais nouveau, Roséweine für schöne Sommertage und Muscadet zu Meeresfrüchten im Winter.

Weine mit mittlerer Lagerfähigkeit erlauben eine Rotation der Lagerbestände an etwas ausgesuchteren Weinen, in der Regel anhand von Herkunftskriterien. Sie können entweder sofort getrunken werden oder man lässt sie innerhalb von vier oder fünf Jahren etwas Komplexität erwerben.

Und dann gibt es noch die Flaschen, die man für besondere Gelegenheiten aufhebt. Sie werden eingelagert, um wichtige Ereignisse im Leben zu feiern, und altern mit uns. Es sind besondere Weine, deren einmalige Persönlichkeit das Ergebnis einer perfekten Gleichung zwischen menschlichen Faktoren und den natürlichen Faktoren wie dem Jahrgang und dem Terroir ist.

DIE BEDEUTUNG DER FLASCHEN

Zu den wichtigen Auswahlkriterien gehört auch die Flaschengröße. Magnumflaschen sind etwas für große Tischgesellschaften und lassen Weine langsamer reifen. Auch für die Lagerung von Champagner sind solche großen Flaschen perfekt. Halbe Flaschen eignen sich am besten für Alltagsweine, die rasch getrunken werden, oder für Süßwein, der nur kleineren Mengen konsumiert wird.

DAS KLIMA IM WEINKELLER

Unerlässlich sind gute Lagermöglichkeiten. Wenn man über keine guten Bedingungen für die Lagerung von Wein verfügt, kann man leider keinen Keller anlegen.

Der Weinkeller muss zunächst einmal eine gleichbleibende Temperatur haben ohne große Schwankungen zwischen Sommer und Winter, das heißt, die Temperatur sollte zwischen maximal 12 und 14 °C liegen. Erreicht die Raumtemperatur 15 °C, können Lagerweine nicht aufbewahrt werden. Eine Luftfeuchtigkeit von 70 % galt lange als das Maß aller Dinge im Weinkeller. Seit der Schraubverschluss nach und nach die Korken verdrängt, hat der Erhalt der Luftfeuch-

VON DER KLEINSTEN BIS ZUR GRÖSSTEN

Halbe Flasche, Fillette: 0,375 l

Flasche: 0,75 l

Magnum: 1,5 l

Jeroboam, Doppelmagnum: 3 l

Rehoboam: 4,5 l

Methusalem, Impériale: 6 l

Salmanazar: 9 l

Balthazar: 12 l

Nebukadnezar: 15 l

Melchior, Salomon: 18 l

Melchisedech: 30 l

tigkeit an Bedeutung verloren. Sie ist nämlich vor allem wichtig, um die Elastizität des Korkens zu garantieren. Zum Erhalt der Luftfeuchtigkeit im Weinkeller ist ein Naturboden aus Erde mit einer Schicht Kies zu bevorzugen, die die Feuchtigkeit hält.

Weine sind empfindlich. In hellen Räumen fühlen sie sich nicht wohl, sie brauchen eine dunkle Umgebung. Champagner fürchtet die Helligkeit am meisten. Man sagt, dass er einen »Lichtgeschmack« annimmt, wenn er einer zu hellen Umgebung ausgesetzt ist.

Edle Weine müssen selbstverständlich vor Vibrationen und jeglicher Bewegung bewahrt werden, daher lagert man die Flaschen ausnahmslos liegend, mit dem Etikett nach oben, um es lesen zu können, ohne die Flasche zu bewegen. Durch die liegende Position kann sich auch das Depot in der Flasche so absetzen, wie es passend ist, wenn sie geöffnet und im Dekantierkorb serviert wird.

Weißweine werden in den unteren Regalfächern gelagert, wo es kühler ist. Besondere Flaschen und Lagerweine gehören nach hinten, wo sie lange auf die Degustation warten können. Der Einfachheit halber ordnet man die Weine nach Regionen, wobei man umso mehr um Differenzierung bemüht sein sollte, je größer und reichhaltiger der Weinkeller wird.

Bleibt noch zu sagen, dass sich für die Lagerung von Weinflaschen kein Keller mit einem ausgeprägten Geruch eignet. Das Weinaroma verträgt keine geruchsintensive Umgebung. Fehlt ein geeigneter Weinkeller, sind die heute erhältlichen Weinkühlschränke mit unterschiedlichem Fassungsvermögen eine sinnvolle Investition, um Weine aufzubewahren und wenigstens eine kleine Auswahl zu Hause reifen zu lassen.

UNGELIEBTE NASEN

Trocknet ein Korken aus, zieht er sich zusammen und aus der Flasche kann Wein austreten. Dieser Wein bildet »Nasen«, die nach und nach auf der Flasche antrocknen.

Eine Weinflasche
ÖFFNEN

Glossar

KAPSEL: Ein Überzug, traditionell aus Siegelwachs, später aus Stanniol, heute oft aus Kunststoff, der den Korken schützt und das Austrocknen verhindern soll. Oft mit einem Aufdruck des Winzers versehen.

KORKENSPIEGEL: Die Fläche eines Korkens, die Kontakt mit dem Wein hat.

1 Ein Degustationsglas und eine Serviette vorbereiten. Die Flasche so auf einen Untersetzer stellen, dass die Gäste das Etikett sehen. Mit der Klinge des Kellnermessers die Flaschenkapsel unter dem Ringwulst des Flaschenhalses aufschneiden, um später jeden Kontakt des Weins mit der Kapsel zu vermeiden.

2 Den Flaschenhals oben mit der Serviette abwischen.

3 Den Korkenzieher in der Mitte des Korkens einstechen und weit genug in den Korken drehen, um genügend Halt zu haben, ohne den Korkenspiegel zu durchbohren.

4 Den Korken vorsichtig ein Stück herausziehen.

5 Um mehr Kontrolle über die Bewegung zu haben, das Herausziehen des Korkens mit der Hand beenden. So lässt sich jegliches Geräusch vermeiden: Eine Flasche soll immer geräuschlos entkorkt werden.

6 An dem Korken riechen, um sicherzustellen, dass der Wein nicht verdorben ist, die Flaschenöffnung mit der Serviette abwischen.

Ein Glas Wein
AUS DER FLASCHE EINSCHENKEN

1 Die Weinflasche in die rechte Hand nehmen, ohne das Etikett zu verdecken, in die linke Hand eine Serviette. Beim Einschenken rechts neben der Person stehen, so dass diese das Etikett sieht. Das Glas zu einem Drittel füllen.

2 Die Flasche aus dem Handgelenk leicht drehen, damit nichts heruntertropft.

3 Den Flaschenhals mit der Serviette unauffällig abwischen.

4 Der Person, der eingeschenkt wurde, erneut das Etikett zeigen.

Einen Wein KARAFFIEREN

■ Karaffiert werden Weine ohne Depot in der Flasche, vor allem jüngere Jahrgänge, ob Weißwein oder Rotwein. Die beschleunigte Belüftung sorgt dafür, dass sich das Aroma für Nase und Gaumen besser erschließt. ■

1 Die aufrecht stehende Weinflasche öffnen, nachdem eine Karaffe mit weitem Hals, ein Degustationsglas und eine Serviette zurechtgelegt wurden.

2 Etwas Wein in das Glas einschenken. Anschließend am Geruch prüfen, ob der Wein in Ordnung ist.

3 Ist dies der Fall, den Wein aus dem Glas in die Karaffe gießen und schwenken, anschließend diesen Wein in das Glas zurückgießen und dieses beiseitestellen. Dieser Vorgang wird als »Vinieren« der Karaffe bezeichnet.

4 Den Wein energisch in die Karaffe gießen, damit die gesamte Flüssigkeit gut belüftet wird, während sie an der Gefäßwand entlangläuft.

Eine Weinflasche
IM DEKANTIERKORB ÖFFNEN

- Das Öffnen und Servieren im Dekantierkorb ist Weinen vorbehalten, die in der Flasche gereift sind und daher ein Depot aufweisen. Damit soll verhindert werden, dass sich das Depot im Wein verteilt, denn dieser soll ungetrübt genossen werden. Die Flasche darf dabei niemals aufrecht gehalten oder gestellt werden, sondern man nimmt zuerst den Dekantierkorb und schiebt die Flasche liegend und mit sichtbarem Etikett hinein. ■

1 Die Weinflasche wurde im Weinkeller liegend, mit dem Etikett nach oben, gelagert. Sie wird in den Dekantierkorb geschoben, ohne dabei gedreht oder aufgerichtet zu werden, damit das Depot den Wein nicht trübt. Die Weinkapsel aufschneiden.

2 Die Weinkapsel abziehen, den Flaschenrand mit der Serviette abwischen.

3 Den Korkenzieher in die Mitte des Korkens stechen und weit genug hineindrehen, ohne jedoch den Korkenspiegel zu durchbohren.

4 Den Korken mit dem Korkenzieher vorsichtig fast ganz herausziehen.

5 Den Korken mit der Hand vollständig herausziehen, dabei soll der erste Luftkontakt oben erfolgen, damit der Wein im Flaschenhals zurücksinkt.

6 Den Wein sehr vorsichtig einschenken, dabei die Flasche im Dekantierkorb lassen, damit sie immer geneigt bleibt. Darauf achten, sie niemals aufzurichten.

Einen Wein
ÜBER EINER KERZE DEKANTIEREN

■ Die Kerze ermöglicht es, am Ende des Dekantierens das Depot zu erkennen, das den Flaschenhals erreicht, um es nicht mit in die Karaffe zu gießen. Das Dekantieren hat das zweifache Ziel, den Wein klar zu halten und sanft zu belüften. ■

Glossar

SCHULTER: Die Ausbuchtung am Ende des Flaschenhalses.

1 Eine Dekantierkaraffe (Dekanter), einen Untersetzer, ein Degustationsglas, eine Kerze und eine Serviette bereitstellen. Eine Weinflasche im Dekantierkorb entkorken und den Korken auf den Untersetzer legen. Die Kerze anzünden.

2 Wie beim Karaffieren den Geruch des Korkens und des Inhalts im Degustationsglas prüfen, diese Weinmenge anschließend zum Vinieren in den Dekanter gießen.

3 Den Wein (mit dem nur der Dekanter viniert wurde) in das Glas zurückgießen und beiseitestellen.

4 Die Flasche vorsichtig aus dem Dekantierkorb nehmen, dabei geneigt halten.

5 Die Schulter der Flasche über die Kerze halten und den Wein in den Dekanter laufen lassen.

6 Sorgfältig darauf achten, das Dekantieren zu beenden, sobald das Depot die Schulter der Flasche erreicht.

Schaumwein
ÖFFNEN

Glossar

AGRAFFE ODER MUSELET: Ein Drahtkorb, der den Korken mittels eines Drahtes, der zusammengedreht wird, trotz des Drucks festhält, den der Schaumwein in der Flasche erzeugt.

CHAMPAGNERDECKEL: Dabei handelt es sich um das individuell gestaltete Metalldeckelchen zwischen dem Drahtkorb der Agraffe und dem Korken, die es diesem ermöglicht, dem Druck des Weins dort unbeschadet standzuhalten, wo er am höchsten ist: oben in der Flasche.

KAPSEL: Metallfolie, die Korken, Agraffe und den obersten Teil der Flasche komplett bedeckt. Durch einige Falten lässt sie sich anpassen und kann von den verschiedenen Erzeugern individuell gestaltet werden. Sie wird zuerst aufgeschnitten, um das Öffnen der Flasche zu erleichtern, indem die Drähte der Agraffe freigelegt werden.

1 Die Schaumweinflasche aus dem Eiskübel nehmen, abtrocknen und so auf einen Untersetzer stellen, dass das Etikett für die Gäste sichtbar ist.

2 Die zuvor aufgeschnittene Kapsel abziehen.

3 Mit einer Hand Korken und Flasche halten, mit der anderen Hand die Agraffe aufdrehen, die anschließend zusammen mit dem Champagnerdeckel abgenommen wird.

4 Die Flasche am Hals fassen, mit der anderen Hand den Boden abstützen, die Flasche ist um 45° geneigt. Mit der unteren Hand die Flasche drehen, um den Korken zu lockern.

5 Den Korken festhalten, bis die Flasche geräuschlos geöffnet ist.

6 Die Flasche mit dem Daumen in der Mulde (Culot de bouteille) greifen und mit einer Hand einschenken.

TISCH-KULTUR

Inhalt

Zu Ihren Diensten — 682

EIN EINLADENDER TISCH	682
TISCHWÄSCHE	682
SORGFÄLTIG EINDECKEN	683
UNTADELIGES GESCHIRR	683
EINEN TISCH KLASSISCH EINDECKEN	684
EINEN TISCH FÜR EIN BANKETT EINDECKEN	685
NICHT NUR MESSER UND GABEL	687
FÜR EINEN GLANZVOLLEN AUFTRITT DES WEINS	689
DER RICHTIGE SERVICE FÜR JEDEN ANLASS	690
FÜR SENSORISCHE REIZE SORGEN	691

Tischkultur

ZU IHREN DIENSTEN

Betrachtet man die Tischkunst als spezifische Art, Speisen zu servieren und zu präsentieren, so stellt man fest, dass sie die Küche ergänzt, sobald diese eine gewisse Verfeinerung erreicht und mehr liefert als nur die Nahrung, die wir zum (Über-)Leben benötigen. Tischkultur gehört dazu, sobald wir eine Mahlzeit in Gesellschaft genießen, sei es ausgelassen oder nach strengen Regeln.

Die prachtvollen Platten aus juwelenverziertem Edelmetall, die man den Gästen früher bei fürstlichen Banketten vorsetzte, hatten die Aufgabe, Macht zur Schau zu stellen und die Gäste zu entzücken. Bei all ihrer Pracht gehörten sie jedoch zur Tischkulutr einer Epoche, in der man noch mit den Fingern direkt von der Servierplatte aß.

Im 17. Jahrhundert, dem »Grand Siècle«, als der französische König Ludwig XIV. für die europäischen Fürstenhöfe Maßstäbe setzte, begann die Entwicklung der Tischkultur, wie wir sie heute kennen. Die Tischkultur wurde zu einer Ausdrucksform, die vom klassischen Geist dieser Epoche geprägt war, aber auch von dem Willen, das Leben der Höflinge zu organisieren – wenn nicht gar zu kontrollieren – , die der Sonnenkönig zu disziplinieren versuchte.

Seit dem Ende des 19. Jahrhunderts, in dem die Tischkultur den Höhepunkt an Strenge und Raffinement erreichte, ist sie sehr viel anpassungsfähiger geworden. Heute dient sie vor allem dem Komfort und Wohlergehen der Gäste und der Aufwertung der angebotenen Speisen.

> Bei der Wahl der Tischdekoration darauf achten, keine stark duftenden Blumen auf den Tisch zu stellen, da sie das Aroma der Speisen beeinträchtigen können.

EIN EINLADENDER TISCH

Allzu oft beschränkt man Tischkultur auf die Verwendung von schönem Geschirr. Dabei geht es um viel mehr. Natürlich sind Geschirr, Gläser und Besteck wichtig, ebenso wichtig jedoch ist die perfekte Tischwäsche, die Wahl einer guten Beleuchtung, die beispielsweise durch Kerzen ergänzt werden kann. Zur Tischkultur zählt alles, was eine besondere Atmosphäre erzeugt: Tischdekoration, Mobiliar, Hintergrundmusik, Blumen.

Will man für das Wohlergehen seiner Gäste sorgen, ist der erste unverzichtbare Punkt, sie an einem angenehmen Ort zu empfangen, aus dem jede Unordnung verbannt ist. Ein ordentlicher Raum ist nötig, damit jeder seinen Platz finden, sich einfügen kann, ohne den Eindruck zu haben oder befürchten zu müssen, er würde stören.

Möchte man einen Tisch möglichst übersichtlich eindecken, trotz der Vielzahl von Gegenständen, die benötigt werden, weil sie entweder nützlich sind oder dekorativ, müssen bestimmte Regeln befolgt werden, die für Struktur sorgen. So bilden die verschiedenen Gläser eine Diagonale, deren Position auf die Lage der Messer abgestimmt ist. Ebenso orientiert sich die Position des Gedecks oben und unten an gedachten Linien, die virtuell zu den Tangenten der Teller gezogen werden oder den Tischrändern folgen – das hängt davon ab, nach welcher Art der Tisch eingedeckt werden soll: klassisch oder Bankett (siehe folgende Seiten).

TISCHWÄSCHE

Zum Schutz des Tisches ist es angebracht, eine Moltonunterlage zu verwenden. Das mag altmodisch erscheinen, sorgt aber auch heute noch für den Komfort der Gäste, die nicht durch die Kälte oder Härte des Möbels gestört werden. Zudem dämpft das Tuch das Geräusch des Bestecks auf dem Tisch. Auf die Moltonunterlage wird die Tischdecke aufgelegt. Mithilfe von Tischwäsche lässt sich die Atmosphäre und Stimmung eines Raums beeinflussen, deshalb kommt ihr große Bedeutung zu.

Sichtbare Brüche im Stoff (vorzugsweise auf einem quadratischen oder rechteckigen Tisch) dürfen nur in eine Richtung zeigen. Um dies zu erreichen, wird die Decke auf den Tisch gelegt und gebügelt, sodass nur Falten sichtbar bleiben, die in der Längsrichtung des Raumes oder in Richtung eines Ausblicks verlaufen.

SORGFÄLTIG EINDECKEN

Das sorgfältige Eindecken des Tisches bis in die kleinsten Details ist wichtig und es lässt sich ganz bequem vor Ankunft der Gäste erledigen. Ein schön eingedeckter Tisch trägt zum freundlichen Empfang der Gäste bei und bestätigt ihnen, wie sehr man ihre Anwesenheit schätzt.

Ein klassisch eingedeckter Tisch wirkt immer vornehm und elegant. Die Anordnung im Bankettstil ist praktischer, weil sich bestimmte Aufgaben im Voraus erledigen lassen, beispielsweise das Bereitlegen der verschiedenen Bestecke. So wird die Arbeit des Gastgebers, der zahlreiche Gäste empfängt, erleichtert.

Im Bemühen um Ordnung werden die verschiedenen Elemente des Geschirrs mit peinlicher Genauigkeit platziert. Ist beispielsweise der Fuß eines Glases mit einem Markenzeichen oder Logo versehen, selbst wenn dieses beinahe nicht zu sehen und einfach nur fein in das Kristall eingraviert ist, befindet es sich immer vor der Person, die dieses Glas benützen wird. Die Gesamtheit solcher Details trägt dazu bei, in der Umgebung, die man vorbereitet, den Eindruck von Ordnung zu vermitteln. Sie unterstreicht die Sorgfalt, mit der zur Freude der Gäste der Tisch eingedeckt wird. Und sie ist schließlich dem klassischen Geist der Anfänge aller Tischkunst treu.

UNTADELIGES GESCHIRR

Selbst beim sorgfältigsten Spülen und Abtrocknen des Geschirrs können Spuren zurückbleiben. Um diese perfekt zu eliminieren, ist es wichtig, vor dem Eindecken des Tisches das Geschirr erneut zu reinigen. Die Teller, das Besteck und die Servierplatten werden mit Essigwasser abgerieben. Für die Gläser ist etwas mehr Aufwand erforderlich: Man kocht in einem Topf Wasser auf und hält anschließend nach und nach alle Gläser umgekehrt über den Wasserdampf, der vom Topf aufsteigt, damit sie sich mit dem Dampf füllen. Mit einem absolut sauberen und fusselfreien Geschirrtuch werden die Gläser anschließend getrocknet. Zum Eindecken des Tisches werden selbstverständlich Handschuhe getragen, um keine neuen Spuren zu hinterlassen.

Einen Tisch
KLASSISCH EINDECKEN

Das Eindecken des Tisches ist die Kunst, die Gäste für die kommenden Genüsse zu sensibilisieren. Bei der klassischen Mise en place wird an Gläsern und Besteck nur das eingedeckt, was zuerst benötigt wird. Die Dekoration harmoniert dabei mit der Speisenfolge und der Art der Mahlzeit. Im Restaurant wird dies als Mise en place »à la carte« bezeichnet.

BROTMESSER
Es wird auf den rechten Rand des Brottellers gelegt, ausgerichtet wie das Tafelmesser. Das Brotmesser wird nicht zum Schneiden des Brotes benützt, das immer gebrochen wird, sondern nur um es, beispielsweise mit Butter, zu bestreichen.

WASSERGLAS UND WEINGLAS
Heutzutage wird das Wasser oft in einem Becherglas (Tumbler) serviert.

BROTTELLER
Er steht links oben, wobei sein oberer Rand mit dem oberen Rand des Plattellers und dem Fuß des rechts stehenden Wasserglases auf einer Linie liegt.

SERVIETTE
Die Stoffserviette ist auf die Tischdecke abgestimmt. Die sorgfältig gebügelte Serviette liegt rechts neben dem Messer. Es wird nach Möglichkeit vermieden, sie zu falten.

GABEL
Sie liegt links neben dem Teller, in Deutschland zeigen die Zinken traditionell nach oben, in Frankreich nach unten.

PLATZTELLER
Ein ziemlich großer Teller mit 26–28 cm Durchmesser, um den alle anderen Elemente angeordnet werden. Er steht etwa eine Daumenbreite von der Tischkante entfernt.

MESSER
Es liegt rechts neben dem Teller, die Schneide nach innen, zum Tellerrand gerichtet.

Einen Tisch
FÜR EIN BANKETT EINDECKEN

Mit dieser Mise en place werden nach Möglichkeit bereits alle Bestecke und Gläser eingedeckt, die im Verlauf der Mahlzeit benötigt werden, was den Service während des Essens vereinfacht.

DESSERTBESTECK
Anfangs liegt es oberhalb des Platztellers, direkt vor dem Servieren des Desserts muss es nur seitlich nach unten geschoben werden zu beiden Seiten des Platztellers, oder, falls dieser bereits abgetragen wurde, neben den entsprechenden freien Platz – Löffel und Messer nach rechts, Gabel nach links.

GLÄSER
Tumbler für das Wasser, Weißweinglas und Rotweinglas. Die drei Gläser stehen auf einer Diagonale, die an der Spitze des Vorspeisenmessers beginnt.

BROTTELLER UND BROTMESSER
Das Brot befindet sich immer links vom Gast. Das Messer wird nicht zum Schneiden des Brotes benützt, das immer gebrochen wird, sondern um es, beispielsweise mit Butter, zu bestreichen.

SERVIETTE
Gebügelte Stoffserviette, die auf dem Platzteller liegt und auf die Tischdecke abgestimmt ist. Die Menükarte wird in die Falten gesteckt.

LINIE
Beim Eindecken folgt man gedachten Linien, die sich an der Tischkante und an der Oberkante von Besteck und Teller orientieren.

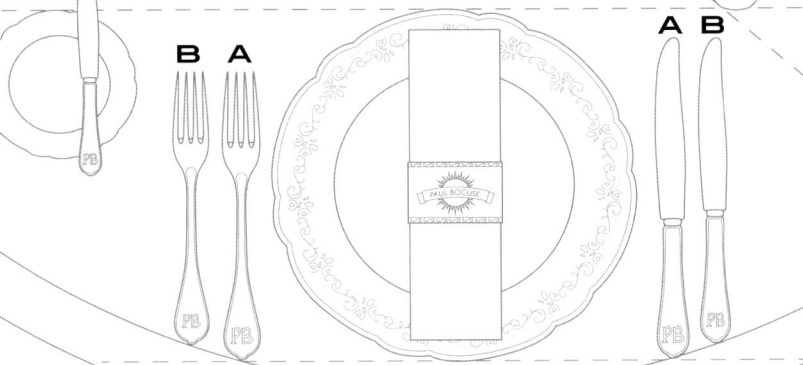

A - BESTECK FÜR FLEISCH ODER FISCH
Dies ist das Besteck für das Hauptgericht und liegt dem Teller am nächsten. Es sollten nicht mehr als jeweils drei Besteckteile auf beiden Seiten des Tellers liegen. Falls das Menü noch mehrere Gänge umfasst, muss nachträglich weiteres Besteck aufgelegt werden.

B - BESTECK FÜR DIE VORSPEISE
Messer und Gabel liegen außen, jeweils neben dem Fleisch- oder Fischbesteck. Alles Besteck ist auf einen Kreisbogen ausgerichtet, immer etwas höher als der untere Rand des Platztellers.

PLATZTELLER
Ein ziemlich großer Teller mit 26–28 cm Durchmesser, um den alle anderen Elemente angeordnet werden. Er steht eine Daumenbreite von der Tischkante entfernt. Der Platzteller bleibt während der ganzen Mahlzeit stehen, vom Amuse-bouche bis zum Käse – vor dem Dessert wird er meist abgeräumt. Auf diesen Platzteller werden jeweils die verschiedenen verwendeten Servierteller gestellt. Der Platzteller ist auf die Tischdecke abgestimmt und passt zum Charakter der Mahlzeit.

NICHT NUR MESSER UND GABEL

Im 17. Jahrhundert wurde die Verwendung von Besteck allgemein üblich und das Tafelservice, wie wir es heute kennen, entstand. Die Herstellung von Besteck, Tellern und Gläsern gab der französischen Luxusindustrie Auftrieb. Rasch avancierten sie zu greifbaren Zeichen für die wirtschaftliche Überlegenheit des Adels, doch schon bald zeigte auch eine bürgerliche Klientel Interesse an solchen Statussymbolen. Schönes Geschirr – wertvoll und hoch geschätzt – wurde zum Ausweis gesellschaftlicher Stellung, und wer es sich nicht leisten konnte, blieb ausgeschlossen.

Im 18. Jahrhundert wurde die Tischkunst noch komplexer. Der Adel stattete sich mit immer aufwendigeren Gedecken aus. So schätzt man den Wert des Gold- und Silbergeschirrs von Madame de Pompadour auf annähernd 700 000 Livres. Dieses Phänomen ging in der Küche mit einer Zunahme von Aromastoffen, Würzmitteln und Garnituren einher. Noch im 19. Jahrhundert, damals sogar mehr denn je, häufte teures Geschirr und Besteck an, wer auf sich hielt, Geld spielte keine Rolle. Diese Tendenz hielt an, bis sich in der zweiten Hälfte des 20. Jahrhunderts die Tischkultur den veränderten gesellschaftlichen Gegebenheiten anpasste. Damit fand sie zu ihrem eigentlichen Daseinszweck zurück: Sie lässt aus einem Essen einen Moment unbeschwerter Geselligkeit werden.

Heute passt jeder Gastgeber die Tischkultur seinen Bedürfnissen an. Ziel ist es, nicht zu viele Elemente ins Spiel zu bringen, die den Gast eher verwirren als ihn zu entspannen.

Heutige Besteckgarnituren bestehen in der Regel aus je einem Sechsersatz verschiedener Messer, Gabeln und Löffel. Im Alltag findet vor allem das große Besteck Verwendung. Die Gabeln sind mit vier spitzen Zinken versehen. Ursprünglich waren es nur zwei, was sich als unzureichend erwies, um die aufgespießten Stücke sicher zu halten. Die Gabeln und Löffel für Vor- und Nachspeisen haben dieselbe Form, sind jedoch kleiner. Durch ihre geringere Größe passen sie sich den Vor- und Nachspeisentellern an, die kleiner sind als die Teller für das Hauptgericht.

Die Messer für das Hauptgericht und für Vor- und Nachspeisen sind vom Modell her ebenfalls identisch, die Größe passt jeweils zu den Löffeln und Gabeln. Fleischliebhaber ziehen Fleischmesser vor, die vorne spitz zulaufen und deren gezahnte Schneide sehr gut schneidet.

Fischbesteck besteht aus einer Gabel und einem Messer, wobei immer häufiger auch ein Löffel dazu gehört. Die Gabel ist abgerundet. Sie hat nur drei stumpfe Zinken; da diese abgeflacht sind, bieten sie dem Fischfleisch mehr Stabilität, das man auf die Gabel schiebt, ohne einzustechen. Das Fischmesser hat eher Ähnlichkeit mit einem Spatel. So, wie man in den Fisch nicht einsticht, schneidet man ihn auch nicht, sondern trennt seine Fleischstücke vorsichtig. Da dieses Messer recht breit ist, kann man es auch gut dafür verwenden, die Filets kleiner Fische zu entnehmen, die im Ganzen serviert werden. Fischbesteck bietet immer häufiger auch einen Fischlöffel, der ebenfalls sehr flach ist. Damit können die Saucen zum Fisch problemlos genossen werden.

Das Dessertbesteck ist kleiner als das Vorspeisenbesteck. Im Idealfall verfügt man dabei ebenfalls über einen kleinen Löffel, eine Gabel und ein Messer. Die Handhabung ist nicht immer einfach, aber diese drei Besteckteile sind unverzichtbar, um die vielfältigen Konsistenzen von Nachspeisen zu genießen: knusprig, knackig, cremig ... Die Außenkante der rechten Gabelzinke ist häufig geschärft: so kann man manche Desserts zerteilen, falls ein Messer fehlt.

Es gibt weitere Formen, die ausgezeichnete Beispiele für die Anpassungsfähigkeit des Bestecks an diejeweilige Nutzung sind: Der Mokkalöffel, mit dem der Zucker im Espresso verrührt wird, ist sehr klein: Er dient nur zum Umrühren und darf nie an den Mund geführt werden. Eierlöffel haben einen ziemlich langen Griff, damit ein weich gekochtes Ei gegessen werden kann, ohne dass sich die Finger der Schale zu sehr nähern müssen. Dank ihrer abgerundeten Löffelschale (Laffe) besteht zudem keine Gefahr, die Eierschale zu durchstoßen. Das Buttermesser hat die ideale Form, um ein Stück Butter auf einem Brot abzustreifen – selbstverständlich ohne so weit zu gehen, gleich die ganze Scheibe damit zu bestreichen! Beim Käsemesser wiederum endet die geschwungene Klinge in zwei Spitzen. Diese sicher extravagante Form ist ideal, um ein Stück Käse nach dem Abschneiden aufzuspießen.

FÜR EINEN GLANZVOLLEN AUFTRITT DES WEINS

Lange Zeit haben Trinkgefäße in erster Linie durch die Schönheit ihres Materials – Edelmetall oder Kristall – zum Glanz eines Tisches beigetragen. Nach und nach wurden sie ihrem Verwendungszweck immer besser angepasst und heute gibt es für jeden Wein genau das richtige Glas.

WELCHES MATERIAL?

Das Material eines Glases ist sehr wichtig. Immer seltener sind sie aus Kristallglas, einem zwar idealen, aber empfindlichen und teuren Material. Man bekommt heute jedoch sehr gute dünne Gläser, die perfekte Transparenz und Strapazierfähigkeit verbinden.

DER STIEL

An dem dünnen Stiel muss man das Glas halten können, ohne Gefahr, es dadurch zu erwärmen, während der recht große Fuß dem Glas Stabilität gibt. Dies sind also zwei wichtige Elemente, die dem Glas zudem Eleganz und Schwung verleihen. Noch wichtiger allerdings sind der Kelch und der Kelchrand.

DER KELCH

Der Kelch ist der Teil des Glases, der das Getränk aufnimmt. Seine Form muss genau auf den Wein, der daraus getrunken wird, abgestimmt sein. Der Kelch soll ein recht großes Fassungsvermögen haben, damit man, nachdem man das erste Mal geschnuppert hat, den Wein im Glas schwenken und belüften kann, bevor man erneut schnuppert.

Weißweine müssen weniger belüftet werden als Rotweine, daher werden sie in kleineren Kelchen serviert.

Bei den Rotweingläsern unterscheidet man vor allem Gläser für Burgunderweine und Gläser für Bordeauxweine. Bei den Burgundergläsern ist der Kelch am weitesten, so können sich die feinen Aromen entfalten.

DER KELCHRAND

Der Kelchrand ist der Teil des Glases, der mit dem Mund in Kontakt kommt. Bei einigen sehr modernen Gläsern findet man Spielereien wie einen Wulst am Kelchrand, der sich zwischen den Verkoster und den Wein schiebt. Das ist nicht empfehlenswert. Besser ist ein nicht übertrieben dünner Kelchrand, der den Wein leitet, ohne dessen natürlichen Fluss zu verändern. So kommt die Konsistenz eines Weines am besten zur Geltung.

DER RICHTIGE SERVICE FÜR JEDEN ANLASS

In Frankreich sind üblicherweise drei Service-Arten anerkannt: Französischer Service, Englischer Service und Tellerservice. Eine vierte Art, der Service am Gueridon oder Russische Service, wird nur noch in Ausnahmefällen praktiziert, man kann ihn mit etwas Geschick und Übung jedoch bei wichtigen Anlässen zu Hause durchführen.

FRANZÖSISCHER SERVICE

Links vom Gast stehend hält man eine Platte und reicht ihm das Vorlegebesteck, damit er sich möglichst problemlos selbst bedienen kann und dabei mit dem rechten Arm mehr Bewegungsfreiheit hat – in einer Welt, in der die Rechtshändigkeit dominiert.

Bei diesem Service kann jeder nehmen, was ihm am besten zusagt, es dauert jedoch recht lange, eine große Tischgesellschaft zu bedienen. Zudem muss zwischen den einzelnen Gästen ausreichend Platz sein, um die Bewegungen nicht zu sehr einzuengen. Diese Art des Servierens sollte Tischrunden vorbehalten bleiben, die damit bereits vertraut sind oder sich zumindest wohl damit fühlen. Es liegt sicher nicht jedem, sich in aller Ruhe selbst zu bedienen, während die anderen Gäste warten, an die Reihe zu kommen.

In einer schönen Variante des französischen Services bedient der Gastgeber seine Gäste. Voraussetzung ist, dass der Gastgeber recht geschickt darin ist, mit einer Hand eine Platte zu halten und mit der anderen mit dem Vorlegebesteck im Zangengriff zu servieren. Dieser gastfreundliche Service stellt den Gast in den Mittelpunkt der Aufmerksamkeit und erlaubt es jedem, nach seinen Wünschen zu wählen. Er ist natürlich vorzugsweise einem kleinen Kreis vorbehalten.

TELLERSERVICE

Die Teller werden wie im Restaurant bereits in der Küche einzeln angerichtet und den Gästen anschließend rasch serviert. Dieser Service ist einfacher und schneller und daher ideal, vorausgesetzt natürlich, dass die Arbeit in der Küche gut organisiert ist, damit es nicht zu lange dauert, bis auch der letzte Gast sein Essen serviert bekommt. Dieser Service ist in den meisten Restaurants üblich. Beim Tellerservice kann man sich einen Spaß daraus machen, den Überraschungseffekt noch etwas auszukosten, indem die Teller beispielsweise mit kleinen Metallhauben bedeckt werden, die dann alle gemeinsam abheben. Abgesehen davon, dass man die Speisen in der Küche perfekt anrichten kann, ist der Tellerservice auch deswegen beliebt, weil insbesondere kalte Vorspeisen schon vor Ankunft der Gäste angerichtet werden können.

RUSSISCHER SERVICE

Diese Art des Servierens ist untrennbar mit den großen Stunden der Luxusgastronomie im 19. Jahrhundert verbunden. Sie verlangt großes Können, sodass sie heute nur noch in sehr großen Häusern zelebriert wird. Mit etwas Übung kann man jedoch zu Hause vor den Augen der Gäste eine Dorade mit Anisschnaps flambieren, eine gebratene Ente oder ein Lammkarree in der Kruste tranchieren. Diese Art nennt man gelegentlich auch »Gueridon-Service«, da ein Gueridon, ein Beistelltisch, für die Arbeit vor den Gästen benötigt wird.

FÜR SENSORISCHE REIZE SORGEN

Der Zauber der Zeit, die man bei Tisch verbringt, beruht auf dem Zusammenwirken von Können (Küche), Terroir (Wein) und Geschichte (Kontext). Diese sensorischen Reize lassen sich schematisch folgendermaßen darstellen:

```
                    WEIN
            Säure • Körper • Aroma

    KÖNNEN                    GESCHICHTE


              HARMONISCHES
             ZUSAMMENWIRKEN


    KONTEXT                   KÜCHE
Ambiente • Dekor • Service    Können • Aroma • Geschmack


                   TERROIR
```

Was bei der Entstehung von sensorischen Reizen paradox erscheinen mag, ist die Tatsache, dass sie einerseits komplex sind, sich andererseits aber einfach und selbstverständlich einstellen.

Je länger man sich mit der Tischkultur beschäftigt, mit den verschiedenen Arten des Servierens, der Kombination von Speisen und Wein, desto mehr entwickeln sich die Kenntnisse durch wiederholte Erfahrungen, durch Erinnerungen an eine Degustation, durch alles, was die Kochkunst zu einem Universum macht, das in unseren Emotionen ebenso verwurzelt ist wie in unserem Wissen.

Dieser Prozess gilt auch für Rezepte und Zubereitungsarten. Trotz gelegentlicher Schwierigkeiten wird man durch regelmäßige Übung mit den Arbeitsmethoden vertraut. So gewinnen wir Selbstvertrauen und können von Überraschungen profitieren, die uns Fehler und Zufälle bescheren. Manche Missgeschicke, die zu ungenießbaren oder beinahe ungenießbaren Ergebnissen führen, können uns immerhin zum Lachen bringen und bleiben uns in Erinnerung. Andere unerwartete Resultate sind vielleicht aromatisch und köstlich und avancieren zur einmaligen, ganz persönlichen Grundlage unserer Küche und unserer Kunst der Gastfreundschaft. Unsere Schöpfungen sind also die Summe aus Wissen, Rezepten und Methoden, gewürzt mit einer Prise Fantasie und einem Hauch Kreativität.

Die Köche

DES INSTITUT PAUL BOCUSE

(Untere Reihe, von links nach rechts)

ÉRIC CROS
CHRISTOPHE L'HOSPITALIER
ALAIN LE COSSEC
HERVÉ OGER
FLORENT BOIVIN

(Obere Reihe, von links nach rechts)

PAUL BRENDLEN
SÉBASTIEN CHARRETIER
CYRIL BOSVIEL
CHAN HEO
JEAN PHILIPPON
JEAN-PAUL NAQUIN

Der Service
DES INSTITUT PAUL BOCUSE

(Untere Reihe, von links nach rechts)
THIERRY GASPARIAN
PHILIPPE RISPAL
BERNARD RICOLLEAU

(Obere Reihe, von links nach rechts)
ALAIN DAUVERGNE
PAUL DALRYMPLE
XAVIER LOIZEIL

ANHANG

Inhalt

GLOSSAR	**696**
REGISTER DER TECHNIKEN	**701**
REZEPTREGISTER	**703**
ZUTATENREGISTER	**705**

Glossar

A

ABBRENNEN
Das Verkleistern der im Mehl enthaltenen Stärke, etwa bei einem Brandteig, der zunächst in einem Topf erhitzt und dabei ständig gerührt wird, bis er sich als Kloß vom Topfboden löst.

ABFLÄMMEN
Gerupftes Geflügel über einer offenen Flamme hin- und herbewegen, um die Haut von kleinen Härchen und Federresten zu befreien.

ABLÖSCHEN
Den Bratensatz von angebratenem Fleisch oder angeröstetem Gemüse mit einer Flüssigkeit wie Wasser, Brühe oder Wein aufgießen, um ihn durch erneutes Aufkochen und Rühren zu lösen. Auf diese Weise entsteht eine aromatische Grundlage für eine Sauce.

ABSCHÄUMEN
Geronnene Eiweiß- und Trübstoffe, die sich beim Kochen von Flüssigkeiten wie Brühe und Suppe an der Oberfläche abgesetzt haben, mit einer Schaumkelle entfernen.

ABSCHRECKEN
Ein Lebensmittel aus kochendem Wasser heben und in Eiswasser tauchen, um den Garprozess zu stoppen.

ABSTEIFEN
Eiweißreiche Lebensmittel wie Fleisch, Innereien oder Meeresfrüchte blanchieren oder farblos anbraten, damit sie für die weitere Verarbeitung eine festere Konsistenz bekommen.

ABTROPFEN
Ein Produkt in ein Sieb geben, um anhaftende überschüssige Flüssigkeit ablaufen zu lassen, etwa nach dem Blanchieren.

AIGUILLETTES
Streifen von gebratenem Fisch, Fleisch, Geflügel oder Wild

ALGINAT
Geliermittel aus Braunalgen. Im Handel als Pulver erhältlich, das in der Flüssigkeit aufgelöst wird.

ANBRATEN
Das kurzzeitige Anbräunen von Fleisch bei hoher Temperatur in etwas Fett. Dabei bilden sich auf der Oberfläche typische Röstaromen und Farbstoffe.

ANSCHWITZEN
Bei niedriger Temperatur unter Rühren in wenig Fett erhitzen, ohne das Gargut zu bräunen. Zwiebeln zum Beispiel werden angeschwitzt, um ihnen Wasser zu entziehen, sodass sie langsam garen. Auch das Erhitzen von Mehl in heißem Fett wird als Anschwitzen bezeichnet.

AUFSCHLAGEN
Eine Masse mit einem Schneebesen so lange kräftig schlagen, bis sie genügend Luft aufgenommen hat und eine lockere, luftige Konsistenz annimmt.

AUSBEINMESSER
Messer mit schmaler, gebogener Klinge zum Entfernen von Knochen und zum Enthäuten von Fleisch oder Geflügel.

AUSBUTTERN
Die Innenwand einer Form oder kleiner Förmchen mit Butter bestreichen, um während des Garens ein Ankleben der Masse, des Teigbodens oder einer anderen Zubereitung zu verhindern.

AUSKLEIDEN
Eine Form vor dem Befüllen gleichmäßig dünn mit Aspik oder Gelee ausstreichen oder mit einem dünn ausgerollten Teig auslegen.

AUSROLLEN
Einen Teig mit einem Rollholz bearbeiten und glätten, bis er den gewünschten Durchmesser hat und gleichmäßig dick ist.

AUSSTREICHEN
Eine Form oder ein Blech mit Fett bestreichen, damit sich der Teig oder die Masse nach dem Backen löst.

AUSSTREUEN
Grieß, Mehl oder Semmelbrösel in eine gefettete Form streuen, damit sich die Zubereitung nach dem Garen besser ablöst.

B

BARDIEREN
Geflügel oder mageres Wild vor dem Braten mit Grünem oder Bauchspeck umwickeln, damit das Fleisch nicht austrocknet. Die Speckschicht wird mit Küchengarn befestigt.

BESTAUBEN
1. Gebäck nach dem Garen mit Puderzucker bestreuen.
2. Fleisch oder Fisch vor dem Garen mit einer dünnen Schicht Mehl überziehen.

BLANCHIEREN
Rohe Zutaten wie Gemüse oder Fleisch in sprudelnd kochendes oder siedendes Wasser tauchen. Je nach Kochgut werden auf diese Weise der Farbton intensiviert, Verunreinigungen beseitigt, Enzyme deaktiviert und/oder das Material auf weitere Arbeitsschritte vorbereitet.

BLONDIEREN
Das leichte Anbräunen von Zwiebeln oder Knoblauch in heißem Fett.

BRATENSATZ
Auch als Bratenfond bezeichnete Mischung, die beim Braten von Fleisch oder klein geschnittenem Röstgemüse aus dem verwendeten Fett und dem austretenden Saft entsteht. Er enthält charakteristische Aromen und Farbstoffe und dient als Grundlage für Saucen.

BRIDIEREN
Das Binden von Geflügel, damit es während des Garens seine Form behält und Keulen und Flügel nicht vom Körper abstehen. Auf diese Weise werden alle Teile gleichmäßig gar. Man kann nur Küchengarn oder zusätzlich eine Bridiernadel verwenden.

BRUNOISE
In sehr kleine Würfel mit 1–2 mm Seitenlänge geschnittenes Gemüse.

BUTTER, geklärte
Bei sehr schwacher Hitzezufuhr oder im Wasserbad erhitzte Butter. Dabei verdunstet das

Wasser, die Eiweißstoffe gerinnen und setzen sich im Schaum und am Boden ab. Der Schaum wird abgeschöpft und das flüssige Butterfett gefiltert. Geklärte Butter ist leichter verdaulich und kann hoch erhitzt werden.

CHLOROPHYLL
Grüner Farbstoff aus Pflanzen. Wird aus Kräutern oder Spinat gewonnen, um Speisen einzufärben.

CIVET
Wildragout, hauptsächlich vom Hasen oder Kaninchen. Die Fleischstücke werden mariniert, in Fett angebraten, mit Rotwein aufgegossen und mit Zwiebeln geschmort.

CONCASSÉ
Gewürfeltes Fruchtfleisch ohne Haut und Kerne, in der Regel von Tomaten.

DÄMPFEN
Das schonende Garen von Lebensmitteln in einem Siebeinsatz oder Bambuskorb über Wasserdampf.

DAMPFGARER
Temperaturgesteuertes Gerät zum Garen von Lebensmitteln im Wasserdampf; wird auch zum Sous-vide-Garen verwendet.

DARNE
2–3 cm dicke Scheibe von einem Rundfisch. Im Unterschied zum Kotelett, das aus einem durch den Bauch ausgenommenen Fisch geschnitten wird, stammt eine Darne von einem durch die Kiemen ausgenommenen Fisch.

DEGORGIEREN
1. Fleisch, Geflügel, Fisch oder Innereien in kaltes Wasser legen, um Unreinheiten und Blutreste auszuschwemmen.
2. Bei der Schaumweinherstellung die abgelagerte Hefe aus dem Flaschenhals entfernen.

DEGRAISSIEREN
Das Abschöpfen von an der Oberfläche von Brühen, Suppen und Saucen schwimmendem Fett.

DEKANTIEREN
Das Abgießen bzw. Umfüllen von Flüssigkeiten. Es dient dazu, von Wein den Bodensatz und von Saucen das an der Oberfläche schwimmende Fett abzutrennen.

DRESSIEREN
1. Teige und Massen mithilfe eines Spritzbeutels und einer glatten oder gezackten Tülle auf ein Backblech spritzen.
2. Geschlagene Sahne zur Verzierung auf Backwerk spritzen.
3. Geflügel dressieren = bridieren.

DÜNSTEN
Schonende Garmethode im geschlossenen Topf: unter Beigabe von etwas Fett geeignet für Fleisch und Fisch, unter Beigabe von wenig Flüssigkeit und ohne Fett geeignet für alle Produkte mit geringem Flüssigkeitsanteil, ohne Fett und Flüssigkeit geeignet für Obst und Gemüse mit hohem Eigenflüssigkeitsanteil. Dünsten fördert die Konzentration von Aromen.

DURCHPASSIEREN
Flüssigkeiten durch ein Tuch oder Spitzsieb gießen bzw. Massen durch ein Haarsieb streichen, um sie von festen Bestandteilen zu befreien.

DUXELLES
Mischung aus sehr fein gewürfelten Champignons und Schalotten, die gegebenenfalls mit Kräutern in Butter gedünstet werden. Sie wird als Garnitur oder als Grundlage für Farcen verwendet.

EINARBEITEN
Eine Zutat sorgfältig unter eine Zubereitung mischen, sodass sie deren Bestandteil wird.

ENTHÜLSEN
Die Samen von Hülsenfrüchten aus ihren Hülsen befreien.

FÄRBEN
Produkte oder Zubereitungen mit Speisefarben oder natürlichen Farbstoffen optisch verändern.

FARCE
Füllung

FARCIEREN
Fisch, Geflügel oder Gemüse vor dem Garen mit einer Farce füllen.

FILTRIEREN
Eine Flüssigkeit durch ein feines Sieb oder ein Passiertuch gießen, um sie von festen Bestandteilen zu befreien. Wein wird vor dem Abfüllen filtriert, um Trübstoffe und Hefen zu entfernen.

FLAMBIEREN
Süße oder salzige Speisen mit einer Spirituose übergießen und anzünden.

FLEISCHREIFUNG
Das kontrollierte Lagern, das sogenannte Abhängen, von rohen Fleischteilen oder ausgenommenen Schlachttieren. Auf diese Weise wird das Fleisch zart und aromatisch, dabei hängt die Dauer von der jeweiligen Tierart ab. Das traditionelle Abhängen von Wild, bei dem sich der als Hautgout bezeichnete Verwesungsgeschmack entwickelt, erfolgt ungekühlt im Fell oder Federkleid.

FOND
Aromatische, stark eingekochte Flüssigkeit, die beim Braten, Dünsten oder Kochen von Gemüse, Fleisch und Fisch entsteht und als Grundlage für Saucen verwendet wird.

FRAPPIEREN
Heiße Flüssigkeiten oder Speisen mithilfe von Eisstücken und/oder Wasser und Salz schnell und stark abkühlen.

FRITTIEREN
Ein Lebensmittel in heißem Fett oder Öl bei hohen Temperaturen schwimmend ausbacken.

G

GEFLÜGELKLEIN
Sammelbegriff für die essbaren Organe Herz, Leber und Magen sowie die Neben- und Kleinteile von Geflügel wie Hals oder Flügel.

GLACE
Sirupartig eingekochter Fond aus Fleisch oder Geflügel. Die Glace dient bei Herstellung von Saucen zur Intensivierung des Geschmacks und wird zum Überziehen von Fleisch verwendet, das im Ofen oder unter dem Grill glasiert wird.

GLATT RÜHREN
Das Verrühren von Zutaten zu einer glatten Masse oder von Saucen, bis keine Klümpchen mehr erkennbar sind und eine geschmeidige Konsistenz erreicht ist.

GRATINIEREN
Eine mit Semmelbröseln, geriebenem Käse oder einer Mischung aus beidem bestreute Oberfläche unter dem Backofengrill oder einem Salamander überbacken. Dabei entsteht eine goldbraune, knusprige Kruste.

GRILLEN
Das Braten von Fisch, Fleisch, Geflügel oder Gemüse in Wärmestrahlung, entweder direkt über der Glut eines Holzkohlengrills oder indirekt in einem geschlossenen Grillgerät.

GRÜNER SPECK
Unbehandelter Rückenspeck vom Schwein; fetter Speck, der weder gepökelt noch geräuchert oder luftgetrocknet wurde.

H

HACKEN
Das feine Zerkleinern fester Lebensmittel, vorzugsweise mit einem Messer.

HÄUTEN
Das Abziehen der Haut von Lebensmitteln jeder Art.

I

INNEREIEN
Sammelbegriff für die essbaren Organe von Schlachttieren.

J

JULIENNE
In sehr feine Streifen geschnittenes Gemüse oder Obst.

JUS
Konzentrierter Bratensaft, auch als braune Grundsauce bezeichnet, der als Basis für die Herstellung von Saucen dient.

K

KALZIUMCHLORID
Ein wasserlösliches Granulat, das in Verbindung mit Alginat zur Gelierung führt.

KARAMELLISIEREN
Zucker so lange erhitzen, bis er flüssig wird und je nach Kochgrad eine goldgelbe bis braune Farbe annimmt. Grundsätzlich bedeutet Karamellisieren, alle Arten von Zucker durch Wasserentzug zu bräunen. Da auch Obst und Gemüse Zucker enthalten, werden beispielsweise Karotten und Zwiebeln beim Anbraten karamellisiert.

KARKASSE
Das nach dem Tranchieren meist kleinerer Tiere wie Geflügel und Fisch zurückgebliebene Knochengerüst samt der anhaftenden Fleisch- und Hautreste sowie der ausgenommene Panzer von Krustentieren. Karkassen werden für die Herstellung von Fonds verwendet.

KLÄREN
1. Butter durch langsames Erhitzen und Abschöpfen von Wasser und Eiweißstoffen befreien.
2. Brühe oder Wein mithilfe von Hühnereiweiß von Trübstoffen befreien.

KNETEN
Teig unter Drücken und Wenden bearbeiten, damit sich alle Zutaten homogen vermischen.

KOCHMESSER
Ein großes Messer mit leicht gebogener Schneide, das in der Küche zum Schneiden, Wiegen und Hacken verwendet wird und vielfältig einsetzbar ist.

KOMBIDÄMPFER
Backofen mit Dampfgarfunktion; kann zum Sous-vide-Garen verwendet werden.

KOMPOTT
Süßspeise aus gekochten oder eingemachten Früchten, die als Dessert serviert oder als Beilage zu Geflügel- und Wildgerichten gereicht wird.

KONFIEREN
Fleisch zum Zweck der Konservierung in Fett einkochen. Ein Verfahren, das traditionell für das Fleisch der gemästeten Gänse und Enten in Südwestfrankreich angewendet wurde. Heute konfiert man auch viele andere Lebensmittel, etwa Tomaten und Knoblauch in Olivenöl.

KRÄUTERSTRÄUSSCHEN
Kleines Bund aus gemischten Kräutern, das traditionell aus einem Zweig Thymian, einem Lorbeerblatt und drei Petersilienstängeln besteht. Je nach Zubereitung können auch Sellerieblätter und/oder andere Kräuter dazugegeben und zum Binden ein grüner Lauchstreifen verwendet werden. Gelegentlich wird auch eine dünne Scheibe Bauchspeck mit eingebunden.

L

LEGIEREN
Einer Sauce oder Suppe Bindung verleihen, in erster Linie mit einem verquirlten Eigelb, aber auch mit Butter oder Sahne.

MACEDOINE
In kleine Würfel mit etwa 1 cm Seitenlänge geschnittenes Gemüse.

MANDOLINE
Ein Gemüsehobel mit verschiedenen, auswechselbaren Klingen, deren Schnittstärke sich verstellen lässt.

MARINIEREN
Lebensmittel in eine würzige Flüssigkeit einlegen und darin ziehen lassen, um sie zu aromatisieren und Fleisch vor dem Garen zarter zu machen.

MASSE
Vorprodukt, das noch geformt, gebacken oder auf eine andere Weise weiterverarbeitet wird. Der Unterschied zu Teig besteht in ihrem geringeren Mehlanteil, außerdem wird sie nicht geknetet, sondern gerührt oder aufgeschlagen.

MAZERIEREN
1. Das Tränken von Früchten oder Gebäck mit einer Spirituose.
2. Das kurze Beizen von rohem Fleisch in einer säuerlichen Flüssigkeit.

MEHLBUTTER
Mehlbutter wird zu gleichen Teilen aus weicher Butter und Mehl verknetet und zum Binden von Saucen verwendet. Die Sauce muss so lange kochen, bis der Mehlgeschmack verschwunden ist.

MEHLIEREN
1. Das Bestäuben eines Teiges mit Mehl, damit er beim Ausrollen nicht klebt.
2. Das Wenden von Fleisch oder Fisch in Mehl, damit sie beim Braten nicht austrocknen und eine schöne Kruste erhalten.

MEHLSCHWITZE
Eine erhitzte Mischung aus Butter und Weizenmehl, die als Basis und Bindemittel zahlreicher Saucen dient.

MONTIEREN
Suppen und Saucen mit kalter Butter aufschlagen, um die Flüssigkeit zu binden.

NAPPIEREN
Das Überziehen von Speisen vor dem Servieren mit einer Sauce, deren Konsistenz so fest sein muss, dass sie die Speise bedeckt und nicht auf den Teller rinnt.

OFFICEMESSER
Ein kleines Allzweckmesser, das zum Putzen, Schneiden und Schälen Verwendung findet.

PANADE
Binde- und Lockerungsmittel aus Brot, Mehl oder Reis und einer Flüssigkeit für Füllungen aller Art.

PANIEREN
Fleisch- oder Fischstücke vor dem Braten nacheinander in Mehl, verquirltem Ei und Semmelbröseln wenden. Das Ergebnis wird als Panierung bezeichnet.

PARIEREN
Lebensmittel, insbesondere Fleisch und Fisch, vor der Zubereitung von allen unerwünschten Teilen wie Fett, Haut, Sehnen und Knorpel befreien. Die als Parüren bezeichneten verwertbaren Abschnitte werden für die Herstellung von Fonds, Suppen und Saucen verwendet.

PASSIERTUCH
Tuch aus feinem Gewebe zum Filtern von Flüssigkeiten und zum Auspressen von Früchten.

PASTEURISIEREN
Das kurzzeitige Erhitzen von Lebensmitteln auf Temperaturen unter 100 °C, um Keime abzutöten und die Haltbarkeit zu verbessern.

PIKIEREN
Lebensmittel mit einer Nadel oder Gabel anstechen, beispielsweise Fleisch vor dem Spicken mit Speckstreifen oder einen Blätter- oder Mürbeteigboden, damit er sich beim Backen nicht aufbläht oder zusammenzieht.

POCHIEREN
Das schonende Garziehen aufgeschlagener Eier oder empfindlicher Speisen wie Geflügel oder Fisch in einer Flüssigkeit, die bis knapp unter den Siedepunkt erhitzt ist.

REDUZIEREN
Das starke Einkochen von Flüssigkeiten. Dabei verdampft das Wasser, wodurch eine Konzentration von Geschmack und Aromen erreicht wird.

RÖSTEN
Lebensmitteln wie Nüsse, Brot oder Röstgemüse bei hoher Temperatur und ohne Zugabe von Flüssigkeit in der Pfanne oder im Backofen erhitzen.

SALAMANDER
Ofen mit starker Oberhitze, der in der Gastronomie zum Gratinieren und Karamellisieren, aber auch zum kurzfristigen Erhitzen oder Warmhalten von Speisen verwendet wird.

SAUTEUSE
Auch Schwenkpfanne genannt. Eine Pfanne mit hohem, nach außen gezogenem Rand. Sie eignet sich besonders gut zum Kurzbraten.

SCHLAGEN
Flüssigkeiten wie Eiweiß oder Sahne mit einem Schneebesen kräftig bearbeiten, um durch das Einschlagen von Luft ihr Volumen zu vergrößern und ihnen eine schaumige Konsistenz zu verleihen.

SCHMOREN
Das schonende, langsame Garen von in Fett angebratenem Fleisch, Geflügel oder Fisch im geschlossenen Topf unter Zugabe von Flüssigkeit. Auf diese Weise können sich alle Aromen voll entfalten, und selbst zähe Texturen werden butterweich.

SCHUPPEN
Fische mit einem Messer oder einem Schuppeisen von ihren Schuppen befreien.

SCHWEINENETZ
Feines, netzartiges Gewebe aus dem Bauchfell von Schweinen. Es wird zum Einhüllen empfindlicher Produkte verwendet, damit sie während des Garens nicht austrocknen oder auseinanderfallen.

SEMMELBRÖSEL
Erzeugnis aus trockenem Weißbrot, das zerstoßen und anschließend durch ein Passiersieb gedrückt oder durch eine Passermühle gedreht wird.

SIMMERN
Das Garen von Lebensmitteln in Flüssigkeit, die bis knapp unter dem Siedepunkt erhitzt ist, sodass die Oberfläche nicht sprudelt, sondern sich nur in leichten Wallungen bewegt.

SOUS-VIDE-GAREN
Das Garen von Speisen in Vakuumbeuteln, entweder in einem temperaturgesteuerten Wasserbad, im Dampfgarer oder Kombidämpfer.

SPICKEN
Auch Lardieren genannter Vorgang, bei dem mageres Fleisch mithilfe einer Spicknadel mit Streifen von frischem Speck durchzogen wird, um das Austrocknen während des Bratens zu verhindern und ihm zusätzlich Aroma zu verleihen. Alternativ können viele kleine Speckstückchen in die Oberfläche gesteckt werden.

STERILISIEREN
Lebensmittel 15–20 Minuten auf 110–135 °C erhitzen, um Mikroorganismen abzutöten. Auf diese Weise wird eine lange Haltbarkeit erreicht.

TEIGMANTEL
1. Hülle aus Blätter-, Mürbe- oder Hefeteig zum Schutz von Produkten oder Zubereitungen vor zu großer Hitze im Backofen.
2. Hülle aus einem Ausbackteig für süße und salzige Produkte jeglicher Art, die das Gargut im Frittierbad schützt und ihm eine knusprige Kruste verleiht.

TIEFKÜHLEN
Lebensmittel zur Haltbarmachung bei sehr tiefer Temperatur schnell einfrieren.

TOURIEREN
Einen Teig mit eingeschlagenem Ziehfett ausrollen und anschließend übereinanderschlagen. Der Vorgang wird mehrfach wiederholt; er dient der Herstellung von Blätter- oder Plunderteig.

TOURNIEREN
Gemüse mit einem Officemesser in eine einheitliche Größe und ansprechende Form schneiden.

TRÄNKEN
Gebäck, Teigböden, Kuchen oder weiche Massen mit einer Flüssigkeit begießen, um sie zu durchfeuchten und zu aromatisieren.

TRANCHIEREN
Gegarte Produkte wie Fisch, Fleisch oder Geflügel zerlegen und portionieren.

WÄSSERN
Das Einlegen von Fleisch und Innereien wie Bries oder Hirn in kaltes Wasser, um ihnen das Blut zu entziehen. Außerdem werden Produkte gewässert, um sie von unangenehmen Geschmacksstoffen oder Verunreinigungen zu befreien.

WASSERBAD
Schonende Zubereitungsmethode, bei der eine vorbereitete Speise in einer Form oder Schüssel in ein mit heißem Wasser gefülltes Gefäß gegeben und im Backofen gegart wird. Über einem Wasserbad auf dem Herd können Saucen oder Süßspeisen erwärmt, eingedickt oder schaumig aufgeschlagen werden. Ein kaltes Wasserbad mit Eiswürfeln dient der raschen Abkühlung von Zubereitungen. Ein temperaturgesteuertes Wasserbad ist ein elektrisches Gerät, das sich zum Sous-vide-Garen eignet.

WÜRZEN
Einer Zubereitung Salz, Pfeffer und andere Würzmittel zugeben, um ihren Geschmack zu verstärken oder zu unterstreichen.

ZESTEN
Mit einem Officemesser oder einem Zestenreißer dünn abgeschnittene beziehungsweise abgezogene Schalenstreifen von Zitrusfrüchten, die zum Aromatisieren und Garnieren verwendet werden.

ZISELIEREN
Gargut wie Fleisch oder Fisch schräg oder rautenförmig einschneiden, damit es beim Garen nicht aufplatzt oder reißt. Außerdem können auf diese Weise Marinade und Hitze besser eindringen.

ZUR ROSE ABZIEHEN
Das langsame Erhitzen einer Eiermasse unter ständigem Umrühren mit einem Kochlöffel. Wenn die Masse so weit eingedickt ist, dass sie den Löffel überzieht und sich beim Darüberblasen eine Rose bildet, ist sie fertig.

ZWICKEN
Mit den Fingerspitzen oder einem Teigkneifer in den Teigrand von Tartes ein Zackenmuster zwicken. Die kleinen Zacken werden im Backofen schnell fest und sorgen auf diese Weise für die Stabilität des Teigrandes.

Register der Techniken

A

Artischockenböden tournieren	454
Auslösen von Hühnerkeulen und -brust	216
Austern öffnen	368

B

Blumenkohl küchenfertig vorbereiten	451
Bridieren	214
Brokkoli küchenfertig vorbereiten	451
Brunoise schneiden	443
Bulgur garen	400
Bunte Nudeln herstellen	388

C

Champignons küchenfertig vorbereiten	459
Chiffonnade schneiden	453

D

Dinkelrisotto zubereiten	408
Dorade mit Pernod flambieren	508
Dünsten	474

E

Eier kochen	124
Eier pochieren	132
Eindecken für ein Bankett	685
Entenbrustfilets in der Pfanne braten	240
Entenfett auslassen zur Weiterverwendung	234
Entenkeulen füllen	238
Entenkeulen konfieren	236
Erbsen dünsten	474

F

Fenchel in feine Streifen schneiden	444
Fischsteaks grillen	348
Fischtranchen in Court-Bouillon pochieren	335
Flambieren	508
Flusskrebse vom Darm befreien	354

G

Gebratene Ente tranchieren	492
Gefüllte Nudeln garen	395
Gemüse garen in einem Mehlsud	470
Gemüse garen in Salzwasser	469
Gemüse in Brunoise schneiden	443
Gemüse in Julienne schneiden	442
Gemüse in Macédoine schneiden	441
Gemüse in Mirepoix schneiden	440
Gemüse in Paysanne schneiden	439
Gemüse schmoren	473
Gemüsekugeln ausstechen	461
Getrocknete Bohnen kochen	412
Große Seezungen filetieren	322

H

Hirn vorbereiten und pochieren	282
Huhn bridieren (mit Küchengarn in Form binden)	214
Huhn in acht Teile zerlegen	220
Huhn in der Schweinsblase tranchieren	512
Huhn küchenfertig vorbereiten	208
Hummer in Tranchen schneiden	355
Hummer zum Grillen halbieren	356

J

Jakobsmuscheln öffnen und vorbereiten	358
Julienne schneiden	442
Jungente braten	246
Jungente küchenfertig vorbereiten	242
Jungente tranchieren	248
Jungente verschließen und bridieren	244
Jus herstellen	182

K

Kabeljau vorbereiten und zerlegen	310
Kaisergranat küchenfertig vorbereiten	352
Kalbsbraten vorbereiten	166
Kalbsbries küchenfertig vorbereiten	276
Kalbskarree im Ofen schmoren	168
Kalbskarree glasieren	170
Kalbsnieren zum Braten vorbereiten	272
Kalbsrouladen füllen und schmoren	174
Kaninchen zerlegen	258
Kaninchenrücken entbeinen und füllen	262
Kannelieren	445
Karotten glasieren	471
Karotten in Paysanne schneiden	439
Karotten in Scheiben schneiden	438
Kartoffel-Gnocchi herstellen	398
Kartoffelchips frittieren	485
Kartoffeln im Ganzen braten	480
Kartoffeln mit dem Gemüsehobel schneiden	476
Kartoffeln tournieren	475
Kartoffeln von Hand schneiden	477
Kartoffelpüree zubereiten	483
Kartoffelscheiben braten	478
Klären von Rinderbrühe	78
Klassisch eindecken	684
Kleine Artischocken tournieren	456
Knoblauch hacken	465
Kräuter fein hacken	468
Kugeln ausstechen	461

L

Lachs küchenfertig vorbereiten	316
Lachsfilets auslösen und portionieren	312
Lammkarree bratfertig vorbereiten	186
Lammkarree tranchieren	494
Lammkeule braten und eine Jus herstellen	182
Lammkeule bratfertig vorbereiten	180
Lammkeule mit Knoblauch spicken	181
Lammkeule tranchieren	496
Lammrücken auslösen und in Nüsschen schneiden	194
Lammsattel entbeinen und binden	190
Lammschulter entbeinen und binden	184
Lauch küchenfertig vorbereiten	448

M

Macédoine schneiden	441
Mastente zerlegen	230

Miesmuscheln öffnen.................... 365
Miesmuscheln säubern 364
Mirepoix schneiden..................... 440

N

Niere im eigenen Fett garen............. 274
Nudeln schneiden 387
Nudelteig herstellen 386

P

Pastetenform mit Teig auskleiden 108
Paysanne schneiden.................... 439
Perlzwiebeln glasieren 472
Petersilie hacken 466
Pochieren von Eiern..................... 132
Polenta braten 411
Polenta zubereiten...................... 410
Pommes frites in zwei Durchgängen...... 484

Q

Quadratische Ravioli herstellen 396
Quinoa garen 401

R

Räucherlachs dünn aufschneiden 499
Ravioli mit Jakobsmuscheln
 (erste Methode) 392
Ravioli mit Jakobsmuscheln
 (zweite Methode) 394
Reis garen nach der Quellreismethode ... 404
Reis-Pilaw zubereiten................... 402
Rinderbrühe zur Consommé klären...... 78
Rinderfilet bratfertig vorbereiten......... 146
Rinderkotelett bratfertig vorbereiten 148
Rinderkotelett grillen 150
Rinderkotelett tranchieren 498
Rindersteaks richtig braten 144
Rindertatar servieren 510
Risotto zubereiten 406
Rotbarben grillen 349
Rundfische durch den Rücken entgräten . 338
Rundfische filetieren 342
Rundfische küchenfertig vorbereiten..... 336

S

Salatblätter zu Chiffonnade schneiden 453
Salatgurke in Scheiben schneiden 446
Salatgurke kannelieren und aushöhlen 447
Schalotten in feine Würfel schneiden 464
Schaufelstück bratfertig vorbereiten und
 spicken.............................. 156
Schaumwein öffnen 678
Schnittlauch in feine Röllchen schneiden.. 467
Schnitttechniken für Champignons 458
Schnitzel schneiden 164
Seeteufel filetieren und in Medaillons
 schneiden 344
Seeteufelbraten zubereiten 346
Seezunge filetieren 322
Seezunge küchenfertig vorbereiten 320
Seezunge Müllerinart filetieren 502
Spargel küchenfertig vorbereiten 450
Spinat küchenfertig vorbereiten 452
Stangensellerie küchenfertig vorbereiten . 449
Steinbutt filetieren (roh) 332
Steinbutt filetieren (gebraten) 504
Steinbutt in Tranchen schneiden 334
Steinbutt küchenfertig vorbereiten....... 331
Stopfleber vorbereiten
 und in der Terrine garen 252
Stubenküken »en crapaudine« vorbereiten.. 226
Stubenküken auf amerikanische Art 228

T

Tartering mit Teig auslegen.............. 104
Taube für getrenntes Garen vorbereiten ... 250
Tintenfische küchenfertig vorbereiten..... 362
Tisch eindecken, klassisch 684
Tisch eindecken, Bankett 685
Tomaten häuten und schneiden 460
Tortellini herstellen 390
Tournedos bardieren................... 152
Tournedos braten und mit Madeira
 ablöschen 154
Tournieren...................... 454, 456, 475
Triangoli herstellen 390

W

Wein aus einer Flasche einschenken....... 672
Wein karaffieren....................... 673
Wein über einer Kerze dekantieren....... 676
Weinflasche öffnen 670
Weinflasche im Korb öffnen und servieren.. 674
Wiener Schnitzel 172
Wittling panieren und braten............ 328
Wolfsbarsch im Teigmantel zerlegen und
 mit Choron-Sauce servieren 500

Z

Zucchini kannelieren und schneiden 445
Zwiebeln in Ringe schneiden............ 463
Zwiebeln in Würfel schneiden........... 462

Rezeptregister

A

Amerikanische Sauce	98
Anna-Kartoffeln	481
Austern, Kiwi und Kakao-Rum	532
Avocado-Variation	648

B

Bauch und Rücken von der Dorade, Quinoa-Pilaw, Gräten-Jus	612
Béarner Sauce	48
Bebek betutu, marinierte Jungente, in Bananenblättern gegart	656
Béchamelsauce	38
Belugalinsen mit rauchigem Espuma	642
Bibimbap, koreanischer Reis	650
Blankett vom Bresse-Huhn, glasiertes junges Gemüse	594
Blütenkomposition	536
Bordelaiser Sauce	62
Boudin blanc, Pilzpfanne, Trüffelschaumsauce	602
Bresse-Huhn mit Flusskrebsen, Makkaronigratin	600
Brunnenkressesuppe, pochiertes Ei, Brotstäbchen und Lachswürfel	570
Bulgur mit Trockenfrüchten und Karotten-Kreuzkümmel-Gelee	640

C

Choron-Sauce	50
Court-Bouillon zum Pochieren von Fisch	86

D

Dauphine-Kartoffeln	488
Demiglace & Glace	70
Dinkelrisotto, roher und gekochter grüner Spargel	638
Dunkle Hühnerbrühe	74
Dunkler Kalbsfond	68

E

Ei-Illusion	576
Eier im Näpfchen	128
Entenrillette, hausgemacht	540

F

Felchenfilet, Muscheln und glasiertes Gemüse	614
Filet von der Jungente mit Gewürzen und gebratenen Pfirsichen	596
Fischfond	88
Flüssige Quiche lorraine	572
Foie gras von der Ente, lackiert mit Sangria-Gelee und Gewürzen	552
Foie gras, mit Rotwein und Gewürzen gegart	542
Foie-gras-Kugeln, Sauerkirsch-Chutney und Haselnussgebäck	554
Foyot-Sauce	51
Froschschenkel im Grünen mit Knoblauch und Petersilie	578

G

Gebratene Foie gras und Topinamburpüree	574
Gebratene Stopfleber mit Himbeeren	256
Gebratener Steinbutt, Kartoffeln, Pfifferlinge, Tintenfisch, Gemüse, Olivenöl	622
Geflügeljus	72
Geflügelrahmsauce	60
Gegrillte Seezunge mit Béarner Sauce	610
Gemüsebrühe	79
Gepökeltes Eisbein, Schweinerippchen und Öhrchen mit Puy-Linsen	592
Geräucherter Lachs, Blattspinat, Dillcreme	518
Geschmortes Kalbsbries	278
Glace	70
Gravlax	318
Gribiche-Sauce	34
Grüne Sauce	36

H

Hähnchen aus dem Wok mit Cashewkernen und Koriander	652
Halbmond-Ravioli mit Ricotta-Spinat-Füllung	389
Hechtklößchen	350
Hechtklöße mit Krebsen und Hummersauce	624
Heller Geflügelfond	66
Herzoginkartoffeln	486
Hirn auf Müllerinart	284
Holländische Sauce	42

J

Jakobsmuschel-Carpaccio, Olivenöl, junger Spinat und Kräuter	530
Junges Gemüse am Spieß, Tofu-Eierstich, Algenbouillon	644

K

Kabeljaufilet mit Chorizo gespickt, Bohnenmousseline	616
Kaisergranat mit jungem Gemüse, mariniert in Zitrusvinaigrette	546
Kaisergranat, Risotto mit Waldpilzen	634
Kalbsbries mit glasiertem Gemüse, Chili-Vanille-Jus	608
Kalbsmedaillons in Morchelsahne	584
Kalter Lachs, Birne und gelbe Paprika, Mayonnaise	524
Kaninchen auf Jägerart	264
Kartoffelkroketten	487
Kartoffeln auf Bäckerart	482
Kartoffeln nach Art von Sarlat	479
Kleine Artischocken und Medaillons vom Hummer	548
Kleine Tintenfische, gefüllt mit Mini-Ratatouille und Chorizo, Jus mit Olivenöl	568
Krebsbutter	96
Krustentierfond	90

L

Lachsforelle und Rote Bete	556
Lachstatar	317
Lackierte Taube, Panisses mit Oliven	606
Lamm-Navarin	196
Lammfilet und Köfte	588
Lammkarree mit Curry und Aubergine	590
Lammstelzen, nach Art eines Navarin geschmort	586
Lauwarme Taube, Salat, kleine Innereien, Streifen von Foie gras	604
Linsensalat auf asiatische Art	414

M

Madeirasauce (oder Portweinsauce)	84
Malteser Sauce	45
Marinade für gegrillte Hähnchenbrust	114
Marinade für gegrilltes Fischfilet	115
Marinade für Wild oder Rind	290
Mayonnaise	31
Meeresfrüchte-Gratin, gedämpftes Juliennegemüse	636
Meerrettichsauce	35
Miesmuscheln in Weißwein	366
Mornaysauce	39
Mürbeteig	100

N

Nanteser Buttersauce	53
Nantuasauce	92
Niere im eigenen Fett garen	274

O

Omelett	126
Orangensauce	58

P

Paprikasauce	80
Pastete im Teigmantel	110
Perfektes Ei, Rucola-Wasabi-Sauce, Parmesangebäck	520
Pfeffersauce	64
Poularde in Sahnesauce	224

R

Ravigote-Sauce	30
Ravioli mit Jakobsmuscheln	392, 394
Ravioli mit Ochsenschwanz- und Hummerfüllung	580
Rehkeule	292
Rehragout	294
Rinderbrühe	76
Rinderfilets mit Pfeffersauce, in Cognac flambiert	506
Rinderkotelett grillen	150
Rohkost nach Art eines Obstsalats, Eau aromatisée	550
Rosa Entenbrust mit Honig lackiert, Sangria-Sauce	598
Rotbarben-Tarte, Salat von mariniertem Fenchel mit Kräutern	522
Rotbarbenfilets à la niçoise, Röstbrot mit den Aromen des Südens	618
Roter Thunfisch, gebrannt, Avocadocreme, Zitrusfrüchte-Vinaigrette	544
Rotweinbutter	54
Rührei mit Trüffel, Blätterteigstangen mit Piment d'Espelette und Comté	564

S

Saiblingsfilets auf Barigoule-Sauce	526
Sauce zum Überbräunen	47
Schaufelstück in Rotwein schmoren	158
Schaumfarce von Jakobsmuscheln	360
Schaumsauce	44
Schneckenkaviar und Schneckentatar in der Waffel	538
Seeteufel aus dem Ofen in einem Bett aus jungem Gemüse	620
Seezunge auf Müllerinart	324
Seezunge nach Art einer Grenobloise	626
Seezungenstreifen in Tempurateig	330
Senfdressing	29
Spargel-Pannacotta, Pata-negra-Schinken und Parmesanspäne	534
Stubenküken auf amerikanische Art	228
Sushi und Miso-Suppe	660

T

Taschenkrebs, halb verborgen	560
Tatarensauce	32
Tauben-Pastilla	658
Teufelssauce	82
Thunfisch-Tataki mit Mohn und Kräutern, Erdbeeren und Balsamico	516
Tintenfisch nach Art einer Sétoise	562
Tom yam goong	654
Tomate in jeglicher Form	646
Tomatensauce	81
Tournedos mit Rindermark und Rotweinsauce, Kräuterkartoffeln	582
Tropfen mit Thunfisch und Schokolade	558
Trüffelsauce	85

V

Vinaigrette	284

W

Warme Pastetchen mit Kalbsbries	566
Weiße Buttersauce	52
Weiße Zwiebelsauce	40
Weißer Teller	528
Weißweinsauce	46
Wittling, Basilikum und Gnocchi	628
Wolfsbarsch mit Mais und Morcheln	630
Wolfsbarsch, Schuppen aus konfierter Tomate und Zucchini	632

Zutatenregister

AGAR-AGAR
Karottengelee 536
Lachsforelle und Rote Bete 556

ÄPFEL
Rosa Entenbrust mit Honig lackiert,
    Sangria-Sauce 598

ARTISCHOCKEN
Artischockenböden tournieren 454
Junges Gemüse am Spieß, Tofu-Eierstich,
    Algenbouillon 644
Kaisergranat mit jungem Gemüse,
    mariniert in Zitrusvinaigrette 546
Kleine Artischocken tournieren 456
Kleine Artischocken und Medaillons vom
    Hummer 548
Wittling, Basilikum und Gnocchi 628

AUBERGINEN
Kleine Tintenfische, gefüllt mit Mini-Rata-
    touille und Chorizo, Jus mit Olivenöl ... 568
Lammkarree mit Curry und Aubergine ... 590
Rotbarben-Tarte, Salat von mariniertem
    Fenchel mit Kräutern 522

AUSTERN
Austern öffnen 368
Austern, Kiwi und Kakao-Rum 532

AUSTERNSAUCE
Hähnchen aus dem Wok mit Cashew-
    kernen und Koriander 652

AVOCADO
Avocadocreme 560
Avocado-Variation 648
Roter Thunfisch, gebrannt, Avocado-
    creme, Zitrusvinaigrette 544
Taschenkrebs, halb verborgen 560

BÄRLAUCHBLÜTEN
Weißer Teller 528

BASILIKUM
Basilikumöl 534, 548
Wittling, Basilikum und Gnocchi 628

BIRNEN
Kalter Lachs, Birne und gelbe Paprika,
    Mayonnaise 524

BLÄTTERTEIG
Rotbarben-Tarte, Salat von mariniertem
    Fenchel mit Kräutern 522
Rührei mit Trüffel, Blätterteigstangen mit
    Piment d'Espelette und Comté 564
Warme Pastetchen mit Kalbsbries, dazu
    Portweinsauce 566

BLUMENKOHL
Blumenkohl küchenfertig vorbereiten 451
Blütenkomposition 536
Rohkost nach Art eines Obstsalats, Eau
    aromatisée 550
Weißer Teller 528

BOHNEN
Getrocknete Bohnen kochen 412
Kabeljaufilet mit Chorizo gespickt,
    Bohnenmousseline 616
Lamm-Navarin 196
Seeteufel aus dem Ofen in einem Bett aus
    jungem Gemüse 620

BOHNENSPROSSEN
Bibimbap, koreanischer Reis 650
Weißer Teller 528

BONITOFLOCKEN
Sushi und Miso-Suppe 660

BRICKTEIG
Taschenkrebs, halb verborgen 560
Tauben-Pastilla 658

BRIES
Kalbsbries küchenfertig vorbereiten 276
Kalbsbries mit glasiertem Gemüse,
    Chili-Vanille-Jus 608
Kalbsbries schmoren 278

BROKKOLI
Blütenkomposition 536
Brokkoli küchenfertig vorbereiten 451
Kalbsbries mit glasiertem Gemüse,
    Chili-Vanille-Jus 608

BROMBEEREN
Rosa Entenbrust mit Honig lackiert,
    Sangria-Sauce 598

BROT
Brunnenkressesuppe, pochiertes Ei,
    Brotstäbchen und Lachswürfel 570
Rotbarbenfilets à la niçoise, Röstbrot
    mit den Aromen des Südens 618

BRUNNENKRESSE
Brunnenkressesuppe, pochiertes Ei,
    Brotstäbchen und Lachswürfel 570

BULGUR
Bulgur garen 400
Bulgur mit Trockenfrüchten und Karotten-
    Kreuzkümmel-Gelee 640

BUTTER
Béarner Sauce 48
Butter klären 56
Butter zerlassen & bräunen 57
Choron-Sauce 50
Foyot-Sauce 51

Holländische Sauce ... 42
Krebsbutter ... 96
Malteser Sauce ... 45
Nanteser Buttersauce ... 53
Nussbutter ... 57
Rotweinbutter ... 54
Sauce zum Überbräunen ... 47
Schaumsauce ... 44
Schneckenbutter ... 538
Seezunge auf Müllerinart ... 324
Weiße Buttersauce ... 52

CASHEWKERNE

Hähnchen aus dem Wok mit Cashewkernen und Koriander ... 652

CHAMPIGNONS

Blankett vom Bresse-Huhn, glasiertes junges Gemüse ... 594
Blütenkomposition ... 536
Champignons küchenfertig vorbereiten ... 459
Kalbsrouladen füllen und schmoren ... 174
Kaninchen auf Jägerart ... 264
Lamm-Navarin ... 196
Rohkost nach Art eines Obstsalats, Eau aromatisée ... 550
Schnitttechniken für Champignons ... 458
Seezungenfilets auf Hausfrauenart ... 326

CHICORÉE

Blütenkomposition ... 536
Rohkost nach Art eines Obstsalats, Eau aromatisée ... 550
Rosa Entenbrust mit Honig lackiert, Sangria-Sauce ... 598
Roter Thunfisch, gebrannt, Avocadocreme, Zitrusvinaigrette ... 544

CHILISCHOTEN

Avocado-Variation ... 648
Bebek betutu, marinierte Jungente, in Bananenblättern gegart ... 656
Kalbsbries mit glasiertem Gemüse, Chili-Vanille-Jus ... 608

CHORIZO

Kabeljaufilet mit Chorizo gespickt, Bohnenmousseline ... 616
Kleine Tintenfische, gefüllt mit Mini-Ratatouille und Chorizo, Jus mit Olivenöl ... 568

COCO DE PAIMPOL

Kabeljaufilet mit Chorizo gespickt, Bohnenmousseline ... 616

COGNAC

Hechtklöße mit Krebsen und Hummersauce ... 624
Lauwarme Taube, Salat, kleine Innereien, Streifen von Foie gras ... 604
Rinderfilets mit Pfeffersauce, in Cognac flambiert ... 506

COMTÉ

Rührei mit Trüffel, Blätterteigstangen mit Piment d'Espelette und Comté ... 564

CONSOMMÉ

Rinderbrühe zur Consommé klären ... 78
Rotweinbutter ... 54

COURT-BOUILLON

Bresse-Huhn mit Flusskrebsen, Makkaronigratin ... 600
Court-Bouillon zum Pochieren von Fisch ... 86
Steinbutt in Court-Bouillon pochieren ... 335

DEMIGLACE

Bordelaiser Sauce ... 62
Madeirasauce ... 84
Portweinsauce ... 84
Pfeffersauce ... 64
Teufelssauce ... 83
Trüffelsauce ... 85

DICKE BOHNEN

Kaisergranat mit jungem Gemüse, mariniert in Zitrusvinaigrette ... 546
Kalbsbries mit glasiertem Gemüse, Chili-Vanille-Jus ... 608
Lammstelzen, nach Art eines Navarin geschmort ... 586

DILL

Geräucherter Lachs, Blattspinat, Dillcreme ... 518

DINKEL

Dinkelrisotto, roher und gekochter Spargel ... 638
Dinkelrisotto zubereiten ... 408

DORADE

Bauch und Rücken von der Dorade, Quinoa-Pilaw, Gräten-Jus ... 612
Dorade mit Pernod flambieren ... 508
Sushi und Miso-Suppe ... 660

EDAMAME

Lachsforelle und Rote Bete ... 556
Tintenfisch nach Art einer Sétoise ... 562

EIER

Bibimbap, koreanischer Reis ... 650
Brunnenkressesuppe, pochiertes Ei, Brotstäbchen und Lachswürfel ... 570
Ei-Illusion ... 576
Eier im Näpfchen ... 128
Eier kochen ... 124
Eier pochieren ... 132
Flüssige Quiche lorraine ... 572
Junges Gemüse am Spieß, Tofu-Eierstich, Algenbouillon ... 644
Mayonnaise ... 31
Omelett ... 126
Perfektes Ei, Rucola-Wasabi-Sauce ... 520
Rührei ... 130
Rührei mit Trüffel, Blätterteigstangen mit Piment d'Espelette und Comté ... 564
Tomate in jeglicher Form ... 646

EMMENTALER

Flüssige Quiche lorraine **572**

ENTE

Bebek betutu, marinierte Jungente, in
  Bananenblättern gegart **656**
Entenbrustfilets in der Pfanne braten **240**
Entenfett auslassen zur Weiterverwendung **234**
Entenkeulen füllen **238**
Entenkeulen konfieren **236**
Entenrillette, hausgemacht **540**
Filet von der Jungente mit Gewürzen
  und gebratenen Pfirsichen **596**
Gebratene Ente tranchieren **492**
Jungente braten **246**
Jungente küchenfertig vorbereiten **242**
Jungente tranchieren **248**
Jungente verschließen und bridieren **244**
Mastente zerlegen **230**
Rosa Entenbrust mit Honig lackiert,
  Sangria-Sauce **598**

ERBSEN

Erbsen dünsten **474**
Seeteufel aus dem Ofen in einem Bett
  aus jungem Gemüse **620**

ERDBEEREN

Austern, Kiwi und Kakao-Rum **532**
Erdbeer-Ingwer-Coulis **532**
Rosa Entenbrust mit Honig lackiert,
  Sangria-Sauce **598**
Thunfisch-Tataki mit Mohn und Kräutern,
  Erdbeeren und Balsamico **516**

ERDNÜSSE

Linsensalat auf asiatische Art **414**

FEIGEN, GETROCKNETE

Foie gras, mit Rotwein und Gewürzen
  gegart **542**

FELCHEN

Felchenfilet, Muscheln und glasiertes
  Gemüse **614**

FENCHEL

Eingelegter Fenchel **516**
Felchenfilet, Muscheln und glasiertes
  Gemüse **614**
Fenchel in feine Streifen schneiden **444**
Kaisergranat mit jungem Gemüse,
  mariniert in Zitrusvinaigrette **546**
Rohkost nach Art eines Obstsalats, Eau
  aromatisée **550**
Rotbarben-Tarte, Salat von mariniertem
  Fenchel mit Kräutern **522**
Seeteufel aus dem Ofen in einem Bett
  aus jungem Gemüse **620**

FILOTEIG

Geräucherter Lachs, Blattspinat, Dillcreme . **518**
Tauben-Pastilla **658**

FINGERLIMETTEN

Weißer Teller **528**

FISCH

Fischsteaks grillen **348**
Fischtranchen in Court-Bouillon pochieren . **335**
Flambieren **508**
Marinade für gegrilltes Fischfilet **115**
Rundfische durch den Rücken entgräten . . . **338**
Rundfische filetieren **342**
Rundfische küchenfertig vorbereiten **336**
  siehe auch einzelne Arten

FLUSSKREBSE

Bresse-Huhn mit Flusskrebsen,
  Makkaronigratin **600**
Flusskrebse vom Darm befreien **354**
Hechtklöße mit Krebsen und
  Hummersauce **624**
Krebsbutter **96**
Nantuasauce **92**

FOIE GRAS

Foie gras von der Ente, lackiert mit
  Sangria-Gelee und Gewürzen **552**
Foie gras, mit Rotwein und Gewürzen
  gegart **542**
Foie-gras-Kugeln, Sauerkirsch-Chutney
  und Haselnussgebäck **554**
Gebratene Foie gras und Topinamburpüree **574**
Gebratene Stopfleber mit Himbeeren **256**
Lauwarme Taube, Salat, kleine Innereien,
  Streifen von Foie gras **604**
Linsensalat auf asiatische Art **414**
Stopfleber vorbereiten und in der
  Terrine garen **252**

FRISÉESALAT

Lauwarme Taube, Salat, kleine Innereien,
  Streifen von Foie gras **604**

FROSCHSCHENKEL

Froschschenkel im Grünen mit Knoblauch
  und Petersilie **578**

GARNELEN

Tom yam goong, scharfe Suppe mit
  Garnelen **654**

GEFLÜGEL

Bridieren **214**
Dunkle Hühnerbrühe **74**
Heller Geflügelfond **66**
Geflügeljus **72**
Poularde in Sahnesauce **224**
  siehe auch einzelne Arten

GEMÜSE

Gemüse dünsten **474**
Gemüse garen in Salzwasser **469**
Gemüse in Brunoise schneiden **443**
Gemüse in Julienne schneiden **442**
Gemüse in Macédoine schneiden **441**
Gemüse in Mirepoix schneiden **440**
Gemüse in Paysanne schneiden **439**

Gemüse schmoren 473
Gemüsekugeln ausstechen. 461
Gemüse tournieren 454, 456, 475
Gemüsebrühe. 79
Junges Gemüse am Spieß,
   Tofu-Eierstich, Algenbouillon 644
Kugeln ausstechen 461
Meeresfrüchte-Gratin, gedämpftes
   Juliennegemüse. 636
   siehe auch einzelne Sorten

GNOCCHI

Wittling, Basilikum und Gnocchi 628

GRAPEFRUIT

Avocado-Variation 648
Kaisergranat mit jungem Gemüse,
   mariniert in Zitrusvinaigrette. 546
Roter Thunfisch, gebrannt, Avocadocreme,
   Zitrusvinaigrette. 544

GRUYÈRE

Mornaysauce 39

GURKE

Kannelieren. 445
Salatgurke in Scheiben schneiden 446
Salatgurke kannelieren und aushöhlen 447

HASELNÜSSE

Blütenkomposition 536
Bulgur mit Trockenfrüchten und Karotten-
   Kreuzkümmel-Gelee 640
Foie-gras-Kugeln, Sauerkirsch-Chutney
   und Haselnussgebäck 554e
Gebratene Foie gras und Topinamburpüree 574
Lackierte Taube, Panisses mit Oliven 606

HECHT

Hechtklößchen. 350
Hechtklöße mit Krebsen und Hummer-
   sauce 624

HEIDELBEEREN

Rosa Entenbrust mit Honig lackiert,
   Sangria-Sauce 598

HERZMUSCHELN

Meeresfrüchte-Gratin, gedämpftes
   Juliennegemüse. 636

HIMBEEREN

Gebratene Stopfleber mit Himbeeren 256
Rosa Entenbrust mit Honig lackiert, Sangria-
   Sauce 598

HIRN

Hirn auf Müllerinart 284
Hirn vorbereiten und pochieren. 282

HONIG

Rosa Entenbrust mit Honig lackiert, Sangria-
   Sauce 598

HUHN

Auslösen von Hühnerkeulen und -brust 216
Blankett vom Bresse-Huhn, glasiertes
   junges Gemüse 594
Bresse-Huhn mit Flusskrebsen,
   Makkaronigratin 600
Dunkle Hühnerbrühe. 74
Geflügeljus 72
Heller Geflügelfond 66
Hähnchen aus dem Wok mit Cashewkernen
   und Koriander 652
Huhn bridieren (mit Küchengarn
   in Form binden) 214
Huhn in acht Teile zerlegen 220
Huhn in der Schweinsblase tranchieren 512
Huhn küchenfertig vorbereiten 208
Marinade für grillte Hähnchenbrust. 114
Poularde in Sahnesauce. 224

HUMMER

Amerikanische Sauce 98
Hummer in Tranchen schneiden 355
Hummer zum Grillen halbieren 356
Hummerbutter 96
Kleine Artischocken und Medaillons vom
   Hummer 548
Krustentierfond 90
Ravioli mit Ochsenschwanz- und
   Hummerfüllung 580

HUMMERROGEN

Bresse-Huhn mit Flusskrebsen,
   Makkaronigratin 600
Hechtklöße mit Krebsen und
   Hummersauce 624

INNEREIEN

Geschmortes Kalbsbries 278
Hirn auf Müllerinart 284
Hirn vorbereiten und pochieren. 282
Kalbsbries küchenfertig vorbereiten 276
Kalbsbries schmoren 278
Kalbsnieren zum Braten vorbereiten 272
Niere im eigenen Fett garen. 274

JAKOBSMUSCHELN

Jakobsmuschel-Carpaccio, Olivenöl, junger
   Spinat und Kräuter 530
Jakobsmuscheln öffnen und vorbereiten . . . 358
Meeresfrüchte-Gratin, gedämpftes
   Juliennegemüse. 636
Ravioli mit Jakobsmuscheln 392, 394
Schaumfarce von Jakobsmuscheln 360
Weißer Teller 528

KABELJAU

Kabeljau vorbereiten und zerlegen. 310
Kabeljaufilet mit Chorizo gespickt,
   Bohnenmousseline 616

KAISERGRANAT

Kaisergranat küchenfertig vorbereiten 352
Kaisergranat mit jungem Gemüse,
   mariniert in Zitrusvinaigrette 546
Kaisergranat, Risotto mit Waldpilzen 634

KAKAO

Austern, Kiwi und Kakao-Rum 532

KALB

Demiglace 70
Glace 70
Kalbsbraten vorbereiten 166
Kalbsfond 68
Kalbskarree glasieren 170
Kalbskarree im Ofen schmoren 168
Kalbsmedaillons in Morchelsahne 584
Kalbsrouladen füllen und schmoren 174
Schnitzel schneiden 164
Wiener Schnitzel 172

KANINCHEN

Kaninchen auf Jägerart 264
Kaninchen zerlegen 258
Kaninchenrücken entbeinen und füllen 262

KAROTTEN

Belugalinsen mit rauchigem Espuma 64
Bibimbap, koreanischer Reis 650
Blankett vom Bresse-Huhn,
   glasiertes junges Gemüse 594
Blütenkomposition 536
Bulgur mit Trockenfrüchten und
   Karotten-Kreuzkümmel-Gelee 640
Felchenfilet, Muscheln und
   glasiertes Gemüse 614
Froschschenkel im Grünen mit
   Knoblauch und Petersilie 578
Gemüsebrühe 79
Junges Gemüse am Spieß, Tofu-Eierstich,
   Algenbouillon 644
Kaisergranat mit jungem Gemüse,
   mariniert in Zitrusvinaigrette 546
Kalbsbries mit glasiertem Gemüse, Chili-
   Vanille-Jus 608
Karotten glasieren 471
Karotten in Paysanne schneiden 439
Karotten in Scheiben schneiden 438
Karottengelee 536
Lamm-Navarin 196
Lammstelzen, nach Art eines Navarin
   geschmort 586
Meeresfrüchte-Gratin, gedämpftes
   Juliennegemüse 636
Rohkost nach Art eines Obstsalats,
   Eau aromatisée 550
Seeteufel aus dem Ofen in einem Bett aus
   jungem Gemüse 620

KARTOFFELN

Anna-Kartoffeln 481
Dauphine-Kartoffeln 488
Ei-Illusion 576
Gebratene Foie gras und Topinamburpüree   574
Gebratener Steinbutt, Kartoffeln, Pfifferlinge,
   Tintenfisch, Gemüse, Olivenöl 622
Herzoginkartoffeln 486
Kartoffel-Gnocchi herstellen 398
Kartoffelchips frittieren 485
Kartoffelkroketten 487
Kartoffeln auf Bäckerart 482
Kartoffeln im Ganzen braten 480
Kartoffeln mit dem Gemüsehobel
   schneiden 476
Kartoffeln nach Art von Sarlat 479
Kartoffeln tournieren 475
Kartoffeln von Hand schneiden 477
Kartoffelpüree zubereiten 483
Kartoffelscheiben braten 478
Lamm-Navarin 196
Pommes frites in zwei Durchgängen 484
Savonnette-Kartoffeln 576
Seezunge nach Art einer Grenobloise 626
Tournedos mit Rindermark und
   Rotweinsauce, Kräuterkartoffeln 582
Wittling, Basilikum und Gnocchi 628

KICHERERBSEN

Lammfilet und Köfte 588

KICHERERBSENMEHL

Lackierte Taube, Panisses mit Oliven 606

KNOBLAUCH

Froschschenkel im Grünen mit Knoblauch und
   Petersilie 578
Knoblauchsahne 578
Knoblauch hacken 465

KNOLLENSELLERIE

Froschschenkel im Grünen mit Knoblauch
   und Petersilie 578
Meeresfrüchte-Gratin, gedämpftes
   Juliennegemüse 636

KOKOSMILCH

Avocado-Variation 648
Weißer Teller 528

KOKOSRASPEL

Weißer Teller 528

KOMBU-ALGEN

Junges Gemüse am Spieß, Tofu-Eierstich,
   Algenbouillon 644
Sushi und Miso-Suppe 660

KORIANDER

Hähnchen aus dem Wok mit Cashewkernen
   und Koriander 652

KRÄUTER

Grüne Sauce 36
Jakobsmuschel-Carpaccio, Olivenöl, junger
   Spinat und Kräuter 530
Kräuter fein hacken 468
Rotbarben-Tarte, Salat von mariniertem
   Fenchel mit Kräutern 522

KREUZKÜMMEL

Bulgur mit Trockenfrüchten und
   Karotten-Kreuzkümmel-Gelee 640

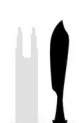

LACHS

Brunnenkressesuppe, pochiertes Ei,
   Brotstäbchen und Lachswürfel 570
Geräucherter Lachs, Blattspinat, Dillcreme . 518
Gravlax.................................. 318
Kalter Lachs, Birne und gelbe Paprika,
   Mayonnaise 524
Lachs küchenfertig vorbereiten 316
Lachsfilets auslösen und portionieren 312
Lachstatar............................... 317
Räucherlachs dünn aufschneiden 499
Sushi und Miso-Suppe 660

LACHSFORELLE

Lachsforelle und Rote Bete 556

LACHSROGEN

Sushi und Miso-Suppe 660

LAMM

Lamm-Navarin............................ 196
Lammfilet und Köfte 588
Lammkarree bratfertig vorbereiten 186
Lammkarree mit Curry und Aubergine 590
Lammkarree tranchieren 494
Lammkeule braten und eine Jus
   herstellen............................. 182
Lammkeule bratfertig vorbereiten 180
Lammkeule mit Knoblauch spicken....... 181
Lammkeule tranchieren 496
Lammrücken auslösen und in Nüsschen
   schneiden 194
Lammsattel entbeinen und binden 190
Lammschulter entbeinen und binden 184
Lammstelzen, nach Art eines Navarin
   geschmort 586
Lamm-Jus 182
Lammfilet und Köfte 588
Lammkarree mit Curry und Aubergine ... 590
Lammfond 68
Lamm-Navarin.......................... 196

LAUCH

Blankett vom Bresse-Huhn,
   glasiertes junges Gemüse 594
Blütenkomposition 536
Felchenfilet, Muscheln und
   glasiertes Gemüse 614
Gemüsebrühe........................... 79
Kalbsbries mit glasiertem Gemüse,
   Chili-Vanille-Jus 608
Lauch küchenfertig vorbereiten 448
Meeresfrüchte-Gratin, gedämpftes
   Juliennegemüse...................... 636
Rohkost nach Art eines Obstsalats,
   Eau aromatisée 550

LIMETTEN

Kaisergranat mit jungem Gemüse,
   mariniert in Zitrusvinaigrette........... 546
Roter Thunfisch, gebrannt, Avocadocreme,
   Zitrusvinaigrette...................... 544
Tom yam goong, scharfe Suppe
   mit Garnelen 654
Weißer Teller 528

LINSEN

Belugalinsen mit rauchigem Espuma 642
Gepökeltes Eisbein, Schweinerippchen
   und Öhrchen mit Puy-Linsen 592
Linsensalat auf asiatische Art............ 414

MADEIRA

Madeirasauce........................... 84
Tornedos braten und mit Madeira
   ablöschen 154
Trüffelsauce 85

MAIS

Schneckenkaviar und Schneckentatar
   in der Waffel 538
Wolfsbarsch mit Mais und Morcheln 630

MAKKARONI

Bresse-Huhn mit Flusskrebsen,
   Makkaronigratin 600

MALABAR-PFEFFER

Ei-Illusion 576

MANDELN

Bulgur mit Trockenfrüchten und Karotten-
   Kreuzkümmel-Gelee 640
Tauben-Pastilla 658

MANDELÖL

Belugalinsen mit rauchigem Espuma 642

MANGO

Roter Thunfisch, gebrannt, Avocadocreme,
   Zitrusvinaigrette...................... 544
Thunfisch-Tataki mit Mohn und Kräutern,
   Erdbeeren und Balsamico 516

MARKKNOCHEN

Bordelaiser Sauce 62
Tournedos mit Rindermark und
   Rotweinsauce, Kräuterkartoffeln 582

MAYONNAISE

Kalter Lachs, Birne und gelbe Paprika,
   Mayonnaise 524
Mayonnaise 31
Taschenkrebs, halb verborgen 560

MEERESFRÜCHTE

Austern, Kiwi und Kakao-Rum 532
Felchenfilet, Muschel, glasiertes Gemüse .. 614
Gebratener Steinbutt, Kartoffeln, Pfifferlinge,
   Tintenfisch, Gemüse, Olivenöl 622
Hummer in Tranchen schneiden 355
Hummer zum Grillen halbieren........... 356
Hummerbutter 96
Jakobsmuschel-Carpaccio, Olivenöl,
   junger Spinat und Kräuter 530
Jakobsmuscheln öffnen und vorbereiten ... 358
Kaisergranat küchenfertig vorbereiten 352
Kaisergranat mit jungem Gemüse,
   mariniert in Zitrusvinaigrette........... 546

Kaisergranat, Risotto mit Waldpilzen 634
Kleine Artischocken und Medaillons vom
 Hummer 548
Kleine Tintenfische, gefüllt mit Mini-Ratatouille
 und Chorizo, Jus mit Olivenöl 568
Krustentierfond 90
Meeresfrüchte-Gratin, gedämpftes
 Juliennegemüse......................... 636
Miesmuscheln in Weißwein................. 366
Miesmuscheln öffnen....................... 365
Miesmuscheln säubern..................... 364
Ravioli mit Jakobsmuscheln 392, 394
Ravioli mit Ochsenschwanz- und
 Hummerfüllung 580
Schaumfarce von Jakobsmuscheln 360
Taschenkrebs, halb verborgen 560
Tintenfisch nach Art einer Sétoise 562
Tintenfische küchenfertig vorbereiten...... 362
Tom yam goong, scharfe Suppe mit
 Garnelen 654
Weißer Teller 528

MEERRETTICH

Meerrettichsauce........................... 35

MELONE

Thunfisch-Tataki mit Mohn und Kräutern,
 Erdbeeren und Balsamico 516

MIESMUSCHELN

Felchenfilet, Muscheln und glasiertes
 Gemüse 614
Meeresfrüchte-Gratin, gedämpftes
 Juliennegemüse........................ 636
Miesmuscheln in Weißwein................ 366
Miesmuscheln öffnen...................... 365
Miesmuscheln säubern.................... 364

MISO

Sushi und Miso-Suppe 660

MOHN

Thunfisch-Tataki mit Mohn und Kräutern,
 Erdbeeren und Balsamico 516

MORCHELN

Boudin blanc, Pilzpfanne,
 Trüffelschaumsauce 602
Kalbsmedaillons in Morchelsahne 584
Warme Pastetchen mit Kalbsbries,
 dazu Portweinsauce 566
Wolfsbarsch mit Mais und Morcheln 630

NIEREN

Kalbsnieren im eigenen Fett garen......... 274
Kalbsnieren zum Braten vorbereiten 272

NORI-ALGEN

Bibimbap, koreanischer Reis 650

NUDELN

Bresse-Huhn mit Flusskrebsen,
 Makkaronigratin 600
Bunte Nudeln herstellen 388
Gefüllte Nudeln garen..................... 395
Halbmond-Ravioli mit Ricotta-Spinat-
 Füllung 389
Nudelteig herstellen 386
Nudeln schneiden 387
Quadratische Ravioli herstellen 396
Ravioli mit Jakobsmuscheln 392, 394
Ravioli mit Ochsenschwanz- und
 Hummerfüllung 580
Triangoli & Tortellini 390

NUSSBUTTER

Seezunge nach Art einer Grenobloise 626
Bresse-Huhn mit Flusskrebsen,
 Makkaronigratin 600
Gepökeltes Eisbein, Schweinerippchen und
 Öhrchen mit Puy-Linsen 592

OCHSENSCHWANZ

Ravioli mit Ochsenschwanz- und
 Hummerfüllung 580

OLIVEN

Gebratener Steinbutt, Kartoffeln, Pfiffer-
 linge, Tintenfisch, Gemüse, Olivenöl 622
Kleine Tintenfische,, gefüllt mit Mini-Ratatouille
 und Chorizo, Jus mit Olivenöl 568
Lackierte Taube, Panisses mit Oliven 606
Rotbarbenfilets à la niçoise, Röstbrot mit
 den Aromen des Südens 618
Seezunge nach Art einer Grenobloise 626
Tapenade........................... 560, 618
Taschenkrebs, halb verborgen 560

ORANGEN

Foie gras, mit Rotwein und Gewürzen
 gegart 542
Foie gras von der Ente, lackiert mit Sangria-
 Gelee und Gewürzen 552
Kaisergranat mit jungem Gemüse,
 mariniert in Zitrusvinaigrette 546
Malteser Sauce 45
Orangensauce 58
Rosa Entenbrust mit Honig lackiert,
 Sangria-Sauce 598
Roter Thunfisch, gebrannt, Avocadocreme,
 Zitrusvinaigrette....................... 544
Wittling, Basilikum und Gnocchi 628

PAPRIKASCHOTEN

Bauch und Rücken von der Dorade,
 Quinoa-Pilaw, Gräten-Jus 612
Hähnchen aus dem Wok mit Cashew-
 kernen und Koriander 652
Kalter Lachs, Birne und gelbe Paprika 524
Kleine Tintenfische, gefüllt mit Mini-Rata-
 touille und Chorizo, Jus mit Olivenöl 568
Lammfilet und Köfte 588
Paprikasauce 80
Saiblingsfilets auf Barigoule-Sauce 526

PARMESAN

Bresse-Huhn mit Flusskrebsen,
 Makkaronigratin 600
Brunnenkressesuppe, pochiertes Ei,
 Brotstäbchen und Lachswürfel 570
Dinkelrisotto, roher und gekochter grüner
 Spargel 638

Ei-Illusion ... 576
Flüssige Quiche lorraine ... 572
Kaisergranat, Risotto mit Waldpilzen ... 634
Lackierte Taube, Panisses mit Oliven ... 606
Perfektes Ei, Rucola-Wasabi-Sauce, Parmesangebäck ... 520
Ravioli mit Ochsenschwanz- und Hummerfüllung ... 580
Rohkost nach Art eines Obstsalats, Eau aromatisée ... 550
Seeteufel aus dem Ofen in einem Bett aus jungem Gemüse ... 620
Spargel-Pannacotta, Pata-negra-Schinken und Parmesanspäne ... 534
Weißer Teller ... 528

PASSIONSFRÜCHTE

Kaisergranat mit jungem Gemüse, mariniert in Zitrusvinaigrette ... 546

PATA-NEGRA-SCHINKEN

Spargel-Pannacotta, Pata-negra-Schinken und Parmesanspäne ... 534

PATISSON

Blütenkomposition ... 536
Rohkost nach Art eines Obstsalats, Eau aromatisée ... 550

PERLZWIEBELN

Blankett vom Bresse-Huhn, glasiertes junges Gemüse ... 594
Filet von der Jungente mit Gewürzen und gebratenen Pfirsichen ... 596
Perlzwiebeln glasieren ... 472

PESTO

Wittling, Basilikum und Gnocchi ... 628

PETERSILIE

Froschschenkel im Grünen mit Knoblauch und Petersilie ... 578
Petersilie hacken ... 466

PFEFFER

Pfeffersauce ... 64
Rinderfilets mit Pfeffersauce, in Cognac flambiert ... 506
Teufelssauce ... 82

PFIFFERLINGE

Boudin blanc, Pilzpfanne, Trüffelschaumsauce ... 602
Ei-Illusion ... 576
Gebratene Foie gras und Topinamburpüree ... 574
Gebratener Steinbutt, Kartoffeln, Pfifferlinge, Tintenfisch, Gemüse, Olivenöl ... 622
Kaisergranat, Risotto mit Waldpilzen ... 634

PFIRSICH

Filet von der Jungente mit Gewürzen und gebratenen Pfirsichen ... 596
Rosa Entenbrust mit Honig lackiert, Sangria-Sauce ... 598

PILZE

Bibimbap, koreanischer Reis ... 650
Blankett vom Bresse-Huhn, glasiertes junges Gemüse ... 594
Blütenkomposition ... 536
Boudin blanc, Pilzpfanne, Trüffelschaumsauce ... 602
Champignons küchenfertig vorbereiten ... 459
Kaisergranat, Risotto mit Waldpilzen ... 634
Kalbsrouladen füllen und schmoren ... 174
Kaninchen auf Jägerart ... 264
Lamm-Navarin ... 196
Rohkost nach Art eines Obstsalats, Eau aromatisée ... 550
Schnitttechniken für Champignons ... 458
Seezungenfilets auf Hausfrauenart ... 326
Tom yam goong, scharfe Suppe mit Garnelen ... 654

PIMENT D'ESPELETTE

Rührei mit Trüffel, Blätterteigstangen mit Piment d'Espelette und Comté ... 564

PINIENKERNE

Entenrillette, hausgemacht ... 540
Gebratener Steinbutt, Kartoffeln, Pfifferlinge, Tintenfisch, Gemüse, Olivenöl ... 622
Rotbarbenfilets à la niçoise, Röstbrot mit den Aromen des Südens ... 618

POLENTA

Polenta zubereiten ... 410
Polenta braten ... 411

PORTWEIN

Foie gras von der Ente, lackiert mit Sangria-Gelee und Gewürzen ... 552
Portweinsauce ... 84
Trüffelsauce ... 85
Warme Pastetchen mit Kalbsbries, dazu Portweinsauce ... 566

POULARDE

Poularde in Sahnesauce ... 224

QUARK

Taschenkrebs, halb verborgen ... 560

QUELLER

Bauch und Rücken von der Dorade, Quinoa-Pilaw, Gräten-Jus ... 612

QUINOA

Bauch und Rücken von der Dorade, Quinoa-Pilaw, Gräten-Jus ... 612
Quinoa garen ... 401

RADIESCHEN

Blütenkomposition ... 536
Junges Gemüse am Spieß ... 644
Kaisergranat mit jungem Gemüse, mariniert in Zitrusvinaigrette ... 546
Rohkost nach Art eines Obstsalats, Eau aromatisée ... 550

Roter Thunfisch, gebrannt, Avocadocreme,
  Zitrusvinaigrette........................ 544
Weißer Teller 528

REH

Rehkeule 292
Rehragout 294

REIS

Bibimbap, koreanischer Reis 650
Kaisergranat, Risotto mit Waldpilzen 634
Knusprige Reisblätter 644
Reis-Pilaw zubereiten..................... 402
Reis nach der Quellreismethode zubereiten. 404
Risotto zubereiten 406
Sushi und Miso-Suppe 660

REISPAPIER

Tropfen mit Thunfisch und Schokolade 558

RETTICH

Weißer Teller 528

RIND

Bibimbap, koreanischer Reis 650
Marinade für Wild oder Rind 290
Consommé 78
Rinderbrühe 76
Rinderbrühe klären 78
Rinderfilets mit Pfeffersauce, in Cognac
  flambiert 506
Rinderkotelett bratfertig vorbereiten 148
Rinderkotelett grillen..................... 150
Rinderkotelett tranchieren 498
Rindersteaks richtig braten 144
Rindertatar servieren 510
Schaufelstück bratfertig vorbereiten und
  spicken............................... 156
Schaufelstück in Rotwein schmoren 158
Tournedos braten und mit Madeira
  ablöschen 154
Tournedos mit Rindermark und Rotwein-
  sauce, Kräuterkartoffeln 582

RINDERMARK

Tournedos mit Rindermark 582

ROSENKOHL

Blütenkomposition 536

ROTBARBEN

Rotbarben grillen 349
Rotbarben-Tarte, Salat von mariniertem
  Fenchel mit Kräutern 522
Rotbarbenfilets à la niçoise, Röstbrot
  mit den Aromen des Südens 618

ROTE BETE

Blütenkomposition 536
Junges Gemüse am Spieß, Tofu-Eierstich,
  Algenbouillon 644
Lachsforelle und Rote Bete 556
Roter Thunfisch, gebrannt, Avocadocreme,
  Zitrusvinaigrette...................... 544
Tropfen mit Thunfisch und Schokolade 558

ROTWEIN

Foie gras von der Ente, lackiert mit
  Sangria-Gelee und Gewürzen 552
Rosa Entenbrust mit Honig lackiert,
  Sangria-Sauce 598
Rotweinbutter............................ 54

RÜBCHEN

Blütenkomposition 536
Felchenfilet, Muscheln und glasiertes
  Gemüse 614
Filet von der Jungente mit Gewürzen und
  gebratenen Pfirsichen 596
Kalbsbries mit glasiertem Gemüse,
  Chili-Vanille-Jus 608
Lamm-Navarin........................... 196
Lammstelzen, nach Art eines Navarin
  geschmort 586
Seeteufel aus dem Ofen in einem Bett
  aus jungem Gemüse 620
Tropfen mit Thunfisch und Schokolade 558

RUCOLA

Perfektes Ei, Rucola-Wasabi-Sauce,
  Parmesangebäck 520
Rucolapesto 532

RUM

Austern, Kiwi und Kakao-Rum 532

SAIBLING

Saiblingsfilets auf Barigoule-Sauce 526

SALAT

Lauwarme Taube, Salat, kleine Innereien,
  Streifen von Foie gras 604
Rotbarben-Tarte, Salat von mariniertem
  Fenchel mit Kräutern 522
Salatblätter zu Chiffonnade schneiden..... 453

SALZZITRONEN

Bauch und Rücken von der Dorade,
  Quinoa-Pilaw, Gräten-Jus 612
Bulgur mit Trockenfrüchten und
  Karotten-Kreuzkümmel-Gelee 640
Rotbarbenfilets à la niçoise, Röstbrot
  mit den Aromen des Südens 618

SAUERAMPFER

Rohkost nach Art eines Obstsalats,
  Eau aromatisée 550

SAUERKIRSCHEN

Foie-gras-Kugeln, Sauerkirsch-Chutney
  und Haselnussgebäck 554

SCHALOTTEN

Schalotten in feine Würfel schneiden 464
Schalotten braun glasieren 295

SCHAUMWEIN

Schaumwein öffnen 678

SCHINKEN

Kleine Tintenfische, gefüllt mit Mini-Ratatouille und Chorizo, Jus mit Olivenöl 568
Lammfilet und Köfte 588
Seeteufel aus dem Ofen in einem Bett aus jungem Gemüse 620
Spargel-Pannacotta, Pata-negra-Schinken und Parmesanspäne 534

SCHNECKEN

Schneckenkaviar und Schneckentatar in der Waffel 538

SCHNITTLAUCH

Tropfen mit Thunfisch und Schokolade 558
Schnittlauch in feine Röllchen schneiden 467

SCHOKOLADE

Tropfen mit Thunfisch und Schokolade 558

SCHWARZE JOHANNISBEEREN

Rosa Entenbrust mit Honig lackiert, Sangria-Sauce 598

SCHWEIN

Gepökeltes Eisbein, Schweinerippchen und Öhrchen mit Puy-Linsen 592
Flüssige Quiche lorraine 572

SCHWEINEBLUT

Lackierte Taube, Panisses mit Oliven 606

SCHWEINENETZ

Kalbsrouladen füllen und schmoren 174
Lackierte Taube, Panisses mit Oliven 606
Lammfilet und Köfte 588

SEETEUFEL

Seeteufel aus dem Ofen in einem Bett aus jungem Gemüse 620
Seeteufel filetieren und in Medaillons schneiden 344
Seeteufelbraten zubereiten 346

SEEZUNGE

Gegrillte Seezunge mit Béarner Sauce 610
Große Seezungen filetieren 322
Seezunge auf Müllerinart 324
Seezunge küchenfertig vorbereiten 320
Seezunge Müllerinart filetieren 502
Seezunge nach Art einer Grenobloise 626
Seezungenfilets auf Hausfrauenart 326
Seezungenstreifen in Tempurateig 330

SEMMELSTOPPELPILZE

Boudin blanc, Pilzpfanne, Trüffelschaumsauce 602

SENF

Senfdressing 29

SEPIATINTE

Blütenkomposition 536
Perfektes Ei, Rucola-Wasabi-Sauce, Parmesangebäck 520

SHIITAKEPILZE

Bibimbap, koreanischer Reis 650

SOJALECITHIN

Avocado-Variation 648
Belugalinsen mit rauchigem Espuma 642

SOJAMILCH

Junges Gemüse am Spieß, Tofu-Eierstich, Algenbouillon 644

SPARGEL

Bauch und Rücken von der Dorade, Quinoa-Pilaw, Gräten-Jus 612
Blütenkomposition 536
Dinkelrisotto, roher und gekochter grüner Spargel 638
Kaisergranat mit jungem Gemüse, mariniert in Zitrusvinaigrette 546
Ravioli mit Ochsenschwanz- und Hummerfüllung 580
Seeteufel aus dem Ofen in einem Bett aus jungem Gemüse 620
Spargel-Pannacotta, Pata-negra-Schinken und Parmesanspäne 534
Spargel küchenfertig vorbereiten 450

SPECK

Ein Schaufelstück spicken 156
Flüssige Quiche lorraine 572
Gepökeltes Eisbein, Schweinerippchen und Öhrchen mit Puy-Linsen 592
Kalbsbraten bratfertig vorbereiten 166
Kalbsrouladen füllen und schmoren 174
Seeteufel aus dem Ofen in einem Bett aus jungem Gemüse 620
Tournedos bardieren 152
Warme Pastetchen mit Kalbsbries, dazu Portweinsauce 566

SPINAT

Bibimbap, koreanischer Reis 650
Froschschenkel im Grünen mit Knoblauch und Petersilie 578
Geräucherter Lachs, Blattspinat, Dillcreme 518
Jakobsmuschel-Carpaccio, Olivenöl, junger Spinat und Kräuter 530
Wittling, Basilikum und Gnocchi 628
Spinat küchenfertig vorbereiten 452

STANGENSELLERIE

Hähnchen aus dem Wok mit Cashewkernen und Koriander 652
Gebratener Steinbutt, Kartoffeln, Pfifferlinge, Tintenfisch, Gemüse, Olivenöl 622
Gemüsebrühe 79
Gepökeltes Eisbein, Schweinerippchen und Öhrchen mit Puy-Linsen 592
Junges Gemüse am Spieß, Tofu-Eierstich, Algenbouillon 644

Kaisergranat mit jungem Gemüse,
 mariniert in Zitrusvinaigrette............ **546**
Lackierte Taube, Panisses mit Oliven...... **606**
Seeteufel aus dem Ofen in einem Bett
 aus jungem Gemüse **620**
Stangensellerie küchenfertig vorbereiten... **449**
Tintenfisch nach Art einer Sétoise **562**
Tropfen mit Thunfisch und Schokolade **558**

STEINBUTT

Gebratener Steinbutt, Kartoffeln, Pfiffer-
 linge, Tintenfisch, Gemüse, Olivenöl **622**
Steinbutt in Court-Bouillon pochieren **335**
Sushi und Miso-Suppe **660**
Steinbutt filetieren (gebraten) **504**
Steinbutt filetieren (roh) **332**
Steinbutt in Tranchen schneiden **334**
Steinbutt küchenfertig vorbereiten......... **331**

STEINPILZE

Boudin blanc, Pilzpfanne, Trüffelschaumsauce **602**
Kaisergranat, Risotto mit Waldpilzen **634**

STERNANIS

Foie gras von der Ente, lackiert mit Sangria-
 Gelee und Gewürzen **552**

STOPFLEBER

siehe Foie gras

STUBENKÜKEN

Stubenküken auf amerikanische Art **228**
Stubenküken »en crapaudine«
 vorbereiten **226**

SULTANINEN

Bulgur mit Trockenfrüchten und Karotten-
 Kreuzkümmel-Gelee **640**

TASCHENKREBS

Taschenkrebs, halb verborgen **560**

TAUBE

Lackierte Taube, Panisses mit Oliven **606**
Lauwarme Taube, Salat, kleine Innereien,
 Streifen von Foie gras **604**
Taube für getrenntes Garen vorbereiten.... **250**
Tauben-Pastilla **658**

THUNFISCH

Roter Thunfisch, gebrannt, Avocado-
 creme, Zitrusvinaigrette **544**
Sushi und Miso-Suppe **660**
Thunfisch-Tataki mit Mohn und Kräutern,
 Erdbeeren und Balsamico **516**
Tropfen mit Thunfisch und Schokolade **558**

TINTENFISCH

Gebratener Steinbutt, Kartoffeln, Pfifferlinge, Tintenfisch, Gemüse, Olivenöl **622**
Kleine Tintenfische, gefüllt mit Mini-Ratatouille und Chorizo, Jus mit Olivenöl **568**
Tintenfisch nach Art einer Sétoise **562**
Tintenfische küchenfertig
 vorbereiten **362**

TOFU

Junges Gemüse am Spieß, Tofu-Eierstich,
 Algenbouillon **644**

TOMATE

Bauch und Rücken von der Dorade,
 Quinoa-Pilaw, Gräten-Jus **612**
Blütenkomposition **536**
Bresse-Huhn mit Flusskrebsen,
 Makkaronigratin **600**
Bulgur mit Trockenfrüchten und Karotten-
 Kreuzkümmel-Gelee **640**
Choron-Sauce **50**
Filet von der Jungente mit Gewürzen
 und gebratenen Pfirsichen **596**
Hechtklöße mit Krebsen und
 Hummersauce **624**
Jakobsmuschel-Carpaccio, Olivenöl,
 junger Spinat und Kräuter **530**
Kabeljaufilet mit Chorizo gespickt,
 Bohnenmousseline **616**
Kaisergranat mit jungem Gemüse, mariniert in
 Zitrusvinaigrette..................... **546**
Kalbsbries mit glasiertem Gemüse, Chili-
 Vanille-Jus **608**
Kalbsmedaillons in Morchelsahne **584**
Kleine Artischocken und Medaillons vom
 Hummer **548**
Kleine Tintenfische, gefüllt mit Mini-Ratatouille
 und Chorizo, Jus mit Olivenöl **568**
Lamm-Navarin........................ **196**
Lammfilet und Köfte **588**
Lammkarree mit Curry und Aubergine **590**
Paprikasauce **80**
Perfektes Ei, Rucola-Wasabi-Sauce,
 Parmesangebäck **520**
Ravioli mit Ochsenschwanz- und
 Hummerfüllung **580**
Rotbarben-Tarte, Salat von mariniertem
 Fenchel mit Kräutern **522**
Rotbarbenfilets à la niçoise, Röstbrot mit den
 Aromen des Südens **618**
Seeteufel aus dem Ofen in einem Bett aus
 jungem Gemüse **620**
Seezunge nach Art einer Grenobloise **626**
Taschenkrebs, halb verborgen **560**
Tintenfisch nach Art einer Sétoise **562**
Tom yam goong, scharfe Suppe mit
 Garnelen **654**
Tomate in jeglicher Form **646**
Tomatengelee **560**
Tomaten häuten und schneiden.......... **460**
Tomaten-Concassé
Tomatensauce....................... **81**
Wolfsbarsch, Schuppen aus konfierter
 Tomate und Zucchini **632**

TOPINAMBUR

Gebratene Foie gras und Topinamburpüree **574**

TOTENTROMPETEN

Boudin blanc, Pilzpfanne, Trüffelschaumsauce **602**

TROCKENFRÜCHTE

Bulgur mit Trockenfrüchten und Karotten-
 Kreuzkümmel-Gelee **640**

TRÜFFEL

Boudin blanc, Filzpfanne, Trüffelschaumsauce 602
Rohkost nach Art eines Obstsalats,
   Eau aromatisée 550
Rührei mit Trüffel, Blätterteigstangen
   mit Piment d'Espelette und Comté 564
Trüffelsauce 85

VANILLE

Foie gras von der Ente, lackiert mit Sangria-
   Gelee und Gewürzen 552
Kalbsbries mit glasiertem Gemüse, Chili-
   Vanille-Jus 608
Rosa Entenbrust mit Honig lackiert,
   Sangria-Sauce 598

VENUSMUSCHELN

Felchenfilet, Muscheln und glasiertes
   Gemüse 614
Meeresfrüchte-Gratin, gedämpftes
   Juliennegemüse...................... 636

WACHTELEIER

Lauwarme Taube, Salat, kleine Innereien,
   Streifen von Foie gras 604

WASABI

Perfektes Ei, Rucola-Wasabi-Sauce,
   Parmesangebäck 520
Sushi und Miso-Suppe 660

WEIN

Bordelaiser Sauce 62
Ein Schaufelstück in Rotwein schmoren ... 158
Foie gras, mit Rotwein und Gewürzen
   gegart 542
Foie gras von der Ente, lackiert mit
   Sangria-Gelee und Gewürzen 552
Kaninchen auf Jägerart 264
Marinade für Wild oder Rind 290
Miesmuscheln in Weißwein................ 366
Rosa Entenbrust mit Honig lackiert, Sangria-
   Sauce 598
Rotweinbutter............................. 54
Tournedos mit Rindermark und Rotwein-
   sauce, Kräuterkartoffeln 582
Weißweinsauce 46
Wein aus einer Flasche einschenken....... 672
Wein karaffieren........................... 673
Wein über einer Kerze dekantieren......... 676
Weinflasche im Korb öffnen und servieren.. 674
Weinflasche öffnen 670
Weiße Buttersauce 52

WILD

Marinade für Wild oder Rind 290
Rehkeule 292
Rehragout................................ 294

WITTLING

Wittling, Basilikum und Gnocchi 628
Wittling panieren und braten.............. 328

WOLFSBARSCH

Sushi und Miso-Suppe 660
Wolfsbarsch mit Mais und Morcheln 630
Wolfsbarsch, Schuppen aus konfierter
   Tomate und Zucchini 632
Wolfsbarsch im Teigmantel zerlegen und
   mit Choron-Sauce servieren 500

ZITRONEN

Foie gras von der Ente, lackiert mit
   Sangria-Gelee und Gewürzen 552
Kaisergranat mit jungem Gemüse,
   mariniert in Zitrusvinaigrette............ 546
Roter Thunfisch, gebrannt, Avocadocreme,
   Zitrusvinaigrette...................... 544

ZITRONENGRAS

Bebek betutu, marinierte Jungente, in
   Bananenblättern gegart................ 656
Tom yam goong, scharfe Suppe mit
   Garnelen 654

ZITRUSFRÜCHTE

Roter Thunfisch, gebrannt, Avocadocreme,
   Zitrusvinaigrette...................... 544

ZUCCHINI

Bauch und Rücken von der Dorade,
   Quinoa-Pilaw, Gräten-Jus 612
Blütenkomposition 536
Froschschenkel im Grünen mit Knoblauch
   und Petersilie 578
Gebratener Steinbutt, Kartoffeln, Pfifferlinge,
   Tintenfisch, Gemüse, Olivenöl 622
Kleine Tintenfische, gefüllt mit Mini-Rata-
   touille und Chorizo, Jus mit Olivenöl 568
Rotbarbenfilets à la niçoise, Röstbrot mit den
   Aromen des Südens 618
Seeteufel aus dem Ofen in einem Bett aus
   jungem Gemüse 620
Wolfsbarsch, Schuppen aus konfierter
   Tomate und Zucchini 632
Zucchini kannelieren und schneiden 445

ZUCKERSCHOTEN

Kalbsbries mit glasiertem Gemüse,
   Chili-Vanille-Jus 608
Seeteufel aus dem Ofen in einem Bett
   aus jungem Gemüse 620

ZWIEBELN

Belugalinsen mit rauchigem Espuma 642
Weiße Zwiebelsauce...................... 40
Junges Gemüse am Spieß, Tofu-Eierstich,
   Algenbouillon 644
Zwiebeln in Ringe schneiden.............. 463
Zwiebeln in Würfel schneiden 462
Lammstelzen, wie ein Navarin geschmort . 586
Lauwarme Taube, Salat, kleine Innereien,
   Streifen von Foie gras 604

TEMPERATUREINSTELLUNGEN										
Thermostat	1	2	3	4	5	6	7	8	9	10
Temperatur	30 °C	60 °C	90 °C	120 °C	150 °C	180 °C	210 °C	240 °C	270 °C	300 °C

Die Temperaturangaben gelten für herkömmliche Elektrobacköfen. Bei Gas- und Umluftherden bitte die Bedienungsanleitung des Herstellers beachten.

UMRECHNUNG		
Fassungsvermögen		**Gewicht**
1 Teelöffel	5 ml	3 g Speisestärke / 5 g feines Salz oder Puderzucker
1 Dessertlöffel	10 ml	
1 Esslöffel	15 ml	5 g geriebener Käse / 8 g Kakaopulver, Kaffee oder Semmelbrösel / 12 g Mehl, Reis, Grieß, Crème fraîche oder Öl / 15 g feines Salz, Puderzucker oder Butter
1 Tasse	100 ml	
1 Teetasse	120–150 ml	
1 Becher	350 ml	225 g Mehl / 260 g Kakaopulver oder Rosinen / 300 g Reis / 320 g Puderzucker
1 Schnapsglas	25–30 ml	
1 Weinglas	100–120 ml	
1 Glas	250 ml	150 g Mehl / 170 g Kakaopulver/ 190 g Grieß / 200 g Reis / 220 g Puderzucker
1 Flasche	750 ml	

Das Institut Paul Bocuse dankt seinen Partnern

Bernardaud; Chef & Sommelier; Christofle; De Buyer; Guy Degrenne; Havilland; Jars; Revol;
Schott Zwiesel; Staub; Sylvie Coquet; Villeroy & Boch; Zwilling Pro; PSP Peugeot.

Der Verlag Éditions Larousse dankt

Caropolis
42, rue Thiers, F-#38000 Grenoble – http://www.caropolis.fr

Produktmanagement: Doreen Brodowsky, Raffaela Niermann
Übersetzung aus dem Französischen: Sibylle Segovia; SAW Communications, Redaktionsbüro Dr. Sabine A. Werner; Christa Trautner-Suder
Textredaktion: Carmen Söntgerath
Korrektur: Susanne Langer
Satz: Carmen Söntgerath
Umschlaggestaltung: Caroline Daphne Georgiadis, Daphne Design

Gesamtherstellung Verlagshaus GeraNova Bruckmann GmbH

★★★★★

Sind Sie mit diesem Titel zufrieden? Dann würden wir uns über Ihre Weiterempfehlung freuen. Erzählen Sie es im Freundeskreis, berichten Sie Ihrem Buchhändler, oder bewerten Sie bei Onlinekauf. Und wenn Sie Kritik, Korrekturen, Aktualisierungen haben, freuen wir uns über Ihre Nachricht an:
Christian Verlag, Postfach 40 02 09, D-80702 München oder
per E-Mail an lektorat@verlagshaus.de.

Unser komplettes Programm finden Sie unter 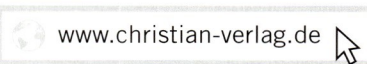 www.christian-verlag.de

Alle Angaben dieses Werkes wurden von der Autorin sorgfältig recherchiert und auf den neuesten Stand gebracht sowie vom Verlag geprüft. Für die Richtigkeit der Angaben kann jedoch keine Haftung übernommen werden.

Die Deutsche Nationalbibliothek verzeichnet diese Publikation in der Deutschen Nationalbibliografie; detaillierte bibliografische Daten sind im Internet über http://dnb.d-nb.de abrufbar.

Copyright © 2017 für die deutschsprachige Ausgabe: Christian Verlag GmbH, München

Die Originalausgabe mit dem Titel *Institut Paul Bocuse – L'école de l'excellence culinaire* wurde erstmals 2015 im Verlag Larousse Frankreich veröffentlicht.

Copyright © Larousse 2015
Das Copyright für die Rezepte liegt bei den einzelnen Köchen.
Copyright © 2015 für die Fotos: Aurélie Jeannette und Jonathan Thevenet; ausgenommen Umschlagvorderseite, S. 12 Mitte rechts, S. 13 Mitte rechts, S. 688: François Fleury; S. 9: Gil Lebois; S. 11, S. 12 oben links, S. 13 oben rechts: Institut Paul Bocuse; S. 12 unten rechts: Fabrice Rambert
Illustrationen: © 2015 Clémence Daniel

Alle deutschsprachigen Rechte vorbehalten.

ISBN 978-3-95961-019-3